房地产企业财税疑难问题研究

FANGDICHAN QIYE
CAISHUI YINAN WENTI YANJIU

张英怀 井利娜 著

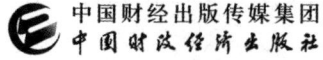

中国财经出版传媒集团
中国财政经济出版社

图书在版编目（CIP）数据

房地产企业财税疑难问题研究 / 张英怀，井利娜著.
——北京：中国财政经济出版社，2019.11
ISBN 978-7-5095-9316-5

Ⅰ.①房… Ⅱ.①张…②井… Ⅲ.①房地产企业－财务管理－研究－中国②房地产企业－税收管理－研究－中国 Ⅳ.①F299.233.3②F812.423

中国版本图书馆 CIP 数据核字（2019）第 228373 号

责任编辑：彭　波　　　　　责任印制：党　辉
封面设计：卜建辰　　　　　责任校对：张　凡

中国财政经济出版社 出版

URL：http://www.cfeph.cn
E-mail：cfeph@cfemg.cn

（版权所有　翻印必究）

社址：北京市海淀区阜成路甲28号　邮政编码：100142
营销中心电话：010-88191537
北京财经印刷厂印装　各地新华书店经销
710×1000 毫米　16 开　29.5 印张　475 000 字
2019 年 11 月第 1 版　2019 年 11 月北京第 1 次印刷
定价：99.00 元
ISBN 978-7-5095-9316-5
（图书出现印装问题，本社负责调换）
本社质量投诉电话：010-88190744
打击盗版举报热线：010-88191661　QQ：2242791300

序　言

房地产企业一直以来都是国民经济的支柱产业，具有施工工期长，占用资金量大，从拿地到完工形成商品房涉及环节多，与政府各部门联系频繁等特点。其中，税务处理异常复杂，处理稍有不慎，都会给企业带来不可估量的税收损失。本书作者在税务服务咨询行业浸淫多年，对房地产建筑行业税务的"痛点"和"难点"有全面深刻的认识，为了帮助房地产企业老总、财务总监、财务人员以及从事房地产建筑行业税务咨询的税务师在税务处理上少犯错误，少走弯路，作者历时一年半，成文七十篇，与读者诸君分享我们的观点和思考，期望对我国房地产税务有所贡献。

本书具有以下两个显著特点：

第一，直击房地产税务的"痛点"。

市面上的房地产书籍很多，一般的写作体例分为两种，要么是按照房地产的经营环节来写，要么是按照一个个税种来写，"水分"很多，"干货"稀缺，有意或无意避开了税务上的"痛点"，一本厚达五六百页的书读下来，似乎值得回味的东西并不多。而本书作者的写作态度是"端碉堡"，直面税务"痛点"，给予直接鲜明的观点和方法，读后给人予"顿悟"，提升实战能力。

第二，体现哲学高度的税务思考力。

一本税务应用书籍往往易幻化为手头的工具书，仅仅成为解决问题的工具书，普遍上无助于税务思考能力的提高。而本书的作者，站在哲学的高度，通过提供的各个案例各个解决方案，体现的是一种税务思考。正所谓"授人以鱼不如授人以渔"，提供思考方法、思考逻辑是解决复杂税务问题的关键，特别是面对浩如烟海的税务文件，我们更需要这种能力，否则我们在处理实际税务问题时，总是感到"无力"和"疲软"。

最后，希望读者朋友，通过本书的阅读，逐渐成为具有强大思考力的税务工作者，遇山开路，遇水搭桥，一路开挂！

张英怀　井利娜
2019 年 6 月

目　　录

1. "五步法"收入确认模型在房地产企业的应用分析 / 1
2. 新收入准则下分期收款销售的税会分析 / 9
3. 新收入准则下建造合同的会计核算 / 19
4. "甲供材"的税会分析 / 25
5. 车位的税会处理分析 / 31
6. 成本法下长期股权投资的税会分析 / 38
7. 反向购买的会计处理分析 / 43
8. 房地产公司处置子公司部分股权的税会处理分析 / 51
9. 房地产企业"公共配套设施"涉税处理分析 / 55
10. 房地产企业"卖房赠物"的税务处理分析 / 61
11. 房地产企业"尾房"的"单位成本费用"咋计算 / 67
12. 房地产企业"拆迁还房"的税会处理分析 / 70
13. 房地产企业成本归集与分配分析 / 77
14. 房地产企业城镇土地使用税分析 / 84
15. 房地产企业筹建期业务招待费的税会处理分析 / 90
16. 房地产企业代建业务的增值税处理分析 / 96
17. 房地产企业广告和业务宣传费的税务处理分析 / 103
18. 房地产企业混合融资的涉税问题分析 / 112
19. 房地产企业集团"统借统还"融资税会处理分析 / 118
20. 房地产企业捐赠的企业所得税处理分析 / 124
21. 房地产企业开发产品成本计算案例 / 135

22. 房地产企业开发产品会计成本与计税成本差异分析 / 141
23. 房地产企业开发间接费用的税会处理分析 / 146
24. 房地产企业配套设施核算分析 / 152
25. 房地产企业如何确定开发产品成本核算对象 / 157
26. 房地产企业收到用于回迁房建设的政府补助，税会
    如何处理？ / 162
27. 房地产企业土地增值税清算后退税的财税处理分析 / 165
28. 房地产企业土地增值税清算中利息扣除的税务处理分析 / 171
29. 房地产企业销售附有销售退回条款开发产品的会计处理 / 176
30. 房地产企业以公司分立方式变更土地使用权的财税处理
    分析 / 179
31. 房地产企业与个人股东资金借贷的涉税处理分析 / 186
32. 房地产企业支付境外设计费的涉税分析 / 192
33. 房地产企业转让股权的所得税筹划分析 / 197
34. 房地产企业转让土地使用权的财税处理分析 / 201
35. 房地产企业租赁房产存在免租期的财税处理 / 205
36. 房地产信托投资基金的税务处理分析 / 210
37. 房企"限地价竞配建"模式下保障房的财税处理分析 / 219
38. 房企一般纳税人增值税纳税申报填写案例 / 225
39. 非货币性资产投资的税务处理分析 / 233
40. 房地产企业永续债的税会处理分析 / 246
41. 劳务派遣用工的财税处理分析 / 257
42. 拍卖转让旧房，土地增值税扣除项目包括哪些？ / 261
43. 企业职工带薪缺勤的会计处理分析 / 267
44. 土地增值税"清算单位"判例解析 / 271
45. 限售股涉税计算分析 / 278
46. 权益法下长期股权投资的税会分析 / 284
47. "经营所得"个税计算与纳税申报分析 / 292

48. 建筑业小规模纳税人免征增值税的核算与纳税申报／308
49. 商铺售后回租的税会处理分析／311
50. 投资性房地产的税会处理分析／318
51. 投资性房地产未出租部分要不要缴纳房产税？／329
52. 新个税税款计算／331
53. 综合所得个税计算分析／337
54. 以房抵工程款的税务处理分析／345
55. 土地增值税计算中层高系数法的应用／351
56. "营改增"对土地增值税计算的影响分析／353
57. 建筑施工企业分包业务的财税处理分析／359
58. 建筑企业跨区域提供建筑服务的财税处理分析／375
59. 房地产企业收取"诚意金"的涉税处理／386
60. 房地产企业资产（股权）划转的财税处理分析／390
61. 建筑企业"预收账款"的财税处理分析／399
62. 建筑企业劳务派遣用工的财税处理分析／405
63. 四个土地增值税问题的正确税务处理／410
64. 新收入准则下销售退回的财税处理分析／416
65. "公共配套设施"安排不当"土增税"多交3000多万元／421
66. 建筑服务分包款差额扣除的税务问题分析／424
67. 房地产企业"以房换地"，须警惕所得税风险／429
68. 房地产企业销售开发产品的税会处理分析／432
69. 房地产企业预收账款的税会处理分析／443
70. 限制性股票股权激励的财税处理分析／451

1.
"五步法"收入确认模型在房地产企业的应用分析

新收入准则采用了"五步法"收入确认模型来确认和计量收入,即:第一步,识别与客户订立的合同;第二步,识别合同中的单项履约义务;第三步,确定交易价格;第四步,将交易价格分摊至各单项履约义务;第五步,履行各单项履约义务时确认收入。其中,第一步、第二步和第五步主要与收入的确认有关,第三步和第四步主要与收入的计量有关。该模型的核心思想为:企业应当在完成合同中约定的履约义务,即在商品或服务(以下简称"商品")控制权转移时确认收入。下文主要分析以"五步法"模型来确认房地产企业的收入。

一、"五步法"模型的理论分析

(一)识别与客户订立的合同

收入确认的基础为识别出符合条件的合同,合同是指双方或多方之间订立有法律约束力的权利义务的协议,合同包括书面形式、口头形式以及其他形式(如隐含于商业惯例或企业以往的习惯做法中等)。

企业与客户之间的合同同时满足下列五项条件的,企业应当在履行了合同中的履约义务,即在客户取得相关商品控制权时确认收入:一是合同各方已批准该合同并承诺将履行各自义务;二是该合同明确了合同各方与所转让商品相关的权利和义务；三是该合同有明确的与所转让商品相关的支付条款；四是该合同具有商业实质，即履行该合同将改变企业未来现金流量的风险、时间分布或金额；五是企业因向客户转让商品而有权取得的对价很可能收回。

企业与客户之间的合同，在合同开始日即同时满足上段规定的五项条件的，企业在后续期间无须对其进行重新评估，除非有迹象表明相关事实和情况发生重大变化。例如，企业与客户签订一份合同，在合同开始日，企业认为该合同满足五项条件，但是，在后续期间，客户的信用风险显著升高，企业需要评估其未来向客户转让剩余商品而有权取得的对价是否很可能收回，如不能满足很可能收回的条件，则该合同自此开始停止确认收入，并且只有当后续合同条件再度满足时或者当企业不再负有向客户转让商品的剩余义务，且已向客户收取的对价无须退回时，才能将已收取的对价确认为收入，但是，不应当调整在此之前已经确认的收入。

企业与客户之间的合同，不符合五项条件的，企业应当在后续期间对其进行持续评估，判断其能否满足准则规定的五项条件，如果企业在此之前已经向客户转移了部分商品，当该合同在后续期间满足五项条件时，企业应当将在此之前已经转移的商品所分摊的交易价格确认为收入。

由于相关企业交易的复杂性，可能会产生多项合同，如果对每一项合同进行处理，会给相关企业带来巨大的麻烦与较高的处理成本。因此，准则规定，在满足以下任一条件时，应当合并为一项合同进行会计处理：一是该两份或多份合同基于同一商业目的而订立并构成一揽子交易，如一份合同在不考虑另一份合同的对价的情况下将会发生亏损；二是该两份或多份合同中的一份合同的对价金额取决于其他合同的定价或履行情况，如一份合同如果发生违约，将会影响另一份合同的对价金额；三是该两份或多份合同中所承诺的商品（或每份合同中所承诺的部分商品）构成单项履约义务。

由于企业与客户之间签订的合同受多方面因素的影响，在合同履行过程中，存在对原合同范围或价格作出变更的情况。企业应当区分下列三种情形对合同变更分别进行会计处理：第1种情形，合同变更部分作为单独合同。合同变更增加了可明确区分的商品及合同价款，且新增合同价款反映了新增商品单独售价的，应当将该合同变更部分作为一份单独的合同进行会计处理。此类合同变更不影响原合同的会计处理。第2种情形，合同变更作为原合同终止及新合同订立。合同变更不属于上述第1种情形，且在合同变更日已转让的商品或已提供的服务（以下简称"已转让的商品"）与未转让的商品或未提供的服务（以下简称"未转让的商品"）之间可明确区分的，应当视为原合同终止，同时，将原合同未履约部分与合同变更部分合并为新合同进行会计处理。未转让的商品既包括原合同中尚未转让的商品，也包括合同变更新增的商品。新合同的交易价格应当为下列两项金额之和：一是原合同交易价格中尚未确认为收入的部分（包括已从客户收取的金额）；二是合同变更中客户已承诺的对价金额。第3种情形，合同变更部分作为原合同的组成部分。合同变更不属于上述第1种情形，且在合同变更日已转让的商品与未转让的商品之间不可明确区分的，应当将该合同变更部分作为原合同的组成部分，在合同变更日重新计算履约进度，并调整当期收入和相应成本等。

（二）识别合同中的单项履约义务

履约义务，是指合同中企业向客户转让可明确区分商品的承诺。合同开始日，企业应当对合同进行评估，识别该合同所包含的各单项履约义务，并确定各单项履约义务是在某一时段内履行，还是在某一时点履行，然后，在履行了各单项履约义务时外别确认收入。下列情况下，企业应当将向客户转让商品的承诺作为单项履约义务：一是企业向客户转让可明确区分商品（或者商品的组合）的承诺；二是企业向客户转让一系列实质相同且转让模式相同的、可明确区分商品的承诺。

（三）确定交易价格

交易价格，是指企业因向客户转让商品而预期有权收取的对价金额。企业代第三方收取的款项（例如增值税）以及企业预期将退还给客户的款项，应当作为负债进行会计处理，不计入交易价格。合同标价并不一定代表交易价格，企业应当根据合同条款，并结合以往的习惯做法确定交易价格。在确定交易价格时，企业应当考虑可变对价、合同中存在的重大融资成分、非现金对价以及应付客户对价等因素的影响，并应当假定将按照现有合同的约定向客户转移商品，且该合同不会被取消、续约或变更。

（四）将交易价格分摊至各单项履约义务

当合同中包含两项或多项履约义务时，需要将交易价格分摊至各单项履约义务,以使企业分摊至各单项履约义务(或可明确区分的商品)的交易价格能够反映其因向客户转让已承诺的相关商品而预期有权收取的对价金额。准则指出,合同中包含两项或多项履约义务的,企业应当在合同开始日按照各单项履约义务所承诺商品的单独售价的相对比例,将交易价格分摊至各单项履约义务。单独售价无法直接观察的,企业应当综合考虑其能够合理取得的全部相关信息,采用市场调整法、成本加成法、余值法等方法合理估计单独售价。

(五) 履行每一单项履约义务时确认收入

企业应当在履行了合同中的履约义务,即客户取得相关商品控制权时确认收入。企业将商品的控制权转移给客户,该转移可能在某一时段内(即履行履约义务的过程中)发生,也可能在某一时点(即履约义务完成时)发生。满足下列条件之一的,属于在某一时段内履行履约义务;否则,属于在某一时点履行履约义务:第一,客户在企业履约的同时即取得并消耗企业履约所带来的经济利益。第二,客户能够控制企业履约过程中在建的商品。第三,企业履约过程中所产出的商品具有不可替代用途,且该企业在整个合同期间内有权就累计至今已完成的履约部分收取款项。具有不可替代用途,是指因合同限制或实际可行性限制,企业不能轻易地将商品用于其他用途。有权就累计至今已完成的履约部分收取款项,是指在由于客户或其他方原因终止合同的情况下,企业有权就累计至今已完成的履约部分收取能够补偿其已发生成本和合理利润的款项,并且该权利具有法律约束力。对于在某一时段内履行的履约义务,企业应当选取恰当的方法来确定履约进度;对于在某一时点履行的履约义务,企业应当综合分析控制权转移的迹象,判断其转移时点。

二、"五步法"收入确认模型在房地产企业的应用

(一) 识别与客户订立的合同

目前,房地产企业在房屋买卖交易过程中会涉及意向订单、草签合同、正式商品房销售合同(房管局备案)等各种合同类文书,在种类多样的合同

类文书中识别出符合条件的合同是收入确认的前提。房屋作为一种特殊商品，其销售条件受到相关法律法规的严格约束，如《商品房销售管理办法》规定，"商品房现售，应当符合以下条件：已通过竣工验收；供水、供电、供热、燃气、通讯等配套基础设施具备交付使用条件，其他配套基础设施和公共设施具备交付使用条件或者已确定施工进度和交付日期；物业管理方案已经落实。""房地产开发企业不得在未解除商品房买卖合同前，将作为合同标的物的商品房再行销售给他人。""商品房销售时，房地产开发企业和买受人应当订立书面商品房买卖合同。商品房买卖合同应当明确以下主要内容：当事人名称或者姓名和住所；商品房基本状况；商品房的销售方式；商品房价款的确定方式及总价款、付款方式、付款时间；交付使用条件及日期；装饰、设备标准承诺；供水、供电、供热、燃气、通讯、道路、绿化等配套基础设施和公共设施的交付承诺和有关权益、责任；公共配套建筑的产权归属；面积差异的处理方式；办理产权登记有关事宜；解决争议的方法等。""符合商品房销售条件的，房地产开发企业在订立商品房买卖合同之前向买受人收取预订款性质费用的，订立商品房买卖合同时，所收费用应当抵作房价款；当事人未能订立商品房买卖合同的，房地产开发企业应当向买受人返还所收费用；当事人之间另有约定的，从其约定。""房地产开发企业应当按照合同约定，将符合交付使用条件的商品房按期交付给买受人。未能按期交付的，房地产开发企业应当承担违约责任。""在未解除商品房买卖合同前，将作为合同标的物的商品房再行销售给他人的，处以警告，责令限期改正，并处 2 万元以上 3 万元以下罚款；构成犯罪的，依法追究刑事责任。"这些规定表明房地产企业与购房者签订的《商品房销售合同》基本同时满足上文所列的合同的五项条件，企业应当在履行了合同中的履约义务，即在客户取得相关商品控制权时确认收入。房地产企业与客户签订的意向书、草签的合同等，不能同时满足前述五个条件，按照新收入准则，需要在后续期间保持持续评估，直至满足条件的合同签订。

（二）识别合同中的单项履约义务

房地产企业可能会在销售土地的同时承诺对该土地进行设计和开发，在该土地上建造一个商业中心；房地产企业可能会在销售房屋时赠送车位或物业服务或会所会员服务；房地产企业可能会销售毛坯房再加上精装修；房地产企业可能会在销售时一并提供房屋质量保修；等等。房地产企业在销售过程中需要严格按照准则规定，分析合同条款，识别合同中存在的履约义务是单项履约义务还是各种不同履约义务的组合，分别就不同情况确认收入。

（三）确定交易价格

房地产企业采用分期收款、销售回购等方式销售房产，涉及融资成分，需要合理估计商品控制权转移时点的客户现金支付金额与当前合同对价的差额，并在合同期间内按照实际利率法摊销。房地产企业可能会发生拆迁还房、无偿转让政府自建商品房等非现金转让方式，需要根据非现金对价的公允价值或向其他客户转让商品房的单独售价来确定交易价格。同时，需要注意的是，房地产企业代第三方收取的款项以及企业预期将退还给客户的款项，应当作为负债进行会计处理，不计入交易价格，如代政府收取的维修基金、契税等费用。

（四）将交易价格分摊至各单项履约义务

房地产企业与客户订立的合同若为单项履约义务合同，可将交易价格直接分配；若合同中包含两项或多项履约义务的（如销售房屋和车位、销售房屋赠送物业服务、销售房屋赠送装修等），企业应当在合同开始日，按照各单项履约义务所承诺商品的单独售价的相对比例，将交易价格分摊至各单项履约义务。若单独售价无法直接观察的，企业应当综合考虑其他能够合理取得的全部相关信息，采用市场调整法、成本加成法、余值法等合理估计单独售价。

（五）履行每一单项履约义务时确认收入

履行每一单项履约义务时确认收入对房地产企业来说，关键点是在某时点确认收入还是在某一时段确认收入。新准则确认收入的方式以商品或服务控制权的转移来决定，对于现房销售来说，房地产企业与客户签订有效合同之后，收讫款项即可交付业主现房，属于"在某一时点履行"的业务，房地产企业应在履约的时点确认收入，对此大家没有异议。而对于期房销售来说，可否认定为"在某一时段内履行"的业务，在履约期内按履约进度确认收入，大家存在不同看法。一种观点认为，对于期房销售来说，房地产企业与客户签订《商品房预售合同》，并收到客户支付的房款（含贷款），客户取得固定房号的商品房，房地产企业在履约过程中所产出的商品具有不可替代用途，并且，客户也可以取得商品房价格上涨带来的经济利益，因此，认为达到上述条件的期房销售可以按履约进度确认收入。碧桂园对于符合规定的房地产销售业务，就采用按履约进度确认销售收入，成为执行新准则的第一家房地产企业。另一种观点认为，时段确认收入需满足以下三个条件之一：第1条，客户在履约的同时即取得并消耗企业履约所带来的经济利益；第2条，客户能够控制企业履约过程中在建的商品；第3条，企业履约过程中所产出的商品具有不可替代用途，且该企业在整个合同期间内有权就累计至今已完成的履约部分收取款项，期房销售显然不满足第1、第2两个条件，至于第3条，房地产企业建造的商品房一般来说不是定制的，而是通用的，此购房者不买可以卖给另外的购房者。另外，如果购房者违约，一般来说，房地产企业顶多没收违约金，其金额无法补偿累计至今已完成的履约部分成本和合理利润。笔者比较认同普华永道的判断方法，即根据合同条款内容具体判断是否适用时段确认收入，列示如下：

部分条款示例	可否一段时间确认收入？
完工前支付60%，建造完工后支付40%	否
支付不可退还的定金，完工后支付剩余款项	否
支付不可退还的定金，而且根据建造进度支付款项。除企业责任外，客户没有权利终止合同	可
客户支付全款，如合同被终止，款项可以退回	否
客户支付全款，如合同被终止，企业有权保留不退回款项	可
客户取消合约时，支付成本＋5%，无定金，正常毛利5%～8%	可
客户支付的10%定金被没收（或支付相应违约金），企业保留在制品	否

三、案例分析

2018年8月1日，甲房地产企业取得预售许可证，与客户李某签订预售合同，预收房款100万元。2019年1月1日，甲开发的商品房竣工，与客户李某签订正式的商品房销售合同，合同规定，客户李某购买甲公司120平方米商品房，赠送甲房地产公司提供的物业服务3年，合同售价600万元（含税），当天李某交付余款。房屋单独售价600万元（含税），3年物业服务费10万元（含税）。

分析：

1. 识别与客户订立的合同。甲房地产公司与购房者签订的《商品房销售合同》基本同时满足上文所列的合同的五项条件，甲公司交房客户取得相关商品控制权时确认收入。预售合同不满足合同的五项条件，收到的预收款不能确认为收入。

2. 识别合同中的单项履约义务。合同中包含两项履约义务，销售房屋和提供3年物业服务。

3. 确定交易价格。合同中规定的交易价格为600万元。

4. 将交易价格分摊至各单项履约义务。甲公司商品房应摊交易价格=600×600/（600+10）=590.2万元，3年物业服务应摊交易价格9.8万元。

5. 履行每一单项履约义务时确认收入。销售商品房按时点确认收入，提供物业服务按时段确认收入。

会计分录：

预收账款：

借：银行存款	100
贷：预收账款	100

收到余款，确认收入：

借：银行存款	500
预收账款	100
贷：主营业务收入——商品房	536.6
合同负债	9.8
应交税费——应交增值税（销项税额）	53.6

假设按年确认物业费收入，并交纳增值税：

借：合同负债	3.27
贷：其他业务收入	3.08
应交税费——应交增值税（销项税额）	0.19

2. 新收入准则下分期收款销售的税会分析

分期收款销售属于现代企业运用的一种重要促销手段，是指商品一次性交付，但货款按照合同约定分期收回的一种销售方式。在财务工作中，不少财会人员对此促销手段如何进行正确的税会处理存在疑惑，本文拟结合2017年新修订的收入准则（下文简称新收入准则）对此进行分析，期望对读者有些许帮助。

一、会计处理

新收入准则第四条规定，企业应当在履行了合同中的履约义务，即在客户取得相关商品控制权时确认收入。新收入准则第五条规定，当企业与客户之间的合同同时满足下列条件时，企业应当在客户取得相关商品控制权时确认收入：合同各方已批准该合同并承诺将履行各自义务；该合同明确了合同各方与所转让商品或提供劳务（以下简称"转让商品"）相关的权利和义务；该合同有明确的与所转让商品相关的支付条款；该合同具有商业实质，即履行该合同将改变企业未来现金流量的风险、时间分布或金额。新收入准则第十四条规定，企业应当按照分摊至各单项履约义务的交易价格计量收入，交易价格，是指企业因向客户转让商品而预期有权收取的对价金额，企业代第三方收取的款项以及企业预期将退还给客户的款项，应当作为负债进行会计处理，不计入交易价格。

按照以上规定，分期收款销售合同满足条件，企业应当在客户取得相关商品控制权即企业交付商品时，依据交易价格确认收入。改变了原准则按"公允价值确定销售商品收入金额"的规定，规避了"公允价值"不易把握的困境，体现了会计核算的可靠性要求。

在确定交易价格时，新收入准则第十五条强调，企业应当根据合同条款，并结合其以往的习惯做法确定交易价格。在确定交易价格时，企业应当考虑可变对价、合同中存在的重大融资成分、非现金对价、应付客户对价等因素的影响。

对于分期收款销售合同来说，在确定交易价格时，就需要考虑合同中是否存在重大融资成分。新收入准则第十七条规定，合同中存在重大融资成分的，企业应当按照假定客户在取得商品控制权时即以现金支付的应付金额确定交易价格。该交易价格与合同对价之间的差额，应当在合同期间内采用实际利率法摊销。合同开始日，企业预计客户取得商品控制权与客户支付价款间隔不超过一年的，可以不考虑合同中存在的重大融资成分。也就是说，合同中存在重大融资成分的，交易价格与合同对价之间的差额，就相当于销售企业向客户提供贷款形成了让渡资产使用权的利息部分，应当在合同期间内采用实际利率法摊销；合同中不存在重大融资成分的，直接按照合同对价作为交易价格入账。

二、税务处理

（一）增值税

《增值税暂行条例》第十九条规定，销售货物或者应税劳务，增值税纳税义务发生时间为收讫销售款项或者取得索取销售款项凭据的当天；先开具发票的，为开具发票的当天。

根据《增值税暂行条例实施细则》第三十八条的规定，条例第十九条规定的收讫销售款项或者取得索取销售款项凭据的当天，在分期收款方式销售货物下，为书面合同约定的收款日期的当天，无书面合同的或者书面合同没有约定收款日期的，为货物发出的当天。

根据《营业税改征增值税试点实施办法》第四十五条的规定，增值税纳税义务发生时间为纳税人发生应税行为并收讫销售款项或者取得索取销售款项凭据的当天；纳税人先开具发票的，纳税义务发生时间为开具发票的当天。收讫销售款项，是指纳税人销售服务、无形资产、不动产过程中或者完成后收到款项。取得索取销售款项凭据的当天，是指书面合同确定的付款日期；未签订书面合同或者书面合同未确定付款日期的，为服务、无形资产转让完成的当天或者不动产权属变更的当天。

总之，在分期收款销售方式下，增值税纳税义务发生时间按照合同约定的收款时间确定，即使在合同约定的时间没有收到货款，纳税义务也产生了；若纳税人先开具发票，纳税义务在开具发票时产生。

（二）所得税

《企业所得税法实施条例》第二十三条规定，以分期收款方式销售货物的，按照合同约定的收款日期确认收入的实现。

从以上增值税和所得税的规定可以看出，两者的主要区别在于，增值税下纳税人先开具发票的，纳税义务即产生；而所得税的收入还是按照合同约定来。

三、税会差异

会计上，对于融资性质的分期收款销售业务，分解为销售和融资两项业务分别进行会计处理。在分期收款销售业务发生时，按照销售商品的交易价格确认收入，同时结转成本，即按照销售业务进行会计处理；未来货款分期收回金额的总额与交易价格之间的差额，按照实际利率摊销原则冲减财务费用，即按照融资业务进行会计处理。而税法上，按照合同约定这种近似于收付实现制的方法，来确认分期收款销售业务，将一笔分期收款销售看成是多笔销售业务，收款金额分期确定，并依据配比原则相应确定成本，没有考虑分期收款销售业务的融资性质。即使不具有融资性质的分期收款销售业务，会计上确认收入和所得税上确认收入也不相同。此外，每个会计期末，会计上还要根据《企业会计准则第18号——所得税》的规定来确认递延所得税资产或负债。

【案例】华水公司2018年12月1日采用分期收款销售方式销售一组供电设备给华北公司，合同约定从2019年起每年年末华北公司支付货款1200万元，共支付 3 年，假设设备的成本为 1800 万元，现在交易的交易价格为 2984.4 万元，实际利率为 10%，请进行税会分析。

税会分析：

1. 列表计算未实现融资收益摊销和递延所得税。

表 1　　　　　未实现融资收益摊销计算表

日　前	年初未收本金（1）= 上期（1）－上期（4）	财务费用（2）= （1）×10%	收款总额（3）	收回本金（4）= （3）－（2）
2018 年 12 月 1 日	2984.4			
2019 年 12 月 31 日	2984.4	298.44	1200	901.56
2020 年 12 月 31 日	2082.84	208.284	1200	991.716
2021 年 12 月 31 日	1091.124	108.876	1200	1091.124
合计		615.6	3600	2984.4

表 2　　　改进的资产负债表债务法分期收款销售所得税计算表

项　目	2018 年	2019 年	2020 年	2021 年
存货账面价值（1）	0	0	0	0
存货计税基础（2）	1800	1200	600	0
可抵扣暂时性差异（3）=（2）－（1）	1800	1200	600	0
长期应收款（4）	3600	2400	1200	0
未实现融资收益（5）	615.6	317.66	108.876	0
长期应收款账面价值（6）=（4）－（5）	2984.4	2082.84	1091.124	0
长期应收款计税基础（7）	0	0	0	0
应纳税暂时性差异（8）=（6）－（7）	2984.4	2082.44	1091.124	0
应纳税暂时性差异净额（9）=（8）－（3）	1184.4	882.84	491.124	0
递延所得税负债余额（10）=（9）×25%	296.1（贷方）	220.71（贷方）	122.781（贷方）	0
递延所得税负债发生额（11）= 本期（10）－上期（10）	296.1（贷方）	75.39（借方）	97.929（借方）	122.781（借方）
递延所得税费用（12）=（11）	296.1（借方）	75.39（贷方）	97.929（贷方）	122.781（贷方）

2. 2018 年。

(1) 会计上。

借：长期应收款——货款 3600
　　长期应收款——增值税税款 612
　贷：主营业务收入 2984.4
　　　未实现融资收益 615.6
　　　应交税费——待转销项税额 612
借：主营业务成本 1800
　贷：库存商品 1800

(2) 税法上。

不做税务处理。

(3) 税会差异。

会计上确认 2984.4 万元销售收入，结转成本 1800 万元，形成 1184.4 万元的销售利润；税法上没有确认利润。

(4) 确认递延所得税负债。

借：所得税费用 296.1
　贷：递延所得税负债 296.1

(5) 纳税申报。

行次	项目	合同金额（交易金额）	账载金额		税收金额		纳税调整金额
			本年	累计	本年	累计	
		1	2	3	4	5	6 (4-2)
1	一、跨期收取的租金、利息、特许权使用费收入（2+3+4）						
2	（一）租金						
3	（二）利息						
4	（三）特许权使用费						
5	二、分期确认收入（6+7+8）						
6	（一）分期收款方式销售货物收入	3600	2984.4	2984.4	0	0	-2984.4
7	（二）持续时间超过12个月的建造合同收入						
8	（三）其他分期确认收入						

3. 2019 年。

(1) 会计上。

借：银行存款 1404
　贷：长期应收款——货款 1200
　　　长期应收款——增值税税款 204
借：应交税费——待转销项税额 204

贷：应交税费——应交增值税（销项税额）　　　　　　204

借：未实现融资收益　　　　　　　　　　　　　　　　298.44

贷：财务费用　　　　　　　　　　　　　　　　　　　298.44

A105000 纳税调整项目明细表

行次	项目	账载金额 1	税收金额 2	调增金额 3	调减金额 4
1	一、收入类调整项目（2+3+4+5+6+7+8+10+11）	*	*		
2	（一）视同销售收入（填写A105010）	*			*
3	（二）未按权责发生制原则确认的收入（填写A105020）	2984.4	0		2984.4
12	二、扣除类调整项目（13+14+15+16+17+18+19+20+21+22+23+24+26+27+28+29）	*	*		
22	（十）与未实现融资收益相关在当期确认的财务费用				
29	（十六）其他				
30	三、资产类调整项目（31+32+33+34）	*	*		
31	（一）资产折旧、摊销（填写A105080）				
32	（二）资产减值准备金		*		
33	（三）资产损失（填写A105090）				
34	（四）其他	1800	0	1800	
43	合计（1+12+30+35+41+42）	*	*	1800	2984.4

（2）税法上。

税法上确认销售收入1200万元，成本600万元，销售利润为600万元。

（3）税会差异。

会计上确认了298.44万元融资收益，税法上确认了600万元销售利润。

（4）确认递延所得税负债。

借：递延所得税负债　　　　　　　　　　　　　　　　75.39

贷：所得税费用　　　　　　　　　　　　　　　　　　75.39

（5）纳税申报。

A105020 未按权责发生制确认收入纳税调整明细表

行次	项目	合同金额（交易金额）1	账载金额 本年 2	账载金额 累计 3	税收金额 本年 4	税收金额 累计 5	纳税调整金额 6（4-2）
1	一、跨期收取的租金、利息、特许权使用费收入（2+3+4）						
2	（一）租金						
3	（二）利息						
4	（三）特许权使用费						
5	二、分期确认收入（6+7+8）						
6	（一）分期收款方式销售货物收入	3600	0	2984.4	1200	1200	1200
7	（二）持续时间超过12个月的建造合同收入						
8	（三）其他分期确认收入						

行次	项　　目	账载金额 1	税收金额 2	调增金额 3	调减金额 4
	A105000纳税调整项目明细表				
1	一、收入类调整项目（2+3+4+5+6+7+8+10+11）	*	*		
2	（一）视同销售收入（填写A105010）		*		*
3	（二）未按权责发生制原则确认的收入（填写A105020）	0	1200	1200	
12	二、扣除类调整项目（13+14+15+16+17+18+19+20+21+22+23+24+26+27+28+29）	*	*		
22	（十）与未实现融资收益相关在当期确认的财务费用	-298.44	0		298.44
29	（十六）其他				
30	三、资产类调整项目（31+32+33+34）	*	*		
31	（一）资产折旧、摊销（填写A105080）				
32	（二）资产减值准备金		*		
33	（三）资产损失（填写A105090）				
34	（四）其他	0	600		600
43	合计（1+12+30+35+41+42）	*	*	1200	898.44

4. 2020 年。

（1）会计上。

借：银行存款　　　　　　　　　　　　　　　　　1404

　　贷：长期应收款——货款　　　　　　　　　　1200

　　　　长期应收款——增值税税款　　　　　　　 204

借：应交税费——待转销项税额　　　　　　　　　 204

　　贷：应交税费——应交增值税（销项税额）　　 204

借：未实现融资收益　　　　　　　　　　　　　 208.284

　　贷：财务费用　　　　　　　　　　　　　　 208.284

（2）税法上。

税法上确认销售收入1200万元，成本600万元，销售利润为600万元。

（3）税会差异。

会计上确认了208.284万元融资收益，税法上确认了600万元销售利润。

（4）确认递延所得税负债。

借：递延所得税负债　　　　　　　　　　　　　 97.929

　　贷：所得税费用　　　　　　　　　　　　　　97.929

（5）纳税申报。

A105020未按权责发生制确认收入纳税调整明细表

行次	项目	合同金额（交易金额）	账载金额		税收金额		纳税调整金额
			本年	累计	本年	累计	
		1	2	3	4	5	6（4-2）
1	一、跨期收取的租金、利息、特许权使用费收入（2+3+4）						
2	（一）租金						
3	（二）利息						
4	（三）特许权使用费						
5	二、分期确认收入（6+7+8）						
6	（一）分期收款方式销售货物收入	3600	0	2984.4	1200	2400	1200
7	（二）持续时间超过12个月的建造合同收入						
8	（三）其他分期确认收入						

5. 2021年。

（1）会计上。

借：银行存款　　　　　　　　　　　　　　1404
　　贷：长期应收款——货款　　　　　　　1200
　　　　长期应收款——增值税税款　　　　204
借：应交税费——待转销项税额　　　　　　204
　　贷：应交税费——应交增值税（销项税额）　204
借：未实现融资收益　　　　　　　　　　　108.876
　　贷：财务费用　　　　　　　　　　　　108.876

A105000纳税调整项目明细表

行次	项目	账载金额	税收金额	调增金额	调减金额
		1	2	3	4
1	一、收入类调整项目（2+3+4+5+6+7+8+10+11）	*	*		
2	（一）视同销售收入（填写A105010）	*			*
3	（二）未按权责发生制原则确认的收入（填写A105020）	0	1200	1200	
12	二、扣除类调整项目（13+14+15+16+17+18+19+20+21+22+23+24+26+27+28+29）	*	*		
22	（十）与未实现融资收益相关在当期确认的财务费用	-208.284	0		208.284
29	（十六）其他				
30	三、资产类调整项目（31+32+33+34）	*	*		
31	（一）资产折旧、摊销（填写A105080）				
32	（二）资产减值准备金		*		
33	（三）资产损失（填写A105090）				
34	（四）其他	0	600	600	
43	合计（1+12+30+35+41+42）	*	*	1200	808.284

（2）税法上。

税法上确认销售收入1200万元，成本600万元，销售利润为600万元。

2. 新收入准则下分期收款销售的税会分析

（3）税会差异。

会计上确认了 108.876 万元融资收益，税法上确认了 600 万元销售利润。

（4）确认递延所得税负债。

借：递延所得税负债　　　　　　　　　　　　　　122.781
　　贷：所得税费用　　　　　　　　　　　　　　　　122.781

（5）纳税申报。

A105020 未按权责发生制确认收入纳税调整明细表

行次	项目	合同金额（交易金额）	账载金额		税收金额		纳税调整金额
			本年	累计	本年	累计	
		1	2	3	4	5	6 (4-2)
1	一、跨期收取的租金、利息、特许权使用费收入（2+3+4）						
2	（一）租金						
3	（二）利息						
4	（三）特许权使用费						
5	二、分期确认收入（6+7+8）						
6	（一）分期收款方式销售货物收入	3600	0	2984.4	1200	3600	1200
7	（二）持续时间超过12个月的建造合同收入						
8	（三）其他分期确认收入						

A105000 纳税调整项目明细表

行次	项目	账载金额	税收金额	调增金额	调减金额
		1	2	3	4
1	一、收入类调整项目（2+3+4+5+6+7+8+10+11）	*	*		
2	（一）视同销售收入（填写A105010）	*			*
3	（二）未按权责发生制原则确认的收入（填写A105020）	0	1200	1200	
12	二、扣除类调整项目（13+14+15+16+17+18+19+20+21+22+23+24+26+27+28+29）	*	*		
22	（十）与未实现融资收益相关在当期确认的财务费用	-108.876	0		108.876
29	（十六）其他				
30	三、资产类调整项目（31+32+33+34）	*	*		
31	（一）资产折旧、摊销（填写A105080）				
32	（二）资产减值准备金		*		
33	（三）资产损失（填写A105090）				
34	（四）其他	0	600		600
43	合计（1+12+30+35+41+42）	*	*	1200	708.876

通过以上案例分析，我们可以进一步看出，分期收款销售税务处理和会计处理存在差异，会计上把分期收款销售的收益分为两个部分：一部分是销售利润，另一部分是融资收益，而税法上只看作是销售利润。这种差异是暂时性差异，从整体上并不影响企业利润总额，即会计上销售利润加上融资收益等于税法上销售利润。如上例，2018 纳税调减 1184.4 万元，而 2019 年纳

税调增 301.56 万元、2020 年纳税调增 391.716 万元、2021 年纳税调增 491.124 万元，3 年调增的数额等于 2018 年调减的数额，从长期来说并不影响企业的利润总额。

正如上文提及的那样，不具有融资性质的分期收款销售也存在税会差异，同样需要纳税调整，调整方法和上例大致相同，在此不再赘述。

【参考文献】

索玲玲，季皓，杨克智. 资产负债表债务法下分期收款销售所得税会计处理［J］. 财务与会计，2016（4）.

3.

新收入准则下建造合同的会计核算

新收入准则采用了"五步法"收入确认模型来确认和计量收入，不再区分销售商品、提供劳务和建造合同等具体交易形式，而是按照统一的收入确认模型来确认收入。在"五步法"收入模型下，建造合同的会计核算也发生变化，体现在新增了几个重要的会计科目以及具体的核算方法上。

一、新增的会计科目

1. "合同资产"。本科目核算企业已向客户转让商品而有权收取对价的权利。企业在客户实际支付合同对价或在该对价到期应付之前，已经向客户转让了商品的，应当按因已转让商品而有权收取的对价金额，借记本科目或"应收账款"科目，贷记"主营业务收入""其他务收入"等科目；企业取得无条件收款权时，借记"应收账款"科目，贷记本科目。涉及增值税的，还应进行相应的处理。

2. "合同负债"。本科目核算企业已收或应收客户对价而应向客户转让商品的义务。企业在向客户转让商品之前，客户已经支付了合同对价或企业已经取得了无条件收取合同对价权利的，企业应当在客户实际支付款项与到期应支付款项孰早时点，按照该已收或应收的金额，借记"银行存款""应收账款""应收票据"等科目，贷记本科目；企业向客户转让相关商品时，借记本科目，贷记"主营业务收入""其他业务收入等科目。涉及增值税的，还应进行相应的处理。本科目期末贷方余额，反映企业在向客户转让商品之前，已经收到的合同对价或已经取得的无条件收取合同对价权利的金额。

3. "合同履约成本"。本科目核算企业为履行当前或预期取得的合同所发生的、不属于其他企业会计准则规范范围且按照本收入准则应当确认为一项资产的成本。企业发生上述合同履约成本时，借记本科目，贷记"银行存款""应付职工薪酬""原材料"等科目；对合同履约成本进行摊销时，借记"主营业务成本""其他业务成本"等科目，贷记本科目。涉及增值税的，还应进行相应的处理。本科目期末借方余额，反映企业尚未结转的合同履约成本。

4. "合同结算"。本科目核算同一合同下属于在某一时段内履行履约义务涉及与客户结算对价的合同资产或合同负债，在此科目下设置"合同结算—价款结算"科目反映定期与客户进行结算的金额，设置"合同结算—收入结转"科目反映按履约进度结转的收入金额。资产负债表日，"合同结算"科目的期末余额在借方的，根据其流动性，在资产负债表中分别列示为"合同资产"或"其他非流动资产"项目；期末余额在贷方的，根据其流动性，在资产负债表中分别列示为"合同负债"或"其他非流动负债"项目。

二、建造合同的会计核算

【案例】2018 年 1 月 1 日，甲建筑公司与乙公司签订一项大型设备建造工程合同，根据双方合同，该工程的造价为 6300 万元，工程期限为 1 年半，甲公司负责工程的施工及全面管理，乙公司按照第三方工程监理公司确认的工程完工量，每半年与甲公司结算一次；预计 2019 年 6 月 30 日竣工；预计可能发生的总成本为 4000 万元。假定该建造工程整体构成单项履约义务，并属于在某一时段履行的履约义务，甲公司采用成本法确定履约进度，增值税税率为 10%，不考虑其他相关因素。2018 年 6 月 30 日，工程累计实际发生成本 1500 万元，甲公司与乙公司结算合同价款 2500 万元，甲公司实际收到价款 2000 万元；2018 年 12 月 31 日，工程累计实际发生成本 3000 万元，甲公司与乙公司结算合同价款 1100 万元，甲公司实际收到价款 1000 万元；2019 年 6 月 30 日，工程累计实际发生成本 4100 万元，乙公司与甲公司结算了合同竣工价款 2700 万元，并支付剩余工程款 3300 万元，上述价款均不含增值税额。

假定甲公司与乙公司结算时即发生增值税纳税义务,乙公司在实际支付工程价款的同时支付其对应的增值税款。

甲公司的账务处理为(单位为万元):

(1) 2018 年 1 月 1 日至 6 月 30 日实际发生工程成本时。

借:合同履约成本 1500
　　贷:原材料、应付职工薪酬等 1500

(2) 2018 年 6 月 30 日。

履约进度 = 1500 ÷ 4000 = 37.5%

合同收入 = 6300 × 37.5% = 2362.5

借:合同结算——收入结转 2362.5
　　贷:主营业务收入 2362.5

借:主营业务成本 1500
　　贷:合同履约成本 1500

借:应收账款 2750
　　贷:合同结算——价款结算 2500
　　　　应交税费——应交增值税(销项税额) 250

借:银行存款 2200
　　贷:应收账款 2200

当日,"合同结算"科目的余额为货方 137.5 (2500 - 2362.5) 万元,表明甲公司已经与客户结算但尚未履行履约义务的金额为 137.5 万元,由于甲公司预计该部分履约义务将在 2018 年内完成,因此,应在资产负债表中作为合同负债列示。

(3) 2018 年 7 月 1 日至 12 月 31 日实际发生工程成本时。

借:合同履约成本 1500
　　贷:原材料、应付职工薪酬等 1500

(4) 2018 年 12 月 31 日。

履约进度 = 3000 ÷ 4000 = 75%

合同收入 = 6300 × 75% - 2362.5 = 2362.5

借:合同结算——收入结转 2362.5
　　贷:主营业务收入 2362.5

借:主营业务成本 1500

　　　　贷：合同履约成本　　　　　　　　　　　　　　　　　　　1500
　　借：应收账款　　　　　　　　　　　　　　　　　　　　　　　1210
　　　　贷：合同结算——价款结算　　　　　　　　　　　　　　　1100
　　　　　　应交税费——应交增值税（销项税额）　　　　　　　　 110
　　借：银行存款　　　　　　　　　　　　　　　　　　　　　　　1100
　　　　贷：应收账款　　　　　　　　　　　　　　　　　　　　　1100

当日，"合同结算"科目的金额为借方1125（2362.5-1100-137.5）万元，表明甲公司已经履行履约义务但尚未与客户结算的金额为1125万元，由于该部分金额将在2019年内结算，因此，应在资产负债表中作为合同资产列示。

（5）2019年1月1日至6月30日实际发生工程成本时。
　　借：合同履约成本　　　　　　　　　　　　　　　　　　　　1100
　　　　贷：原材料、应付职工薪酬等　　　　　　　　　　　　　1100

（6）2019年6月30日。

由于当日该工程已竣工决算，其履约进度为100%。

合同收入=6300-2362.5-2362.5
　　　　=1575

　　借：合同结算——收入结转　　　　　　　　　　　　　　　　1575
　　　　贷：主营业务收入　　　　　　　　　　　　　　　　　　1575
　　借：主营业务成本　　　　　　　　　　　　　　　　　　　　1100
　　　　贷：合同履约成本　　　　　　　　　　　　　　　　　　1100
　　借：应收账款　　　　　　　　　　　　　　　　　　　　　　2970
　　　　贷：合同结算——价款结算　　　　　　　　　　　　　　2700
　　　　　　应交税费——应交增值税（销项税额）　　　　　　　 270
　　借：银行存款　　　　　　　　　　　　　　　　　　　　　　3630
　　　　贷：应收账款　　　　　　　　　　　　　　　　　　　　3630

当日，"合同结算"科目的余额为零（1125+1575-2700）元。

在本案例中，甲公司也可以采用以下方法进行会计核算（单位为万元）：

（1）2018年1月1日至6月30日实际发生工程成本时。
　　借：合同履约成本　　　　　　　　　　　　　　　　　　　　1500
　　　　贷：原材料、应付职工薪酬等　　　　　　　　　　　　　1500

（2）2018 年 6 月 30 日。

履约进度 = 1500 ÷ 4000 = 37.5%

合同收入 = 6300 × 37.5% = 2362.5

借：合同资产　　　　　　　　　　　　　　　　　　2362.5
　　贷：主营业务收入　　　　　　　　　　　　　　　　2362.5
借：主营业务成本　　　　　　　　　　　　　　　　1500
　　贷：合同履约成本　　　　　　　　　　　　　　　　1500
借：应收账款　　　　　　　　　　　　　　　　　　2750
　　贷：合同资产　　　　　　　　　　　　　　　　　　2362.5
　　　　合同负债　　　　　　　　　　　　　　　　　　137.5
　　　　应交税费——应交增值税（销项税额）　　　　　250
借：银行存款　　　　　　　　　　　　　　　　　　2200
　　贷：应收账款　　　　　　　　　　　　　　　　　　2200

（3）2018 年 7 月 1 日至 12 月 31 日实际发生工程成本时。

借：合同履约成本　　　　　　　　　　　　　　　　1500
　　贷：原材料、应付职工薪酬等　　　　　　　　　　　1500

（4）2018 年 12 月 31 日。

履约进度 = 3000 ÷ 4000 = 75%

合同收入 = 6300 × 75% − 2362.5 = 2362.5

借：合同资产　　　　　　　　　　　　　　　　　　2225
　　合同负债　　　　　　　　　　137.5（2018 年 6 月 30 日确认的金额）
　　贷：主营业务收入　　　　　　　　　　　　　　　　2362.5
借：主营业务成本　　　　　　　　　　　　　　　　1500
　　贷：合同履约成本　　　　　　　　　　　　　　　　1500
借：应收账款　　　　　　　　　　　　　　　　　　1210
　　贷：合同资产　　　　　　　　　　　　　　　　　　1100
　　　　应交税费——应交增值税（销项税额）　　　　　110
借：银行存款　　　　　　　　　　　　　　　　　　1100
　　贷：应收账款　　　　　　　　　　　　　　　　　　1100

当日，合同资产账户余额为 1125（2225 − 1100）万元。

（5）2019 年 1 月 1 日至 6 月 30 日实际发生工程成本时。

借：合同履约成本 1100
　　贷：原材料、应付职工薪酬等 1100

（6）2019 年 6 月 30 日。

由于当日该工程已竣工决算，其履约进度为 100%。

合同收入 = 6300 − 2362.5 − 2362.5
　　　　 = 1575

借：合同资产 1575
　　贷：主营业务收入 1575

借：主营业务成本 1100
　　贷：合同履约成本 1100

借：应收账款 2970
　　贷：合同资产 2700
　　　　应交税费——应交增值税（销项税额） 270

借：银行存款 3630
　　贷：应收账款 3630

当日，"合同资产"科目的余额为零（1125 + 1575 − 2700）元。

4.

"甲供材"的税会分析

在建筑合同中，甲方为建设单位，乙方为施工单位（一般为建筑公司）。甲方出于成本、工程质量等考虑，往往自行采购全部或部分的工程用设备、材料、动力，这就是"甲供材"。"营改增"后"甲供材"的税会处理不同于营业税时代，许多财务人员感到困惑。为此，需进行必要的梳理。

一、税务处理

根据《财政部、国家税务总局关于全面推开营业税改征增值税试点的通知》（财税〔2016〕36号）附件2《营业税改征增值税试点有关事项的规定》的规定，"甲供材"是指全部或部分设备、材料、动力由发包方或业主自行采购，并将自行采购的设备、材料、动力交给施工企业进行施工的一种建筑工程现象。

从该定义可以看出，发包方或业主（后文简称甲方）提供"甲供材"的数量并没有严格要求，可多可少，少到提供一颗钉子也可算作"甲供材"；甲方把设备、材料、动力"交给"施工企业（后文简称乙方）进行施工，所谓"交给"包括两种方式，无偿"交给"和有偿"交给"，没有包括在建筑工程承包合同总价中的是无偿"交给"，包括在建筑工程承包合同总价中的是有偿"交给"。

在无偿"交给"的情况下，甲方向材料供应商购买设备、材料、动力等，供应商将设备、材料、动力等发票开给甲方，甲方购进设备、材料、动力后，根据施工方的工程进度需求，拨付给乙方使用。乙方则以清包工方式或甲供工程方式提供建筑服务，在其自身的工程施工成本中不反映该设备、材料、动力等成本，与设备、材料、动力等供应商无任何关系。其中，以清包工方式提供建筑服务，是指施工方不采购建筑工程所需的材料或只采购辅助材料，只收取人工费、管理费或者其他费用的建筑服务。在有偿"交给"的情况下，甲方向材料供应商购买设备、材料、动力等，供应商将设备、材料、动力等发票开给甲方，甲方购进设备、材料、动力后，再按照当初确定的预算价格销售给乙方，乙方在其自身的工程施工成本中反映该设备、材料、动力的成本。甲方在发出"甲供材"时直接按照工程预算价格冲减应付账款（应付工程款），而乙方一般在收到时按照工程预算价冲减应收账款（应收工程款）。

《财政部、国家税务总局关于全面推开营业税改征增值税试点的通知》（财税〔2016〕36 号）附件 2《营业税改征增值税试点有关事项的规定》第一条第（七）款"建筑房屋"第 2 项规定："一般纳税人为甲供工程提供的建筑服务，可以选择适用简易计税方法计税"。此项规定表明，一般纳税人为甲供工程提供的建筑服务既可以采用一般计税方法，也可选择采用简易计税方法，最终采用什么计税方法，取决于甲乙双方的谈判。

根据《关于建筑服务等"营改增"试点政策的通知》（财税〔2017〕58 号）第一条规定，建筑工程总承包单位为房屋建筑的地基与基础、主体结构提供工程服务，建设单位自行采购全部或部分钢材、混凝土、砌体材料、预制构件的，适用简易计税方法计税。地基与基础、主体结构的范围，按照《建筑工程施工质量验收统一标准》（GB 50300—2013）附录 B《建筑工程的分部工程、分项工程划分》中的"地基与基础""主体结构"分部工程的范围执行。此项规定表明，特殊的"甲供材"工程必须采用简易计税方法。所谓特殊的"甲供材"需同时满足以下条件：必须是建筑工程总包单位，不适合于分包单位；总包单位必须是为房屋建筑的地基与基础、主体结构提供工程服务；甲供材范围包括钢筋、混凝土、砌体材料和预制构件四类材料中的一种或多种。

《财政部、国家税务总局关于全面推开营业税改征增值税试点的通知》（财税〔2016〕36 号）附件 1：《营业税改征增值税试点实施办法》第三十七条规定："销售额，是指纳税人发生应税行为取得的全部价款和价外费用，财政部和国家税务总局另有规定的除外"。同时财税〔2016〕36 号附件 2：《营业税改征增值税试点有关事项的规定》第一条第（三）项第（9）款规定："试点纳税人提供建筑劳务服务适用简易计税方法的，以取得的全部价款和价外费用扣除支付分包款后的余额为销售额"。

在"甲供材"形式下，根据以上分析，乙方在计算增值税时所确定的全部价款和价外费用主要有两种情况：第一，"甲供材"作为工程款的一部分，甲方采购后交给建筑企业使用，并抵减部分工程款（例如，工程款1000万元，甲方实际支付600万元，剩余400万元用"甲供材"抵顶工程款）；第二，"甲供材"与工程款无关，甲方采购后交给建筑企业使用，并另行支付工程款（例如，工程款600万元，"甲供材"400万元）。对第一种情况，乙方提供建造服务所确定的全部价款和价外费用为1000万元；对第二种情况，乙方提供建造服务所确定的全部价款和价外费用为600万元。

在确定了乙方取得的全部价款和价外费用后，纳税人选择一般计税方法下，全部价款和价外费用即销售额；纳税人选择简易计税方法下，取得的全部价款和价外费用扣除支付分包款后的余额为销售额。一般计税方法下应缴增值税＝销售额÷（1＋10%）×10%－乙方购入材料等的进项税额；简易计税方法下应缴增值税＝销售额÷（1＋3%）×3%。

二、会计处理

（一）"甲供材"不包含在合同总价款内（总额法）

【案例1】房地产开发企业甲发包房屋建筑安装工程给乙方，《建设工程施工合同》约定合同总额为10000万元。另外，合同还约定甲方提供钢材给乙方"无偿"使用，即材料价款不包含在合同总额中。假设甲购买材料不含税价款为1000万元，取得增值税专用发票（税率为16%），甲、乙如何进行会计处理？

1. 甲方的会计处理（分录单位是万元，下同）

（1）甲方采购钢材。

借：原材料　　　　　　　　　　　　　　　　　　　1000
　　应交税费——应交增值税（进项税额）　　　　　160

贷：银行存款　　　　　　　　　　　　　　　　　　1160

（2）钢材提供给乙方用于工程建设。

　　借：开发成本——建筑安装工程费　　　　　　　　1000

　　　贷：原材料　　　　　　　　　　　　　　　　　1000

（3）甲方支付工程款给乙。

①甲方支付工程款给乙，如果乙采用一般计税方法，则：

　　借：开发成本——建筑安装工程费　　　　　　　　9091

　　　　应交税费——应交增值税（进项税额）　　　　909

　　　贷：银行存款　　　　　　　　　　　　　　　 10000

②甲方支付工程款给乙，如果乙采用简易计税方法，则：

　　借：开发成本——建筑安装工程费　　　　　　　　9709

　　　　应交税费——应交增值税（进项税额）　　　　291

　　　贷：银行存款　　　　　　　　　　　　　　　 10000

2. 乙方的会计处理。

（1）假定乙方是一般纳税人，采用一般计税方法，收到工程款。

　　借：银行存款　　　　　　　　　　　　　　　　 10000

　　　贷：工程结算　　　　　　　　　　　　　　　　9091

　　　　　应交税费——应交增值税（销项税额）　　　909

（2）假定乙方是一般纳税人，采用简易计税方法，收到工程款。

　　借：银行存款　　　　　　　　　　　　　　　　 10000

　　　贷：工程结算　　　　　　　　　　　　　　　　9709

　　　　　应交税费——简易计税　　　　　　　　　　291

（3）乙公司领用"甲供材"，不做会计处理，但为了保护材料安全完整，应做备查登记。

（二）"甲供材"包含在合同总价款内

【案例2】房地产开发企业甲发包房屋建筑安装工程给乙方，《建设工程施工合同》约定合同总额为10000万元，其中含"甲供材"1000万元。

1. 甲方的会计处理。

（1）甲方采购钢材。

　　借：原材料　　　　　　　　　　　　　　　　　　 862

4. "甲供材"的税会分析

  应交税费——应交增值税（进项税额）   138
    贷：银行存款   1000

（2）钢材作价销售给乙方用于工程建设，乙方也需要给甲方开具建筑服务增值税发票。

  借：开发成本——建安工程费909（乙方一般计税下）或（971）（乙方采用简易计税下）

    应交税费——应交增值税（进项税额）91（乙方一般计税下）或（29）（乙方采用简易计税下）

     贷：应付账款——应付工程款   1000
  借：应付账款——应付工程款   1000
     贷：其他业务收入   862
      应交税费——应交增值税（销项税额）   138
  借：其他业务成本   862
     贷：原材料   862

（3）甲方支付剩余工程款给乙。

① 甲方支付工程款给乙。

  借：应付账款   9000
    贷：银行存款   9000

② 收到乙方开具的增值税发票。

  借：开发成本——建安工程费8182或（8738）（简易计税下）

    应交税费——应交增值税（进项税额）818或（262）（简易计税下）

     贷：应付账款   9000

2. 乙方的会计处理。

（1）假定乙方是一般纳税人，采用一般计税方法。

① 收到甲的钢材。

  借：原材料   862
    应交税费——应交增值税（进项税额）   138
     贷：应收账款   1000
  借：应收账款   1000
     贷：工程结算   909
      应交税费——应交增值税（销项税额）   91

②钢材用于工程。

借：工程施工——合同成本——直接材料费　　862
　　贷：原材料　　862

③收到剩余工程款，开增值税发票给甲公司。

借：银行存款　　9000
　　贷：工程结算　　8182
　　　　应交税费——应交增值税（销项税额）　　818

（2）假定乙方是一般纳税人，采用简易计税方法。

①收到甲方钢材。

借：原材料　　1000
　　贷：应收账款　　1000

②开具发票给甲方。

借：应收账款　　1000
　　贷：工程结算　　971
　　　　应交税费——简易计税　　29

③钢材用于工程。

借：工程施工——合同成本——直接材料费　　1000
　　贷：原材料　　1000

④收到工程款，并开具发票给甲方。

借：银行存款　　9000
　　贷：工程结算　　8738
　　　　应交税费——简易计税　　262

如果乙方是小规模纳税人，会计处理同上面一般纳税人采用简易计税方法，不再赘述。

5.

车位的税会处理分析

实务中，车位的税务处理到目前为止国家税务总局没有专门的规定，各地的政策也五花八门。本文就车位的税会处理问题仅谈点个人看法。

一、车位的类别

车位按照空间位置可分为地上的车位和地下的车位，地上的车位分为两种：一种是在业主共有的道路或者其他场地分割出一定区域形成的；另一种是开发商在报批、报建、设计中已有安排，单独拿出一块地建造的车位。地下车位也分为两种：一种是在建造地下基础设施时附带形成的空间，后期作为车位，包括地下人防设施交给国家后，通过缴纳人防设施使用费"拿回来"再作为车位"销售"或者"变相销售"（一次收取租赁费，租期同土地使用期）给业主使用的情况；另一种是开发商在报批、报建、设计中已有安排，单独建造在地下的车位。

车位按照权属归属可分为业主共有的车位和开发商所有的车位。现实中存在开发商利用业主公共的道路或者其他场地分割出车位再销售给业主的情况，笔者认为这是开发商凭借其"优势地位"，把本该业主共有共享的车位"强行"卖给业主的侵权行为，就好比汽车商把汽车卖给你后，再扒下轮子拆下方向盘再卖给你一样，严重侵犯了买方的利益，相当于"变相加价"。同样的道理，开发商把人防设施"拿回来"后再销售或者变相销售给业主作为车位使用的情况，也相当于"变相加价"。对于开发商在报批、报建、设计中已有安排，单独建造的车位，同其他开发产品一样，在没有销售前，权属属于开发商。

简言之，车位分为利用公共配套设施、地下基础设施形成的车位和作为开发产品的车位，前者权属属于所有业主或国家，后者属于开发商。

二、车位的会计核算

作为开发产品的车位，为了后期资产管理和税务管理的需要，开发商要分开核算其收入和成本。

收入是明的，核算较简单，有多少收入记多少收入。

但成本如何核算呢？特别是地上车位和地下车位所应负担的成本项目不一样，例如，地上车位就占用土地，理应承担土地成本，而地下车位没有占用地上土地，要不要承担土地成本呢？对于其他成本项目又该如何承担呢？

国家税务总局在以往的答疑中，趋向于无论地上和地下车位按照全成本项目即土地征用费及拆迁补偿费、前期工程费、建筑安装工程费、基础设施建设费、公共配套设施费和开发间接费六项进行核算，也就是说即使是地下车位，也要承担土地成本。笔者认为这种观点值得商榷，首先，这种核算方法不符合实际情况，我们知道，土地成本的分配按照占地面积法，地下车位没有占用土地，按照实际情况理应不承担土地成本。其次，如果承担了土地成本，势必造成地上开发产品成本的人为减少，在收入相同的情况下，税负加大；而车位由于承担了不该承担的土地成本，加大了成本，造成后期销售时收入和成本严重的倒挂，在房地产企业先期销售商品房，后期销售车位的情况下，企业所得可能形成亏损，限于5年的亏损弥补期以及项目公司注销的原因，企业无法弥补亏损。笔者认为，作为开发产品的地上车位由于占用了土地，应该承担土地成本，而地下车位，没有占用土地，就不必承担土地成本。同样，对于前期工程费、建筑安装工程费、基础设施建设费、公共配套设施费和开发间接费，不管是地上车位还是地下车位，如果没有实际发生某些成本项目，就不应该承担，这样可以改观倒挂现象，对于准确计算开发产品的成本和税收也有所裨益。

对于利用公共配套设施、地下基础设施形成的车位，开发商本没有产权，按理不能销售，现实中发生了所谓的"销售"，只不过是开发商利用自己的"优势地位"，欺压业主，变相抬高商品房价格的一种手段。

由此，对于利用公共配套设施、地下基础设施形成的车位，无论地上车位还是地下车位的"销售"收入或"变相销售"收入都应算作商品房的销售收入，地上车位的"销售"收入或"变相销售"收入可按所有可售开发产品的建筑面积计算分配给各种可售开发产品；地下车位的"销售"收入或"变相销售"收入也应算作可售开发产品的销售收入，可首先采用随房确定的原则进行分配：即销售房屋为普通标准住宅的，地下车位按照普通标准住宅确定；销售房屋为非普通标准住宅或其他房地产项目的，地下车位按照非普通标准住宅或其他房地产项目确定。对于不能按照随房确定原则分配的收入，如底层是商铺、上层是住宅的开发产品，没有办法按照随房确定的原则分配收入，我们也可以按照开发产品的建筑面积等其他相对合理的方法进行分配。

与收入相对应，对于利用公共配套设施、地下基础设施形成的车位，就要确定成本。地上车位是开发商在业主共有的道路或者其他场地划线分割出来的，地上土地成本或其他成本已分摊给了可售开发产品或者公共配套设施，所以地上车位本身应承担的成本几乎为零。根据《国家税务总局关于印发〈房地产开发经营业务企业所得税处理办法〉的通知》（国税发〔2009〕31号）第三十三条的规定，利用地下基础设施形成的停车场所（笔者理解为无产权的地下车位），作为公共配套设施进行处理。因此，地下车位本身不作为最终独立的成本核算对象，其所谓的成本应由可售开发产品或企业自用的开发产品承担。

厘清了地上、地下车位的收入、成本后，有助于车位所涉税务问题的分析。

三、车位的涉税分析

（一）增值税

根据《关于全面推开营业税改征增值税试点的通知》（财税〔2016〕36号）的附件1《营业税改征增值税试点实施办法》所附《销售服务、无形资产、不动产注释》的规定，转让建筑物有限产权或者永久使用权的，转让在建的建筑物或者构筑物所有权的，以及在转让建筑物或者构筑物时一并转让其所占土地的使用权的，按照销售不动产缴纳增值税。

由此，销售有产权的地上、地下车位，如同转让其他可售开发产品获得收入一样，应该缴纳增值税；"销售"或"变相销售"无产权的利用公共配套设施、地下基础设施形成的车位，就相当于在可售开发产品上增加价格，自然也应该缴纳增值税。

（二）企业所得税

国税发〔2009〕31号文中，与车位成本核算相关的主要条款有两条，其中第十七条规定，企业在开发区内建造的会所、物业管理场所、电站、热力站、水厂、文体场馆、幼儿园等配套设施，按以下规定进行处理：1.属于非营利性且产权属于全体业主的，或无偿赠与地方政府、公用事业单位的，可将其视为公共配套设施，其建造费用按公共配套设施费的有关规定进行处理。2.属于营利性的，或产权归企业所有的，或未明确产权归属的，或无偿赠与地方政府、公用事业单位以外其他单位的，应当单独核算其成本。除企业自用应按建造固定资产进行处理外，其他一律按建造开发产品进行处理。第三十三条规定，企业单独建造的停车场所，应作为成本对象单独核算。利用地下基础设施形成的停车场所，作为公共配套设施进行处理。

有税务专家认为，第三十三条是第十七条的例外条款，即只要是利用地下基础设施形成的停车场所，无论产权归属，均可以作为公共配套设施费处理。笔者不赞成这种观点，笔者认为第三十三条的规定并不是对建造的地下停车场所的例外处理，应当是第十七条的一个补充条款，即对公建配套未明确、未包括的范围但在实际税务处理上可按公建配套来处理的单独补充。也就是说，企业单独建造的停车场所，即在房地产项目开发中，在前期报批的规划、报建、设计中有专门的停车场所建造安排的，应作为成本对象单独核算；对利用地下基础设施形成的停车场所，即无产权的地下停车场所，应作为公共配套设施进行核算。上文"车位的会计核算"就是按此逻辑展开叙述的。

由此，有产权作为独立核算对象的车位，有所得就要缴纳所得税；利用公共配套设施、地下基础设施形成的车位，其收入相当于可售开发产品的加价，其所谓"成本"已附加于可售开发产品，其所得体现为出售可售开发产品所得的增加，自然也要缴纳所得税。

（三）土地增值税

《土地增值税暂行条例实施细则》第二条规定，条例第二条所称的转让国有土地使用权、地上的建筑物及其附着物取得收入，是指以出售或者其他方式有偿转让房地产的行为。不包括以继承、赠与方式无偿转让房地产的行为。第四条规定，条例第二条所称的地上的建筑物，是指建于土地上的一切建筑物，包括地上地下的各种附属设施。条例第二条所称的附着物，是指附着于土地上的不能移动，一经移动即遭损坏的物品。"以出售或者其他方式有偿转让房地产的行为"，这里所说的其他方式，应该是出售所有权以外的方式，包括"变相销售"行为。

《国家税务总局关于房地产开发企业土地增值税清算管理有关问题的通知》（国税发〔2006〕187号）关于"土地增值税的扣除项目"中规定，房地产开发企业开发建造的与清算项目配套的居委会和派出所用房、会所、停车场（库）、物业管理场所、变电站、热力站、水厂、文体场馆、学校、幼儿园、托儿所、医院、邮电通讯等公共设施，建成后有偿转让的，应计算收入，并准予扣除成本、费用。

基于以上规定，有产权作为独立核算对象的车位，应计算收入，并准予扣除成本、费用后，需要缴纳土地增值税；利用公共配套设施、地下基础设施形成的车位，其收入相当于可售开发产品的加价，其所谓"成本"已附加于可售开发产品，作为可售开发产品的公共配套设施费成本项目，其增值额体现为出售可售开发产品增值额的增加，自然也要缴纳土地增值税。

（四）城镇土地使用税

《城镇土地使用税暂行条例》第二条规定，在城市、县城、建制镇、工矿区范围内使用土地的单位和个人，为城镇土地使用税的纳税人，应当依照本条例的规定缴纳土地使用税。

《财政部、国家税务总局关于房产税城镇土地使用税有关问题的通知》（财税〔2009〕128号）第四条规定，对在城镇土地使用税征税范围内单独建造的地下建筑用地,按规定征收城镇土地使用税。其中,已取得地下土地使用权证的,按土地使用权证确认的土地面积计算应征税款;未取得地下土地使用权证或地下土地使用权证上未标明土地面积的,按地下建筑垂直投影面积计算应征税款。对上述地下建筑用地暂按应征税款的50%征收城镇土地使用税。

由以上规定可知,由房地产公司持有的,作为独立成本对象核算的有产权车位(包括地上、地下车位)需要交纳城镇土地使用税。

(五) 房产税

《财政部、国家税务总局关于具备房屋功能的地下建筑征收房产税的通知》(财税〔2005〕181号)第一条规定,凡在房产税征收范围内的具备房屋功能的地下建筑,包括与地上房屋相连的地下建筑以及完全建在地面以下的建筑、地下人防设施等,均应当依照有关规定征收房产税。上述具备房屋功能的地下建筑是指有屋面和维护结构,能够遮风避雨,可供人们在其中生产、经营、工作、学习、娱乐、居住或储藏物资的场所。第二条规定,自用的地下建筑,按以下方式计税:1. 工业用途房产,以房屋原价的50%~60%作为应税房产原值。应纳房产税的税额=应税房产原值×[1-(10%~30%)]×1.2%。2. 商业和其他用途房产,以房屋原价的70%~80%作为应税房产原值。应纳房产税的税额=应税房产原值×[1-(10%~30%)]×1.2%。房屋原价折算为应税房产原值的具体比例,由各省、自治区、直辖市和计划单列市财政和地方税务部门在上述幅度内自行确定。3. 对于与地上房屋相连的地下建筑,如房屋的地下室、地下停车场、商场的地下部分等,应将地下部分与地上房屋视为一个整体按照地上房屋建筑的有关规定计算征收房产税。

根据以上规定,房地产企业自持的有产权车位,不满足房屋的定义,不需要交纳房产税。但如果房地产企业自持的有产权车库,满足了房屋的定义,无论是在地上还是在地下,无论是自己使用还是出租,都要按规定缴纳房产税。

(六) 印花税

房地产企业销售有产权的地上或地下车位,取得的收入应按产权转移书据类缴纳印花税；房地产企业销售的利用公共配套设施、地下基础设施形成的没有产权车位，"销售"或"变相销售"取得的收入，根据随房走的原则，笔者认为也应该按产权转移书据类缴纳印花税，实务中有的房产企业存在"销售"或"变相销售"取得的收入按购销合同类缴纳印花税。

6.

成本法下长期股权投资的税会分析

成本法下长期股权投资的会计核算虽然简单,但也存在税会差异,本篇对此进行简单分析,期望对你有些许帮助。

一、会计处理

根据长期股权投资准则,投资方持有的对子公司投资应当采用成本法核算,投资方为投资性主体且子公司不纳入其合并财务报表的除外。投资方在判断对被投资单位是否具有控制权时,应综合考虑直接持有的股权和通过子公司间接持有的股权,但在个别财务报表中,投资方进行成本法核算时仅考虑直接持有的股权份额,不需要考虑通过子公司间接持有股权的情况。

采用成本法核算的长期股权投资应当按照初始投资成本计价。追加或收回投资应当调整长期股权投资的成本。被投资单位宣告分派的现金股利或利润,应当确认为当期投资收益。需要注意的是,子公司将未分配利润或盈余公积直接转增股本(实收资本),且未向投资者提供等值现金股利或利润的选择权时,母公司并没有获得收取现金股利或利润的权利,此类交易属于子公司自身权益结构的重分类,母公司不应确认相关的投资收益。

二、税务处理

根据《企业所得税法》第六条规定，企业以货币形式和非货币形式从各种来源取得的收入，为收入总额，其中就包括股息、红利等权益性投资收益。第二十六条第（二）项规定，符合条件的居民企业之间的股息、红利等权益性投资收益为免税收入；第（三）项规定，在中国境内设立机构、场所的非居民企业从居民企业取得与该机构、场所有实际联系的股息、红利等权益性投资收益为免税收入。《企业所得税法实施条例》第八十三条规定，企业所得税法第二十六条第（二）项所称符合条件的居民企业之间的股息、红利等权益性投资收益，是指居民企业直接投资于其他居民企业取得的投资收益。企业所得税法第二十六条第（二）项和第（三）项所称股息、红利等权益性投资收益，不包括连续持有居民企业公开发行并上市流通的股票不足12个月取得的投资收益。

《国家税务总局关于贯彻落实企业所得税法若干税收问题的通知》（国税函〔2010〕79号）第四条规定，企业权益性投资取得股息、红利等收入，应以被投资企业股东会或股东大会作出利润分配或转股决定的日期，确定收入的实现。

三、案例分析

华水公司股权投资业务如下：

1. 2015年5月1日，华水公司投资1000万元购入华北公司（非上市公司）80%的股权，华水公司能够对华北公司进行控制。

2. 2015年5月5日，华北公司宣告分配现金股利，华水公司按照持股比例确定可分配80万元，同月收到现金股利。

3. 2016年9月1日，华北公司宣告分配现金股利，华水公司按照持股比例确定可分配40万元，同月收到现金股利。

4. 2016年12月31日，华北公司经营情况严重恶化，预计短期不会发生改变，华水公司计提了减值准备 200 万元。

5. 2017 年 9 月 1 日，华水公司出售了 20% 的华北公司股权，取得价款 300 万元。

税会处理如下：

1. 2015 年。

会计处理：

（1）华水公司投资。

借：长期股权投资—华北公司　　　　　　　　　　1000
　　贷：银行存款　　　　　　　　　　　　　　　　　　　　1000

（2）宣告发放现金股利及收到现金股利。

借：应收股利　　　　　　　　　　　　　　　　　80
　　贷：投资收益　　　　　　　　　　　　　　　　　　　　80
借：银行存款　　　　　　　　　　　　　　　　　80
　　贷：应收股利　　　　　　　　　　　　　　　　　　　　80

税务处理：

华水公司取得的现金股利属于免税收入，免征所得税，2015 年调减应纳税所得额 80 万元。

行次	被投资企业	投资性质	投资成本	投资比例	被投资企业利润分配确认金额			被投资企业清算确认金额		撤回或减少投资确认金额					合计
					依决定归属于本公司的股息、红利等权益性投资收益金额	被投资企业作出利润分配或转股决定时间		分得的被投资企业清算剩余资产	被清算企业累计未分配利润和累计盈余公积应享有部分	应确认的股息所得	从被投资企业取得的资产	减少投资比例	收回初始投资成本	取得资产中相当于按减少投资比例计算的被投资企业累计未分配利润和累计盈余公积部分	应确认的股息所得	
1	2	3	4	5	6	7	8	9〈7与8较小〉	10	11	12〈3×11〉	13〈10-12〉	14	15〈13与14较小〉	16〈6+9+15〉
1	华北公司	直接投资	1000	80%	2015.9		80								80

需要注意的是，这里存在着一个"税收筹划"的点。假设 5 月华水公司卖掉该股权，作价 920 万元，也就是华水公司 1000 万元买的股权在短短的几天内再以"同样的价格"（80 万元股利和 920 万元卖价），表面上华水公司没有任何获利，但考虑税收，获得了税收利益。华水获得的 80 万元现金股利免税，卖股权亏损 = 1000 - 920 = 80 万元，抵减企业所得税 80 × 25% = 20 万元。

2. 2016 年。

会计处理：

（1）宣告发放现金股利及收到现金股利。

借：应收股利　　　　　　　　　　　　　　　　　40
　　贷：投资收益　　　　　　　　　　　　　　　　　　40
借：银行存款　　　　　　　　　　　　　　　　　40
　　贷：应收股利　　　　　　　　　　　　　　　　　　40

（2）12 月底，计提减值准备

借：资产减值损失　　　　　　　　　　　　　　　200
　　贷：长期股权投资减值准备　　　　　　　　　　　200

税务处理：

华水公司取得的现金股利免征企业所得税，应调减应纳税所得额 40 万元；计提的长期股权投资减值准备由于损失未实际发生，不允许在税前扣除，应调增应纳税所得额 200 万元。

符合条件的居民企业之间的股息、红利等权益性投资收益优惠明细表

行次	被投资企业	投资性质	投资成本	投资比例	被投资企业利润分配确认金额			被投资企业清算确认金额			撤回或减少投资确认金额				合计
					依决定归属于本公司的股息、红利等权益性投资收益金额	被投资企业做出利润分配或转股决定时间	分得的被投资企业清算剩余资产	被清算企业累计未分配利润和累计盈余公积应享有部分	应确认的股息所得	从被投资企业撤回或减少投资取得的资产	减少投资比例	收回初始投资成本	取得资产中超过收回初始投资成本部分	撤回或减少投资应确认的被投资企业累计未分配利润和累计盈余公积	应确认的股息所得	
	1	2	3	4	5	6	7	8	9 (7与8孰小)	10	11	12 (3×11)	13 (10-12)	14	15 (13与14孰小)	16 (6+9+15)
1	华北公司	直接投资	1000	80%	2016.9	40										40

纳税调整项目明细表

行次	项目	账载金额	税收金额	调增金额	调减金额
		1	2	3	4
30	三、资产类调整项目（31+32+33+34）	*	*		
31	（一）资产折旧、摊销（填写A105080）				
32	（二）资产减值准备金	200	*	200	

3. 2017 年。

会计处理：

借：银行存款　　　　　　　　　　　　　　　　　300
　　长期股权投资减值准备　　　　　　　　　　　50

贷：长期股权投资　　　　　　　　　　　　　　　　　　　250
　　投资收益　　　　　　　　　　　　　　　　　　　　　100

税务处理：

华水公司转让投资的计税基础为 250 万元，转让投资所得为 50（300 - 250）万元；而会计上确认投资收益为 100 万元。因此，应调减应纳税所得额 50 万元。

投资收益纳税调整明细表

行次	项目	持有收益			处置收益						纳税调整金额
		账载金额	税收金额	纳税调整金额	会计确认的处置收入	税收计算的处置收入	处置投资的账面价值	处置投资的计税基础	会计确认的处置所得或损失	税收计算的处置所得	纳税调整金额
		1	2	3(2-1)	4	5	6	7	8(4-6)	9(5-7)	10(9-8)	11(3+10)
1	一、交易性金融资产											
2	二、可供出售金融资产											
3	三、持有至到期投资											
4	四、衍生工具											
5	五、交易性金融负债											
6	六、长期股权投资				300	300	200	250	100	50	-50	-50

纳税调整项目明细表

行次	项目	账载金额	税收金额	调增金额	调减金额
		1	2	3	4
1	一、收入类调整项目（2+3+4+5+6+7+8+10+11）	*	*		
2	（一）视同销售收入（填写A105010）	*			*
3	（二）未按权责发生制原则确认的收入（填写A105020）				
4	（三）投资收益（填写A105030）	100	50		50

7.

反向购买的会计处理分析

非同一控制下的企业合并,以发行权益性证券交换股权的方式进行的,通常发行权益性证券的一方为购买方。但在某些企业合并中,发行权益性证券的一方因其生产经营决策在合并后被参与合并的另一方所控制的,发行权益性证券的一方虽然为法律上的母公司,但其为会计上的被购买方,该类企业合并通常称为"反向购买"。例如,甲公司为一家规模较小的某 ST 上市公司,乙公司为一家规模较大的集团公司。乙公司拟通过收购甲公司的方式达到上市目的,但该交易是通过甲公司向乙公司原股东发行普通股用以交换乙公司原股东持有的对乙公司股权方式实现。该项交易后,乙公司原股东持有甲公司 50% 以上股权,甲公司持有乙公司 50% 以上股权,甲公司为法律上的母公司、乙公司为法律上的子公司,但从会计角度,甲公司为被购买方,乙公司为购买方。反向购买如何进行会计处理是个比较复杂的问题,本文拟对以下几个问题进行分析,以期对实务工作有点帮助。

一、企业合并成本的确定

在反向购买中,法律上的子公司(购买方)的企业合并成本是指其如果以发行权益性证券的方式为获取在合并后报告主体的股权比例,应向法律上母公司(被购买方)的股东发行的权益性证券数量与其公允价值计算的结果。购买方的权益性证券在购买日存在公开报价的,通常应以公开报价作为其公允价值;购买方的权益性证券在购买日不存在可靠公开报价的,应参照购方的公允价值和被购买方的公允价值两者之中有更为明显证据支持的一个作为基础,确定购买方假定应发行权益证券的公允价值。实务中购买方存在单个主体和多个主体,购买方为单个主体下合并成本比较容易计算(参见案例2),购买方为多个主体下,合并成本计算以案例说明如下:

【案例1】 A公司是上市公司,主营业务为建筑业。2015年2月1日,A公司临时股东大会审议通过向B公司非公开发行股份,购买B公司持有的C、D、E三家建筑公司100%的股权。A公司此次非公开发行前的股份为2000万股,向B公司发行股份数量为6000万股,非公开发行完成后,B公司控制A公司。C、D、E公司经评估确认的公允价值分别是3000万元、9000万元、12000万元,A公司按有关规定确定的股票价格为每股4元。2015年9月1日,非公开发行经监管部门核准并办理完成股份登记等手续。A公司此次企业合并的合并成本是多少?

【案例解析】

1. 首先,需要判断本次交易的类型。在本次合并中,A公司向B公司定向增发实施合并,在合并完成后,B公司控制A公司,构成反向购买。A公司是会计上的被购买方,而法律上的子公司成为会计上的购买方。在本例中,法律上的子公司为C、D、E公司,存在多个法律实体,如何判定谁是购买方?

在《企业会计准则》有关"主体"的指引中,强调了会计上的主体并不等同于法律实体。本例中,C、D、E三家建筑公司在交易前同受B公司控制,交易后同时成为A公司的子公司,且这三家公司符合会计主体(以下简称为CDE主体)的定义。CDE主体是购买方。

2. C、D、E三家公司一起构成会计上的购买方——CDE主体。因此,可以合理地假定购买方CDE主体在购买日的公允价值等于C、D、E三个公司公允价值之和24000万元。

假设购买方CDE主体在合并之前发行在外的股份为X股,其以向A公司股东发行股份的方式实施合并。

根据上述假定和假设,反向购买合并成本计算过程如下:

(1)购买方CDE主体的公允价值=3000+9000+12000=24000(万元)。

(2)合并交易完成后,B公司对A公司的持股比例=6000/(2000+6000)=75%。

(3) 购买方 CDE 主体合并前权益性证券的每股价值 = 24000/X。

假设购买方 CDE 主体以向 A 公司股东发行股份的方式实施合并,那么 CDE 主体在合并后主体中所占比例也应为 75%,由此购买方 CDE 主体向 A 公司股东发行的股份数量 = X/75% − X。

(4) 合并成本 = 购买方 CDE 主体向 A 公司股东发行股份的公允价值 = CDE 主体合并前权益性证券公允价值 × 购买方 CDE 主体向 A 公司股东发行的股份数量 = (24000/X) × (X/75% − X) = 24000 × (1/75% − 1) = 8000(万元)。

综上所述,A 公司此次企业合并的合并成本为 8000 万元。

通过本案例,我们可以进一步总结,在反向购买中,如果会计上的购买方对应多个法律实体,应把多个法律实体视同为一个会计主体,并假设这个主体向会计上被购买方的原股东发行权益性证券,反向购买交易的合并成本可以公式化为:购买方的公允价值合计 × (1/购买方在合并后主体中所占的股权比例 − 1)。

二、反向购买合并报表的编制

(一) 编制合并财务报表的原则

反向购买后,法律上的母公司应当遵从以下原则编制合并财务报表:

1. 在合并财务报表中,法律上子公司的资产、负债应以其在合并前的账面价值进行确认和计量。

2. 合并财务报表中的留存收益和其他权益余额应当反映的是法律上子公司在合并前的留存收益和其他权益余额。

3. 合并财务报表中的权益性工具的金额应当反映法律上子公司合并前发行在外的股份面值以及假定在确定该项企业合并成本过程中新发行的权益性工具的金额。但是,在合并财务报表中的权益结构应当反映法律上母公司的权益结构,即法律上母公司发行在外权益性证券的数量和种类。

4. 法律上母公司的有关可辨认资产、负债在并入合并财务报表时,应以其在购买日确定的公允价值进行合并,企业合并成本大于合并中取得的法律上母公司（被购买方）可辨认净资产公允价值的份额体现为商誉，小于合并中取得的法律上母公司（被购买方）可辨认净资产公允价值的份额确认为合并当期损益。

5. 合并财务报表的比较信息应当是法律上子公司的比较信息（即法律上子公司的前期合并财务报表）。

6. 法律上子公司的有关股东在合并过程中未将其持有的股份转换为法律上母公司股份的，该部分股东享有的权益份额在合并财务报表中应作为少数股东权益列示。因法律上子公司的部分股东未将其持有的股份转换为法律上母公司的股权，其享有的权益份额仍仅限于对法律上子公司的部分，该部分少数股东权益反映的是少数股东按持股比例计算享有法律上子公司合并前净资产账面价值的份额。另外，对于法律上母公司的所有股东，虽然该项合并中其被认为被购买方，但其享有合并形成报告主体的净资产及损益，不应作为少数股东权益列示。

上述反向购买的会计处理原则仅适用于合并财务报表的编制。法律上母公司在该项合并中形成的对法律上子公司长期股权投资成本的确定，应当遵从《企业会计准则第2号——长期股权投资》的相关规定。

（二）合并资产负债表编制案例

【案例2】A上市公司于20×7年9月30日通过定向增发本企业普通股对B企业进行合并，取得B企业100%股权。假定不考虑所得税影响。A公司及B企业在合并前简化资产负债表如下所示。

A公司及B企业合并前资产负债表　　　　　　单位：万元

	A公司	B企业
流动资产	3000	4500
非流动资产	21000	60000
资产总额	24000	64500
流动负债	1200	1500
非流动负债	300	3000
负债总额	1500	4500

续表

	A 公司	B 企业
所有者权益:		
股本	1500	900
资本公积		
盈余公积	6000	17100
未分配利润	15000	42000
所有者权益总额	22500	60000

其他资料:

(1) 20×7年9月30日, A公司通过定向增发本企业普通股, 以2股换1股的比例自B企业原股东处取得了B企业全部股权。A公司共发行了1800万股普通股以取得B企业全部900万股普通股。

(2) A公司普通股在20×7年9月30日的公允价值为20元, B企业每股普通股当日的公允价值为40元。A公司、B企业每股普通股的面值为1元。

(3) 20×7年9月30日, A公司除非流动资产公允价值较账面价值高4500万元以外, 其他资产、负债项目的公允价值与其账面价值相同。

(4) 假定A公司与B企业在合并前不存在任何关联方关系。

编制解析:

1. A公司在该项合并中向B企业原股东增发1800万股普通股, 合并后B企业原股东持有A公司的股权比例为54.55%（1800/3300）, A公司的生产经营决策的控制权在合并后由B企业原股东控制, 构成反向购买, B企业为购买方, A公司为被购买方。

2. 如果假定B企业发行本企业普通股在合并后主体享有同样的股权比例, 则B企业应当发行的普通股股数为750万股（900÷54.55%－900）, 其公允价值为30000万元, 即企业合并成本为30000万元。

3. 编制会计分录。

(1) A公司个别财务报表相关调整分录。

1) A公司发行股票获取B企业股权

借: 长期股权投资　　　　　　　　　　　　36000
　　贷: 股本　　　　　　　　　　　　　　　　1800
　　　　资本公积——股本溢价　　　　　　　34200

2）A公司将其非流动资产调增至公允价值。

借：非流动资产　　　　　　　　　　　　　　　　4500
　　贷：资本公积——资产评估增值　　　　　　　　4500

（2）B企业对A公司的投资（虚拟分录，不反映在B企业个别报表中）。

借：长期股权投资　　　　　　　　　　　　　　　30000
　　贷：股本　　　　　　　　　　　　　　　　　　 750
　　　　资本公积——股本溢价　　　　　　　　　 29250

（3）合并抵消分录。

1）抵消A公司对B企业的投资分录。

借：股本　　　　　　　　　　　　　　　　　　　 1800
　　资本公积——股本溢价　　　　　　　　　　　34200
　　贷：长期股权投资　　　　　　　　　　　　　36000

2）抵消B企业长期股权投资和A公司的所有者权益，并确认商誉。

借：股本　　　　　　　　　　　　　　　　　　　 1500
　　资本公积——资产评估增值　　　　　　　　　 4500
　　盈余公积　　　　　　　　　　　　　　　　　 6000
　　未分配利润　　　　　　　　　　　　　　　　15000
　　商誉　　　　　　　　　　　　　　　　　　　 3000
　　贷：长期股权投资　　　　　　　　　　　　　30000

4. 购买日合并资产负债表。

根据以上资料，编制购买日合并资产负债表如下：

A公司 20×7 年 9 月 30 日合并资产负债表　　　　　　　　单位：万元

项　目	金　额
流动资产	7500
非流动资产	85500
商誉	3000
资产总额	96000
流动负债	2700
非流动负债	3300
负债总额	6000

续表

项目	金额
所有者权益：	
股本（3300万股普通股）	1650（900+750）
资本公积	29250
盈余公积	17100
未分配利润	42000
所有者权益总额	90000

三、每股收益的计算

发生反向购买当期，用于计算每股收益的发行在外普通股加权平均数为：

1. 自当期期初至购买日，发行在外的普通股数量应假定为在该项合并中法律上母公司向法律上子公司股东发行的普通股数量。

2. 自购买日至期末发行在外的普通股数量为法律上母公司实际发行在外的普通股股数。

反向购买后对外提供比较合并财务报表的，其比较前期合并财务报表中的基本每股收益，应以法律上子公司在每一比较报表期间归属于普通股股东的净损益除以在反向购买中法律上母公司向法律上子公司股东发行的普通股股数计算确定。

上述假定法律上子公司发行的普通股股数在比较期间内和自反向购买发生期间的期初至购买日之间未发生变化。如果法律上子公司发行的普通股股数在此期间发生了变化，计算每股收益时应适当考虑其影响进行调整。

【案例3】A公司为上市公司。经批准，A公司于2×13年9月30日以发行12000万股（发行价格为每股10元）为对价，向B公司购买其持有的C公司100%的股权（评估作价为12亿元）。交易完成后，B公司成为A公司的控股股东，持股比例为60%。该交易为反向购买，交易前A公司的股本为0.8亿股，交易完成后，A公司的股本变更为2亿股。A公司2×13年度按照相关会计准则规定编制的合并报表中归属于母公司股东的合并净利润约为 1.6 亿元，A 公司应当如何计算 2×13 年度每股收益？

普通股加权平均数 = 1.2 × 9/12 + 2 × 3/12 = 1.4（亿股）

A 公司 2×13 年度每股收益 = 1.6/1.4 = 1.14（元/股）

8.

房地产公司处置子公司部分股权的税会处理分析

【案例】2017年1月1日，甲房地产开发公司支付5000万元取得同一控制下乙房地产公司80%股权，投资当时乙公司净资产账面价值4000万元，可辨认净资产公允价值5000万元，资本公积100，盈余公积300万元。除一栋办公楼外，其他可辨认资产、负债的账面价值与公允价值相等，该办公楼账面价值1000万元，公允价值2000万元，乙公司将办公楼的折旧记入"管理费用"科目核算，按20年计提折旧。2018年1月1日，甲公司以5000万元将乙公司50%股权转让给无关联关系的A房地产集团，乙公司另一股东丙公司也将其持有的20%股权转让给A集团，甲公司、丙公司股权转让完成后A集团持有乙公司70%股权，拥有了对乙公司的控制权。甲公司剩余30%股权当日公允价值为3000万元，股权出售后甲公司对乙公司不再具有控制权，但具有重大影响。乙公司2017年1月1日至2018年1月1日实现净利润为1000万元。未发生其他计入资本公积或其他综合收益的交易或事项。甲公司失去对乙公司的控制权后，还拥有其他子公司，还需编制合并会计报表。甲公司按净利润的10%提取法定盈余公积，甲乙公司之间未发生内部交易，不考虑企业所得税等其他因素。甲房地产公司处置子公司部分股权如何进行税会处理？

一、会计处理

案例中甲公司和其子公司都在同一集团控制之下，2017年1月1日甲取得乙公司80%的股权，能够控制乙公司，应采用成本法进行核算。同一控制下企业控股合并形成的长期股权投资应按拥有被投资单位净资产的账面价值份额确认初始入账金额，支付对价的金额与取得该投资的账面价值之间的差额调整资本公积—资本或股本溢价；资本公积不足冲减的，调整盈余公积和未分配利润。因此，2017年1月1日，甲公司收购乙公司时应做会计分录：

借：长期股权投资　　　　　　　　　3200（4000×80%）
　　资本公积　　　　　　　　　　　 100
　　盈余公积　　　　　　　　　　　 300
　　未分配利润　　　　　　　　　　1400
　　贷：银行存款　　　　　　　　　5000

2018年1月1日，甲公司处置了乙公司50%的股权，剩余30%的股权，能够对乙公司施加重大影响，甲公司对长期股权投资的核算从成本法改为权益法。

在甲公司的个别财务报表中，首先应按处置或收回投资的比例结转应终止确认的长期股权投资成本。然后，计算剩余的长期股权投资成本与按照剩余持股比例计算原投资时应享有被投资单位可辨认净资产公允价值之间的差额。如果前者大于后者，则不需要调整长期股权投资的账面价值；如果前者小于后者，则应按照其差额调整长期股权投资的账面价值，同时调整留存收益。会计分录如下：

1. 甲公司处置乙公司50%股权。

借：银行存款　　　　　　　　　　　5000
　　贷：长期股权投资　　　　　　　2000（4000×50%）
　　　　投资收益　　　　　　　　　3000

2. 对剩余的30%股权改按权益法核算。

剩余股权投资成本为1200（3200－2000）万元，小于原取得股权时在乙公司可辨认净资产公允价值中享有的份额1500（5000×30%）万元，需要追溯调整长期股权投资成本。

借：长期股权投资　　　　　　　　　　　　　　　　　　300
　　贷：盈余公积　　　　　　　　　　　　　　　　　　　30
　　　　未分配利润　　　　　　　　　　　　　　　　　　270

按照权益法的规定，乙公司2017年度实现的净损益，甲公司需要进行调整。由此，剩余30%股权的调整会计分录如下：

借：长期股权投资　　　　　　　　　　　　　　　　　　285
　　［1000 -（2000 - 1000）÷20］×30%
　　贷：盈余公积　　　　　　　　　　　　　　　　　　28.5
　　　　未分配利润　　　　　　　　　　　　　　　　　256.5

经过以上调整后，在甲公司个人财务报表中，剩余30%乙公司股权的账面价值为1785（3200 - 2000 + 300 + 285）万元。

在合并财务报表中，对于剩余股权，应当按照其在丧失控制权日的公允价值进行重新计量。处置股权取得的对价与剩余股权公允价值之和，减去按原持股比例计算应享有原子公司自购买日开始持续计算的净资产的份额与商誉之和的差额，计入丧失控制权当期的投资收益。与原有子公司股权投资相关的其他综合收益、其他所有者权益变动，应当在丧失控制权时转入当期投资收益。

案例中，甲公司编制丧失控制权当期合并会计报表时，乙公司自购买日开始持续计算的净资产价值 = 5000 + 1000 -（2000 - 1000）/20 = 5950（万元）。

甲公司丧失控制权当期应确认的投资收益 =（5000 + 3000）- 0.8 × 5950
　　　　　　　　　　　　　　　　　　 = 3240（万元）。

由于个别财务报表中已经确认了3000万元的投资收益，在合并财务报表中需作如下调整：

1. 对剩余30%股权按丧失控制权日的公允价值重新计量的调整。

借：长期股权投资　　　　　　　　　　　　　　　　　　3000
　　贷：长期股权投资　　　　　　　　　　　　　　　　1785
　　　　投资收益　　　　　　　　　　　　　　　　　　1215

2. 对个别财务报表中的部分处置收益的归属期间进行调整。

借：投资收益　　　　　　　　　　　　　　　　　　　　475

$[1000-(2000-1000)\div20]\times50\%$

  贷：盈余公积   47.5

    未分配利润   427.5

3. 已售 50% 股权取得时所含的投资收益按权益法调整。

借：投资收益   500 （5000×0.5－4000×0.5）

  贷：盈余公积   50

    未分配利润   450

二、税务处理

甲公司处置乙公司 50% 股权的收入为 5000 万元，计税基础为 3125 万元，应税所得为 1875 万元，会计核算的投资收益为 3000（5000－2000）万元，纳税调减 1125 万元。甲公司剩余乙公司 30% 股权的账面价值为 1785 万元，计税基础为 1875 万元。

9.

房地产企业"公共配套设施"涉税处理分析

房地产企业开发过程中,与"公共配套设施"相关的税收政策较复杂,本文通过梳理具体税收条款,探讨"公共配套设施"涉及的主要税种如何正确处理。

一、企业所得税

《国家税务总局关于印发〈房地产开发经营业务企业所得税处理办法〉的通知》(国税发〔2009〕31号)第十七条规定,企业在开发区内建造的会所、物业管理场所、电站、热力站、水厂、文体场馆、幼儿园等配套设施,按以下规定进行处理:1.属于非营利性且产权属于全体业主的,或无偿赠与地方政府、公用事业单位的,可将其视为公共配套设施,其建造费用按公共配套设施费的有关规定进行处理。2.属于营利性的,或产权归企业所有的,或未明确产权归属的,或无偿赠与地方政府、公用事业单位以外其他单位的,应当单独核算其成本。除企业自用应按建造固定资产进行处理外,其他一律按建造开发产品进行处理。分析此条规定,开发小区内建造的配套设施,一类是按照开发产品的成本项目"公共配套设施费"处理的;一类是单独核算成本的配套设施,要么作为自用固定资产要么作为开发产品。

根据国税发〔2009〕31号第二十七条的规定,开发产品计税成本支出包括公共配套设施费,是指开发项目内发生的、独立的、非营利性的,且产权属于全体业主的，或无偿赠与地方政府、政府公用事业单位的公共配套设施支出。第三十条规定，单独作为过渡性成本对象核算的公共配套设施开发成本，应按建筑面积法进行分配。据此，作为第十七条第一类的公共配套设施，首先作为过渡性成本对象，归集的是土地征用费及拆迁补偿费、前期工程费、基础设施建设费、建筑安装工程费和开发间接费，然后按照建筑面积法分配到可售开发产品的成本项目"公共配套设施费"中。

国税发〔2009〕31号第三十二条条规定，公共配套设施尚未建造或尚未完工的，可按预算造价合理预提建造费用。此类公共配套设施必须符合已在售房合同、协议或广告、模型中明确承诺建造且不可撤销，或按照法律法规规定必须配套建造的条件。可见，公共配套设施满足一定条件可以预提计入成本。这与后文公共配套设施的土地增值税处理是不同的，土地增值税上公共配套设施成本不能预提。如果在所得税上公共配套设施有预提成本，需要在计算土地增值税时予以扣除。

国税发〔2009〕31号第十八条规定，企业在开发区内建造的邮电通讯、学校、医疗设施应单独核算成本，其中，由企业与国家有关业务管理部门、单位合资建设，完工后有偿移交的，国家有关业务管理部门、单位给予的经济补偿可直接抵扣该项目的建造成本，抵扣后的差额应调整当期应纳税所得额。该条政策表明，对符合以上条件的三类配套设施，企业在进行其成本核算时，一是要将其单独确定为成本对象，单独核算；二是此类配套设施不属于过渡性成本对象，其成本不存在二次分配的问题；三是收到经济补偿的年度，其补偿金额直接抵减其建造成本。当其建造成本大于补偿金额时，调减当期应纳税所得额；当其建造成本小于补偿金额时，调增当期应纳税所得额。

【案例1】某房地产企业取得一块100亩的净地，报建一住宅小区。考虑到提升小区品质，又从与小区相邻的工厂购得10亩土地建造会所，产权归企业所有。该会所无偿为小区业主使用。企业认为该会所是非营利公共配套设施，在计算可售商品房成本时，把该会所的土地成本以及建造成本500万元计入了开发产品的成本项目"公共配套设施费"，销售时随主营业务成本结转。税务检查时，税局要求补缴企业所得税，税局的做法是否正确？

根据以上税收政策分析，该会所产权为企业所有，不能作为过渡性成本对象归集成本费用，也就是说其成本不能进入可售商品房的成本，不能作为主营业务成本结转，企业当成本结转减少了企业应纳税所得额。该会所应作为独立成本核算对象进行成本归集核算，建造完成后作为自有固定资产。可见，税局的做法正确。

二、增值税

"营改增"后，房地产企业面临的一个税务疑难问题是公共配套设施无偿移交给政府，要不要视同销售缴纳增值税？建造公共配套设施过程中取得的进项税额要不要转出？土地价款在计算增值税时如何扣除？

根据《营业税改征增值税试点实施办法》（财税〔2016〕36号附件1）第十四条规定，下列情形视同销售服务、无形资产或者不动产：单位或者个体工商户向其他单位或者个人无偿提供服务，但用于公益事业或者以社会公众为对象的除外；单位或者个人向其他单位或者个人无偿转让无形资产或者不动产，但用于公益事业或者以社会公众为对象的除外。据此，房动产企业将公共配套设施移交给政府用于公益性事业的无偿行为，不视同销售，属于"不征收增值税"的范畴。

根据《营业税改征增值税试点实施办法》（财税〔2016〕36号附件1）第二十七条的规定，用于简易计税方法计税项目、免征增值税项目、集体福利或者个人消费的购进货物、加工修理修配劳务、服务、无形资产和不动产的进项税额不得从销项税额中抵扣。其中涉及的固定资产、无形资产、不动产，仅指专用于上述项目的固定资产、无形资产（不包括其他权益性无形资产）、不动产。据此，房地产企业将公关配套设施移交给政府用于公益性事业的无偿行为，不视同销售，属于"不征增值税项目"，而不是"免征增值税项目"。税法并未规定不征增值税项目不得抵扣进项税额，因此房地产企业将配套设施无偿移交给政府的，相应的进项税可以抵扣。

根据《房地产开发企业销售自行开发的房地产项目增值税征收管理暂行办法》（国家税务总局公告2016年第18号）第四条、第五条规定，房地产开发企业中的一般纳税人销售自行开发的房地产项目，适用一般计税方法计税，按照取得的全部价款和价外费用，扣除当期销售房地产项目对应的土地价款后的余额计算销售额。销售额的计算公式如下：销售额＝（全部价款和价外费用－当期允许扣除的土地价款）÷（1＋11%）（现为10%）。当期允许扣除的土地价款按照以下公式计算：当期允许扣除的土地价款＝（当期销售房地产项目建筑面积÷房地产项目可供销售建筑面积）×支付的土地价款。当期销售房地产项目建筑面积，是指当期进行纳税申报的增值税销售额对应的建筑面积。房地产项目可供销售建筑面积，是指房地产项目可以出售的总建筑面积，不包括销售房地产项目时未单独作价结算的配套公共设施的建筑面积。支付的土地价款，是指向政府、土地管理部门或受政府委托收取土地价款的单位直接支付的土地价款。据此，房地产公司配套建设并无偿移交的公共配套设施面积不在房地产项目可售面积之内，其土地价款不再单独考虑计算扣除，其为取得土地使用权所支付的土地价款所涉及的销项税额抵减已随当期已销售房地产项目冲减了主营业务成本。

对于单独作为成本核算对象并有偿转让的配套设施，销售时计算销项税额，进项税额也可以抵扣，土地价款单独计算扣除冲减主营业务成本。

【案例2】 某房地产企业开发建造某住宅小区项目，建造的幼儿园属于该小区项目的公共配套设施，在建造幼儿园的过程中取得了施工单位开具的增值税专用发票一张，价款500万元，税款50万元，房地企业对增值税专用发票进项了认证并抵扣了税款50万元。小区项目完成后幼儿园无偿移交给当地教育局，房地产企业将已认证抵扣的进项税额50万元作进项税额转出处理。

根据上文分析，该房地产企业不需要把已抵扣的进项税额50万元转出，无偿移交幼儿园属于不征收增值税范畴，进项税额可以抵扣。如企业转出进项税额，会造成多交增值税50万元。

三、土地增值税

根据《土地增值税暂行条例》及其《土地增值税暂行条例实施细则》的规定，房地产开发企业开发建造的与清算项目配套的不能有偿转让的公共配套设施发生的支出，是计算土增税的扣除项目。该条表明，与清算项目配套的公共配套设施，房地产企业不能有偿转让的可以扣除。这参考前文"一、所得税"的分析也很好理解，与清算项目配套的公共配套设施通过成本的"二次分配"已计入开发产品的成本项目"公共配套设施"，也就是成本的组成部分，当然是计算土地增值税的扣除项目。这里需要提醒大家的是，是计算土增税的扣除项目不意味着一定能扣除，能扣除还要满足其他条件。

《国家税务总局关于房地产开发企业土地增值税清算管理有关问题的通知》（国税发〔2006〕187号）第四条"土地增值税的扣除项目"第（三）款规定，房地产开发企业开发建造的与清算项目配套的居委会和派出所用房、会所、停车场（库）、物业管理场所、变电站、热力站、水厂、文体场馆、学校、幼儿园、托儿所、医院、邮电通讯等公共设施，按以下原则处理：1.建成后产权属于全体业主所有的，其成本、费用可以扣除；2.建成后无偿移交给政府、公用事业单位用于非营利性社会公共事业的，其成本、费用可以扣除；3.建成后有偿转让的，应计算收入，并准予扣除成本、费用。该条进一步明确，与清算项目配套的"公共配套设施"可以作为土增税扣除项目的有两种类型：第一种是"不能有偿转让"，准确说应该是"不能有偿单独转让"的，即本条中的1和2；第二种是"能单独转让的"，即本条中的3，所得税上要单独作为成本核算对象，土增税上也要作为独立的清算对象。

《土地增值税暂行条例实施细则》第七条第（二）款规定，开发土地和新建房及配套设施（以下简称房地产开发）的成本，是指纳税人房地产开发项目实际发生的成本（以下简称房地产开发成本），包括土地征用及拆迁补偿费、前期工程费、建筑安装工程费、基础设施费、公共配套设施费、开发间接费用。《国家税务总局关于房地产开发企业土地增值税清算管理有关问题的通知》（国税发〔2006〕187号）第四条"土地增值税的扣除项目"第（一）款规定，房地产开发企业办理土地增值税清算时计算与清算项目有关的扣除项目金额，应根据土地增值税暂行条例第六条及其实施细则第七条的规定执行。除另有规定外，扣除取得土地使用权所支付的金额、房地产开发成本、费用及与转让房地产有关税金，须提供合法有效凭证；不能提供合法有效凭证的，不予扣除。第四条"土地增值税的扣除项目"第（四）款规定，房地产开发企业的预提费用，除另有规定外（但目前没有给予规定），不得扣除。由此，能作为土增税扣除项目的"公共配套设施"必须是实际发生的成本，不存在预提的成本，并取得合法有效凭证。需要注意的是，如果开发产品成本中有预提"公共配套设施"成本部分，则土增税计算时，需要予以剔除。

国税发〔2006〕187号第四条"土地增值税的扣除项目"第（五）款规定，属于多个房地产项目共同的成本费用，应按清算项目可售建筑面积占多个项目可售总建筑面积的比例或其他合理的方法，计算确定清算项目的扣除金额。根据《国家税务总局关于印发〈土地增值税清算管理规程〉的通知》(国税发〔2009〕91号)第二十四条的规定,多个(或分期)项目共同发生的公共配套设施费,是否按项目合理分摊。由此可知,如果发生的公共配套设施费是多个(或分期)项目共同发生的,要按可售建筑面积占比法或其他合理方法进行分摊。

根据以上的分析,公共配套设施在土增税计算中的扣除主要要掌握三点:一是公共配套设施是计算土地增值税的扣除项目;二是公共配套设施扣除必须是实际发生的成本,不是预提的成本,并要取得合法凭据;三是发生的公共配套设施费是多个(或分期)项目共同发生的,要按可售建筑面积占比法或其他合理方法进行分摊。

【案例3】某房地产企业开发某住宅小区项目分三期施工,第一、第二期是住宅,第三期是公共配套设施幼儿园,建设周期为3年。目前该项目第一期已符合土地增值税清算条件。企业按要求对第一期项目土地增值税自行清算,并形成自查报告上报主管税务机关。税务机关审核发现,第三期幼儿园工程目前还未开工建设,但企业清算第一期的土地增值税时按第三期分摊扣除了幼儿园的预算成本。对此,企业认为,幼儿园是住宅小区项目的公共配套设施,其成本属于项目的共同成本费用,根据《国家税务总局关于房地产开发企业土地增值税清算管理有关问题的通知》(国税发〔2006〕187号)第四条第五款规定及《国家税务总局关于印发〈土地增值税清算管理规程〉的通知》(国税发〔2009〕91号)第二十四条规定,应按比例合理分摊。请问企业的认识正确吗?

本案例中,第三期幼儿园工程作为住宅小区的公共配套设施,可以作为"土增税"的扣除项目,但是其成本没有实际发生,企业按照其预算进行扣除实质上就是预提,按照税收政策是不允许的,在此情况下也就不存在多个(或分期)项目分摊的问题。

由此案例,我们自然会想到,公共配套实施在"时间""空间"的提前安排是有讲究的。"时间"上尽量提前安排,以免案例中安排在三期有可能面临无法扣除的尴尬局面;"空间"上安排在增值额大的分次(或分期)项目之中,这样才能节省土增税。

10.

房地产企业"卖房赠物"的税务处理分析

房地产企业在促销卖房过程中,经常采取赠送一些物品比如小家电、空调、小汽车等给潜在的客户或实际的客户,对此"卖房赠物"如何进行税务处理,需要我们加以关注。

一、增值税

根据《增值税暂行条例实施细则》(财政部国家税务总局令第50号)第四条第(八)项的规定,将自产、委托加工或者购进的货物无偿赠送其他单位或者个人视同销售货物。《营业税改征增值税试点实施办法》(财税〔2016〕附件1)第十四条规定,下列情形视同销售服务、无形资产或者不动产:单位或者个体工商户向其他单位或者个人无偿提供服务,但用于公益事业或者以社会公众为对象的除外;单位或者个人向其他单位或者个人无偿转让无形资产或者不动产,但用于公益事业或者以社会公众为对象的除外;财政部和国家税务总局规定的其他情形。可见,从增值税政策来看,赠送行为分无偿赠送和有偿赠送两种行为。赠送客户的物品,如是无偿赠送,则属于视同销售行为;赠送客户的物品,如是有偿赠送,则不属于视同销售行为。

无论无偿赠送还是有偿赠送,都属于"销售"行为,增值税政策对销售行为又区分出"混合销售"和"兼营销售"。

《营业税改征增值税试点实施办法》第四十条规定,一项销售行为如果既涉及服务又涉及货物，为混合销售。从事货物的生产、批发或者零售的单位和个体工商户的混合销售行为，按照销售货物缴纳增值税；其他单位和个体工商户的混合销售行为，按照销售服务缴纳增值税。本条所称从事货物的生产、批发或者零售的单位和个体工商户，包括以从事货物的生产、批发或者零售为主，并兼营销售服务的单位和个体工商户在内。根据该条规定，混合销售行为成立的行为标准有三点：一是其销售行为必须是一项；二是该项行为必须即涉及服务又涉及货物，其"货物"是指增值税税法中规定的有形动产，包括电力、热力和气体；"服务"是指属于改征范围的交通运输服务、建筑服务、金融保险服务、邮政服务、电信服务、现代服务、生活服务等；三是一项销售行为中的销售货物与提供服务行为之间必须从逻辑上有着紧密的从属关系，即有了甲，才有了乙，乙的发生以甲的发生为前提，且两者之间有着密切关联。由此，我们注意到，房地产企业销售商品房中同时涉及货物的，严格意义上不属于混合销售行为。

对于什么是兼营销售，增值税税收文件没有给予定义。但对于兼营的增值税处理，有具体规定。《营业税改征增值税试点实施办法》第三十九条规定，纳税人兼营销售货物、劳务、服务、无形资产或者不动产，适用不同税率或者征收率的，应当分别核算适用不同税率或者征收率的销售额；未分别核算的，从高适用税率。第四十一条规定，纳税人兼营免税、减税项目的，应当分别核算免税、减税项目的销售额；未分别核算的，不得免税、减税。《营业税改征增值税试点有关事项的规定》（财税〔2016〕附件2）对兼营行为的增值税处理又更一步地做了明确规定，试点纳税人销售货物、加工修理修配劳务、服务、无形资产或者不动产适用不同税率或者征收率的，应当分别核算适用不同税率或者征收率的销售额，未分别核算销售额的，按照以下方法适用税率或者征收率：1.兼有不同税率的销售货物、加工修理修配劳务、服务、无形资产或者不动产，从高适用税率；2.兼有不同征收率的销售货物、加工修理修配劳务、服务、无形资产或者不动产，从高适用征收率；3.兼有不同税率和征收率的销售货物、加工修理修配劳务、服务、无形资产或者不动产，从高适用税率。

综上所述，我们看到销售行为的增值税税收政策是这样"布局"的，"一项销售"行为里面有"混合销售"行为，"一项销售"行为里面除符合税收规定的"混合销售"以外，如房地产企业销售商品房中同时涉及货物的一项销售行为，是什么销售行为？税收政策没有给予明确规定；两项或两项以上销售税率或征收率不同的行为，从目前的税收政策看，应该属于"兼营"销售，是否"兼营"仅包括两项以及两项以上的销售行为，税收政策也没有给予明确规定。如果"兼营"仅包括两项以及两项以上的销售行为，除此之外就是"一项销售"行为而不能断定就是"混合销售"，因为"一项销售"行为里面，除了"混合销售"之外还有一块"空白"之地。

根据上文分析，房地产企业赠送物品给予潜在客户，属于视同销售，对此大家基本没有疑问。对于一项销售行为中的"卖房赠物"，按照目前已有的增值税税收政策进行判断，既不属于"混合销售"又不属于"兼营"。

人们对于陌生事物的认知，总是望熟悉的事物上去靠，税务处理也是这样。实务中，房地产企业对于实际客户的"卖房赠物"，要么视为"兼营"，即销售房屋和赠送物品分别适用销售不动产的增值税税率和销售货物的增值税税率；要么视为"混合销售"，比如山东国税在回答房地产企业纳税人的"买房送装修、送家电如何纳税"的问题时，答到"房地产开发企业销售住房赠送装修、家电，作为房地产开发企业的一种营销模式，其主要目的为销售住房。购房者同一支付对价，可参照混合销售的原则，按销售不动产适用税率申报缴纳增值税"。从税法理论上来说，视为"兼营"或者视为"混合销售"都不正确，但实务毕竟是实务，实务就是这样"凑合"着。

对于视为"兼营"理解的，实务中有两种处理方法：一是"卖房赠物"按商业折扣处理；二是总销售金额在销售商品房和物品之间按其公允价值进行分解，分别按适用税率计税。

根据《国家税务总局关于折扣额抵减增值税应税销售额问题通知》（国税函〔2010〕56号）的规定，纳税人采取折扣方式销售货物，如果销售额和折扣额在同一张发票上的"金额"栏分别注明，可按折扣后的销售额征收增值税。未在同一张发票"金额"栏注明折扣额，而仅在发票的"备注"栏注明折扣额的，折扣额不得从销售额中减除。也就是说，只要企业实施的捆绑销售行为能够将销售额和折扣额在同一张发票上分别注明，就可以按照折扣后的销售净额计算缴纳增值税，而如果企业将折扣另开发票，则不论财务上如何处理，均不能从销售额中减除折扣额缴纳增值税。因此，房地产企业在实际销售中赠送给购房者的物品，其价格可以按照商业折扣处理。对于"卖房赠物"发票的开具，因为有物品的出库，发票上需要显示数量、单价、金额、税率、税额等；另外再将赠送物品选中进行100%折扣即可。

对于总销售金额在销售商品房和物品之间按其公允价值进行分解的，房屋的销售按照适用税率计算税额，物品按照其适用税率计算税额，可以同时开在一张发票上或分别开具发票。

对于视为"混合销售"理解的，收到的总价款按照销售不动产的适用税率计算增值税，赠送的物品不计算增值税，发票栏上也不显示赠物的数量、单价、金额、税率、税额等，但个人建议应在发票备注栏里记载赠物的基本信息，并设置好赠物的备查账户，详细记录赠品的购进、赠送、结余情况。

二、企业所得税

《中华人民共和国企业所得税法实施条例》第二十五条规定，企业发生非货币性资产交换，以及将货物、财产、劳务用于捐赠、偿债、赞助、集资、广告、样品、职工福利或者利润分配等用途的，应当视同销售货物、转让财产或者提供劳务，但国务院财政、税务主管部门另有规定的除外。《国家税务总局关于企业处置资产所得税处理问题的通知》（国税函〔2008〕828号）第二条规定，企业将资产用于对外捐赠的，因资产所有权属已发生改变而不属于内部处置资产，应按规定视同销售确定收入。《国家税务总局关于确认企业所得税收入若干问题的通知》（国税函〔2008〕875号）第三条规定，企业以买一赠一等方式组合销售本企业商品的，不属于捐赠，应将总的销售金额按各项商品的公允价值的比例来分摊确认各项的销售收入。可见，企业所得税方面，房地产企业为了促销，赠送潜在客户的物品，应按视同销售进行税务处理；对于实际客户的"卖房赠物"，不按视同销售进行税务处理，应将总的销售金额按照房屋和物品公允价值的比例分解成商品房销售的收入和赠送商品的销售收入两部分，各自对应相应的成本。

三、个人所得税

《财政部、国家税务总局关于企业促销展业赠送礼品有关个人所得税问题的通知》(财税〔2011〕50号)规定，企业在销售商品（产品）和提供服务过程中向个人赠送礼品，属于下列情形之一的，不征收个人所得税：1. 企业通过价格折扣、折让方式向个人销售商品（产品）和提供服务；2. 企业在向个人销售商品（产品）和提供服务的同时给予赠品，如通信企业对个人购买手机赠话费、入网费，或者购话费赠手机等；3. 企业对累积消费达到一定额度的个人按消费积分反馈礼品。企业向个人赠送礼品，属于下列情形之一的，取得该项所得的个人应依法缴纳个人所得税，税款由赠送礼品的企业代扣代缴：1. 企业在业务宣传、广告等活动中，随机向本单位以外的个人赠送礼品，对个人取得的礼品所得，按照"其他所得"项目，全额适用20%的税率缴纳个人所得税。2. 企业在年会、座谈会、庆典以及其他活动中向本单位以外的个人赠送礼品，对个人取得的礼品所得，按照"其他所得"项目，全额适用20%的税率缴纳个人所得税。3. 企业对累积消费达到一定额度的顾客，给予额外抽奖机会，个人的获奖所得，按照"偶然所得"项目，全额适用20%的税率缴纳个人所得税。由此可见，房地产企业赠送潜在客户的物品，对于获得者取得的物品要按照"偶然所得"征收个人所得税，房地产企业要履行代扣代缴义务；房地产企业对于实际购房者赠送物品，既不属于"偶然所得"应税项目，也不属于"其他所得"应税项目，而是"有偿所得"。所以购房者获得的物品不应缴纳个人所得税。

四、土地增值税

根据《国家税务总局关于"营改增"后土地增值税若干征管规定的公告》（国家税务总局公告2016年第70号）规定，"营改增"后，纳税人转让房地产的土地增值税应税收入不含增值税。适用增值税一般计税方法的纳税人，其转让房地产的土地增值税应税收入不含增值税销项税额；适用简易计税方法的纳税人，其转让房地产的土地增值税应税收入不含增值税应纳税额。

那么不含增值税的土地增值税应税收入是否等同于增值税的应税收入呢？根据《土地增值税暂行条例》和《土地增值税暂行条例实施细则》的规定，土地增值税应税收入就是转让国有土地使用权、地上的建筑物及其附着物所取得的收入，包括货币收入、实物收入和其他收入。可见，没有规定精装修、赠物如何确定收入。

  与土地增值税收入相对应,再看计算土地增值税的扣除项目。根据《土地增值税暂行条例》第六条规定,计算增值额的扣除项目包括:1. 取得土地使用权所支付的金额;2. 开发土地的成本、费用;3. 新建房及配套设施的成本、费用,或者旧房及建筑物的评估价格;4. 与转让房地产有关的税金;5. 财政部规定的其他扣除项目。可见,也没有规定精装修、赠物如何扣除。需要注意的是,政策出台于 20 世纪 90 年代,销售的基本都是毛坯房,并没有预先考虑到今天的精装房、购房送车、购房送空调等情况,当年是的纯房销售,而今不是纯房销售。写到此,夜已深,忽然想起一句歌词,拿着一张旧船票是否仍然能登上你的客船?

11.

房地产企业"尾房"的"单位成本费用"咋计算

根据《财政部国家税务总局关于土地增值税若干问题的通知》（财税〔2006〕21号）第三条的规定，对已竣工验收的房地产项目，凡转让的房地产的建筑面积占整个项目可售建筑面积的比例在85%以上的，税务机关可以要求纳税人按照转让房地产的收入与扣除项目金额配比的原则，对已转让的房地产进行土地增值税的清算。具体清算办法由各省、自治区、直辖市和计划单列市地方税务局规定。根据《国家税务总局关于房地产开发企业土地增值税清算管理有关问题的通知》（国税发〔2006〕187号）第二条规定，符合下列情形之一的，主管税务机关可要求纳税人进行土地增值税清算：1.已竣工验收的房地产开发项目，已转让的房地产建筑面积占整个项目可售建筑面积的比例在85%以上，或该比例虽未超过85%，但剩余的可售建筑面积已经出租或自用的；2.取得销售（预售）许可证满三年仍未销售完毕的；3.纳税人申请注销税务登记但未办理土地增值税清算手续的；4.省税务机关规定的其他情况。据此，房地产企业按照税务机关的要求进行土地增值税清算后，存在销售"尾房"的情况。计算"尾房"的土地增值税时，要用到"单位成本费用"，该如何计算？本文对此进行简单分析。

一、"单位成本费用"计算要考虑税金及附加

国税发〔2006〕187号第八条规定，在土地增值税清算时未转让的房地

产,清算后销售或有偿转让(下文有时用销售尾房替代)的,纳税人应按规定进行土地增值税的纳税申报,扣除项目金额按清算时的单位建筑面积成本费用乘以销售或转让面积计算。单位建筑面积成本费用＝清算时的扣除项目总金额÷清算的总建筑面积。我们知道,在扣除项目总金额中包含一项"与转入房地产有关的税金",与其他扣除项目相比,其他扣除金额系归属于整个清算项目或清算类型房地产的整体成本和费用,而这部分税金及附加金额只是和清算已转让的房地产收入有关。因此,正确的计算公式应为:不含税金的单位建筑面积成本费用＝(清算时的扣除项目总金额－清算时可扣除的与转让房地产有关的税金)÷清算的总可售建筑面积;

清算后销售"尾房"的扣除额＝销售尾房的面积×不含税金的单位建筑面积成本费用＋本期销售"尾房"的有关税金及附加。

二、"单位成本费用"计算要考虑清算后发生的成本费用

国税发〔2006〕187号文按照清算前统计的扣除金额除以建筑面积平均后作为清算后转入房地产的单位扣除金额,但有的房地产项目在清算后发生成本费用的支出,也可能在清算前发生的成本费用在清算后获得合法有效的支付凭证。对于这部分成本费用,实务中可能有两种操作方法:

一种是对原清算的扣除金额进行重新调整,可用具体公式进行表达如下:

清算后销售尾房的单位建筑面积成本费用扣除额＝新取得合法、有效凭证的成本费用总额÷清算的总建筑面积＋已清算部分不含税金的单位建筑面积成本费用;

清算后销售尾房的扣除额＝销售尾房的面积×清算后销售尾房的单位建筑面积成本费用扣除额＋本期销售"尾房"的有关税金及附加。

另一种是,对于这部分成本费用不予考虑,尾房的单位成本费用仍然是已清算部分的原单位成本费用。

三、"单位成本费用"计算如何选择

根据《国家税务总局关于修订土地增值税纳税申报表的通知》(税总函

〔2016〕309号）附件《清算后尾盘销售土地增值税扣除项目明细表》的表格内容，尾房的扣除项目金额包含销售尾房的税金及附加，"单位成本费用"行，表内没有细分行，填表说明也"忘记"了对此进行说明，包含什么具体成本费用项目，不得而知。由此，根据上文分析，表内的"单位成本费用"计算就可能有多种组合。从合理性考虑，尾房"单位成本费用"的计算要扣掉已清算部分税金并纳入清算后发生的成本费用，具体公式参见上文二第二段。

  需要提及的是，本文所述的"单位成本费用"计算方法，只是本人的"一厢情愿"，具体如何计算还需当地税务机关定夺。

12. 房地产企业"拆迁还房"的税会处理分析

【案例】2018年6月,出于城市规划建设的需要,甲房地产企业与当地政府配合,采用"拆迁还房"的方式进行"城中村"改造项目开发。"城中村"中有一家企业的职工宿舍,村民和企业把原有房屋交给甲企业,甲企业负责住宅开发建设。该项目占地15000平方米,总建筑面积32000平方米,可供销售面积30000平方米,建设完成后可供销售面积的6000平方米用来安置村民(与原拆迁面积相等)、4000平方米给予企业作为职工宿舍(也与原拆迁面积相等),剩余20000平方米甲企业自行销售。该项目2019年5月完工,6月开始销售,当月销售完毕,销售单价1万元/平方米,销售总额2亿元,开发成本4500(不含税,不考虑取得的进项税额)万元,其中土地征用费及拆迁补偿费为0元、前期工程费500万元、建筑安装工程费3000万元、基础设施建设费200万元、公共配套设施费300万元、开发间接费300万元,向某公司借款利息200万元(不超过金融企业同期同类贷款利率)。对于此类"拆迁还房"业务,甲房地产企业如何进行税会处理?被拆迁户又会涉及哪些税?本文进行梳理和分析(本案例为了计算简便,假设不考虑印花税、契税、城市维护建设税、教育费附加、地方教育费附加等小税种的影响)。

一、甲公司的税会处理

（一）甲公司的税务处理

1. 增值税。

《营业税改征增值税试点实施办法》（财税〔2016〕36号附件1）第一条规定，在中华人民共和国境内销售服务、无形资产或者不动产的单位和个人，为增值税纳税人，应当按照本办法缴纳增值税。第十条规定，销售服务、无形资产或者不动产，是指有偿提供服务、有偿转让无形资产或者不动产。第十一条规定，有偿是指取得货币、货物或者其他经济利益。

《房地产开发企业销售自行开发的房地产项目增值税征收管理暂行办法》（国家税务总局公告2016年第18号）第四条规定，房地产开发企业中的一般纳税人销售自行开发的房地产项目，适用一般计税方法计税，按照取得的全部价款和价外费用，扣除当期销售房地产项目对应的土地价款后的余额计算销售额。第六条规定，在计算销售额时从全部价款和价外费用中扣除土地价款，应当取得省级以上（含省级）财政部门监（印）制的财政票据。

《财政部、国家税务总局关于明确金融房地产开发教育辅助服务等增值税政策的通知》（财税〔2016〕140号）第七条规定，《营业税改征增值税试点有关事项的规定》（财税〔2016〕36号附件2）第一条第（三）项第10点中"向政府部门支付的土地价款"，包括土地受让人向政府部门支付的征地和拆迁补偿费用、土地前期开发费用和土地出让收益等。房地产开发企业中的一般纳税人销售其开发的房地产项目（选择简易计税方法的房地产老项目除外），在取得土地时向其他单位或个人支付的拆迁补偿费用也允许在计算销售额时扣除。纳税人按上述规定扣除拆迁补偿费用时，应提供拆迁协议、拆迁双方支付和取得拆迁补偿费用凭证等能够证明拆迁补偿费用真实性的材料。

根据以上规定，甲企业销售20000平方米住宅取得销售额2亿元，应该缴纳增值税；甲企业返还所开发住宅给企业和个人的住宅，是为了取得土地使用权，所以这种返还是有偿的，返还的10000平方米住宅按住宅单价折算的销售额1亿元，也应该缴纳增值税。

这里存在一个问题，这 1 亿元，是否可以在计算增值税销售额时予以扣除？

根据以上税收政策规定，计算增值税时，"向政府部门支付的征地和拆迁补偿费用"以及"向其他单位或个人支付的拆迁补偿费用"可以从销售额中扣除。扣除土地价款应当取得省级以上（含省级）财政部门监（印）制的财政票据；扣除向其他单位或个人支付的拆迁补偿费用应取得拆迁协议、拆迁双方支付和取得拆迁补偿费用凭证等能够证明拆迁补偿费用真实性的材料。

甲公司在政府主导下，通过"拆迁还房"方式取得拆迁户的土地使用权，然后以自己名义立项开发住宅。其中，土地使用权不是通过土地储备中心收储，再通过"招拍挂"出让土地，甲公司无法取得省级以上（含省级）财政部门监（印）制的财政票据，不能从销售额中扣除。那么，能否通过签订拆迁补偿协议，作为拆迁补偿费用予以扣除呢？我们认为，固然拆迁补偿费用可从销售额中扣除，但拆迁补偿费用和土地征用费用是不同的，甲公司立项开发住宅，必须取得合法土地使用权，仅依据双方签订的补偿协议和支付的拆迁补偿费用无法证明甲公司取得了土地使用权。因此，我们认为，甲公司应取得被拆迁户自行开具（被拆迁企业）或代开（被拆迁个人）的增值税发票，作为取得土地使用权的凭据，同时，如果取得了增值税专用发票，发票所载进项税额就可以抵扣销项税额。

案例中，销售 20000 平方米住宅销售额 = 20000 × 1 = 20000 万元，返还拆迁户 10000 平方米住宅的折算销售额 = 10000 × 1 = 10000 万元，应纳增值税销项税额 = (20000 + 10000) ÷ (1 + 10%) × 10% = 2727 万元。甲公司取得某企业开具的增值税专用发票，取得进项税额 = 6000 ÷ (1 + 5%) × 5% = 286 万元（假设是自建老项目）。个人销售自建自用的住宅，免征增值税，税务机关只能为其代开增值税普通发票，甲公司得之，不能抵扣销项税额。因此，甲公司应纳增值税 = 2727 - 286 = 2441 万元。

2. 土地增值税。

《土地增值税清算有关问题的通知》（国税函〔2010〕220 号）第六条第（一）款规定，房地产企业用建造的本项目房地产安置回迁户的，安置用房视同销售处理，按《国家税务总局关于房地产开发企业土地增值税清算管理有关问题的通知》（国税发〔2006〕187 号）第三条第（一）款规定确认收入，同时将此确认为房地产开发项目的拆迁补偿费。房地产开发企业支付给回迁户的补差价款，计入拆迁补偿费；回迁户支付给房地产开发企业的补差价款，应抵减本项目拆迁补偿费。国税发〔2006〕187号第三条第（一）款规定，房地产开发企业将开发产品用于职工福利、奖励、对外投资、分配给股东或投资人、抵偿债务、换取其他单位和个人的非货币性资产等，发生所有权转移时应视同销售房地产，其收入按下列方法和顺序确认：按本企业在同一地区、同一年度销售的同类房地产的平均价格确定；由主管税务机关参照当地当年、同类房地产的市场价格或评估价值确定。

根据以上规定，甲企业拆迁还房要按视同销售处理，同增值税一样，土地增值税销售收入总额 = 30000 万元，不含增值税销售额 = 30000 ÷ (1 + 10%) = 27273 万元；扣除项目金额 = [(10000 − 286) + (4500 − 200)] × (1 + 30%) = 18218 万元；增值额 = 27273 − 18218 = 9055 万元；增值率 = 9055 ÷ 18218 = 49.7%；土地增值税税额 = 9055 × 30% = 2717 万元。

3. 企业所得税。

《房地产开发经营业务企业所得税处理办法》（国税发〔2009〕31号）第七条企业将开发产品用于捐赠、赞助、职工福利、奖励、对外投资、分配给股东或投资人、抵偿债务、换取其他企事业单位和个人的非货币性资产等行为，应视同销售，于开发产品所有权或使用权转移，或于实际取得利益权利时确认收入（或利润）的实现。确认收入（或利润）的方法和顺序为：按本企业近期或本年度最近月份同类开发产品市场销售价格确定；由主管税务机关参照当地同类开发产品市场公允价值确定；按开发产品的成本利润率确定。开发产品的成本利润率不得低于15%，具体比例由主管税务机关确定。

国税发〔2009〕31号第三十一条第（一）款第1项规定，企业以非货币交易方式取得土地使用权的，应按下列规定确定其成本：换取的开发产品如为该项土地开发、建造的，接受投资的企业在接受土地使用权时暂不确认其成本，待首次分出开发产品时，再按应分出开发产品（包括首次分出的和以后应分出的）的市场公允价值和土地使用权转移过程中应支付的相关税费计算确认该项土地使用权的成本。如涉及补价，土地使用权的取得成本还应加上应支付的补价款或减除应收到的补价款。

根据以上规定，甲房地产企业用自建的住宅补偿拆迁户的住房，需视同销售，按本企业同类开发产品的市场价格确认收入。案例中，甲企业补偿拆迁户10000 平方米，住宅市场销售价格为1 万元/平方米，则视同销售收入 = 10000 ×

1 = 10000 万元。与此同时，补偿拆迁户的住宅销售收入作为开发产品计税成本的"土地征用费及拆迁补偿费"成本项目，不过要扣除增值税进项税额 286 万元。甲公司应纳税所得额 = [30000 ÷ (1 + 10%) − 4500 − 9714 − 2717] = 27273 − 4500 − 9714 − 2717 = 10342 万元，应纳税额 = 10342 × 25% = 2585.5 万元。

（二）甲公司的会计处理

甲公司拆迁返房，取得土地使用权，房产的市场价格就是取得土地使用权的成本。因此，在甲公司开发的房产没有销售前，无法确定土地使用权价款。根据国税发〔2009〕31 号第三十一条第（一）款第 1 项规定，企业以非货币交易方式取得土地使用权的，应按下列规定确定其成本：换取的开发产品如为该项土地开发、建造的，接受投资的企业在接受土地使用权时暂不确认其成本，待首次分出开发产品时，再按应分出开发产品（包括首次分出的和以后应分出的）的市场公允价值和土地使用权转移过程中应支付的相关税费计算确认该项土地使用权的成本。可见，在企业所得税上，开发产品开始销售是计量取得土地使用权成本的前提条件。在会计上，我们可以按照税法的思路进行核算。

开发产品开始销售时，计量拆迁还房取得土地使用权成本：

借：开发成本—某开发产品—土地征用费及拆迁补偿费　　9714
　　应交税费—应交增值税（进项税额）　　286
　　贷：主营业务收入　　9091
　　　　应交税费—应交增值税（销项税额）　　909

销售剩余 20000 平方米住宅，确认收入：

借：银行存款　　20000
　　贷：主营业务收入　　18182
　　　　应交税费—应交增值税（销项税额）　　1818

结转主营业务成本：

借：主营业务成本　　14214
　　贷：开发产品—某开发产品—土地征用费及拆迁补偿费　　9714
　　　　　　　　　　　　　　—前期工程费　　500
　　　　　　　　　　　　　　—建筑安装工程费　　3000
　　　　　　　　　　　　　　—基础设施建设费　　200

—公共配套设施费	300
—开发间接费	300
—借款费用	200

缴纳土地增值税：
借：营业税金及附加　　　　　　　　　　2717
　　贷：银行存款　　　　　　　　　　　　2717
缴纳企业所得税：
借：所得税费用　　　　　　　　　　　　2585.5
　　贷：银行存款　　　　　　　　　　　　2585.5

二、被拆迁户的税务处理

（一）增值税

根据上文提及的财税〔2016〕36号附件1第十、第十一条的规定，被拆迁企业"以旧房换新房"的交易实质就是销售不动产，然后购进新不动产，所以，被拆迁企业要缴纳增值税。据此，北京国税解答："企业的房产被拆迁，获得了另一处的房产补偿和一部分现金补偿，被拆迁企业是不是要把作为补偿的房屋作价加上取得的现金补偿收入按销售不动产来缴纳增值税？被拆迁企业获得的补偿房屋对应的进项税额，是否可以抵扣？答：取得的拆迁补偿款（现金补偿和房屋补偿）按照转让不动产缴纳增值税。取得的补偿房屋若可以取得增值税专用发票，是可以抵扣进项税额的。"湖北国税解答："纳税人将国有土地使用权交由土地收购储备中心收储，取得的补偿收入能否免征增值税？纳税人将国有土地使用权交由土地收购储备中心收储，取得的建筑物、构筑物和机器设备的补偿收入征收增值税，取得的其他补偿收入免征增值税。"需要提及的是，实务中也存在不同看法，认为不需要缴纳增值税，有兴趣的朋友可以自己查找，在此不再赘述。

对于个人销售自建住房，按照财税〔2016〕36号文的规定免征增值税。

（二）土地增值税

根据《土地增值税暂行条例》第八条的规定，因国家建设需要依法征用、收回的房地产免征土地增值税。根据《土地增值税暂行条例实施细则》第十一条规定，条例第八条第（二）项所称的因国家建设需要依法征用、收回的房地产，是指因城市实施规划、国家建设的需要而被政府批准征用的房产或收回的土地使用权。因城市实施规划、国家建设的需要而搬迁，由纳税人自行转让原房地产的，比照本规定免征土地增值税。符合上述免税规定的单位和个人，须向房地产所在地税务机关提出免税申请，经税务机关审核后，免予征收土地增值税。实务中，大部分税务机关都据此认为不需征收土地增值税。

（三）企业所得税

根据《关于企业政策性搬迁所得税有关问题的公告》（国家税务总局公告2013年第11号）第二条的规定，企业政策性搬迁被征用的资产，采取资产置换的，其换入资产的计税成本按被征用资产的净值，加上换入资产所支付的税费（涉及补价，还应加上补价款）计算确定。案例中，出于城市规划的需要，在政府主导下的搬迁，可谓是政策性搬迁，被拆迁企业取得补偿房屋的计税成本按照原房产的计税成本来确定，无须按公允价值确认搬迁收入来缴纳企业所得税。

（四）个人所得税

根据《财政部、国家税务总局关于城镇房屋拆迁有关税收政策的通知》（财税〔2005〕45号）第一条的规定，对被拆迁人按照国家有关城镇房屋拆迁管理办法规定的标准取得的拆迁补偿款，免征个人所得税。根据《关于个人取得被征用房屋补偿费收入免征个人所得税的批复》（国税函〔1998〕428号）的规定，按照城市发展规划，在旧城改造过程中，个人因住房被征用而取得赔偿费，属补偿性质的收入，无论是现金还是实物（房屋），均免予征收个人所得税。

根据以上规定，自然人因被拆迁取得的房产或者现金补偿免征个人所得税。

综上所述，我们简单梳理分析了"拆迁还房"所涉及主要税种的税务处理，鉴于目前"拆迁返房"所具有的地方特色以及税法对"拆迁还房"没有明确规定，我们的观点也许与当地主管税局的观点有所不同，敬请读者注意。

13.

房地产企业成本归集与分配分析

房地产企业为了计算开发产品的成本,在确定了成本计算对象后,就进入了成本归集和分配阶段,本节对此进行分析。

一、房地产企业成本项目及内容

(一)计税成本项目及内容

《国家税务总局关于印发〈房地产开发经营业务企业所得税处理办法〉的通知》(国税发〔2009〕31号)第二十七条规定,开发产品计税成本支出的内容如下:

1. 土地征用费及拆迁补偿费。指为取得土地开发使用权(或开发权)而发生的各项费用,主要包括土地买价或出让金、大市政配套费、契税、耕地占用税、土地使用费、土地闲置费、土地变更用途和超面积补交的地价及相关税费、拆迁补偿支出、安置及动迁支出、回迁房建造支出、农作物补偿费、危房补偿费等。

2. 前期工程费。指项目开发前期发生的水文地质勘查、测绘、规划、设计、可行性研究、筹建、场地通平等前期费用。

3. 建筑安装工程费。指开发项目开发过程中发生的各项建筑安装费用。主要包括开发项目建筑工程费和开发项目安装工程费等。

4. 基础设施建设费。指开发项目在开发过程中所发生的各项基础设施支出，主要包括开发项目内道路、供水、供电、供气、排污、排洪、通讯、照明等社区管网工程费和环境卫生、园林绿化等园林环境工程费。

5. 公共配套设施费：指开发项目内发生的、独立的、非营利性的，且产权属于全体业主的，或无偿赠与地方政府、政府公用事业单位的公共配套设施支出。

6. 开发间接费。指企业为直接组织和管理开发项目所发生的，且不能将其归属于特定成本对象的成本费用性支出。主要包括管理人员工资、职工福利费、折旧费、修理费、办公费、水电费、劳动保护费、工程管理费、周转房摊销以及项目营销设施建造费等。

（二）会计成本项目及内容

《财政部关于印发〈企业产品成本核算制度（试行）〉的通知》（财会〔2013〕17号）第二十六条规定，房地产企业一般设置土地征用及拆迁补偿费、前期工程费、建筑安装工程费、基础设施建设费、公共配套设施费、开发间接费、借款费用等成本项目。

1. 土地征用及拆迁补偿费，是指为取得土地开发使用权（或开发权）而发生的各项费用，包括土地买价或出让金、大市政配套费、契税、耕地占用税、土地使用费、土地闲置费、农作物补偿费、危房补偿费、土地变更用途和超面积补交的地价及相关税费、拆迁补偿费用、安置及动迁费用、回迁房建造费用等。

2. 前期工程费，是指项目开发前期发生的政府许可规费、招标代理费、临时设施费以及水文地质勘查、测绘、规划、设计、可行性研究、咨询论证费、筹建、场地通平等前期费用。

3. 建筑安装工程费，是指开发项目开发过程中发生的各项主体建筑的建筑工程费、安装工程费及精装修费等。

4. 基础设施建设费，是指开发项目在开发过程中发生的道路、供水、供电、供气、供暖、排污、排洪、消防、通讯、照明、有线电视、宽带网络、智能化等社区管网工程费和环境卫生、园林绿化等园林、景观环境工程费用等。

5. 公共配套设施费，是指开发项目内发生的、独立的、非营利性的且产权属于全体业主的，或无偿赠与地方政府、政府公共事业单位的公共配套设施费用等。

6. 开发间接费，指企业为直接组织和管理开发项目所发生的，且不能将其直接归属于成本核算对象的工程监理费、造价审核费、结算审核费、工程保险费等。为业主代扣代缴的公共维修基金等不得计入产品成本。

7. 借款费用，是指符合资本化条件的借款费用。

通过比较以上（一）、（二）可见，计税成本项目共有 6 项，会计成本项目共有 7 项，除了与计税成本项目相同的 6 项外，另外增加了一项"借款费用"，核算符合资本化条件的借款费用。从每一项的具体内容来看，都或多或少存在差异。"土地征用及拆迁补偿费"项 17 号文把 31 号文中的"拆迁补偿支出、安置及动迁支出、回迁房建造支出"改为了"拆迁补偿费用、安置及动迁费用、回迁房建造费用"，支出改为了费用，与项目名称吻合；同样的目的，"公共配套设施费"项 17 号文也是把支出改为了费用。"前期工程费"项 17 号文增加了"政府许可规费、招标代理费、临时设施费、咨询论证费"的核算内容。"建筑安装工程费"17 号文增加了"精装修费"的核算内容。"基础设施建设费"项 17 号文增加了"供暖、消防、有线电视、宽带网络、智能化"等社区管网工程费和"景观"环境工程费用的核算内容。"开发间接费"17 号文仅列举了"工程监理费、造价审核费、结算审核费、工程保险费"等核算内容，而 31 号文列举了"管理人员工资、职工福利费、折旧费、修理费、办公费、水电费、劳动保护费、工程管理费、周转房摊销以及项目营销设施建造费"等核算内容。

既然会计成本的项目与内容与计税成本的项目与内容存在一定差异，实务中如何进行核算呢？

笔者认为，应采用两个文件的"并集"进行核算，即按照 7 个项目进行核算，每个项目的核算内容包括 17 号文和 31 号文相应项目的内容。其原因为：一是会计成本和计税成本的项目及其核算内容，大同小异，没有本质区别，采用"全覆盖"的方式进行核算能避免税会的进一步差异；二是传统上税务就没有"独立"的核算系统，它一直依赖会计核算系统，割裂这种关系是不经济的；三是税务上规定如果对某一事项税务上没有具体规定处理办法，而会计上对此有规定，就采取会计的规定，31 号文的规定再加上 17 号文的规定，采用并集的方式进行核算不违背税务上的规定。

二、成本的归集

成本归集就是将成本支出计入成本项目的过程。

(一) "土地征用费及拆迁补偿费"的归集

房地产开发企业发生的"土地征用及拆迁补偿费"根据能否区分负担对象等情况，有不同的归集方法，具体如下：

1. 能够分清负担对象的，应直接计入有关成本核算对象的"土地征用及拆迁补偿费"成本项目，即借记"开发成本—某成本对象—土地征用及拆迁补偿费"科目，贷记"银行存款""应付账款"等科目。

2. 不能分清负担对象的，应先对其支出进行归集，待分配时再按照一定的分配标准分配给各收益对象。即借记"开发成本—土地征用及拆迁补偿费—待分摊成本"科目，贷记"银行存款""应付账款"等科目。待分配时，再按一定的分配方法将其计入有关成本核算对象的"土地征用及拆迁补偿费"成本项目，即借记"开发成本—某成本对象—土地征用及拆迁补偿费"科目，贷记"开发成本—土地征用及拆迁补偿费—待分摊成本"科目。

(二) "前期工程费"的归集

房地产开发企业发生的"前期工程费"根据能否区分负担对象等情况，有不同的归集方法，具体如下：

1. 能分清成本核算对象的，应直接计入有关成本核算对象的"前期工程费"成本项目，即借记"开发成本—某成本对象—前期工程费"科目，贷记"银行存款""应付账款"等科目。

2. 不能分清负担对象的，应先对其支出进行归集，待分配时再按照一定的分配标准分配给各收益对象。即借记"开发成本—前期工程费—待分摊成本"、"应交税费—应交增值税（进项税额）"科目，贷记"银行存款""应付账款"等科目。待分配时，再按一定的分配方法将其计入有关成本核算对象的"前期工程费"成本项目，即借记"开发成本—某成本对象—前期工程费"科目，贷记"开发成本—前期工程费—待分摊成本"科目。

（三）"建筑安装工程费"的归集

房地产开发过程中发生的建造安装工程支出，应根据不同的施工方式，采用不同的核算方法。

1. 采用发包方式核算的，建筑安装工程支出，应根据房地产企业承付的已完工程价款确定，取得施工企业开具的增值税专用发票之后，按照发票注明的金额借记"开发成本—某成本对象—建筑安装工程费""应交税费—应交增值税（进项税额）"科目，贷记"银行存款""应付账款""预付账款"等科目。

2. 采用自营方式进行建筑安装施工的房屋开发项目，其发生的各项建筑安装工程支出，一般可直接计入有关房屋开发成本对象的"建筑安装工程费"成本项目，借记"开发成本—某成本对象—建筑安装工程费""应交税费—应交增值税（进项税额）"科目，贷记"应付职工薪酬""原材料""银行存款"等科目。

（四）"基础设施建设费"的归集

1. 能分清成本核算对象的，应直接计入有关成本核算对象的"基础设施建设费"成本项目，即借记"开发成本—某成本对象—基础设施建设费""应交税费—应交增值税（进项税额）"科目，贷记"银行存款""应付账款"等科目。

2. 不能分清负担对象的，应先对其支出进行归集，待分配时再按照一定的分配标准分配给各收益对象。即借记"开发成本—基础设施建设费—待分摊成本""应交税费—应交增值税（进项税额）"科目，贷记"银行存款""应付账款"等科目。待分配时，再按一定的分配方法将其计入有关成本核算对象的"基础设施建设费"成本项目，即借记"开发成本—某成本对象—基础设施建设费"科目，贷记"开发成本—基础设施建设费—待分摊成本"科目。

（五）"公共配套设施费"的归集

"公共配套设施费"的归集具有特殊性，因为公共配套设施是为可售开发产品服务的，其费用的归集实质就是公共配套实施负担的土地征用费及拆迁补偿费、前期工程费、建筑安装工程费、基础设施建设费、开发间接费和借款费用之和,然后按照可售开发产品的建筑面积进行分配,就成为各个开发产品成本项目里面的"公共配套设施费"。

(六)"开发间接费"的归集

房地产企业在开发建设房屋过程中发生的各项间接费用,应先通过"开发间接费用"科目进行核算,后期再按一定标准分配计入各有关开发产品成本。即借记"开发间接费用""应交税费—应交增值税(进项税额)"科目,贷记"银行存款""应付账款"等科目。待分配时,计入有关成本核算对象的"开发间接费"成本项目,即借记"开发成本—某成本对象—开发间接费"科目,贷记"开发间接费用"科目。

(七)"借款费用"的归集

房地产企业发生的借款费用,如果符合资本化的条件,应予资本化,计入有关资产成本;不符合资本化条件的,应当费用化,计入当期损益。房地产企业符合资本化条件的借款费用,可在"开发成本"科目下设置"借款费用"二级明细进行归集,待根据收益原则分配时再记入成本对象,即借记"开发成本—某成本对象—借款费用"科目,贷记"开发成本—借款费用"科目。

三、成本的分配

企业开发、建造的开发产品应按制造成本法进行计量与核算。其中,应计入开发产品成本中的费用属于直接成本和能够分清成本对象的间接成本,直接计入成本对象,共同成本和不能分清负担对象的间接成本,应按受益的原则和配比的原则分配至各成本对象,具体分配方法可按以下规定选择其一:

1. 占地面积法。指按已动工开发成本对象占地面积占开发用地总面积的比例进行分配。一次性开发的,按某一成本对象占地面积占全部成本对象占地总面积的比例进行分配。分期开发的,首先按本期全部成本对象占地面积占开发用地总面积的比例进行分配,然后再按某一成本对象占地面积占期内全部成本对象占地总面积的比例进行分配。期内全部成本对象应负担的占地面积为期内开发用地占地面积减除应由各期成本对象共同负担的占地面积。

土地成本，一般按占地面积法进行分配。如果确须结合其他方法进行分配的，应商税务机关同意。

2. 建筑面积法。指按已动工开发成本对象建筑面积占开发用地总建筑面积的比例进行分配。一次性开发的，按某一成本对象建筑面积占全部成本对象建筑面积的比例进行分配。分期开发的，首先按期内成本对象建筑面积占开发用地计划建筑面积的比例进行分配，然后再按某一成本对象建筑面积占期内成本对象总建筑面积的比例进行分配。

单独作为过渡性成本对象核算的公共配套设施开发成本，应按建筑面积法进行分配。

3. 直接成本法。指按期内某一成本对象的直接开发成本占期内全部成本对象直接开发成本的比例进行分配。

4. 预算造价法。指按期内某一成本对象预算造价占期内全部成本对象预算造价的比例进行分配。

借款费用属于不同成本对象共同负担的，按直接成本法或按预算造价法进行分配。

14.

房地产企业城镇土地使用税分析

本文分析房企处理城镇土地使用税业务过程中容易招致税务风险的几个问题,以期能对房企财务人员有些帮助。

一、城镇土地使用税纳税义务人问题

【案例1】2011年4月,大庆市龙凤区政府引进老城区改造"千祥雅苑"项目,项目位于卧龙路两侧、外环路东侧,规划占地面积40.54公顷,包括01#、02#、03#三个地块,其中02#、03#属于同一个整体控祥规划,占地约30公顷。通过"招拍挂"程序,2012年8月6日,甲房地产公司与大庆市国土资源局就"千祥雅苑"项目中03#地块签订了《国有建设用地使用权出让合同》,受让人甲公司全额缴纳了土地出让金115568300元。合同同时约定,出让人在2012年9月6日前将出让宗地交付土地受让人。虽然签订了土地使用权出让合同,但02#、03#地块中涉及的部分集体土地仍未办理完成土地征转用手续,直到2013年7月黑龙江省国土资源厅方将地块中的集体土地批复为国有建设用地。因为02#地块还有部分附着物没有拆迁,导致该宗地块一直不能挂牌出让。由于02#、03#地块属于整体规划,即使甲公司先行签订了《国有建设用地使用权出让合同》,也无法单独审批03#地块的规划方案,致使项目一直未能开工建设。2016年4月,大庆市城乡规划局批复03#地块单独规划,并为甲公司办理了规划许可证,甲公司才进场开工建设,并于同年6月取得了该地块的国有土地使用权证。2013年10月至2016年6月间谁是土地使用税的纳税义务人?

《城镇土地使用税暂行条例》第二条规定,在城市、县城、建制镇、工矿区范围内使用土地的单位和个人,为城镇土地使用税(以下简称土地使用税)的纳税人,应当依照本条例的规定缴纳土地使用税。但对何谓"使用土地"没有进行明确的规定。

国家税务总局关于检发《关于土地使用税若干具体问题的解释和暂行规定的通知》(国税地字〔1988〕第15号)第四条规定,土地使用税由拥有土地使用权的单位或个人缴纳。拥有土地使用权的纳税人不在土地所在地的,由代管人或实际使用人纳税;土地使用权未确定或权属纠纷未解决的,由实际使用人纳税;土地使用权共有的,由共有各方分别纳税。本条意味着"首选"拥有"土地使用权"的单位或个人作为纳税义务人,在土地使用权人不在土地所在地以及土地使用权人未明确的情况下,以代管人或"实际使用人"作为纳税义务人。以代管人为纳税义务人只是为了税务管理的需要,以实际使用人为纳税义务人只是在没有办法确定土地使用权人下的"退而求次之"。

财政部、国家税务总局《关于房产税、城镇土地使用税有关政策的通知》(财税〔2006〕186号)第二条规定,以出让或转让方式有偿取得土地使用权的,应由受让方从合同约定交付土地时间的次月起缴纳城镇土地使用税;合同未约定交付土地时间的,由受让方从合同签订的次月起缴纳城镇土地使用税。《国家税务总局关于通过"招拍挂"方式取得土地缴纳城镇土地使用税问题的公告》(国家税务总局公告2014年第74号)规定,通过招标、拍卖、挂牌方式取得的建设用地,不属于新征用的耕地,纳税人应按照财政部、国家税务总局《关于房产税城镇土地使用税有关政策的通知》(财税〔2006〕186号)第二条规定,从合同约定交付土地时间的次月起缴纳城镇土地使用税;合同未约定交付土地时间的,从合同签订的次月起缴纳城镇土地使用税。我们认为,财税〔2006〕186号、国家税务总局公告2014年第74号名义上是在界定城镇土地使用税的纳税义务发生时间,但也是从"合同"的视角来界定在土地使用权转让或出让交易中谁是土地使用权人。合同中,双方意思达成一致于某某日交付土地,承受者次月起(为了计算方便)则是纳税义务人;合同中,双方没有约定具体交付土地时间的,出于反避税的考虑,规定合同签订的次月,承受者是纳税义务人。这两个文件同样也是遵循首选土地使用权人作为纳税义务人这个路径。

案例1中,甲公司认为在2013年10月到2016年6月间其未实际使用或占有涉案土地,也未取得该地块的土地使用权证,其不是法律意义上的纳税人。我们认为,甲公司以出让的方式取得了该地块的土地使用权,交纳了土地出让费,签订了土地出让合同,也就是说,该宗地块不能再出让或转让他人,具有了排他性。因此,甲公司是法律上的土地使用者,是纳税义务人。至于甲公司由于种种原因未能实际占有或使用案例所涉土地,导致所涉土地长期闲置,没有及时开发建设亦是不争的事实,但这一结果是甲公司与行政机关在履行土地出让合同中产生的,对此造成的损失甲公司可通过诉讼等另行主张权利,并不能成为其不缴纳税款的法定事由。进一步讲,如果双方在履行合同过程中产生纠纷可以成为不缴纳税款的理由,势必造成国家税收的流失,所以财税〔2006〕186号通知第二条就是一款强制性的规定,即取得了土地使用权,就应依法缴纳土地使用税,任何主观或客观的原因均不能对抗其缴纳税款的法定义务,因此,甲公司认为其不是法律意见上的纳税人的观点没有法律依据。需要提醒的是,实务中,也有地方税务机关制定了地方特色的税收文件,规定承受土地方在能真正实际使用土地时才是纳税义务人,需要财务人员结合地方税收政策予以考虑。

《财政部、国家税务总局关于集体土地城镇土地使用税有关政策的通知》(财税〔2006〕56号)规定,在城镇土地使用税征税范围内实际使用应税集体所有建设用地、但未办理土地使用权流转手续的,由实际使用集体土地的单位和个人按规定缴纳城镇土地使用税。实务中,对于集体土地的"实际使用人"有不同理解,有的认为村委会是纳税义务人,有的认为直接承租人为纳税义务人。

《财政部、国家税务总局关于承租集体土地城镇土地使用税有关政策的通知》(财税〔2017〕29号)规定,在城镇土地使用税征税范围内,承租集体所有建设用地的,由直接从集体经济组织承租土地的单位和个人,缴纳城镇土地使用税。如果说56号文是"似变非变",那么29号文可谓"画风陡变",从首选拥有土地使用权的单位或个人为纳税义务人,转变为直接承租者为纳税义务人,完全脱离了以前的立法观点。

我们检索了司法判例,没有看到财税〔2017〕29号发文后,法院判决由承租者作为土地使用税纳税义务人的判例,但看到一个29号文之前的一个司法判例，该判例中，法院否认了由承租者作为土地使用税的纳税义务人。法院观点列示如下：

根据《中华人民共和国城镇土地使用税暂行条例》第二条规定："在城市、县城、建制镇、工矿区范围内使用土地的单位和个人，为城镇土地使用税的纳税人，应当依照本条例的规定缴纳土地使用税。"《国家税务局关于检发〈土地使用税若干具体问题的解释和暂行规定〉的通知》第四条规定："土地使用税由拥有土地使用权的单位或者个人缴纳。"《山东省地方税务局关于房产税、城镇土地使用税若干政策规定的通知》第九条规定："纳税人将土地出租给外商投资企业的，只要其土地使用权属未发生变化，仍由该纳税人缴纳城镇土地使用税。"青岛双巧建筑装饰工程有限公司虽然将涉案厂房、场地出租给外资企业青岛结帝金属有限公司，但依法仍为该土地的使用权人，故青岛双巧建筑装饰工程有限公司应为该土地使用税的纳税人。青岛双巧建筑装饰工程有限公司称承租人应为该土地使用税的纳税人的主张，不符合法律规定，法院不予支持。

通过以上的税法文件梳理和分析，我们看到税法文件对究竟谁是土地使用税的纳税义务人没有一致的观点，从原来的首选土地使用权人到最近文件规定的直接承租人。但已有的司法判例支持拥有土地使用权的单位或个人为纳税义务人的观点。

二、城镇土地使用税免税面积的扣除问题

【案例2】浙江嘉兴的某房地产公司开发"大树金港湾项目"，在计算缴纳土地使用税时扣除了该项目中大树幼儿园工程的占地面积942平方米，也扣除了小区里的街道、绿化用地面积35034.10平方米，税局不认同企业的做法，认为可以扣除幼儿园工程的占地面积，但不能扣除小区里的街道、绿化用地面积，要求补缴城镇土地使用税并加收滞纳金。双方争执不下，只有法庭相见。

在揭开法官观点之前，让我们梳理下房地产企业在计算土地使用税时有哪些占地面积可以扣除。

根据《财政部、国家税务总局关于公共租赁住房税收优惠政策的通知》

（财税〔2015〕139号）第一条的规定，在其他住房项目中配套建设公共租赁住房，依据政府部门出具的相关材料，按公共租赁住房建筑面积占总建筑面积的比例免征建设、管理公共租赁住房涉及的城镇土地使用税。根据《财政部、国家税务总局关于棚户区改造有关税收政策的通知》（财税〔2013〕101号）第一条的规定，在商品住房等开发项目中配套建造安置住房的，依据政府部门出具的相关材料、房屋征收（拆迁）补偿协议或棚户区改造合同（协议），按改造安置住房建筑面积占总建筑面积的比例免征城镇土地使用税。可见，房地产企业开发项目中配套建设公共租赁住房、安置住房的，如果符合相关条件，可依比例扣除占地面积，免征土地使用税。

《城镇土地使用税暂行条例》第三条规定，土地使用税以纳税人实际占用的土地面积为计税依据，依照规定税额计算征收。第六条规定，下列土地免缴土地使用税：国家机关、人民团体、军队自用的土地；由国家财政部门拨付事业经费的单位自用的土地；宗教寺庙、公园、名胜古迹自用的土地；市政街道、广场、绿化地带等公共用地；直接用于农、林、牧、渔业的生产用地；经批准开山填海整治的土地和改造的废弃土地，从使用的月份起免缴土地使用税5年至10年；由财政部另行规定免税的能源、交通、水利设施用地和其他用地。《国家税务局关于印发〈关于土地使用税若干具体问题的补充规定〉的通知》（国税地字〔1989〕140号）第十三条规定，对企业厂区（包括生产、办公及生活区）以内的绿化用地，应照章征收土地使用税，厂区以外的公共绿化用地和向社会开放的公园用地，暂免征收土地使用税。根据《财政部、国家税务总局关于企业范围内的荒山、林地、湖泊等占地城镇土地使用税有关政策的通知》（财税〔2014〕1号）的规定，企业范围内的荒山、林地、湖泊等占地自2016年1月1日起，全额征收城镇土地使用税。综合这些政策规定，我们只能得到房地产企业开发项目外的街道、广场、绿化地带不包括在应税土地总面积中，而对小区内的学校、幼儿园、道路、绿化等相关公共设施占地面积不征收土地使用税没有明确的税收政策依据，纳税人需要关注地方税务机关关于这些方面的具体规定。

回到案例2，法官认为，根据《中华人民共和国城镇土地使用税暂行条例》第三条第一款、第六条及《浙江省城镇土地使用税实施办法》（注意是地方政策）第三条第二款规定，城镇土地使用税以纳税人土地使用权属证书所确认的土地面积为计税依据，并应扣除符合免缴土地使用税法定情形的土地面积。被告根据原告提供的土地证核算了"大树金港湾项目"的占地面积，并扣除了其中大树幼儿园工程的占地面积，确认了原告土地使用税的应税面积及已申报纳税的面积，并由原告于《税务稽查签证2》中签章予以确认。原告提出抗辩称，其未申报的35034.10平方米均为街道、绿化等公共用地，应适用《中华人民共和国城镇土地使用税暂行条例》第六条第四项之规定免征土地使用税，但经庭审及被告提供的证据确认，"大树金港湾项目"为四至清晰的住宅小区，小区内外界限明确，原告所称的街道、绿化等均在小区内部，主要使用群体为小区居民，并不具备《中华人民共和国城镇土地使用税暂行条例》第六条第四项规定的公共用地性质，原告该抗辩无法律及事实依据。被告嘉兴地税稽查局根据确认的应税面积及税额计算原告少缴的城镇土地使用税，符合相关法律、法规的规定。

三、城镇土地使用税纳税截止时间及计算问题

【案例3】A房地产企业开发住宅小区项目占地面积10万平方米，2018年4月完工交付并对外销售。依据房屋购销合同和测绘部门提供的土地占用面积，A公司在4月、5月、6月销售房屋对应的土地占用面积分别为2万平方米、3万平方米和1万平方米。第二季度A公司应该缴纳多少土地使用税？

根据《财政部、国家税务总局关于房产税城镇土地使用税有关问题的通知》（财税〔2008〕152号）第三条的规定，纳税人因房产、土地的实物或权利状态发生变化而依法终止房产税、城镇土地使用税纳税义务的，其应纳税款的计算应截至房产、土地的实物或权利状态发生变化的当月末。也就是说，纳税人因房产、土地的实物或权利状态发生变化的次月起才免征相应的房产税、城镇土地使用税。从实务看，对于截止缴纳城镇土地使用税时间以及销售房屋面积的测算有不同规定，因此计算土地使用税的具体算法也相应不同，希望大家予以关注。

案例3中，A公司第二季度应该缴纳土地使用税 = 10×12÷12＋(10－2)×12÷12＋(10－2－3)×12÷12 = 10＋8＋5 = 23（万元）。

15.

房地产企业筹建期业务招待费的税会处理分析

房地产企业与其他企业一样,都要经过筹建期才能进入经营期,筹建期发生的业务招待费如何进行会计和税务处理实务中存在不同的看法,本文对此问题谈点个人的思考。

一、税法规定

《国家税务总局关于企业所得税若干税务事项衔接问题的通知》(国税函〔2009〕98号)第九条规定,新税法中开(筹)办费未明确列作长期待摊费用,企业可以在开始经营之日的当年一次性扣除,也可以按照新税法有关长期待摊费用的处理规定处理,但一经选定,不得改变。

《国家税务总局关于贯彻落实企业所得税法若干税收问题的通知》(国税函〔2010〕79号)第七条进一步明确,企业自开始生产经营的年度,为开始计算企业损益的年度。企业从事生产经营之前进行筹办活动期间发生筹办费用支出,不得计算为当期的亏损,应按照《国家税务总局关于企业所得税若干税务事项衔接问题的通知》(国税函〔2009〕98号)第九条规定执行。

《国家税务总局关于企业所得税应纳税所得额若干税务处理问题的公告》(国家税务总局公告2012年第15号)第五条对筹办期业务招待费等费用如何进行税前扣除进行了具体规定,企业在筹建期间发生的与筹办活动有关的业务招待费支出,可按实际发生额的60%计入企业筹办费,并按有关规定在税前扣除；发生的广告费和业务宣传费，可按实际发生额计入企业筹办费，并按有关规定在税前扣除。

分析以上税法规定，我们可以得出如下结论：

一是筹建期的费用支出不计算为企业所得税亏损，筹建期也不作为企业所得税的亏损弥补年度，企业从开始生产经营的年度，才开始计算企业损益的年度。既然企业所得税汇算清缴是从税法角度去汇算盈亏，盈要交税亏可弥补，而筹建期不计算所得税亏损也不作为亏损弥补期，按理不须进行所得税汇算清缴。另外，按照《国家税务总局关于印发〈企业所得税汇算清缴管理办法〉的通知》（国税发〔2009〕79号）第三条的规定，凡在纳税年度内从事生产、经营（包括试生产、试经营），或在纳税年度中间终止经营活动的纳税人，无论是否在减税、免税期间，也无论盈利或亏损，均应按照《企业所得税法》及其实施条例和本办法的有关规定进行企业所得税汇算清缴。很明显，企业所得税汇算清缴的主体是在纳税年度内从事生产、经营（包括试生产、试经营），或在纳税年度中间终止经营活动的纳税人。企业在筹建期，没有生产、经营，当然也就不用汇算清缴。

二是开（筹）办费未明确列作长期待摊费用，企业可以在开始经营之日的当年一次性扣除，也可以按照有关长期待摊费用的处理规定处理，但一经选定，不得改变。

三是筹办活动有关的业务招待费支出，可按实际发生额的60%计入企业筹办费，并按有关规定在税前扣除；发生的广告费和业务宣传费，可按实际发生额计入企业筹办费，并按有关规定在税前扣除。此处的"按有关规定在税前扣除"笔者理解应该指的是筹办费的相关规定，即业务招待费、广告费和业务宣传费计入筹办费用后，可以按照筹办费的扣除规定，可以一次性扣除或者按照长期待摊费用处理进行分期扣除。实务中有人认为，企业生产经营开始后，其按照国税函〔2009〕98号规定摊销的筹办费中业务招待费、广告费和业务宣传费数额，加上当年的发生的业务招待费、广告费和业务宣传费之和，作为该年度业务招待费、广告费和业务宣传费总额，按照《企业所得税法实施条例》的有关规定计算扣除。笔者不认同这样的观点：第一，业务招待费、广告费和业务宣传费在筹建期计入筹办费，开始生产经营后又从筹办费中分解出业务招待费、广告费和业务宣传费，按照业务招待费、广告费和业务宣传费的税法规定扣除，实务操作烦琐，"脱裤子放屁，多此一举"；

第二，筹办费按照上文国税函〔2009〕98号的规定，要么一次性扣除要么分期扣除，而业务招待费、广告费和业务宣传费的税前扣除主要是限额扣除，分过来是分期扣除，分过去是限额扣除，两种税前扣除方法差异明显，你让纳税人如何是好呢？

二、会计规定

在企业会计制度下，开办费是计入"长期待摊费"；如果是企业会计准则、小企业会计准则则是计入"管理费用"。

三、税会差异分析

（一）执行会计制度

开办费计入"长期待摊费用"，"长期待摊费用"是资产类科目，筹建期利润表金额为0。根据上文分析，筹建期不须进行企业所得税汇算清缴，不存在纳税调整的问题。开始生产经营时，根据开办费的摊销方法，再由"长期待摊费用"一次转入"管理费用"或分次转入管理费用。

【案例1】A房地产公司于2017年1月开始筹建，至2018年1月正式经营，筹建期共发生业务招待费120万元。

1. 会计处理。

2017年筹建期归集筹办费：

借：长期待摊费用—筹办费（业务招待费）　　　　　　　120

　　贷：银行存款　　　　　　　　　　　　　　　　　　120

2018年，将开办费一次性计入当期损益：

借：管理费用—开办费（业务招待费）　　　　　　　　　120

　　贷：长期待摊费用—筹办费（业务招待费）　　　　　120

按照3年，平均摊销，则2018年、2019年和2020年分别做以下分录：

借：管理费用—开办费（业务招待费）　　　　　　　　　40

贷：长期待摊费用—筹办费（业务招待费）   40

2. 税务处理。

2017 年筹建期，所得税不须进行汇算清缴，只须把会计报表提交主管税务局备案。

2018 年一次性扣除下，会计上计入管理费用的业务招待费为 120 万元，而税法上只允许税前扣除 72 万元，需要纳税调增 48 万元。笔者根据上文的分析认为，在一次性扣除的情况下，筹建期的业务招待费已通过管理费用（表 A104000）自动转到主表 A100000 第 5 行"减：管理费用（填写 A104000）"加以反映，业务招待费的纳税调增金额不能在 A105000《纳税调整项目明细表》第 15 行"（三）业务招待费支出"反映，而应在 A105000 第 30 行"（十七）其他"反映，2018 年度企业所得税汇算清缴时，具体填报如下：

A105000　　　　　　　　纳税调整项目明细表

行次	项　　目	账载金额	税收金额	调增金额	调减金额
		1	2	3	4
12	二、扣除类调整项目 (13 + 14 + ⋯24 + 26 + 27 + 28 + 29 + 30)	*	*		
15	（三）业务招待费支出				*
30	（十七）其他	120	72	48	

2018 年分期扣除下，会计上计入管理费用的业务招待费为 40 万元，而税法上只允许税前扣除 24 万元，需要纳税调增 16 万元。此处纳税调增，可看作"长期待摊费用"这个资产类科目摊销的纳税调增，需在 A105080 表中进行。2018 年度企业所得税汇算清缴时，具体填报如下：

（二）执行会计准则

会计上开办费计入"管理费用"，利润表为亏损，而税法上不确认筹建期的亏损，筹建期也不作为亏损弥补年度，所得税不须进行所得税汇算清缴，但须向主管税务局提交财务报表作为企业处于筹建期的备案材料。2018 年度并没有把 2017 年度的筹建费通过账务处理纳入其核算系统来，所以在 2018 年度企业所得税汇算清缴时，只能通过调表的方式进行。

A105080　　　　　资产折旧、摊销及纳税调整明细表

行次	项目	账载金额			税收金额					纳税调整金额
		资产原值	本年折旧、摊销额	累计折旧、摊销额	资产计税基础	税收折旧额	享受加速折旧政策的资产按税收一般规定计算的折旧、摊销额	加速折旧统计额	累计折旧、摊销额	
		1	2	3	4	5	6	7=5-6	8	9（2-5）
31	四、长期待摊费用（32+33+34+35+36）						*	*		
35	（四）开办费	120	40	40	72	24	*	*	24	16

A105000　　　　　纳税调整项目明细表

行次	项目	账载金额	税收金额	调增金额	调减金额
		1	2	3	4
31	三、资产类调整项目（32+33+34+35）	*	*		
32	（一）资产折旧、摊销（填写A105080）	40	24	16	

【案例2】A房地产公司于2017年1月开始筹建，至2018年1月正式经营，筹建期共发生业务招待费120万元。

1. 会计处理。

借：管理费用—筹办费（业务招待费）　　　　　120

　　贷：银行存款　　　　　　　　　　　　　　　　120

2. 税务处理。

筹办期管理费用中的业务招待费的60%按照税法规定在2018年一次性扣除情况下，通过A105000表第30行进行调整，具体填报如下：

15. 房地产企业筹建期业务招待费的税会处理分析

A105000　　　　　　　纳税调整项目明细表

行次	项目	账载金额	税收金额	调增金额	调减金额
		1	2	3	4
12	二、扣除类调整项目（13 + 14 + …24 + 26 + 27 + 28 + 29 + 30）	*	*		
15	（三）业务招待费支出				*
30	（十七）其他	0	72		72

如按税法规定的长期待摊费用进行处理，分3年期扣除情况下，具体填报如下：

A105000　　　　　　　纳税调整项目明细表

行次	项目	账载金额	税收金额	调增金额	调减金额
		1	2	3	4
12	二、扣除类调整项目（13 + 14 + …24 + 26 + 27 + 28 + 29 + 30）	*	*		
15	（三）业务招待费支出				*
30	（十七）其他	0	24		24

最后需要提及的是，房地产企业由于特有的经营方式，进入经营期的一段时间内也可能不存在收入（包括预售收入），业务招待费面临着全部调增的风险。

16.

房地产企业代建业务的增值税处理分析

房地产企业代建是指委托方提供项目需要的土地、资金等资源，房地产企业作为受托方利用其品牌与管理优势，为委托方提供项目开发全过程专业性服务。

一、代建的分类

（一）根据委托方的性质以及合作方式分类

代建业务可以分为商业形式代建、政府形式代建和资本形式代建三种形式。

1. 商业代建。是指委托方提供开发所需的土地及资金，房地产企业输出管理和品牌，承担开发、销售、维护等任务，为已完全获得土地使用权的委托方提供房地产全过程的管理。

2. 政府形式代建。是指房地产企业与政府合作承接市政项目，包括安置房、限价房等保障性住房和大型公共服务配套的建设管理。

3. 资本代建。是指房地产企业向资本合作方提供项目咨询、项目开发管理、项目运营管理等一系列专业服务。资本代建给更多向涉足房地产开发行业的企业提供更多的机会，降低了房地产行业的入门门槛。

（二）根据是否取得土地使用权进行分类

一种是房地产企业没有取得土地使用权，委托方拥有土地，负责立项，房地产的代建业务主要为了收取手续费。第二种是房地产企业取得了委托方的土地，负责立项，根据委托的要求进行施工，按施工进度向委托方预收房款，完工后，房地产企业替委托方办理产权转移等手续。

二、增值税处理

（一）没有取得土地使用权情况下

在此种情况下，房地产没有土地使用权，代建主要为收取手续费，是真正的代建行为。其业务具有以下特点：房地产代建工程项目由委托方立项、委托方拥有土地使用权、房屋的权属归委托方、签订委托代建合同、项目建设发票开具给委托方、受托方不垫付资金、受托方按照代建工程项目总投资的一定比例收取代建服务费或按代建工程的建筑面积定额收取代建服务费。

根据《营业税改征增值税试点实施办法》（财税〔2016〕36号附件1）所附《销售服务、无形资产、不动产注释》中"经纪代理服务"项的规定，经纪代理服务，是指各类经纪、中介、代理服务，包括金融代理、知识产权代理、货物运输代理、代理报关、法律代理、房地产中介、职业中介、婚姻中介、代理记账、拍卖等。据此，此种情况下的代建按"商务辅助服务—经纪代理服务"税目征收增值税，一般纳税人税率为6%，小规模纳税人征收率为3%。

需要注意的是，根据《营业税改征增值税试点有关事项的规定》（财税〔2016〕36号附件2）第一条第（三）项第4点的规定，经纪代理服务，以取得的全部价款和价外费用，扣除向委托方收取并代为支付的政府性基金或者行政事业性收费后的余额为销售额。向委托方收取的政府性基金或者行政事业性收费，不得开具增值税专用发票。如果房地产企业有向委托方代收转付的政府性基金或者行政事业性收费，不能开具增值税专用发票。

【案例1】2018年7月1日，甲房地产企业接受乙公司的委托代建某项目,代建过程中用银行存款等支付相关费用50万元,2018年12月2日项目完工,乙公司支付代建手续费给甲企业,金额为106万元,甲企业为一般纳税人。

支付代建支出时:

借:其他业务成本—代建工程　　　　　　　　　　50
　　贷:银行存款等　　　　　　　　　　　　　　　　50

项目完工收到手续费时:

借:银行存款　　　　　　　　　　　　　　　　106
　　贷:其他业务收入—代建工程　　　　　　　　　100
　　　　应交税费—应交增值税(销项税额)　　　　6

(二)取得土地使用权情况下

在此种情况下,房地产企业拥有了委托方的土地使用权,建造房地产的业务要按照建筑服务缴纳增值税;另外,建造完工后,房地产产权转移,又要按照销售不动产缴纳增值税。

建筑服务在新收入准则下,核算科目发生很大变化,举例如下:

【案例2】2018年1月1日,甲房地产公司与乙公司签订一项代建合同,为乙公司建造一栋写字楼,甲公司取得土地使用权并立项。根据双方合同,该工程的造价为6300万元,工程期限为1年半,甲公司负责工程的施工及全面管理,乙公司按照第三方工程监理公司确认的工程完工量,每半年与甲公司结算一次;预计2019年6月30日竣工;预计可能发生的总成本为4000万元。假定该建造工程整体构成单项履约义务,并属于在某一时段履行的履约义务,甲公司采用成本法确定履约进度,增值税税率为10%,不考虑其他相关因素。2018年6月30日,工程累计实际发生成本1500万元,甲公司与乙公司结算合同价款2500万元,甲公司实际收到价款2000万元;2018年12月31日,工程累计实际发生成本3000万元,甲公司与乙公司结算合同价款1100万元,甲公司实际收到价款1000万元;2019年6月30日,工程累计实际发生成本4100万元,乙公司与甲公司结算了合同竣工价款2700万元,并支付剩余工程款3300万元,上述价款均不含增值税额。假定甲公司与乙公司结算时即发生增值税纳税义务,乙公司在实际支付工程价款的同时支付其对应的增值税款。

甲公司的账务处理为（单位为万元）：

(1) 2018 年 1 月 1 日至 6 月 30 日实际发生工程成本时。

借：合同履约成本　　　　　　　　　　　　　　　　　1500
　　贷：原材料、应付职工薪酬等　　　　　　　　　　　1500

(2) 2018 年 6 月 30 日。

履约进度 = 1500 ÷ 4000 = 37.5%

合同收入 = 6300 × 37.5% = 2362.5（万元）

借：合同结算—收入结转　　　　　　　　　　　　　　2362.5
　　贷：主营业务收入　　　　　　　　　　　　　　　　2362.5
借：主营业务成本　　　　　　　　　　　　　　　　　1500
　　贷：合同履约成本　　　　　　　　　　　　　　　　1500
借：应收账款　　　　　　　　　　　　　　　　　　　2750
　　贷：合同结算—价款结算　　　　　　　　　　　　　2500
　　　　应交税费—应交增值税（销项税额）　　　　　　250
借：银行存款　　　　　　　　　　　　　　　　　　　2200
　　贷：应收账款　　　　　　　　　　　　　　　　　　2200

当日，"合同结算"科目的余额为贷方 137.5（2500 - 2362.5）万元，表明甲公司已经与乙公司结算但尚未履行履约义务的金额为 137.5 万元，由于甲公司预计该部分履约义务将在 2018 年内完成，因此，应在资产负债表中作为合同负债列示。

(3) 2018 年 7 月 1 日至 12 月 31 日实际发生工程成本时。

借：合同履约成本　　　　　　　　　　　　　　　　　1500
　　贷：原材料、应付职工薪酬等　　　　　　　　　　　1500

(4) 2018 年 12 月 31 日。

履约进度 = 3000 ÷ 4000 = 75%

合同收入 = 6300 × 75% - 2362.5 = 2362.5（万元）

借：合同结算—收入结转　　　　　　　　　　　　　　2362.5
　　贷：主营业务收入　　　　　　　　　　　　　　　　2362.5
借：主营业务成本　　　　　　　　　　　　　　　　　1500
　　贷：合同履约成本　　　　　　　　　　　　　　　　1500
借：应收账款　　　　　　　　　　　　　　　　　　　1210

贷：合同结算—价款结算　　　　　　　　　　　　　　　1100
　　　　应交税费—应交增值税（销项税额）　　　　　　　110
借：银行存款　　　　　　　　　　　　　　　　　　　　1100
　　贷：应收账款　　　　　　　　　　　　　　　　　　　1100

当日，"合同结算"科目的金额为借方1125（2362.5-1100-137.5）万元，表明甲公司已经履行履约义务但尚未与乙公司结算的金额为1125万元，由于该部分金额将在2019年内结算，因此，应在资产负债表中作为合同资产列示。

（5）2019年1月1日至6月30日实际发生工程成本时。
借：合同履约成本　　　　　　　　　　　　　　　　　　1100
　　贷：原材料、应付职工薪酬等　　　　　　　　　　　　1100

（6）2019年6月30日。
由于当日该工程已竣工决算，其履约进度为100%。
合同收入=6300-2362.5-2362.5=1575（万元）
借：合同结算—收入结转　　　　　　　　　　　　　　　1575
　　贷：主营业务收入　　　　　　　　　　　　　　　　　1575
借：主营业务成本　　　　　　　　　　　　　　　　　　1100
　　贷：合同履约成本　　　　　　　　　　　　　　　　　1100
借：应收账款　　　　　　　　　　　　　　　　　　　　2970
　　贷：合同结算—价款结算　　　　　　　　　　　　　　2700
　　　　应交税费—应交增值税（销项税额）　　　　　　　270
借：银行存款　　　　　　　　　　　　　　　　　　　　3630
　　贷：应收账款　　　　　　　　　　　　　　　　　　　3630

当日，"合同结算"科目的余额为零（1125+1575-2700）元。

本案例中，甲公司也可以采用以下方法进行会计核算：
（1）2018年1月1日至6月30日实际发生工程成本时。
借：合同履约成本　　　　　　　　　　　　　　　　　　1500
　　贷：原材料、应付职工薪酬等　　　　　　　　　　　　1500

（2）2018年6月30日。
履约进度=1500÷4000=37.5%
合同收入=6300×37.5%=2362.5（万元）

借：合同资产　　　　　　　　　　　　　　　　　　　　2362.5
　　贷：主营业务收入　　　　　　　　　　　　　　　　　　2362.5
借：主营业务成本　　　　　　　　　　　　　　　　　　1500
　　贷：合同履约成本　　　　　　　　　　　　　　　　　　1500
借：应收账款　　　　　　　　　　　　　　　　　　　　2750
　　贷：合同资产　　　　　　　　　　　　　　　　　　　　2362.5
　　　　合同负债　　　　　　　　　　　　　　　　　　　　137.5
　　　　应交税费—应交增值税（销项税额）　　　　　　　　250
借：银行存款　　　　　　　　　　　　　　　　　　　　2200
　　贷：应收账款　　　　　　　　　　　　　　　　　　　　2200

（3）2018年7月1日至12月31日实际发生工程成本时。

借：合同履约成本　　　　　　　　　　　　　　　　　　1500
　　贷：原材料、应付职工薪酬等　　　　　　　　　　　　　1500

（4）2018年12月31日。

履约进度＝3000÷4000＝75%

合同收入＝6300×75%－2362.5＝2362.5（万元）

借：合同资产　　　　　　　　　　　　　　　　　　　　2225
　　合同负债　　　　　　137.5（2018年6月30日确认的金额）
　　贷：主营业务收入　　　　　　　　　　　　　　　　　　2362.5
借：主营业务成本　　　　　　　　　　　　　　　　　　1500
　　贷：合同履约成本　　　　　　　　　　　　　　　　　　1500
借：应收账款　　　　　　　　　　　　　　　　　　　　1210
　　贷：合同资产　　　　　　　　　　　　　　　　　　　　1100
　　　　应交税费—应交增值税（销项税额）　　　　　　　　110
借：银行存款　　　　　　　　　　　　　　　　　　　　1100
　　贷：应收账款　　　　　　　　　　　　　　　　　　　　1100

当日，合同资产账户余额为1125（2225－1100）万元。

（5）2019年1月1日至6月30日实际发生工程成本时。

借：合同履约成本　　　　　　　　　　　　　　　　　　1100
　　贷：原材料、应付职工薪酬等　　　　　　　　　　　　　1100

（6）2019年6月30日。

由于当日该工程已竣工决算，其履约进度为100%。

合同收入 = 6300 − 2362.5 − 2362.5 = 1575（万元）

借：合同资产　　　　　　　　　　　　　　　　1575
　　贷：主营业务收入　　　　　　　　　　　　1575
借：主营业务成本　　　　　　　　　　　　　　1100
　　贷：合同履约成本　　　　　　　　　　　　1100
借：应收账款　　　　　　　　　　　　　　　　2970
　　贷：合同资产　　　　　　　　　　　　　　2700
　　　　应交税费—应交增值税（销项税额）　　 270
借：银行存款　　　　　　　　　　　　　　　　3630
　　贷：应收账款　　　　　　　　　　　　　　3630

当日，"合同资产"科目的余额为0（1125 + 1575 − 2700）元。

需要提醒的是，代建完成后，写字楼产权转移，甲公司还要按照销售不动产缴纳增值税。可见，房地产企业在进行此类代建业务时，要考虑建筑服务和转移不动产两个业务过程的增值税，提前进行测算，以免承担过重的增值税税负。

17.

房地产企业广告和业务宣传费的税务处理分析

房地产企业经常发生广告和业务宣传费,与之相关的税务问题,需要我们加以梳理和关注。

一、增值税

1. 企业支付广告费。根据《营业税改征增值税试点实施办法》的规定,文化创意服务中的设计服务是指把计划、规划、设想通过文字、语言、图画、声音、视觉等形式传递出来的业务活动。包括工业设计、内部管理设计、业务运作设计、供应链设计、造型设计、服装设计、环境设计、平面设计、包装设计、动漫设计、网游设计、展示设计、网站设计、机械设计、工程设计、广告设计、创意策划、文印晒图等。据此,房地产企业支付给广告公司的广告费要尽量取得增值税专用发票,可以抵扣进项税额。

2. 企业无偿赠送货物给其他单位或个人。《增值税暂行条例实施细则》第四条第(八)项规定,将自产、委托加工或者购进的货物无偿赠送其他单位或者个人视同销售货物。据此,房地产企业在广告和业务宣传业务中,自产、委托加工或者购进的货物无偿赠送其他单位或者个人在增值税上要按照视同销售处理,不能忽视增值税的税务风险。

二、印花税

《印花税暂行条例》所附《印花税税目税率表》中，加工承揽合同包括加工、定作、修缮、修理、印刷、广告、测绘、测试等合同，加工承揽合同按加工或承揽收入万分之五贴花。据此，房地产企业与广告公司签订的广告合同要按照加工或承揽收入万分之五贴花。需要注意的是，加工承揽合同价税分离的，按加工或承揽价款的万分之五贴花；加工承揽合同没有注明价款和税额即价税合计定价的，按合计金额的万分之五贴花。

三、个人所得税

《财政部、国家税务总局关于企业促销展业赠送礼品有关个人所得税问题的通知》（财税〔2011〕50号）第二条第1款规定，企业在业务宣传、广告等活动中，随机向本单位以外的个人赠送礼品，对个人取得的礼品所得，按照"其他所得"项目，全额适用20%的税率缴纳个人所得税。第三条规定，企业赠送的礼品是自产产品（服务）的，按该产品（服务）的市场销售价格确定个人的应税所得；是外购商品（服务）的，按该商品（服务）的实际购置价格确定个人的应税所得。

《国家税务总局关于贯彻〈中华人民共和国税收征收管理法〉及其实施细则若干具体问题的通知》（国税发〔2003〕47号）规定，负有代扣代缴个人所得税义务的单位和个人，在支付款项时应按照征管法及其实施细则的规定，将取得款项的纳税人应缴纳的税款代为扣缴。因此，房地产企业在广告和业务宣传业务中，随机向本单位以外的个人赠送与销售活动无关的礼品，要按照"其他所得"（新个人所得税法有变化）项目代扣代缴个人所得税。

【案例1】 甲房地产公司在广告和业务宣传业务中，赠送外单位和个人礼品（与销售无关），公司在"销售费用—赠送礼品"中列支，没有代扣代缴个税。

税务机关在稽查中，要求企业按照财税〔2011〕50号代扣代缴个税，并被要求按照全部赠送金额代扣代缴个税，无论是赠送外单位还是个人的礼品。由于企业在会计核算中不能区分赠送外单位的礼品与赠送外单位个人的礼品，留存的证据也不能证明哪些是赠送了单位哪些是赠送了个人，企业最后只好"自认倒霉"，按照全部金额代扣代缴了个税。

四、企业所得税

（一）视同销售

根据《国家税务总局关于企业处置资产所得税处理问题的通知》（国税函〔2008〕828号）第二条第（一）项的规定，企业将资产移送他人"用于市场推广或销售"，因资产所有权属已发生改变而不属于内部处置资产，应按规定视同销售确定收入。《国家税务总局关于企业所得税有关问题的公告》（国家税务总局公告2016年第80号）第二条规定，企业发生《国家税务总局关于企业处置资产所得税处理问题的通知》（国税函〔2008〕828号）第二条规定情形的，除另有规定外，应按照被移送资产的公允价值确定销售收入。

（二）汇算清缴的税收政策

1. 扣除比例。

《企业所得税法实施条例》第四十四条规定，企业发生的符合条件的广告费和业务宣传费支出，除国务院财政、税务主管部门另有规定外，不超过当年销售（营业）15%的部分，准予扣除；超过部分，准予在以后纳税年度结转扣除。

2. 计算扣除限额的基数。

《国家税务总局关于企业所得税执行中若干税务处理问题的通知》（国税函〔2009〕202号）规定，企业在计算业务招待费、广告费和业务宣传费等费用扣除限额时，其销售（营业）收入额应包括《实施条例》第二十五条规定的视同销售（营业）收入额。即扣除限额的基数包括收入总额和视同销售收入。根据《企业所得税法》第六条规定,企业以货币形式和非货币形式从各种来源取得的收入,为收入总额,包括:销售货物收入;提供劳务收入;转让财产收入;股息、红利等权益性投资收益;利息收入;租金收入;特许权使用费收入;接受捐赠收入;其他收入。根据《企业所得税法实施条例》第二十五条规定,企业发生非货币性资产交换,以及将货物、财产、劳务用于捐赠、偿债、赞助、集资、广告、样品、职工福利或者利润分配等用途的,应当视同销售货物、转让财产或者提供劳务,但国务院财政、税务主管部门另有规定的除外。

对于房地产开发企业,根据《国家税务总局关于印发〈房地产开发经营业务企业所得税处理办法〉的通知》(国税发〔2009〕31号)的规定,企业通过正式签订《房地产销售合同》或《房地产预售合同》所取得的收入,应确认为销售收入的实现,可以作为计算广告费和业务宣传费扣除限额的基数。需要注意的是,以后会计上结转预售账款到营业收入时,应调减广告费和业务宣传费扣除限额的基数。

3. 筹建期间广告费和业务宣传费的扣除。

根据《国家税务总局关于企业所得税应纳税所得额若干税务处理问题的公告》(国家税务总局公告〔2012〕15号)规定,发生的广告费和业务宣传费,可按实际发生额计入企业筹办费,并按有关规定(国税函〔2009〕98号和国税函〔2010〕79号文件)在税前扣除,即企业可以在开始经营之日的当年一次性扣除,也可以按照税法有关长期待摊费用的处理规定处理,但一经选定,不得改变。

4. 广告费和业务宣传费的分摊。

根据《财政部、税务总局关于广告费和业务宣传费支出税前扣除政策的通知》(财税〔2017〕41号)规定,对签订广告费和业务宣传费分摊协议(以下简称分摊协议)的关联企业,其中一方发生的不超过当年销售(营业)收入税前扣除限额比例内的广告费和业务宣传费支出可以在本企业扣除,也可以将其中的部分或全部按照分摊协议归集至另一方扣除。另一方在计算本企业广告费和业务宣传费支出企业所得税税前扣除限额时,可将按照上述办法归集至本企业的广告费和业务宣传费不计算在内。

【案例2】甲公司为一家房地产公司,有乙、丙两家全资子公司,三家公司相互间签订了广告费分摊协议:

17. 房地产企业广告和业务宣传费的税务处理分析

2018年，甲公司取得营业收入2000万元，发生广告费和业务宣传费700万元，向乙公司分出广告费和业务宣传费200万元；

2019年，甲公司取得营业收入8000万元，发生广告费和业务宣传费600万元，向乙公司分出广告费和业务宣传费100万元，同时从丙公司分入200万元广告费和业务宣传费。

假设，甲公司每年实现的利润均为200万元，不考虑所得税以外的税费，无其他纳税调整事项，企业所得税税率为25%，每年年末均预计未来能够产生足够的应纳税所得额来抵扣相应的递延所得税。

（1）2018年甲公司的会计与税务处理：

第一，甲公司的会计处理。

①发生广告费和业务宣传费。

借：销售费用　　　　　　　　　　　　　　　　　700
　　贷：银行存款　　　　　　　　　　　　　　　　700

②所得税会计处理（本年共纳税调增600万元，加上本年利润，则本年应纳税所得额为800万元）。

借：所得税费用　　　　　　　　　　　　　　　　200
　　贷：应交税费——应交所得税　　　　　　　　　200

2018年12月31日，广告费和业务宣传费的账面价值为0，计税基础为400（700-300）万元，应确认递延所得税资产400×25%=100万元。

借：递延所得税资产　　　　　　　　　　　　　　100
　　贷：所得税费用——递延所得税费用　　　　　　100

第二，甲公司的税务处理。

①本期纳税调整金额。

广告费和业务宣传费的扣除基数为2000万元，本期广告费和业务宣传费的扣除限额=2000×15%=300万元，实际发生符合条件的广告费和业务宣传费大于扣除限额400（700-300）万元，应纳税调增400万元；甲公司向乙公司分出的广告费和业务宣传费200万元，不在本企业扣除，应纳税调增200万元。综上所述，共纳税调增600万元。

②企业所得税汇算清缴时，具体填报如下：

A105060　　　广告费和业务宣传费跨年度纳税调整明细表

行次	项目	金额
1	一、本年广告费和业务宣传费支出	700
2	减：不允许扣除的广告费和业务宣传费支出	0
3	二、本年符合条件的广告费和业务宣传费支出（1－2）	700
4	三、本年计算广告费和业务宣传费扣除限额的销售（营业）收入	2000
5	乘：税收规定扣除率	15%
6	四、本企业计算的广告费和业务宣传费扣除限额（4×5）	300
7	五、本年结转以后年度扣除额（3＞6，本行＝3－6；3≤6，本行＝0）	400
8	加：以前年度累计结转扣除额	0
9	减：本年扣除的以前年度结转额［3＞6，本行＝0；3≤6，本行＝8与（6－3）孰小值］	0
10	六、按照分摊协议归集至其他关联方的广告费和业务宣传费（10≤3与6孰小值）	200
11	按照分摊协议从其他关联方归集至本企业的广告费和业务宣传费	0
12	七、本年广告费和业务宣传费支出纳税调整金额（3＞6，本行＝2＋3－6＋10－11；3≤6，本行＝2＋10－11－9）	600
13	八、累计结转以后年度扣除额（7＋8－9）	400

A105000　　　纳税调整项目明细表

行次	项目	账载金额	税收金额	调增金额	调减金额
		1	2	3	4
12	二、扣除类调整项目（13＋14＋…＋24＋26＋27＋28＋29＋30）	*	*		
16	（四）广告费和业务宣传费支出（填写A105060）	*	*	600	

（2）2019年甲公司的会计与税务处理：

第一，甲公司的会计处理。

①2019年发生广告费和业务宣传费。

借：销售费用　　　　　　　　　　　　　　　　　　600

　　银行存款　　　　　　　　　　　　　　　　　　　　600

②所得税会计处理（本年共纳税调减500万元，本年利润为200万元，

应纳税所得额为0)。

借：所得税费用　　　　　　　　　　　　　　　　0
　　贷：应交税费—应交所得税　　　　　　　　　　　0
借：所得税费用—递延所得税费用　　　　　　　　100
　　贷：递延所得税资产　　　　　　　　　　　　　100

第二，甲公司的税务处理。

①本期纳税调整金额。

广告费和业务宣传费的扣除基数＝8000万元，本期广告费和业务宣传费的扣除限额＝8000×15％＝1200万元，实际发生符合条件的广告费和业务宣传费小于扣除限额600（1200－600）万元，以前年度结转的广告费和业务宣传费400万元可以全部扣除，需要纳税调减400万元；甲公司向乙公司分出的广告费和业务宣传费100万元，不在本企业扣除，应纳税调增100万元；从丙公司分入的200万元广告费和业务宣传费，应纳税调减200万元。综上所述，共纳税调减500万元。

②企业所得税汇算清缴时，具体填报如下：

A105060	广告费和业务宣传费跨年度纳税调整明细表	
行次	项　　目	金　　额
1	一、本年广告费和业务宣传费支出	600
2	减：不允许扣除的广告费和业务宣传费支出	0
3	二、本年符合条件的广告费和业务宣传费支出（1－2）	600
4	三、本年计算广告费和业务宣传费扣除限额的销售（营业）收入	8000
5	乘：税收规定扣除率	15％
6	四、本企业计算的广告费和业务宣传费扣除限额（4×5）	1200
7	五、本年结转以后年度扣除额（3＞6，本行＝3－6；3≤6，本行＝0）	0
8	加：以前年度累计结转扣除额	400
9	减：本年扣除的以前年度结转额［3＞6，本行＝0；3≤6，本行＝8与(6－3)孰小值］	400
10	六、按照分摊协议归集至其他关联方的广告费和业务宣传费（10≤3与6孰小值）	100
11	按照分摊协议从其他关联方归集至本企业的广告费和业务宣传费	200

续表

行次	项　　目	金　额
12	七、本年广告费和业务宣传费支出纳税调整金额 （3＞6，本行＝2＋3－6＋10－11；3≤6，本行＝2＋10－11－9）	－500
13	八、累计结转以后年度扣除额（7＋8－9）	0

A105000　　　　　　　　　纳税调整项目明细表

行次	项　　目	账载金额	税收金额	调增金额	调减金额
		1	2	3	4
12	二、扣除类调整项目（13＋14＋…＋24＋26＋27＋28＋29＋30）	*	*		
16	（四）广告费和业务宣传费支出（填写A105060）	*	*		500

5. 需防范的税务风险。

（1）不可混淆广告费支出与赞助支出。

在实际工作中，要注意区分广告费支出与赞助支出，广告费支出可以税前限额扣除，超限额部分可以后年度结转扣除。赞助支出可区分为广告性赞助支出和非广告性赞助支出，对于广告性赞助支出可以按照广告费与业务宣传费的扣除办法扣除，非广告性赞助支出，不可以扣除，要进行纳税调增。在判断广告费时要参照3个条件：要通过工商部门批准的专门机构制作；已经支付费用并且取得相应发票；通过一定的媒体传播。

（2）不能利用广告费和业务宣传费分摊协议来进行税收筹划。

在实务中，人们利用分摊协议琢磨出各种"筹划"方法，例如，在适用税率存在差异的前提下，将广告费和业务宣传费归集至税率相对较高的关联企业税前扣除；在盈亏状态存在差别的前提下，将广告费和业务宣传费由亏损的关联企业归集至盈利的关联企业税前扣除；在企业集团内，通过"安排"广告费和业务宣传费，使集团内某个企业能达到税收优惠政策的条件，从而降低整个集团的税负。这些税收筹划方法是否可行呢？笔者认为值得商榷。

《国家税务总局关于规范成本分摊协议管理的公告》（国家税务总局公告〔2015〕45号）规定，税务机关应当加强成本分摊协议的后续管理，对不符合独立交易原则和成本与收益相匹配原则的成本分摊协议，实施特别纳税调查调整；企业执行成本分摊协议期间，参与方实际分享的收益与分摊的成本不配比的，应当根据实际情况做出补偿调整。参与方未做补偿调整的，税务机关应当实施特别纳税调查调整。文件强调了成本分摊协议要按照独立交易原则和成本与收益相匹配原则处理，某些纳税人企图通过广告费、业务宣传费的"乾坤大转移"进行筹划，请三思而后行！

18. 房地产企业混合融资的涉税问题分析

在传统金融市场中,债权投资和股权投资是企业外部融资的两种基本方式。基于两种投资方式的差异,税法对债权与股权、利息与股息做出了不同的税收规定。

随着金融自由化浪潮的发展,在金融市场中涌现出大量金融创新工具,这些金融工具兼具股权与债权的基本属性,很难将其归属于某一具体的类别,对当前以股权与债权的区分为基础的二元制资本市场课税规则提出了严峻的挑战。

例如,甲房地产公司2017年接受某信托公司基金2亿元增资,取得了该企业20%的股权。增资协议约定,该企业每年按照10%的利率支付给信托公司固定利润;3年后由该房地产企业以2.5亿元赎回这20%的股权;信托公司不参与房地产企业生产经营,没有表决权、选举权和被选举权,且不拥有房地产企业净资产的所有权。对于这种混合性融资;房地产企业税务上,特别是企业所得税、增值税如何进行处理?本文对此进行一点分析。

一、我国税法对权益性投资与债权性投资的界定

《企业所得税法实施条例》第119条对债权性投资与权益性投资进行了界定。根据该条的规定,债权性投资,是指企业直接或者间接从关联方获得的,需要偿还本金和支付利息或者需要以其他具有支付利息性质的方式予以补偿

的融资；权益性投资，是指企业接受的不需要偿还本金和支付利息，投资人对企业净资产拥有所有权的投资。

该定义仅限于《企业所得税法》第四十六条所规定的债权性投资和权益性投资，能否普遍适用于投资属性的判定值得商榷。

二、混合融资的企业所得税处理

（一）国家税务总局2013年第41号公告的内容

2013年7月15日，国家税务总局制定下发了《国家税务总局关于企业混合性投资业务企业所得税处理问题的公告》（国家税务总局公告2013年第41号）。

首先，第41号公告对混合性投资业务进行了概念的界定。混合性投资业务是指兼具权益性投资和债权性投资双重特征的投资业务。

其次，规定同时符合5个条件的混合性投资业务，才能按本公告进行企业所得税处理，这5个条件是：

1. 被投资企业接受投资后，需要按投资合同或协议约定的利率定期支付利息（或定期支付保底利息、固定利润、固定股息，下同）；

2. 有明确的投资期限或特定的投资条件，并在投资期满或者满足特定投资条件后，被投资企业需要赎回投资或偿还本金；

3. 投资企业对被投资企业净资产不拥有所有权；

4. 投资企业不具有选举权和被选举权；

5. 投资企业不参与被投资企业日常生产经营活动。

最后，对同时符合5个条件的混合性投资业务，规定了如何进行企业所得税处理：

1. 对于被投资企业支付的利息，投资企业应于被投资企业应付利息的日期，确认收入的实现并计入当期应纳税所得额；被投资企业应于应付利息的日期，确认利息支出，并按税法和《国家税务总局关于企业所得税若干问题的公告》（2011年第34号）第一条的规定，进行税前扣除。

2. 对于被投资企业赎回的投资，投资双方应于赎回时将赎价与投资成本之间的差额确认为债务重组损益,分别计入当期应纳税所得额。

(二) 对国家税务总局 2013 年第 41 号公告的评价

1. 对满足条件的评价。

就第一条而言,强调了"债"的固定性,即固定的时间支付、固定的利润、固定的利息等。也就是说,此类投资回报不与被投资企业的经营业绩挂钩,不是按企业的投资效益进行分配,也不是按投资者的股份份额取得回报。投资者没有或很少承担投资风险的一种投资。现实中,有的产品设计为"固定收益 + 浮动收益模式",例如,阳光城(000671.SZ)2011 年 5 月 13 日公告中所称的其持股 75% 的福建汇泰房地产发行"中信阳光·汇泰股权投资集合信托计划",其合同约定的收益为固定收益和浮动收益之和,就不满足第 41 号公告的第一个条件。

就第二条而言,条件的前半个约束条件是比较容易满足的,这种债券性融资基本都会有一定的投资期限的,不会是无限期的投资。但是,后半个约束条件"在投资期满或者满足特定投资条件后,被投资企业需要赎回投资或偿还本金"很难满足。现实中,信托投资退出一般采用两种方式:第一种是由房地产企业进行减资,实现信托主体的退出;第二种方式是由原房地产企业的大股东从信托主体回购股权的方式实现信托主体的退出。从目前的实践来看,第二种退出模式更为普遍。但是,第 41 号公告所规范的混合性投资业务要求在投资期满或者满足特定投资条件后,被投资企业需要赎回投资或偿还本金,也就是说,只有第一种退出方式才能适用第 41 号公告。例如,平安信托入股葛洲坝房地产公司的股权约定由其股东葛洲坝集团回购、中铁信托入股青岛中南世纪城的股权约定由其股东的母公司中南建设回购,就不满足第二条条件。

就第三条、第五条来说,在权益性投资中,投资者对投入资产的所有权转换为股权,股东与债权人一样,对被投资企业的净资产均不享有所有权,权益性投资的投资者也不参与被投资企业日常的生产经营活动,而是通过行使表决权决定企业的重大事项。就此而言,第三条和第四条恰是权益性投资与债权性投资的共性,而不是区别。

这也许是公告解读里只提及,被投资企业如果依法停止生产经营活动需要清算的,投资企业的投资额可以按债权进行优先清偿,但对被投资企业净资产不能按投资份额拥有所有权的原因。

就第四条而言,总局第41号公告解读为"投资企业不具有选举权和被选举权。被投资企业在选举董事会、监事会成员时,投资企业不能按持股份比例进行表决或被选为成员"。实践中,信托公司为了维护自己的利益,通常要委派董事进入项目公司股东会,取得控股权,利用控股权对影响其"投资安全"的重大项目行使一票否决权。这实际上和法律上债权人保护条款所起的作用是相同的。

2. 对税务处理的评价。

(1) 利息税务处理的评价。

根据第41号公告解读所述,按合同或协议约定,由被投资企业定期支付利息的,投资企业应当于被投资企业应付利息的日期,根据合同或协议约定的利率,计算确定本期利息收入并计入当期应纳税所得额;被投资企业应于应付利息的日期确认本期利息支出,并按税法实施条例和《国家税务总局关于企业所得税若干问题的公告》(2011年34号)规定的限定利率,在当期进行税前扣除。

我们可以这样理解,利息收入无任何条件地要并入投资企业当期应纳税所得额;而利息支出根据《企业所得税法实施条例》第38条和《国家税务总局关于企业所得税若干问题的公告》(2011年34号)第1条的规定,需要在规定的限定利率范围内税前扣除。例如,《企业所得税法实施条例》第38条的规定,企业在生产经营活动中发生的下列利息支出,准予扣除:(1)非金融企业向金融企业借款的利息支出、金融企业的各项存款利息支出和同业拆借利息支出、企业经批准发行债券的利息支出;(2)非金融企业向非金融企业借款的利息支出,不超过按照金融企业同期同类贷款利率计算的数额的部分。国家税务总局2011年第34号公告第1条第1款规定,根据《实施条例》第三十八条规定,非金融企业向非金融企业借款的利息支出,不超过按照金融企业同期同类贷款利率计算的数额的部分,准予税前扣除。鉴于目前我国对金融企业利率要求的具体情况,企业在按照合同要求首次支付利息并进行税前扣除时,应提供"金融企业的同期同类贷款利率情况说明",以证明其利息支出的合理性。

就是说,在所谓规定的限定利率范围内,投资企业的利息收入和被投资企业可以税前扣除的利息支出是相等的,但在超出限定利率范围外,投资企业的利息收入必然和被投资企业可以税前扣除的利息支出不相等的，即超出限定利率范围外的利息必然要在被投资企业进行纳税调整。

（2）赎回投资税务处理的评价。

根据第41号公告解读所述，当实际赎价高于投资成本时，投资企业应将赎价与投资成本之间的差额，在赎回时确认为债务重组收益，并计入当期应纳税所得额；被投资企业应将赎价与投资成本之间的差额，在赎回当期确认为债务重组损失，并准予在税前扣除。当实际赎价低于投资成本时，投资企业应将赎价与投资成本之间的差额，在赎回当期按规定确认为债务重组损失，并准予在税前扣除；被投资企业应将赎价与投资成本之间的差额，在赎回当期确认为债务重组收益，并计入当期应纳税所得额。

从这段描述我们认为存在以下几个方面问题。第一，第41号公告创造性地将"赎回损益"界定为"债务重组损益"与所得税制度中的"债务重组"概念产生冲突。当前会计准则和企业所得税法的"债务重组"概念有特有的语境，通常是指在债务人发生财务困难的情况下，债权人就其债务人的债务作出让步的事项。与第41号公告有关"赎回损益"的界定并不相同。第二，因混合性投资赎回时按照债务重组的规定进行处理，因此在赎价低于投资成本时，投资企业确认为债务重组损失，或者在赎价高于投资成本时，被投资企业确认为债务重组损失情况下，根据《企业资产损失所得税税前扣除管理办法》（国家税务总局公告2011年第25号）的规定，债务重组损失应进行专项申报，无须取得发票，给投资企业和被投资企业恶意操作避税留下空间。

三、混合融资的增值税处理

财税〔2016〕36号附件1《营业税改征增值税试点实施办法》附录"销售服务、无形资产、不动产注释"第一条第（五）规定，贷款，是指将资金贷与他人使用而取得利息收入的业务活动。因此，信托公司获得的利息收入属于贷款服务，根据财税36号文的规定，贷款服务需要交纳增值税，属于增值税的应税行为就需要开具增值税发票，房地产企业必须就支付的利息取得增值税发票才能在企业所得税前扣除。

那么由谁开具增值税发票呢？是信托公司还是购买信托产品的投资者？

《财政部、国家税务总局关于资管产品增值税政策有关问题的补充通知》（财税〔2017〕2号）规定，2017年7月1日（含）以后，资管产品运营过程中发生的增值税应税行为，以资管产品管理人为增值税纳税人，按照现行规定缴纳增值税。因此，房地产企业支付利息要向信托公司索取增值税发票。

根据第41号公告，投资双方应于赎回时将赎价与投资成本之间的差额确认为债务重组损益。那么，"债务重组损益"要缴纳增值税吗？

实务中，有专家认为不需要。但笔者不赞同这种观点，笔者认为如果混合融资被定性为债，就应该按照债的税收政策进行处理，要缴纳增值税；如果混合融资被定性为股，即参与接受投资方利润分配，共同承担投资风险，不需缴纳增值税。

四、采用"切割"的税务处理方法的后果

第41号公告从企业所得税方面对本质上属于增值税范畴的混合融资的"融资利息"做了切割，一部分是"利息"，另一部分是"赎回损益"。企业所得税的税前扣除对仍保留为"利息"身份的，要依据增值税发票的；对保留为"赎回损益"则不需要增值税发票，脱离了"以票控税"的管控范围。

正是第41号公告的切割，创造出了"税收套利"的机会。第41号公告所界定的"利息"扣除需要发票并有限制性规定，所界定的"赎回损益"没有发票的规定也没有限制性规定。但第41号公告对"利息"和"赎回损益"的规定并不是泾渭分明，而是投资者和被投资者可以通过投资合同"任性"调节的，可以人为创设出税收套利机会。例如，A房地产企业接受B信托投资公司"混合性"投资，由B信托投资公司向A房地产企业增资3亿元，双方约定年收益率为15%，两年后A房地产企业应以4亿元的对价赎回该项投资，假设银行同类贷款利率为5%，超过银行同类贷款利率5%部分是不允许税前扣除的，那么我们可以把这部分超过限制规定的利息额通过合同约定转换为赎回损益，税前扣除便可"畅行无阻"，并且不需要发票，对方也可能少缴纳增值税，两全其美，何乐不为？

19.

房地产企业集团"统借统还"融资税会处理分析

房地产企业集团在开展"统借统还"融资业务过程中,需要准确进行税会处理,以防范税务风险。

一、"统借统还"的税务处理

房地产企业集团"统借统还"融资所涉及的主要税种包括增值税、企业所得税和印花税等,以下分别进行分析。

(一) 增值税

根据《财政部、国家税务总局关于全面推开营业税改征增值税试点的通知》(财税〔2016〕36号)附件3《营业税改征增值税试点过渡政策的规定》第一条第十九款的规定,统借统还业务是指:1.企业集团或者企业集团中的核心企业向金融机构借款或对外发行债券取得资金后,将所借资金分拨给下属单位(包括独立核算单位和非独立核算单位,下同),并向下属单位收取用于归还金融机构或债券购买方本息的业务。2.企业集团向金融机构借款或对外发行债券取得资金后,由集团所属财务公司与企业集团或者集团内下属单位签订统借统还贷款合同并分拨资金,并向企业集团或者集团内下属单位收取本息,再转付企业集团,由企业集团统一归还金融机构或债券购买方的业务。

统借统还业务中,企业集团或企业集团中的核心企业以及集团所属财务公司按不高于支付给金融机构的借款利率水平或者支付的债券票面利率水平,向企业集团或者集团内下属单位收取的利息,免征增值税。统借方向资金使用单位收取的利息,高于支付给金融机构借款利率水平或者支付的债券票面利率水平的,应全额缴纳增值税。

分析以上条款并结合实务,房地产企业统借统还业务要想享受免征增值税的优惠,应具备以下几个条件:

1. 统借统还业务的适用主体是企业集团。

税收政策对于统借主体并无明确界定,但在实际操作过程,税务机关把握企业集团是依据国家工商行政管理总局《企业集团登记管理暂行规定》(工商企字〔1998〕第59号)所规定的条件。它规定,企业集团是指以资本为主要联结纽带的母子公司为主体,以集团章程为共同行为规范的母公司、子公司、参股公司及其他成员企业或机构共同组成的具有一定规模的企业法人联合体。企业集团的母公司注册资本在5000万元人民币以上,并至少拥有5家子公司;母公司和其子公司的注册资本总和在1亿元人民币以上;集团成员单位均具有法人资格。企业集团应持有工商行政管理机关颁发的《企业集团登记证》,企业集团本身不具有企业法人资格,其名称可以在宣传和广告中使用,但不得以企业集团名义订立经济合同,从事经营活动。在实际判断时,需要注意的是,以股东身份投资另一企业,属于母公司控股子公司,同属一个母公司的企业,或自己冠名为"集团",但未办理企业集团设立登记的企业,这些企业之间只是单纯的股权投资与被投资关系,并非真正意义上的企业集团。

2. 统借统还业务的资金来源于金融机构借款或对外发行债券。

例如,甲房地产企业集团以10%的利率从另一家房产企业融资1亿元,然后按照同样的利率水平拨给其子公司使用,就不能按统借统还免增值税业务处理。

3. 统借统还业务应按不高于支付给金融机构的借款利率水平或者支付的债券票面利率水平执行,强调了统借方支付的利率与资金使用方支付统借方的利率一致。

例如,甲房地产企业集团以10%的利率向银行取得借款后,以统借统还的方式按10%利率拨给其子公司乙公司,同时向乙公司收取3%的管理服务费,就不满足利率一致性的要求,不能享受统借统还免增值税待遇。

再如，甲房地产企业集团向银行取得两笔借款，利率分别为10%和12%，然后甲集团按综合利率11%将两笔借款资金分拨给子公司乙公司和丙公司使用，甲集团向乙公司和丙公司收取的利息就不满足利率一致性的要求，不能享受免税待遇。

4. 统借统还业务中对资金拨付的路径有要求。要么是企业集团或者企业集团中的核心企业拨给下属单位；要么是集团所属财务公司拨给企业集团或者集团内下属单位。

例如，甲房地产企业集团以10%的利率向银行取得借款后，以统借统还的方式按10%利率转贷给其子公司乙公司，乙公司再以同样的利率转贷给下属子公司丙公司，乙公司收丙公司的利息就不满足资金拨付路径要求，不能免增值税。

（二）企业所得税

统借统还业务的企业所得税处理，目前只有房地产行业有文件规定。

《国家税务总局关于印发〈房地产开发经营业务企业所得税处理办法〉的通知》（国税发〔2009〕31号）第二十一条第二款规定，企业集团或其成员企业统一向金融机构借款分摊集团内部其他成员企业使用的，借入方凡能出具从金融机构取得借款的证明文件，可以在使用借款的企业间合理的分摊利息费用，使用借款的企业分摊的合理利息准予在税前扣除。

以上条款明确了使用借款的企业分摊的合理利息准予税前扣除，那么何谓"合理利息"呢？

大家一致认同的是，"合理利息"应满足《企业所得税法实施条例》第三十八条的规定，即企业在生产经营活动中发生的下列利息支出，准予扣除：非金融企业向金融企业借款的利息支出、金融企业的各项存款利息支出和同业拆借利息支出、企业经批准发行债券的利息支出；非金融企业向非金融企业借款的利息支出，不超过按照金融企业同期同类贷款利率计算的数额的部分。

至于"合理利息"是否受限于《企业所得税法》第四十六条规定以及《财政部、国家税务总局关于企业关联方利息支出税前扣除标准有关税收政策问题的通知》（财税〔2008〕121号）的规定，则有不同看法。

《企业所得税法》第四十六条规定，企业从其关联方接受的债权性投资与权益性投资的比例超过规定标准而发生的利息支出，不得在计算应纳税所得额时扣除。财税〔2008〕121号具体规定了其接受关联方债权性投资与其权益性投资比例为：金融企业，为5∶1；其他企业，为2∶1。

有税务专家认为，统借统还的统借方和资金使用方都同属同一集团，天然地属于关联方，理应接受关联方债权性投资与其权益性投资比例的限制，资金使用方超关联债资比例支付的利息不能税前扣除。

还有税务专家持相反观点，认为统借统还不受关联债资比例的限制，其具体理由可归结为：统借统还从实质上看属于向金融机构的贷款，不属于关联债权投资，不应受财税〔2008〕121号文件关于关联方债资比例的约束，用款单位支付的利息，可以全额税前扣除。笔者赞同此观点。

由合理利息税前扣除引申出来的一个问题是，税前扣除凭据是什么？

根据《国家税务总局关于发布〈企业所得税税前扣除凭证管理办法〉的公告》（国家税务总局公告2018年第28号）第九条的规定，企业在境内发生的支出项目属于增值税应税项目的，对方为已办理税务登记的增值税纳税人，其支出以发票（包括按照规定由税务机关代开的发票）作为税前扣除凭证。统借统还属于融资贷款服务，是增值税应税业务，利息支出必须以增值税发票作为税前扣除的依据。

接下来的问题是专票还是普通？根据财税〔2016〕36号文的相关规定，贷款利息的进项税额不能抵扣，所以实务中最好开具增值税普通发票。如果统借统还业务不符合免征增值税条件，开具含税价的增值税普通发票；如果统借统还业务符合免征增值税的条件，开具免税的增值税普通发票。

（三）印花税

1. 金融组织与统借方签订的借款合同需要缴纳印花税。

根据《中华人民共和国印花税暂行条例》的规定，银行及其他金融组织和借款人（不包括银行同业拆借）所签订的借款合同，立合同人按借款金额万分之零点五贴花。

根据以上规定，统借方与金融机构之间签订的借款合同，应由立合同人，即由统借方与金融机构按照借款金额万分之零点五缴纳印花税。

2. 统借方与企业集团所属财务公司签订的委托代理合同不需要缴纳印花税。

《国家税务局关于印花税若干具体问题的解释和规定的通知》（国税发

〔1991〕155号）第十四条规定，在代理业务中，代理单位与委托单位之间签订的委托代理合同，凡仅明确代理事项、权限和责任的，不属于应税凭证，不贴印花。

根据以上规定，统借方与企业集团所属财务公司签订的委托代理合同不需要缴纳印花税。

3. 企业集团所属财务公司与资金使用方签订的统借统还贷款合同需要缴纳印花税。

根据《中华人民共和国印花税暂行条例》的规定，属于印花税征税范围的借款合同为银行及其他金融组织和借款人所签订的借款合同，非金融组织、个人之间的借款合同暂不贴花。

《企业集团财务公司管理办法》第二条规定，财务公司是指以加强企业集团资金集中管理和提高企业集团资金使用效率为目的，为企业集团成员单位提供财务管理服务的非银行金融机构。如此，财务公司就属于印花税所指的其他金融组织，其与资金使用方签订的统借统还贷款合同需要缴纳印花税。

需要指出的是，统借统还业务中的财务公司是否一定要是《企业集团财务公司管理办法》所规范的非银行金融机构，实务中也有不同看法。如果不必是非银行金融机构，其与资金使用方签订的统借统还贷款合同就不用缴纳印花税。

二、"统借统还"的会计处理

【案例】甲房地产企业集团通过母公司于2017年1月1日从某银行取得1年期流动资金贷款8000万元，然后将该笔贷款平均分配给下属两家全资子公司乙和丙用于经营资金周转。某银行给甲集团的贷款年利率为8%，约定按年计算并支付利息，母公司按8%向子公司乙和丙收取利息并开具了增值税普通发票。

财务处理如下（单位：万元）：

（一）母公司

1. 取得银行贷款。

借：银行存款   8000

贷：短期借款　　　　　　　　　　　　　　　　8000

2. 分拨给子公司乙和丙。

　　借：其他应收款—乙公司—本金　　　　　　　4000
　　　　　　　　　　—丙公司—本金　　　　　　4000
　　贷：银行存款　　　　　　　　　　　　　　　　8000

3. 支付利息给银行。

　　借：财务费用　　　　　　　　　640（8000×8%）
　　贷：银行存款　　　　　　　　　　　　　　　　 640

4. 收到子公司利息。

　　借：银行存款　　　　　　　　　　　　　　　　 640
　　贷：财务费用　　　　　　　　　　　　　　　　 640

5. 收到子公司还款。

　　借：银行存款　　　　　　　　　　　　　　　　8000
　　贷：其他应收款—乙公司—本金　　　　　　　4000
　　　　　　　　　　—丙公司—本金　　　　　　4000

6. 偿还银行。

　　借：短期借款　　　　　　　　　　　　　　　　8000
　　贷：银行存款　　　　　　　　　　　　　　　　8000

（二）子公司乙和丙

1. 收到母公司拨款。

　　借：银行存款　　　　　　　　　　　　　　　　4000
　　贷：其他应付款—母公司　　　　　　　　　　　4000

2. 向母公司支付利息。

　　借：财务费用　　　　　　　　　320（4000×8%）
　　贷：银行存款　　　　　　　　　　　　　　　　 320

3. 子公司偿还母公司拨款。

　　借：其他应付款—母公司　　　　　　　　　　　4000
　　贷：银行存款　　　　　　　　　　　　　　　　4000

20.

房地产企业捐赠的企业所得税处理分析

房地产企业捐赠从企业所得税角度进行分类,可以分为非公益性捐赠支出和公益性捐赠两类,其中公益性捐赠又可分为全额扣除的公益性捐赠和限额扣除的公益性捐赠两类。如何进行企业所得税处理,以下分别进行分析。

一、非公益性捐赠

非公益性捐赠包括通过不具有公益性捐赠税前扣除资格的公益性社会团体或县级以下人民政府及其部门进行捐赠和直接捐赠两种情况。会计规定,非公益性捐赠支出,据实列支;税法规定,非公益性捐赠支出,不能税前扣除。由此,形成了永久性差异,需要纳税调增。其中的直接捐赠应在A105000《纳税调整项目明细表》第21行"(九)赞助支出"进行调增;除此之外,在 A105070《捐赠支出及纳税调整明细表》进行调增。

【案例1】2018 年,A 房地产公司通过不具有公益性税前扣除资格的公益组织捐赠 500 万元。

1. A 公司账务处理。

借:营业外支出　　　　　　　　　　　　　　　　　　500
　　贷:银行存款　　　　　　　　　　　　　　　　　500

2. A 公司税务处理。

通过不具有公益性税前扣除资格的组织捐赠,税法规定不予扣除,需要纳税调增。2017年度企业所得税汇算清缴时，具体填报如下：

A105070　　　　　　　　捐赠支出及纳税调整明细表

行次	项目	账载金额	以前年度结转可扣除的捐赠额	按税收规定计算的扣除限额	税收金额	纳税调增金额	纳税调减金额	可结转以后年度扣除的捐赠额
		1	2	3	4	5	6	7
1	一、非公益性捐赠	500	*	*	*	500	*	*

A105000　　　　　　　　纳税调整项目明细表

行次	项目	账载金额	税收金额	调增金额	调减金额
		1	2	3	4
12	二、扣除类调整项目（13＋14＋…＋24＋26＋27＋28＋29＋30）	*	*		
17	（五）捐赠支出（填写A105070）	500	0	500	

二、全额扣除的公益性捐赠

税法文件有的规定企业捐赠在所得税上可以全额扣除，如《财政部、税务总局、海关总署关于北京2022年冬奥会和冬残奥会税收政策的通知》（财税〔2017〕60号）规定，对企业、社会组织和团体赞助、捐赠北京2022年冬奥会、冬残奥会、测试赛的资金、物资、服务支出，在计算企业应纳税所得额时予以全额扣除。此种情况下，税会不存在差异，但需要填报表A105070第2行。

【案例2】2018年，A房地产公司向北京2022年北京冬奥会捐赠1000万元资金，取得了合法捐赠凭据。

1. A公司的账务处理。

借：营业外支出　　　　　　　　　　　　　　　　1000
　　贷：银行存款　　　　　　　　　　　　　　　　1000

2. A公司的税务处理。

A 房地产公司向 2022 年北京冬奥会的捐赠可以税前扣除，税会不存在差异。但需要在所得税汇算清缴时，填报相关申报表，具体填报如下：

A105070　　　　　捐赠支出及纳税调整明细表

行次	项目	账载金额	以前年度结转可扣除的捐赠额	按税收规定计算的扣除限额	税收金额	纳税调增金额	纳税调减金额	可结转以后年度扣除的捐赠额
		1	2	3	4	5	6	7
2	二、全额扣除的公益性捐赠	1000	*	*	1000	*	*	*

A105000　　　　　纳税调整项目明细表

行次	项目	账载金额	税收金额	调增金额	调减金额
		1	2	3	4
12	二、扣除类调整项目（13＋14＋…＋24＋26＋27＋28＋29＋30）	*	*		
17	（五）捐赠支出（填写 A105070）	1000	1000	0	0

三、限额扣除的公益性捐赠

《企业所得税法》第九条规定，企业发生的公益性捐赠支出，在年度利润总额 12% 以内的部分，准予在计算应纳税所得额时扣除；超过年度利润总额 12% 的部分，准予结转以后三年内在计算应纳税所得额时扣除。

《财政部、国家税务总局关于公益性捐赠支出企业所得税税前结转扣除有关政策的通知》（财税〔2018〕15 号）第一条规定，企业通过公益性社会组织或者县级（含县级）以上人民政府及其组成部门和直属机构，用于慈善活动、公益事业的捐赠支出，在年度利润总额 12% 以内的部分，准予在计算应纳税所得额时扣除；超过年度利润总额 12% 的部分，准予结转以后三年内在计算应纳税所得额时扣除。本条所称公益性社会组织，应当依法取得公益性捐赠税前扣除资格。本条所称年度利润总额，是指企业依照国家统一会计制度的规定计算的大于零的数额。第二条规定，企业当年发生及以前年度结转的公益性捐赠支出，准予在当年税前扣除的部分，不能超过企业当年年度利润总额的12%。第三条规定，企业发生的公益性捐赠支出未在当年税前扣除的部分，准予向以后年度结转扣除，但结转年限自捐赠发生年度的次年起计算最长不得超过三年。第四条规定，企业在对公益性捐赠支出计算扣除时，应先扣除以前年度结转的捐赠支出，再扣除当年发生的捐赠支出。

《财政部、国家税务总局关于公益股权捐赠企业所得税政策问题的通知》（财税〔2016〕45号）规定，企业向公益性社会团体实施的股权捐赠，应按规定视同转让股权，股权转让收入额以企业所捐赠股权取得时的历史成本确定。所称的股权，是指企业持有的其他企业的股权、上市公司股票等。企业实施股权捐赠后，以其股权历史成本为依据确定捐赠额，并依此按照企业所得税法有关规定在所得税前予以扣除。公益性社会团体接受股权捐赠后，应按照捐赠企业提供的股权历史成本开具捐赠票据。

对于限额扣除的公益性捐赠，会计规定据实列支；但税法规定，在年度利润总额12%以内的部分准予在税前扣除，超过部分，结转以后三年内在计算应纳税所得额时扣除。值得注意的是，结转的能够在以后三个年度内得到扣除的公益性捐赠额属于时间性差异，三个年度内未得到扣除的公益性捐赠额属于永久性差异。

以非货币性资产对外捐赠，会计规定按账面成本结转到"营业外支出"科目，税法则规定，企业对外捐赠非货币性资产应视同销售，将其分解为按公允价值视同对外销售和捐赠两项业务进行所得税处理。

【案例3】A房地产公司2017~2020年发生以下业务（企业所得税率25%、不考虑其他业务）：

1. 2017年1月通过中国红十字会向贫困地区捐赠现金150万元，通过县政府捐赠自产的帐篷给受台风之灾的农民朋友，帐篷的成本为100万元，市场公允价格为200万元，公司2017年度利润总额为1000万元。

2. 2018年度利润为1000万元，将持有的一家子公司股权捐赠给公益性社会团体，股权投资的历史成本为100万元，现在市场价格为500万元。

3. 2019年度利润为100万元且未发生捐赠支出。

4. 2020年利润为100万元，对外发生公益性捐赠支出10万元，以银行存款方式支付。

案例解析：

1. 2017年度的会计和税务处理。

(1) 捐赠的会计处理。

借：营业外支出—捐赠支出　　　　　　　　　　　150
　　贷：银行存款　　　　　　　　　　　　　　　150

借：营业外支出—捐赠支出　　　　　　　　　　　134
　　贷：库存商品　　　　　　　　　　　　　　　100
　　　　应交税费—应交增值税（销项税额）　　　 34

(2) 税务处理。

①用自产产品进行捐赠，税务上要按视同销售处理，确认销售收入200万元，销售成本100万元，应调整应纳税所得额100万元。

②公益性捐赠限额＝1000×12%＝120万元，符合税法规定的实际捐赠额＝150＋134＝284万元，120万元＜284万元，应调增应纳税所得额＝284－120＝164万元。当年未在税前扣除的公益性捐赠支出164万元，可以向以后3年结转。

(3) 所得税的会计处理。

本年共调增应纳税所得额为264（164＋100）万元，应交所得税＝(1000＋264)×25%＝316（万元）。

借：所得税费用　　　　　　　　　　　　　　　　316
　　贷：应交税费—应交所得税　　　　　　　　　316

按税法规定，164（284－120）万元可以递延到以后连续三年税前扣除，形成递延所得税资产。

借：递延所得税资产—2017年度未扣除公益性捐赠　41
　　贷：所得税费用　　　　　　　　　　　　　　41

(4) 2017年所得税汇算清缴时，具体填报如下：

A105010　　视同销售和房地产开发企业特定业务纳税调整明细表

行次	项　　目	税收金额 1	纳税调整金额 2
1	一、视同销售（营业）收入（2＋3＋4＋5＋6＋7＋8＋9＋10）		
7	（六）用于对外捐赠视同销售收入	200	200
11	二、视同销售（营业）成本（12＋13＋14＋15＋16＋17＋18＋19＋20）		
17	（六）用于对外捐赠视同销售成本	100	100

A105070	捐赠支出及纳税调整明细表						
行次	项目	账载金额	以前年度结转可扣除的捐赠额	按税收规定计算的扣除限额	税收金额	纳税调增金额	纳税调减金额	可结转以后年度扣除的捐赠额
		1	2	3	4	5	6	7
3	三、限额扣除的公益性捐赠（4+5+6+7）	284		120	120	164		164
4	前三年度（ 年）	*		*	*	*		*
5	前二年度（ 年）	*		*	*	*		*
6	前一年度（ 年）	*		*	*	*		*
7	本年（2017年）	284	*	120	120	164	*	164
8	合计（1+2+3）	284		120	120	164		164

A105000	纳税调整项目明细表				
行次	项目	账载金额	税收金额	调增金额	调减金额
		1	2	3	4
1	一、收入类调整项目（2+3+…+8+10+11）	*	*		
2	（一）视同销售收入（填写A105010）	*	200	200	*
12	二、扣除类调整项目（13+14+…+24+26+27+28+29+30）	*	*		
13	（一）视同销售成本（填写A105010）	*	100	*	100
17	（五）捐赠支出（填写A105070）	284	120	164	0

2. 2018年度的会计和税务处理。

（1）捐赠的会计处理。

借：营业外支出—股权捐赠　　　　　　　　　　　　100

　　贷：长期股权投资　　　　　　　　　　　　　　　100

（2）税务处理。

①根据《财政部、国家税务总局关于公益股权捐赠企业所得税政策问题的通知》（财税〔2016〕45号）规定，股权转让收入等于股权转让的历史成本，不确认损益。

②公益性捐赠限额 = 1000×12% = 120 万元，本年符合税法规定的实际捐赠额为 100 万元。2017 年超过限额的公益性支出 164 万元可以结转到本年扣除 120 万元，纳税调减 120 万元，2017 年剩余的超限额的公益性捐赠支出 44（164 - 120）万元，可以在 2019 年和 2020 年扣除。本年未在税前扣除的公益性捐赠支出 100 万元，应纳税调增 100 万元，可以向以后 3 年结转，即 2019 年、2020 年和 2021 年。

（3）所得税的会计处理。

本年共调减应纳税所得额为 20（-120 + 100）万元，应交所得税 =（1000 - 20）×25% = 245 万元。

借：所得税费用　　　　　　　　　　　　　　　　　　　245
　　贷：应交税费——应交所得税　　　　　　　　　　　　245

2018 年扣减 2017 年结转的公益性捐赠支出 120 万元，应冲减递延所得税资产。

借：所得税费用　　　　　　　　　　　　　　　　　　　30
　　贷：递延所得税资产——2017 年度未扣除公益性捐赠　30

2018 年留待以后连续 3 年扣除的公益性捐赠支出 100 万元，形成递延所得税资产。

借：递延所得税资产——2018 年度未扣除公益性捐赠　　25
　　贷：所得税费用　　　　　　　　　　　　　　　　　25

（4）2018 年所得税汇算清缴时，具体填报如下：

A105010　视同销售和房地产开发企业特定业务纳税调整明细表

行次	项　目	税收金额 1	纳税调整金额 2
1	一、视同销售（营业）收入（2+3+4+5+6+7+8+9+10）		
7	（六）用于对外捐赠视同销售收入	100	100
11	二、视同销售（营业）成本（12+13+14+15+16+17+18+19+20）		
17	（六）用于对外捐赠视同销售成本	100	100

A105070　　　　　　　　　捐赠支出及纳税调整明细表

行次	项目	账载金额	以前年度结转可扣除的捐赠额	按税收规定计算的扣除限额	税收金额	纳税调增金额	纳税调减金额	可结转以后年度扣除的捐赠额
		1	2	3	4	5	6	7
3	三、限额扣除的公益性捐赠（4＋5＋6＋7）	100	164	120	120	100	120	144
4	前三年度（　年）	*		*	*	*		*
5	前二年度（　年）	*		*	*	*		*
6	前一年度（2017年）	*	164	*	*	*	120	44
7	本年（2018年）	100	*	120	120	100	*	100
8	合计（1＋2＋3）	100	164	120	120	100	120	144

A105000　　　　　　　　　纳税调整项目明细表

行次	项目	账载金额	税收金额	调增金额	调减金额
		1	2	3	4
1	一、收入类调整项目（2＋3＋…＋8＋10＋11）	*	*		
2	（一）视同销售收入（填写A105010）	*	100	100	*
12	二、扣除类调整项目（13＋14＋…＋24＋26＋27＋28＋29＋30）	*	*		
13	（一）视同销售成本（填写A105010）	*	100	*	100
17	（五）捐赠支出（填写A105070）	100	120	100	120

3. 2019年度的会计和税务处理。

（1）捐赠的会计处理。

未发生捐赠业务，不需要会计处理。

（2）税务处理。

公益性捐赠限额＝100×12%＝12万元，本年未发生捐赠。2017年超过限额的公益性支出164万元可以结转到本年扣除12万元，纳税调减12万元，2017年剩余的超限额的公益性捐赠支出32（164－120－12）万元，可以在2020年扣除。2018年年末在税前扣除的公益性捐赠支出100万元，由于没能在2019年扣除，只能向以后2年结转，即2020年和2021年。

（3）所得税的会计处理。

本年共调减应纳税所得额为 12 万元，应交所得税 =（100 - 12）× 25% = 22 万元。

借：所得税费用　　　　　　　　　　　　　　　　　　　22
　　贷：应交税费—应交所得税　　　　　　　　　　　　　　22

2019 年扣减 2017 年结转的公益性捐赠支出 12 万元，应冲减递延所得税资产。

借：所得税费用　　　　　　　　　　　　　　　　　　　　3
　　贷：递延所得税资产—2017 年度未扣除公益性捐赠　　　　3

（4）2019 年所得税汇算清缴时，具体填报如下：

A105070　　　　　　　捐赠支出及纳税调整明细表

行次	项目	账载金额	以前年度结转可扣除的捐赠额	按税收规定计算的扣除限额	税收金额	纳税调增金额	纳税调减金额	可结转以后年度扣除的捐赠额
		1	2	3	4	5	6	7
3	三、限额扣除的公益性捐赠（4+5+6+7）	0	144	12	12	0	12	132
4	前三年度（　　年）	*		*	*	*		*
5	前二年度（2017 年）	*	44	*	*	*	12	32
6	前一年度（2018 年）	*	100	*	*	*	0	100
7	本年（2019 年）	0	*	12	12	0	*	0
8	合计（1+2+3）	0	144	12	12	0	12	132

A105000　　　　　　　纳税调整项目明细表

行次	项目	账载金额	税收金额	调增金额	调减金额
		1	2	3	4
12	二、扣除类调整项目（13+14+…+24+26+27+28+29+30）	*	*		
17	（五）捐赠支出（填写 A105070）	0	12	0	12

4. 2020年度的会计和税务处理。

（1）捐赠的会计处理。

借：营业外支出—捐赠支出　　　　　　　　　　　　10

　　贷：银行存款　　　　　　　　　　　　　　　　　　　10

（2）税务处理。

公益性捐赠限额＝100×12%＝12万元，本年发生捐赠10万元。2017年超过限额的公益性支出164万元可以结转到本年扣除12万元，纳税调减12万元，2017年剩余的超限额的公益性捐赠支出20（164－120－12－12）万元，不能再结转扣除。2018年末在税前扣除的公益性捐赠支出100万元，由于没能在2019年、2020年扣除，只能向后1年结转，即2021年。本年发生的捐赠10万元。未能在本年扣除，应纳税调增10万元，可以向后3年结转扣除。

（3）所得税的会计处理。

本年共调减应纳税所得额为2万元，应交所得税＝（100＋10－12）×25%＝24.5万元。

借：所得税费用　　　　　　　　　　　　　　　　24.5

　　贷：应交税费—应交所得税　　　　　　　　　　　　24.5

2020年扣减2017年结转的公益性捐赠支出12万元，应冲减递延所得税资产。

借：所得税费用　　　　　　　　　　　　　　　　　3

　　贷：递延所得税资产—2017年度未扣除公益性捐赠　　　3

2017年超限额的公益性捐赠，在2020年超期限未扣除20万元，冲减递延所得税资产。

借：所得税费用　　　　　　　　　　　　　　　　　5

　　贷：递延所得税资产—2017年度未扣除公益性捐赠　　　5

2020年实际发生的捐赠10万元，未能在2020年扣除，向以后3年结转，形成递延所得税资产。

借：递延所得税资产—2020年度未扣除公益性捐赠　　2.5

　　贷：所得税费用　　　　　　　　　　　　　　　　　2.5

（4）2020年所得税汇算清缴时，具体填报如下：

A105070　　　　　　　　　捐赠支出及纳税调整明细表

行次	项目	账载金额	以前年度结转可扣除的捐赠额	按税收规定计算的扣除限额	税收金额	纳税调增金额	纳税调减金额	可结转以后年度扣除的捐赠额
		1	2	3	4	5	6	7
3	三、限额扣除的公益性捐赠（4＋5＋6＋7）	10	132	12	12	10	12	110
4	前三年度（2017年）	*	32	*	*	*	12	*
5	前二年度（2018年）	*	100	*	*	*	0	100
6	前一年度（2019年）	*	0	*	*	*	0	0
7	本年（2020年）	10	*	12	12	10	*	10
8	合计（1＋2＋3）							

A105000　　　　　　　　　纳税调整项目明细表

行次	项目	账载金额	税收金额	调增金额	调减金额
		1	2	3	4
12	二、扣除类调整项目（13＋14＋…＋24＋26＋27＋28＋29＋30）	*	*		
17	（五）捐赠支出（填写A105070）	10	12	10	12

21.

房地产企业开发产品成本计算案例

一、项目成本计算资料

某房地产小区项目2018年4月主体完工，取得了商品房预售许可证，开始预售。2018年12月项目竣工验收备案。截至2018年12月31日归集的共同成本有土地征用及拆迁补偿费3.5亿元，前期工程费3000万元，基础设施建设费7000万元；直接成本为建筑安装工程费6亿元；间接成本有开发间接费1000万元，借款费用2000万元。其他资料如下：

房产分类		建筑面积（万平方米）	占地面积（万平方米）	销售面积（万平方米）	平均单价（万元）	销售收入总额（亿元）	建筑安装工程费用（亿元）
可售面积	商铺	6	2	6	4	24	2
	住宅	12	1	10	2	20	2
	写字楼	4	1	3	3	9	1
不可售面积	会所	0.8	0.08	/	/	/	0.5
	幼儿园	0.5	0.05	/	/	/	0.2
	人防工程	2	0	/	/	/	0.3
合计		25.3	4.13	19	2.789	53	6

二、第一次成本分配及计算

1. 土地征用及拆迁补偿费按占地面积进行分配。

分配率 = 350000000 ÷ 41300 = 8475（元／平方米）

商铺占地金额 = 20000 × 8475 = 169500000（元）

住宅占地金额 = 10000 × 8475 = 84750000（元）

写字楼占地金额 = 10000 × 8475 = 84750000（元）

会所占地金额 = 800 × 8475 = 6780000（元）

幼儿园占地金额 = 500 × 8475 = 4237500（元）

人防工程占地金额 = 0 × 8475 = 0（元）

2. 前期工程费分配。

本案例假设人防工程不承担前期工程费，按建筑面积进行分配。

分配率 = 30000000 ÷ 233000 = 129（元／平方米）

商铺应摊前期工程费 = 60000 × 129 = 7740000（元）

住宅应摊前期工程费 = 120000 × 129 = 15480000（元）

写字楼应摊前期工程费 = 40000 × 129 = 5160000（元）

会所应摊前期工程费 = 8000 × 129 = 1032000（元）

幼儿园应摊前期工程费 = 5000 × 129 = 645000（元）

3. 基础设施建设费分配。

本案例假设人防工程不承担基础设施建设费，按建筑面积进行分配。

分配率 = 70000000 ÷ 233000 = 300.4（元／平方米）

商铺应摊基础设施建设费 = 60000 × 300.4 = 18024000（元）

住宅应摊基础设施建设费 = 120000 × 300.4 = 36048000（元）

写字楼应摊基础设施建设费 = 40000 × 300.4 = 12016000（元）

会所应摊基础设施建设费 = 8000 × 300.4 = 2403200（元）

幼儿园应摊基础设施建设费 = 5000 × 300.4 = 1502000（元）

4. 建筑安装工程费。

建筑安装工程费为直接成本，开发产品各自承担。

商铺的建筑安装工程费 = 200000000（元）

住宅的建筑安装工程费 = 200000000（元）

写字楼的建筑安装工程费 = 100000000（元）

会所的建筑安装工程费 = 50000000（元）

幼儿园的建筑安装工程费 = 20000000（元）

人防工程的建筑安装工程费 = 30000000（元）

5. 开发产品承担的前四项成本项目合计。

商铺的四项成本 = 169500000 + 7740000 + 18024000 + 200000000
= 395264000（元）

住宅的四项成本 = 84750000 + 15480000 + 36048000 + 200000000
= 336278000（元）

写字楼的四项成本 = 84750000 + 5160000 + 12016000 + 100000000
= 201926000（元）

会所的四项成本 = 6780000 + 1032000 + 2403200 + 50000000
= 60215200（元）

幼儿园的四项成本 = 4237500 + 645000 + 1502000 + 20000000
= 26384500（元）

人防设施的四项成本 = 0 + 0 + 0 + 30000000 = 30000000（元）

6. 开发间接费的分配。

开发间接费按照四项成本进行分配（即所谓直接成本法），人防工程由于只发生建筑安装工程费用，不承担其他费用，分配开发间接费时不包括它。

分配率 = 10000000 ÷（395264000 + 336278000 + 201926000 + 60215200 + 26384500）= 10000000 ÷ 993947045 = 0.01

商铺应承担开发间接费 = 395264000 × 0.01 = 3952640（元）

住宅应承担开发间接费 = 336278000 × 0.01 = 3362780（元）

写字楼应承担开发间接费 = 201926000 × 0.01 = 2019260（元）

会所应承担开发间接费 = 60215200 × 0.01 = 602152（元）

幼儿园应承担开发间接费 = 26384500 × 0.01 = 263845（元）

7. 借款费用的分配。

借款费用按照四项成本进行分配（即所谓直接成本法），人防工程由于只发生建筑安装工程费用，不承担其他费用，分配借款费用时不包括它。

分配率 = 20000000 ÷ （395264000 + 336278000 + 201926000 + 60215200 + 26384500） = 20000000 ÷ 993947045 = 0.02

商铺应承担借款费用 = 395264000 × 0.02 = 7905280（元）

住宅应承担借款费用 = 336278000 × 0.02 = 6725560（元）

写字楼应承担借款费用 = 201926000 × 0.02 = 4038520（元）

会所应承担借款费用 = 60215200 × 0.02 = 1204304（元）

幼儿园应承担借款费用 = 26384500 × 0.02 = 527690（元）

8. 配套设施成本。

会所成本 = 6780000 + 1032000 + 2403200 + 50000000 + 602152 + 1204304
 = 62021654（元）

幼儿园成本 = 4237500 + 645000 + 1502000 + 20000000 + 263845 + 527690
 = 27176035（元）

人防工程成本 = 30000000（元）

三、二次成本分配及计算

不可售配套设施成本最终应由可售开发产品负担，并从其销售额中得到补偿，配套设施成本分配进入可售开发产品成本项目"公共配套设施"的过程，就是所谓的二次成本分配。

二次成本分配按照可售建筑面积计算出分配率。

分配率 = 配套设施成本 ÷ 可售建筑面积 = （62021654 + 27176035 + 30000000）÷ 220000 = 92197689 ÷ 220000 = 419.1（元/平方米）

商铺公共配套设施成本 = 60000 × 419.1 = 25146000（元）

住宅公共配套设施成本 = 120000 × 419.1 = 50292000（元）

写字楼公共配套设施成本 = 40000 × 419.1 = 16764000（元）

四、计算可售开发产品成本

根据以上计算得出的数据，编制并填列可售开发产品成本明细表如下：

成本项目	商铺（面积：6万平方米）		住宅（面积：12万平方米）		写字楼（面积：4万平方米）	
	总成本	单位成本	总成本	单位成本	总成本	单位成本
1. 土地征用及拆迁补偿费	169500000	2825	84750000	706	84750000	2118.8
2. 前期工程费	7740000	129	15480000	129	5160000	129
3. 建筑安装工程费	200000000	3333	200000000	1667	100000000	2500
4. 基础设施建设费	18024000	300.4	36048000	300.4	12016000	300.4
5. 公共配套设施费	25146000	419.1	50292000	419.1	16764000	419.1
6. 开发间接付费	3952640	65.9	3362780	28	2019260	50.5
7. 借款费用	7905280	132	6725560	56	4038520	101
合计	432267920	7204	396658340	3305	224747780	5619

五、结转已完工开发产品成本

借：开发产品—商铺　　　　　　　　　　　　　432267920
　　开发产品—住宅　　　　　　　　　　　　　396658340
　　开发产品—写字楼　　　　　　　　　　　　224747780
　贷：开发成本—土地征用及拆迁补偿费　　　　350000000
　　　开发成本—前期工程费　　　　　　　　　 30000000
　　　开发成本—基础设施建设费　　　　　　　 70000000
　　　开发成本—建筑安装工程费　　　　　　　600000000
　　　开发成本—开发间接费　　　　　　　　　 10000000
　　　开发成本—借款费用　　　　　　　　　　 20000000

（注：借贷金额不完全一致，是由于计算尾数造成的，不影响问题说明）

六、结转已销开发产品成本

借：主营业务成本—商铺　　　　　　　　　　　432267920

主营业务成本—住宅　　　　　　　　　　　　330500000
　　主营业务成本—写字楼　　　　　　　　　　　168570000
　贷：开发产品—商铺　　　　　　　　　　　　　432267920
　　　开发产品—住宅　　　　　　　　　　　　　330500000
　　　开发产品—写字楼　　　　　　　　　　　　168570000

22.

房地产企业开发产品会计成本与计税成本差异分析

房地产企业由于混淆了会计成本和计税成本而招致税务风险的案例不在少数，对此有必要进行分析。

一、开发产品的会计成本和计税成本

房地产企业的销售是一定时间段的持续过程，在开发产品完工前开始了销售，即所谓预售，完工后还需继续销售，直到开发产品销售完毕。在此整个销售过程中，会计上何时确认收入呢？大部分房地产企业将商品房钥匙交付购买者后确认收入，在此之前的预售阶段收到的款项会计上只作为"预收账款"，不作为会计上的收入，等到交付钥匙后，再从"预收账款"转让"销售收入"账户，此乃所谓"会计收入"。按照会计上的配比原则，确认了"销售收入"就必须确认"销售成本"，此乃所谓"会计成本"。

可见，"会计成本"的确认必须在交房后，"会计成本"的确认必须依附于"会计收入"，也就是说，确认了会计收入后，按配比原则就应相应确认会计成本。

税务上，计税成本是指企业在开发、建造开发产品（包括固定资产，下同）过程中所发生的按照税收规定进行核算与计量的应归入某项成本对象的各项费用。

那么何谓"计税收入"？"计税收入"确认后也必须确认"计税成

本"吗？

《国家税务总局关于印发〈房地产开发经营业务企业所得税处理办法〉的通知》（国税发〔2009〕31号）第六条规定，企业通过正式签订《房地产销售合同》或《房地产预售合同》所取得的收入，应确认为销售收入的实现。可见，税收意义上的"计税收入"的确认，最重要的标准是合同签订与否。对照"会计收入"，"计税收入"与其差别在于：在预售时，计税收入就加以确认，而会计收入不予确认；计税收入签订合同时确认，而会计收入在交付房产时确认。

按道理，在确认了"计税收入"时，就应该确认"计税成本"，以便计算出计税所得。但房地产企业在预售时，由于开发产品还没有完工，其成本无法核算，怎么办呢？房地产企业只能"另辟蹊径"。

31号文第九条规定，企业销售未完工开发产品取得的收入，应先按预计计税毛利率分季（或月）计算出预计毛利额，计入当期应纳税所得额。开发产品完工后，企业应及时结算其计税成本并计算此前销售收入的实际毛利额，同时将其实际毛利额与其对应的预计毛利额之间的差额，计入当年度企业本项目与其他项目合并计算的应纳税所得额。可见，在预售时直接根据计税收入按预计计税毛利率计算出预计毛利额，相当于估算出计税成本，解决了计税成本无法准确计算的问题。等到开发产品完工后，计算计税成本的条件已初步具备，税务上才要求结算其计税成本，计税收入减去计税成本的差额即为实际毛利额，实际毛利额与其对应的预计毛利额之间的差额，计入当年度企业应纳税所得额。

综上所述，会计上，会计收入确认后就必须确认会计成本，以便计算出企业的经营成果。而税务上，确认了计税收入后并不要求必须确认计税成本，可以先估算出计税成本，以便计算出预计计税所得即预计毛利额；等到开发产品完工，才需确认计税收入和计税成本。

二、会计成本与计税成本的差异

根据财会〔2013〕17号和国税发〔2009〕31号的规定，房地产企业会计成本与计税成本所核算的成本项目是基本相同的，都包括土地征用费及拆迁补偿费、前期工程费、建筑安装工程费、基础设施建设费、公共配套设施费、开发间接费和借款费用，并且每个成本项目核算的内容也没有本质区别。而且，实务中也采取了两个文件的并集方式进行核算的。在此情况下，会计成本和计税成本在一定的时间内理论上应该是相等的，不存在差异。但在企业所得税年度汇算清缴的要求下，必须考察会计成本和计税成本年度差异的影响。

何种情况会导致会计成本和计税成本的年度差异？

1. 确认的时间节点不同。

房地产企业在交付房产确认会计收入时就需确认会计成本，而计税成本确认是开发产品完工后，根据31号文第三十五条规定，开发产品完工以后，企业可在完工年度企业所得税汇算清缴前选择确定计税成本核算的终止日，不得滞后。可见，计税成本确认的时间节点是在开发产品完工至完工年度企业所得税汇算清缴前任一时点。两者确认的时间节点不同，会导致两者计量的差异。

2. 凭据要求不同。

会计成本在计算时，只要实际发生就能进成本。而31号文规定，企业在结算计税成本时其实际发生的支出应当取得但未取得合法凭据的，不得计入计税成本，待实际取得合法凭据时，再按规定计入计税成本。可见两者进成本的凭据要求不同，由此会计成本和计税成本产生差异。例如，某房地产企业购买的某种材料实际用于建房，支付了货款但没有取得发票，会计核算是可以进成本了，但按照税法规定如在当年度所得税汇算清缴时，没有取得发票，就属于"应当取得但未取得合法凭据"，不得计入计税成本，由此产生两者差异。

3. 对预提费用的处理不同。

根据31号文的规定，计税成本均应为实际发生的成本，但可以包括以下三项预提费用：

（1）出包工程未最终办理结算而未取得全额发票的，在证明资料充分的前提下，其发票不足金额可以预提，但最高不得超过合同总金额的10%。

根据该项，对出包工程预提费用，应同时符合下列条件和要求：属于未最终办理结算的出包工程；只对发票不足金额部分预提费用；预提费用金额既不能超过出包合同总金额的10%，也不能超过出包合同的发票不足部分金额;相关证明资料要充分。

(2) 公共配套设施尚未建造或尚未完工的,可按预算造价合理预提建造费用。此类公共配套设施必须符合已在售房合同、协议或广告、模型中明确承诺建造且不可撤销,或按照法律法规规定必须配套建造的条件。

(3) 应向政府上交但尚未上交的报批报建费用、物业完善费用可以按规定预提。物业完善费用是指按规定应由企业承担的物业管理基金、公建维修基金或其他专项基金。

会计上在处理税务上的这三项预提费用时,处理方法有些差异:未获发票的出包工程,可在完工当年全部计入成本,没有比例的限制;尚未建造或尚未完工的公共配套设施,会计系统暂不纳入成本核算;已发生未上交的报批报建费用、物业完善费用可以进入会计成本核算系统,但未来发生的则不能计入当期的会计成本。

三、会计成本与计税成本差异纳税调整

【案例】某房地产开发企业2017年9月某住宅项目已达到交房条件,出包工程合同总金额2亿元,已取得发票1.5亿元,2018年2月取得发票0.1亿元,2018年8月取得发票0.4亿元。假设至2017年年末该住宅项目已销售完毕。该房企办理2017年度企业所得税汇缴时,如何作纳税调整?

分析:

2017年年末取得发票的0.5亿元,按照会计处理可以进入成本,会计分录如下:

预提时:

借:开发成本　　　　　　　　　　　　　　　0.5
　　贷:应付账款　　　　　　　　　　　　　　　0.5

结算完工成本:

借:开发产品　　　　　　　　　　　　　　　2
　　贷:开发成本　　　　　　　　　　　　　　　2

销售时:

借:销售成本　　　　　　　　　　　　　　　2

  贷：开发产品   2

2018 年 2 月支付工程款，取得发票。

  借：应付账款   0.1

    贷：银行存款   0.1

2018 年 7 月支付工程款，取得发票。

  借：应付账款   0.4

    贷：银行存款   0.4

  可见，2017 年会计成本为 2 亿元，但计税成本不认同汇算清缴后的取得的发票 0.4 亿元，但按照税法规定可以预提的计税成本为 0.2 亿元，这样 2017 年度汇算清缴时允许扣除的计税成本总额为 1.8（1.5 + 0.1 + 0.2）亿元。会计成本和计税成本相差 0.2 亿元，在 2017 年所得税汇算清缴时，需要纳税调增 0.2 亿元。

A105000	纳税调整项目明细表				
行次	项目	账载金额	税收金额	调增金额	调减金额
		1	2	3	4
36	四、特殊事项调整项目（37 + 38 + … + 42）	*	*		
40	（四）房地产开发企业特定业务计算的纳税调整额（填写 A105010）			*	
42	（六）其他	*	*	0.2	

23.

房地产企业开发间接费用的税会处理分析

房地产企业财务人员在处理开发间接费用业务时,经常面临的困惑是开发间接费用和开发费用有什么区别?借款费用在所得税上和土地增值税上处理有什么不同?售楼部、样板间等营销实施建造费在所得税和土地增值税上如何处理?开发间接费用如何归集和分配、分配方法所得税、土地增值税上有差异吗?以下对这些问题进行梳理和分析。

一、开发间接费用和开发费用的区别

1. 房地产开发费用是指与房地产开发项目有关的销售费用、管理费用、财务费用。房地产开发间接费用是指房地产企业为直接组织和管理开发项目所发生的,且不能将其归属于特定成本对象的成本费用性支出。

2. 房地产开发费用作为期间费用,直接计入当期损益,并于当期依法在企业所得税前扣除;计算土地增值税时,房地产开发费用按照取得土地使用权所支付的金额和房地产开发成本之和的一定比例扣除。房地产开发间接费用应当予以资本化,是组成商品房的计税成本。在计算土地增值税时,房地产开发间接费用按照实际发生额依法在企业所得税前扣除,同时,房地产开发间接费用还可以作为房地产开发费用扣除的基数,并且还可以作为 20% 加计扣除的基数。

二、对"借款费用"的具体处理不同

《财政部关于印发〈企业产品成本核算制度（试行）〉的通知》（财会〔2013〕17号）规定，开发间接费，指企业为直接组织和管理开发项目所发生的，且不能将其直接归属于成本核算对象的工程监理费、造价审核费、结算审核费、工程保险费等。

《国家税务总局关于印发〈房地产开发经营业务企业所得税处理办法〉的通知》（国税发〔2009〕31号）规定，开发间接费是指企业为直接组织和管理开发项目所发生的，且不能将其归属于特定成本对象的成本费用性支出。主要包括管理人员工资、职工福利费、折旧费、修理费、办公费、水电费、劳动保护费、工程管理费、周转房摊销以及项目营销设施建造费等。

《土地增值税暂行条例实施细则》第七条规定，开发间接费用是指直接组织、管理开发项目发生的费用，包括工资、职工福利费、折旧费、修理费、办公费、水电费、劳动保护费、周转房摊销等。

以上三个文件对开发间接费用组成都是采用非完全列举的方法表述的，表面上开发间接费用的组成除了工程管理费（笔者认为没有不同）、营销设施建造费（后文论述）外也基本相同，但暗含的差异存在于借款费用处理方式不同。

财会〔2013〕17号把符合资本化条件的"借款费用"作为单独的成本项目，不包括在开发间接费用中。国税发〔2009〕31号表述的开发间接费用虽然没包括借款费用，但实务中大家都是把符合资本化条件的借款费用，按照开发间接费用进行归集核算的。两个文件把借款费用归于不同成本项目，但从核算结果来看，没有什么不同。

《土地增值税暂行条例实施细则》第七条第三款规定，财务费用中的利息支出，凡能够按转让房地产项目计算分摊并提供金融机构证明的，允许据实扣除，但最高不能超过按商业银行同类同期贷款利率计算的金额。其他房地产开发费用，按取得土地使用权所支付的金额与房地产开发成本的金额之和的百分之五以内计算扣除。凡不能按转让房地产项目计算分摊利息支出或不能提供金融机构证明的，房地产开发费用按取得土地使用权所支付的金额与房地产开发成本的金额之和的百分之十以内计算扣除。上述计算扣除的具体比例，由各省、自治区、直辖市人民政府规定。

《国家税务总局关于印发〈土地增值税清算鉴证业务准则〉的通知》（国税发〔2007〕132号）第三十六条规定，房地产开发费用的审核，应当包括下列内容：1. 审核应据实列支的财务费用是否取得合法有效的凭证，除据实列支的财务费用外的房地产开发费用是否按规定比例计算扣除。2. 利息支出的审核。企业开发项目的利息支出不能够提供金融机构证明的，审核其利息支出是否按税收规定的比例计算扣除；开发项目的利息支出能够提供金融机构证明的，应按下列方法进行审核：审核各项利息费用是否取得合法有效的凭证；如果有多个开发项目，利息费用是否分项目核算，是否将应记入其他项目的利息费用记入了清算项目；审核各项借款合同，判断其相应条款是否符合有关规定；审核利息费用是否超过按商业银行同类同期贷款利率计算的金额。

《财政部、国家税务总局关于土地增值税一些具体问题规定的通知》（财税字〔1995〕48号）第八条第二款规定，对于超过贷款期限的利息部分和加罚的利息不允许扣除。

从以上三个土地增值税文件可以看出，土地增值税上"借款费用"作为开发费用，根据不同情况进行核算、处理：1. 如果"借款费用"的利息支出能够按转让房地产项目计算分摊并提供金融机构证明的，允许据实扣除，但最高不能超过按商业银行同类同期贷款利率计算的金额。除利息之外的其他借款费用则归于其他开发费用核算，房地产其他开发费用按取得土地使用权所支付的金额与房地产开发成本的金额之和的百分之五以内计算扣除。2. 凡不能按转让房地产项目计算分摊利息支出或不能提供金融机构证明的，"借款费用"都归于开发费用核算，房地产开发费用按取得土地使用权所支付的金额与房地产开发成本的金额之和的百分之十以内计算扣除。3. 对开发企业向金融机构外的其他非金融机构和个人的借款利息支出，不论是否取得合法凭证，不论是否超过按商业银行同类同期贷款利率，均不允许扣除。4. 属于借款费用的超过贷款期限的利息部分和加罚的利息不允许扣除。

比较所得税"借款费用"和土地增值税"借款费用"的规定，我们可以得出如下结论：

1. 所得税上资本化的借款费用在开发间接费用成本项目核算，进入开发产品成本，费用化的借款费用则直接进入当期损益；土地增值税上，借款费用在财务费用中核算，根据借款费用里的利息支出情况，分别采用上文提及的两种方法计算扣除。

2. 企业所得税上的利息支出扣除和土地增值税上利息扣除都存在金额上的限制，但限制情况有所不同。

根据《企业所得税法实施条例》第三十八条的规定，企业在生产经营活动中发生的非金融企业向金融企业借款的利息支出准予扣除；非金融企业向非金融企业借款的利息支出，不超过按照金融企业同期同类贷款利率计算的数额的部分准予扣除。《国家税务总局关于企业所得税若干问题的公告》（国家税务总局公告2011年第34号）第一条规定，根据《实施条例》第三十八条规定，非金融企业向非金融企业借款的利息支出，不超过按照金融企业同期同类贷款利率计算的数额的部分，准予税前扣除。鉴于目前我国对金融企业利率要求的具体情况，企业在按照合同要求首次支付利息并进行税前扣除时，应提供"金融企业的同期同类贷款利率情况说明"，以证明其利息支出的合理性。"金融企业的同期同类贷款利率情况说明"中，应包括在签订该借款合同时，本省任何一家金融企业提供同期同类贷款利率情况。该金融企业应为经政府有关部门批准成立的可以从事贷款业务的企业，包括银行、财务公司、信托公司等金融机构。"同期同类贷款利率"是指在贷款期限、贷款金额、贷款担保以及企业信誉等条件基本相同下，金融企业提供贷款的利率。既可以是金融企业公布的同期同类平均利率，也可以是金融企业对某些企业提供的实际贷款利率。

基于以上政策规定，在企业所得税上，房地产企业的利息支出无论是进入成本还是进入期间费用，向金融机构借款的利息支出扣除基本不受限制，向非金融机构借款的利息支出不超过按照金融企业同期同类贷款利率计算的数额的部分准予扣除。而土地增值税的利息支出，凡能够按转让房地产项目计算分摊并提供金融机构证明的，允许据实扣除，但最高不能超过按商业银行同类同期贷款利率计算的金额。也就是说，在土地增值税上向金融机构借款的利息支出，要受"商业银行同类同期贷款利率"的限制，与所得税规定不同。对于土地增值税来说，不能按转让房地产项目计算分摊利息支出或不能提供金融机构证明的，利息支出就"内化于房地产开发费用"，按照房地产开发费用的规定计算扣除即可，不必较真地单独计算利息支出；而所得税上还是要单独计算利息支出，金融结构的借款利息基本有多少扣多少，非金融机构的借款利息不超过按照金融企业同期同类贷款利率计算的数额的部分准予扣除。也就是说，土地增值税上是计算扣除，所得税上金融机构的借款利息是据实扣除，非金融机构借款利息超标准才计算扣除，两者存在一定差异。

3. 在企业所得税上，开发企业向非金融机构或个人的借款利息可以扣除。土地增值税上向金融机构外的其他非金融机构和个人的借款利息支出仍未纳入扣除的范围。

4. 土地增值税上对于超过贷款期限的利息部分和加罚的利息不允许扣除，而所得税上只要对应按照金融机构的借款利息和非金融机构的借款利息处理即可。也就是说，超过贷款期限的利息部分和加罚的利息在企业所得税上是可能扣除的。

三、营销设施建造费在所得税和土地增值税上处理不同

根据《中华人民共和国土地增值税暂行条例实施细则》第七条规定，房地产开发企业临时修建的售楼处，在土地增值税清算时，没有明确能作为开发间接费用计入房地产项目的开发成本、能在土地增值税清算时扣除。国税发〔2009〕31号中开发间接费用包括项目营销设施建造费。因此，在所得税处理上将营销设施建造费作为成本的一部分，在土地增值税处理上则将营销设施建造费作为营销费用处理。另外，售楼部和样板房属于房屋建筑物，其本身又属于房产税的课税对象。实务中，结合会计和三种税法规定，把售楼部和样板房划分为永久性建筑物和临时性建筑物分别处理。

对于永久性售楼部其建造成本可先在开发成本中归集，竣工投入使用后可转入开发产品，项目清算结束后对外销售的转做销售不动产处理，初次硬装费用可并入开发产品成本，但软装修费用可直接计入当期营销费用，单价较高的办公用品、家具家电等计入固定资产或低值易耗品。对于样板房的主体工程成本核算无须单独进行核算，但对于软装修费用，由于其使用周期较短，可以直接在营销费用中列支，对单价较高可循环使用的装修用家具家电可在低值易耗品或固定资产中核算并按期摊销进入当期营销费用。对于临时性售楼部和样板房主体成本（含硬装修成本）在竣工交付使用时转入固定成

本核算和管理，固定资产定期的折旧费用计入当期营销费用，其他软装修的会计和税务处理同永久性售楼部和样板房软装修的处理（此段参考了韩军事的观点）。

四、开发间接费用的归集与分配

房地产企业在计算开发产品的成本时，开发间接费用如果能清晰地归入某个成本对象，则直接作为该成本对象的成本项目；如果不能清晰地归入某个成本对象，需要将"开发间接费用"作为过渡会计科目，即房地产开发企业发生的开发间接费用应先记入"开发间接费用"科目，企业所属各内部独立核算单位发生的各项开发间接费用，都要自"应付职工薪酬""累计折旧""递延资产""银行存款""周转房—周转房摊销"等账户的贷方转入"开发间接费用"账户的借方，然后按照适当分配标准，将它分配记入各个成本对象下的"开发成本—某成本对象—开发间接费用"科目。

在企业所得税上，根据国税发〔2009〕31号规定，共同成本和不能分清负担对象的间接成本，应按受益的原则和配比的原则分配至各成本对象，分配方法有占地面积法、建筑面积法、直接成本法、预算造价法四种。在土地增值税上，《土地增值税暂行条例实施细则》第九条规定，纳税人成片受让土地使用权后，分期分批开发、转让房地产的，其扣除项目金额的确定，可按转让土地使用权的面积占总面积的比例计算分摊，或按建筑面积计算分摊，也可按税务机关确认的其他方式计算分摊。即允许扣除的开发间接费，可以选择按所占土地面积或建筑面积或税务机关认可的其他方法进行分摊。可见，土地增值税与企业所得税对开发间接费用的分摊方法也不完全相同。

24.

房地产企业配套设施核算分析

房地产企业在计算开发产品成本时,财务人员对配套设施如何核算还存在迷糊的地方,需要加以厘清。

一、配套设施成本核算对象的确定

《国家税务总局关于印发〈房地产开发经营业务企业所得税处理办法〉的通知》(国税发〔2009〕31号)第十七条规定,企业在开发区内建造的会所、物业管理场所、电站、热力站、水厂、文体场馆、幼儿园等配套设施,按以下规定进行处理:1. 属于非营利性且产权属于全体业主的,或无偿赠与地方政府、公用事业单位的,可将其视为公共配套设施,其建造费用按公共配套设施费的有关规定进行处理。2. 属于营利性的,或产权归企业所有的,或未明确产权归属的,或无偿赠与地方政府、公用事业单位以外其他单位的,应当单独核算其成本。除企业自用应按建造固定资产进行处理外,其他一律按建造开发产品进行处理。第十八条规定,企业在开发区内建造的邮电通讯、学校、医疗设施应单独核算成本,其中,由企业与国家有关业务管理部门、单位合资建设,完工后有偿移交的,国家有关业务管理部门、单位给予的经济补偿可直接抵扣该项目的建造成本,抵扣后的差额应调整当期应纳税所得额。

分析以上规定,我们认为,房地产企业的配套设施可以分为公共配套设施和单独核算成本的配套设施。所谓公共配套设施,必须同时具备四个条件:

一是在开发项目内发生的;二是独立建设的;三是非营利性质的;四是无偿赠予地方政府、政府公用事业单位的,或产权属于全体业主的。所谓单独核算成本的配套设施,或者属于营利性的,或产权归企业所有的,或未明确产权归属的,或无偿赠与地方政府、公用事业单位以外其他单位的。对于邮电通信、学校、医疗设施三类公益性配套设施,税务上则明确规定需要单独核算成本。

也就是说,作为公共配套设施的配套设施在企业开发产品成本计算过程中,是作为过渡性成本核算对象,是为他人做嫁妆,其暂时归集的成本费用最终需可售开发产品承担;而单独核算成本的配套设施就是最终的产品成本计算对象。

二、配套设施成本的归集与分配

作为过渡性成本核算对象的公共配套设施,其成本的归集包括6项内容:土地征用及拆迁补偿费、前期工程费、建筑安装工程费、基础设施建设费、开发间接费和借款费用。归集各项支出时,借记"开发成本—某公共配套设施—土地征用及拆迁补偿费、前期工程费、建筑安装工程费等"科目,贷记"银行存款"或"应付账款—工程款"等科目。

由于公共配套设施是为可售开发产品服务的,其身上承担的6项成本项目都应由可售开发产品负担,通过二次成本计算分配,摇身一变成为开发产品开发成本科目下的"公共配套设施费"明细,而作为过渡性成本对象的公共配套设施,其归集的6项成本项目则"香消玉殒"。会计分录为:借记"开发成本—某开发产品—公共配套设施费"科目,贷记"开发成本—某公共配套设施—土地征用及拆迁补偿费、前期工程费、建筑安装工程费等"科目。

【案例1】甲房地产企业在A地块上同时开发普通住宅和别墅,配置了居委会和派出所作为公共配套设施,2017年项目完工,公共配套设施成本40万元,普通住宅和别墅建筑面积分别为1万平方米和3万平方米。

分析:

居委会和派出所作为公共配套设施,可以作为一个过渡性成本对象,归集成本时:

借：开发成本—公共配套设施—土地征用及拆迁补偿费、前期工程费、
建筑安装工程费等　　　　　　　　　　　　　　　　　40
　　贷：银行存款等　　　　　　　　　　　　　　　　　　40

开发产品住宅和别墅完工，按照开发产品的建筑面积进行分配时：
借：开发成本—普通住宅—公共配套设施费　　　　　　10
　　　　　—别墅—公共配套设施费　　　　　　　　　30
　　贷：开发成本—公共配套设施—土地征用及拆迁补偿费、前期工程
　　　　费、建筑安装工程费等　　　　　　　　　　　　40

实务中，有房地产企业配套设施建设滞后于开发产品建设，税务上如何处理呢？

31号文第三十二条第二款规定，公共配套设施尚未建造或尚未完工的，可按预算造价合理预提建造费用。此类公共配套设施必须符合已在售房合同、协议或广告、模型中明确承诺建造且不可撤销，或按照法律法规规定必须配套建造的条件。

基于此条规定，满足条件的公共配套设施可按预算造价合理预提建造费用，待可售开发产品完工结转成本时仍然可以分配计入开发产品的成本（公共配套设施费），以便较完整反映可售开发产品的成本。

【案例2】甲房地产企业在A地块上同时开发普通住宅和别墅，按照建设规划，配置了居委会和派出所作为公共配套设施，且已在售房模型中明确承诺建造且不可撤销，2017年普通住宅和别墅都已完工，但公共配套设施还没有动工，预算造价成本40万元，普通住宅和别墅面积分别为1万平方米和3万平方米。

分析：

根据31号文第三十二条第二款规定，居委会和派出所虽然还没有建造，但可以预提成本：
借：开发成本—公共配套设施　　　　　　　　　　　　40
　　贷：应付账款（预提）　　　　　　　　　　　　　　40

开发产品住宅和别墅完工，按照开发产品的建筑面积进行分配时：
借：开发成本—普通住宅—公共配套设施费　　　　　　10
　　　　　—别墅—公共配套设施费　　　　　　　　　30
　　贷：开发成本—公共配套设施　　　　　　　　　　　40

作为单独成本核算对象的配套设施和房地产企业开发的可售商品一样，也按照6项成本项目归集成本，并按照建筑面积承担作为过渡性成本对象的公共配套设施成本，成就了开发成本科目下的明细"公共配套设施费"。

三、配套设施核算中存在的误区

房地产企业在配套设施核算中，主要存在以下误区：

1. 公共配套设施不经过归集过程，直接把其"建筑安装工程费"分配给可售的开发产品承担。

公共配套设施作为过渡性的成本对象，不是按照成本项目先归集成本，然后再进行二次分配，分配给可售开发产品的程序进行的，一次分配直接搞定。我们认为，省略了第一次的归集分配，各开发产品成本计算结果存在差异，影响所得税、土地增值税的计算准确性。

2. 不区分公共配套设施和单独作为成本对象的配套设施的差别，把应单独作为成本对象的配套设施作为公共配套设施进行核算。

实务中，有财务人员枉顾31号文的规定，不区分不同配套设施的差异，没有把应该作为单独成本核算对象的配套设施单独进行核算，眉毛胡子一把抓，都作为公共配套设施进行核算，致使有的可售开发产品成本抬高，有的开发产品成本"消失了"，影响了后续企业所得税和土地增值税核算的准确性。

【案例3】甲房地产公司在A地块开发普通住宅和别墅，同时配建了会所，会所所占土地价款1500万元，建造成本1000万元，但售房合同中没有明确会所产权归属问题，会所土地面积也没有计入公摊，甲企业把会所作为公共配套设施进行核算，成本2500万元都由销售的普通住宅和别墅承担。

分析：

由于在甲企业的售房合同中没有明确会所产权属于全体业主，会所所占土地面积也没有计入公摊由全体业主买单，会所产权理应属于甲企业，在这种情况下，根据国税发〔2009〕31号文第十七条第二款的规定，应作为单独的成本核算对象,单独核算会所的成本,所以修建会所支出的土地款 1500 万元和建造成本 1000 万元应从售房总成本转出,转入"开发产品—某会所"作为公司单独的资产进行核算,在发生销售前不能结转成本,甲企业的土地增值税和所得税需要相应作出调整。

25.

房地产企业如何确定开发产品成本核算对象

房地产企业开发产品成本关乎企业经营成果的准确核算和企业所得税、土地增值税的正确缴纳。而企业开发产品成本的计算首要的问题就是确定成本核算对象。

一、成本核算对象的定义

会计上,成本核算对象是指为计算产品成本而确定的生产费用归集和分配的范围。

税务上,根据《国家税务总局关于印发〈房地产开发经营业务企业所得税处理办法〉的通知》(国税发〔2009〕31号)第二十六条规定,成本对象是指为归集和分配开发产品开发、建造过程中的各项耗费而确定的费用承担项目。

从上述概念界定可以看出,会计和税收政策对于成本对象的定义基本一致。

二、房地产开发产品成本

会计上,《企业产品成本核算制度(试行)》第三条规定,产品成本是指企业在生产产品过程中所发生的材料费用、职工薪酬等，以及不能直接计入而按一定标准分配计入的各种间接费用。它是普遍意义上的产品成本概念，对房地产企业来说，其开发产品成本是指房地产企业在开发产品过程中发生的应计入开发产品的各项费用支出。

税务上，国税发〔2009〕31号第二十六条规定，开发产品计税成本是指企业在开发、建造开发产品（包括固定资产）过程中发生的按照税收规定进行核算与计量的应归入某项成本对象的各项费用。

可见，税收政策规定的计税成本中，要求发生的各项费用必须按照税收规定进行核算与计量。因此，会计上房地产企业进行成本核算时要尽量按照税收规定的要求进行，以避免税会差异调整。例如，根据国税发〔2009〕31号第三十二条规定，以下几项预提（应付）费用可以计入计税成本：出包工程未最终办理结算而未取得全额发票的，在证明资料充分的前提下，其发票不足金额可以预提，但最高不得超过合同总金额的10%；公共配套设施尚未建造或尚未完工的，可按预算造价合理预提建造费用；应向政府上交但尚未上交的报批报建费用、物业完善费用可以按规定预提。在进行会计核算时，对符合上述三项规定的相关费用支出通过"预提费用"进行计量与确认，计入开发产品成本，这样会计的开发产品成本与计税成本完全一致，避免了税会调整，简化了会计核算工作量。

三、成本核算对象的确定原则

《财政部关于印发〈企业产品成本核算制度（试行）〉的通知》（财会〔2013〕17号）第十三条规定，房地产企业产品成本核算对象，一般按照开发项目、综合开发期数并兼顾产品类型等确定成本核算对象。

国税发〔2009〕31号文件第二十六条规定了计税成本对象的6个确定原则：可否销售原则、分类归集原则、成本差异原则、功能区分原则、定价差异原则和权益区分原则。

可见，会计上的规定比较宽泛，税收政策的规定比较具体，对企业确定成本对象具有很好的指导作用。因此，应将税收政策贯穿于企业成本核算，使税法与会计核算融合衔接。在进行成本对象的确定上，按照国税发〔2009〕

25. 房地产企业如何确定开发产品成本核算对象

31号第二十六条的规定，参照以下具体原则划分成本对象。

1. 可否销售原则。开发产品能够对外经营销售的，应作为独立的计税成本对象进行成本核算；不能对外经营销售的，可先作为过渡性成本对象进行归集，然后再将其相关成本摊入能够对外经营销售的成本对象。

例如，房地产企业开发的配套设施，分为营利性的和非营利性的两种。非营利性的配套设施不能对外销售，在划分成本对象时，应将其作为过渡性成本对象单独对其成本进行归集，然后按建筑面积法，按受益的原则和配比的原则分配至各成本对象。

2. 分类归集原则。对同一开发地点、竣工时间相近、产品结构类型没有明显差异的群体开发的项目，可作为一个成本对象进行核算。

例如，某房地产企业在A地块同时开发商品房，1～3号楼为6层；4～7号楼为12层；8～12号楼为22层，则可以将1～3号楼划分为一个成本对象；4～7号楼为一个成本对象；8～12号楼为一个成本对象。

3. 功能区分原则。开发项目某组成部分相对独立，且具有不同使用功能时，可以作为独立的成本对象进行核算。

例如，某房地产企业在项目开发区内需要开发商品房、出租房、周转房以及配套设施等不同类型的房屋。这些建筑物，由于具有不同的使用功能，应分别确定为不同的成本对象进行核算。

4. 定价差异原则。开发产品因其产品类型或功能不同等而导致其预期售价存在较大差异的，应分别作为成本对象进行核算。

例如，某房地产企业开发的1号楼，共20层，1～2层为商业用房；3～20层为住宅。由于商业用房的定价与住宅有很大差异，1～2层的商业用房可以作为一个成本对象；3～20层的住宅可以作为一个成本对象。

5. 成本差异原则。开发产品因建筑上存在明显差异可能导致其建造成本出现较大差异的，要分别作为成本对象进行核算。

例如，某房地产企业同时开发普通住宅和别墅，由于普通住宅和别墅的成本有较大差异，要分别作为成本对象进行核算。

6. 权益区分原则。开发项目属于受托代建的或多方合作开发的，应结合上述原则分别划分成本对象进行核算。

例如，某房地产企业与其他企事业单位合作开发房屋，同时又为其他企事业单位代建房屋，由于房地产的权属不同，应当分别确定为成本对象进行核算。

四、确定成本核算对象的方法

根据以上成本核算对象确定原则,房地产企业应结合项目开发地点、规模、周期、开发产品处理方式、功能设计、结构类型、装修档次、施工队伍等因素和管理需要等实际情况,确定具体成本核算对象。具体确定方法如下:

1. 单体开发项目、一般以每一独立编制设计概算或施工图预算的单项开发工程为成本核算对象。

2. 成片分期开发的项目,可以以各期为成本核算对象。

3. 在同一开发地点、结构类型相同、开竣工时间相近一由同一施工单位施工或总包的群体开发项目,可以合并为一个成本核算对象。

4. 开发规模较大、工期较长的开发项目,可以结合项目特点和成本管理的需要,按开发项目的一定区域或部位或周期划分成本核算对象。

5. 同一项目有裙楼、公寓、写字楼等不同功能的,在按期划分成本核算对象的基础上,还应按功能划分成本核算对象。

6. 同一分期有高层、多层、复式等不同结构类型的,还应按结构类型划分成本核算对象。

7. 独立编制设计概算或施工图预算的配套设施,不论其支出是否摊入房屋等开发产品成本,均应单独作为成本核算对象。

8. 只为一个单体开发项目服务的、应摊入开发项目成本且造价较低的配套设施,可以不单独作为成本核算对象,发生的开发费用直接计入单体开发项目的成本(备注:此部分参阅了蔡昌的观点)。

五、成本对象的管理要求

根据《国家税务总局关于房地产开发企业成本对象管理问题的公告》(国家税务总局公告 2014 年第 35 号)的规定,房地产企业应按照以下的要求做好成本对象的管理。

1. 房地产开发企业应依据计税成本对象确定原则确定已完工开发产品的

25. 房地产企业如何确定开发产品成本核算对象

成本对象，并就确定原则、依据，共同成本分配原则、方法，以及开发项目基本情况、开发计划等出具专项报告，在开发产品完工当年企业所得税年度纳税申报时，随同《企业所得税年度纳税申报表》一并报送主管税务机关。房地产开发企业将已确定的成本对象报送主管税务机关后，不得随意调整或相互混淆。如确需要调整成本对象的，应就调整的原因、依据和调整前后成本变化情况等出具专项报告，在调整当年企业所得税年度纳税申报时报送主管税务机关。

2. 房地产开发企业应建立健全成本对象管理制度，合理区分已完工成本对象、在建成本对象和未建成本对象，及时收集、整理、保存成本对象涉及的证据材料，以备税务机关检查。

3. 对资料不完整、不规范的，应及时补齐、调整、修正。

4. 对成本对象确定不合理或共同成本分配方法不合理的，可能导致主管税务机关进行合理调整。

5. 对成本对象确定情况异常的，容易被主管税务机关列入专项稽查或税务检查。

6. 不如实出具专项报告或不出具专项报告的，主管税务机关将按税收征管法的相关规定进行处理或处罚。

26.

房地产企业收到用于回迁房建设的政府补助，税会如何处理？

【案例】 甲房地产公司通过"招、拍、挂"方式购入土地用于房地产开发建设，实际支付 6 亿元土地出让金。土地出让金入库后，公司取得政府的 2 亿元补助。政府与甲房地产开发公司协议约定款项用于该项目回迁房建设，回迁房建成后由政府无偿移交给动迁户。甲公司如何进行税会处理？

一、税务处理

政府补助其实质就是企业取得的来源于政府的经济资源，但并不是企业取得的所有政府给予的经济资源都是政府补助。例如，政府投资是政府以投资者身份向企业投入资本，享有企业相应的所有权，企业有义务向投资者分配利润，政府与企业之间是投资者与被投资者的关系。因此，企业取得政府的资本性投入不属于政府补助。再如，企业从政府取得的经济资源，如果与企业销售商品或提供服务等活动密切相关，且是企业商品或服务的对价或者是对价的组成部分，则企业取得的这些经济资源应确认为营业收入，不属于政府补助。

政府补助的判断要依据其以下两个特征：

其一，政府补助是来源于政府的经济资源。这里的政府主要是指行政事业单位及类似机构。对于企业收到的来源于其他方的补助，有确凿证据表明政府是补助的实际拨付者，其他方只起到代收代付作用的，该项补助也属于来源于政府的经济资源。例如，某集团公司母公司收到一笔政府补助款，有确凿证据表明，该补助款实际的补助对象为该母公司下属子公司，母公司只是起到代收代付作用，在这种情况下，该补助款属于对子公司的政府补助。

其二，政府补助是无偿的。即企业取得来源于政府的经济资源，不需要向政府交付商品或服务等对价。无偿性是政府补助的基本特征，这一特征将政府补助与政府以投资者身份向企业投入资本、政府购买服务等政府与企业之间的互惠性交易区别开来。需要说明的是，政府补助通常附有一定条件，这与政府补助的无偿性并不矛盾，只是政府为了推行其宏观经济政策，对企业使用政府补助的时间、使用范围和方向进行了限制。

案例中，土地出让金返还的实质是政府出资购买了回迁房，该回迁房用于安置动迁户，该款项实质上是企业取得的政府购买商品的一项收入，而且这项收入又与企业日常经营活动密切相关，构成了企业商品或服务对价的组成部分。所以该2亿元的款项虽然是从政府处取得的经济资源，但不具有无偿性，不能界定为政府补助，而是甲房地产公司的销售回迁房收入。

也许有人会问，甲房地产取得的2亿元回迁房款是从政府手里取得的，能否作为应税收入呢？

对此问题，首先增值税上予以了明确。2017年11月修订后的《中华人民共和国增值税暂行条例》的第6条中将增值税的销售额定义为："纳税人销售货物或者应税劳务收取的全部价款和价外费用"，删除了原增值税暂行条例中"从购货方收取"这样的定语，表明对增值税的销售额来源不再限定必须是从购货方收取的。对于同一应税行为，所得税上应该和增值税的界定一致。因此，在考虑税务问题时，不用担心收入来源渠道问题，而是要考虑收入的性质。

鉴于清楚了这2亿元的性质，增值税和所得税上如何处理就不言而喻了。特别需要防范在所得税上，一见到从政府处取得的款项就作为"不征税收入"处理的税务风险。

二、会计处理

1. 房地产企业收到土地出让金返还款时（单位：万元）。

借：银行存款　　　　　　　　　　　　　　　　　　20000
　　贷：预收账款　　　　　　　　　　　　　　　　　　20000

2. 预缴增值税。

根据《房地产开发企业销售自行开发的房地产项目增值税征收管理暂行办法》(国家税务总局公告2016年第18号)第十、第十一条的规定以及《财政部、国家税务总局关于调整增值税税率的通知》(财税〔2018〕32号)第一条的规定，一般纳税人采取预收款方式销售自行开发的房地产项目，应在收到预收款时按照3%的预征率预缴增值税。应预缴税款按照以下公式计算：应预缴税款 = 预收款÷(1 + 适用税率或征收率)×3%。适用一般计税方法计税的，按照11%的适用税率计算；适用简易计税方法计税的，按照5%的征收率计算。

应预缴税款 = 预收款÷(1 + 适用税率或征收率)×3%
　　　　　 = 20000÷(1 + 10%)×3%
　　　　　 = 545

借：应交税费—预交增值税　　　　　　　　　　　　545
　　贷：银行存款　　　　　　　　　　　　　　　　　545

3. 回迁房完工结转收入。

借：预收账款　　　　　　　　　　　　　　　　　　20000
　　贷：主营业务收入　　　　　　　　　　　　　　　18181.8
　　　　应交税费—应交增值税（销项税额）　　　　　1818.2

27.

房地产企业土地增值税清算后退税的财税处理分析

房地产企业土地增值税采取预征加清算的制度安排,会造成部分房地产企业出现项目在尚未清算年度少扣土地增值税而在项目清算年度集中补缴土地增值税从而引致亏损问题。为解决上述亏损无法及时得到弥补问题,国家税务总局发布了《关于房地产开发企业注销前有关企业所得税处理问题的公告》(国家税务总局公告 2010 年第 29 号),明确房地产开发企业由于土地增值税清算造成的亏损,在企业注销税务登记时还没有弥补的,企业可在注销前将整个项目应缴土地增值税总额追溯分配到项目开发各年度计算扣除,并就多缴的企业所得税向税务机关申请退税。但"注销公司"是公司重大决策问题,哪能为了税务上的利益,说注销就注销呢?因此,实务中许多房地产公司无法吃到退税这块"画饼"。为此,国家税务总局制定了《关于房地产开发企业土地增值税清算涉及企业所得税退税有关问题的公告》(国家税务总局公告 2016 年第 81 号),对房地产开发企业土地增值税清算涉及企业所得税退税政策进行了完善。本文以第 81 号公告为主并结合其他税收、会计政策,分析房企土地增值税清算后退税的税务处理以及相关土地增值税的会计处理。

一、税务处理

1. 有后续开发项目的,亏损向以后年度结转。

第 81 号公告第一条规定,企业按规定对开发项目进行土地增值税清算后，当年企业所得税汇算清缴出现亏损且有其他后续开发项目的，该亏损应按照税法规定向以后年度结转，用以后年度所得弥补。后续开发项目，是指正在开发以及中标的项目。我们知道，房地产企业亏损弥补期为 5 年，而房地产项目从拿地、开发建设直到销售一般需要几年时间，如果前期项目产生亏损，而后期项目 5 年之内没有足够的税前利润，会造成前期亏损无法弥补或得不到完全弥补的"悲催"局面。因此，后期项目如何安排要提前进行筹划。

2. 没有后续开发项目的，可申请退税。

根据第 81 号公告第二条规定，企业按规定对开发项目进行土地增值税清算后，当年企业所得税汇算清缴出现亏损，且没有后续开发项目的，可以按照规定的方法计算出项目开发各年度多缴企业所得税税款，并申请退税。该条取消了只有公司注销才可以退税的限制，只要清算时缴纳土增税，当年的应纳税所得出现负数，且没有后续开发项目的，就可以申请退税。"没有后续开发项目"结合第 81 号公告第一条的表述应为当年没有正在开发以及中标的项目，至于未来有开发项目不影响当年适用退税条件。

3. 申请退税的计算方法。

（1）计算项目开发各年度分摊的土地增值税。

该项目缴纳的土地增值税总额，应按照该项目开发各年度实现的项目销售收入占整个项目销售收入总额的比例，在项目开发各年度进行分摊，具体按以下公式计算：各年度应分摊的土地增值税 = 土地增值税总额 ×（项目年度销售收入 ÷ 整个项目销售收入总额），销售收入包括视同销售房地产的收入，但不包括企业销售的增值额未超过扣除项目金额 20% 的普通标准住宅的销售收入。把握该条，需要理解以下三点：第一，"开发各年"是指从项目开始预售之年度开始，一直到清算的年度。第二，根据《土地增值税暂行条例》第八条的规定，纳税人建造普通标准住宅出售，增值额未超过扣除项目金额 20% 的，免征土地增值税。因此，不参与项目土地增值税的总额按年度分摊计算。第三，销售期房收到的预收款项形成的"预售收入"应该属于"项目销售收入"范畴。因为，根据《土地增值税暂行条例实施细则》第十六条的规定，纳税人在项目全部竣工结算前转让房地产取得的收入，由于涉及成本确定或其他原因，而无法据以计算土地增值税的，可以预征土地增值税，待该项目全部竣工、办理结算后再进行清算，多退少补。从土地增值税角度来看,企业在项目预售年度收到的预收款参与到土地增值税计算之中。另外,从企业所得税角度来看,《国家税务总局关于印发〈房地产开发经营业务企业所得税处理办法〉的通知》(国税发〔2009〕31号)第六条规定,企业通过正式签订《房地产销售合同》或《房地产预售合同》所取得的收入,应确认为销售收入的实现。第九条规定,企业销售未完工开发产品取得的收入,应先按预计计税毛利率分季(或月)计算出预计毛利额,计入当期应纳税所得额。开发产品完工后,企业应及时结算其计税成本并计算此前销售收入的实际毛利额,同时将其实际毛利额与其对应的预计毛利额之间的差额,计入当年度企业本项目与其他项目合并计算的应纳税所得额。据此,所得上不存在所谓的"预售收入",销售未完工开发产品取得的收入就是"销售收入",且已参与所得税的计算,把"预售收入"排除在"项目销售收入"之外没有道理。最后,该条对"销售收入"仅指明不包括未超过扣除项目金额20%的普通标准住宅的销售收入,并未指明不包括"预售收入"。基于以上分析,销售期房收到的预收款项形成的"预售收入"应该属于"项目销售收入"范畴。

(2)计算土地增值税差额。

差额=各年度应分摊的土地增值税-各年度已在企业所得税扣除的土地增值税

(3)计算应纳税所得额调整额。

若差额大于0,则应调减应纳税所得额;若差额小于0,则应调增应纳税所得额。

(4)计算当年度应退还(补交)的企业所得税税款。

应退还企业所得税税款=应调减应纳税所得额×0.25

应补交企业所得税税款=应调增应纳税所得额×0.25

(5)当年实际已缴的企业所得税款不足退税的,应作为亏损向以后年度结转,并调整以后年度应纳税所得额。

应作为向以后年度结转的亏损=(当年计算应退企业所得税-当年实际已缴企业所得税)÷0.25

(6)累计退税额限额,不得超过已缴税额。

【案例1】(该案例引自第81号公告的解读)

某房地产开发企业2014年1月开始开发某房地产项目,2016年10月项目全部竣工并销售完毕,2016年12月进行土地增值税清算,整个项目共缴纳土增值税 1100 万元，其中 2014～2016 年预缴土地增值税分别为 240 万元、300 万元、60 万元；2016 年清算后补缴土地增值税 500 万元。2014～2016 年实现的项目销售收入分别为 12000 万元、15000 万元、3000 万元，缴纳的企业所得税分别为 45 万元、310 万元、0 万元。该企业 2016 年度汇算清缴出现亏损，应纳税所得额为 -400 万元。企业没有后续开发项目，拟申请退税，具体计算如下：

	2014 年	2015 年	2016 年
预缴土地增值税	240	300	60
补缴土地增值税	—	—	500
分摊土地增值税	440（1100×（12000÷30000））	550（1100×（15000÷30000））	110（1100×（3000÷30000））
应纳税所得额调整	-200（240-440）	-270（300-550-20）	450（60+500-110）
调整后应纳税所得额	—	—	50（-400+450）
应退企业所得税	50（200×25%）	67.5（270×25%）	—
已缴纳企业所得税	45	310	0
实退企业所得税	45	67.5	
亏损结转（调整后）	-20（（45-50）÷25%）	—	
应补企业所得税	—	—	12.5（50×25%=12.5）
累计退税额	—	—	100（45+67.5-12.5）

4. 向主管税务机关提供的书面材料。

企业在申请退税时，应向主管税务机关提供书面材料说明应退企业所得税款的计算过程，包括该项目缴纳的土地增值税总额、项目销售收入总额、项目年度销售收入额、各年度应分摊的土地增值税和已经税前扣除的土地增值税、各年度的适用税率，以及是否存在后续开发项目等情况。

二、会计处理

【案例 2】某房地产开发企业 2014 年 1 月开始开发某房地产项目，2016

年 10 月项目全部竣工并销售完毕，2017 年 2 月进行土地增值税清算，整个项目共缴纳土地增值税 1100 万元，其中 2014～2016 年预缴土地增值税分别为 240 万元、300 万元、60 万元；2016 年根据项目情况预提 400 万元土地增值税；2017 年清算后补缴土地增值税 100 万元。

根据《财政部关于印发企业缴纳土地增值税会计处理规定的通知》（财会字〔1995〕15 号）等会计政策的规定，房地产企业在项目全部竣工结算前转让房地产取得的收入，按税法规定预交的土地增值税，借记"应交税费—预交土地增值税"科目，贷记"银行存款"等科目；待该房地产营业收入实现时，应由当期营业收入负担的土地增值税，借记"税金及附加"，贷记"应交税费—预交土地增值税"科目。

1. 2014 年预缴土地增值税 240 万元。

   借：应交税费—预交土地增值税　　　　　　　　　240
   　　贷：银行存款　　　　　　　　　　　　　　　　　　240

2. 2015 年预缴土地增值税 300 万元。

   借：应交税费—预交土地增值税　　　　　　　　　300
   　　贷：银行存款　　　　　　　　　　　　　　　　　　300

3. 2016 年预缴土地增值税 60 万元。

   借：应交税费—预交土地增值税　　　　　　　　　60
   　　贷：银行存款　　　　　　　　　　　　　　　　　　60

4. 结转收入相应土地增值税。

   借：税金及附加　　　　　　　　　　　　　　　　600
   　　贷：应交税费—预交土地增值税　　　　　　　　　　600

2016 年该项目销售完毕，但还没有清算，根据项目情况土地增值税清算后的土地增值税税额应大于预交的土地增值税税额，为避免低估费用和负债、高估利润，预提 400 万元土地增值税。从税法角度讲，此时纳税义务还没有发生，实务中，房地产企业一般对预提的土地增值税在"其他应付款—预提土地增值税"科目中核算。

5. 预提土地增值税。

   借：税金及附加　　　　　　　　　　　　　　　　400
   　　贷：其他应付款—预提土地增值税　　　　　　　　　400

6. 2016 年年末其他应付款账面价值与计税基础的不一致，形成可抵扣暂时性差异，需要确认相应的递延所得税资产。

  借：递延所得税资产   100（400×25%）
    贷：所得税费用—递延所得税费用   100

7. 2017年2月清算补交土地增值税。

  借：税金及附加   100
    贷：应交税费—应交土地增值税   100

8. 纳税义务产生，其他应付款转入应交税费科目。

  借：其他应付款—预提土地增值税   400
    贷：应交税费—应交土地增值税   400

9. 冲抵递延所得税资产。

  借：所得税费用—递延所得税费用   100
    贷：递延所得税资产   100

10. 缴纳土地增值税。

  借：应交税费—应交土地增值税   500
    贷：银行存款   500

  必须提醒的是，实务中，由于项目销售完毕年份与项目清算年份往往不一致，有的房企在项目销售完毕的当年年末，不进行预提土地增值税的会计核算，而是等到清算完毕时再进行核算，这样做固然核算简单，但有损提供的会计信息质量，房地产上市公司要特别加以注意。

28.

房地产企业土地增值税清算中利息扣除的税务处理分析

房地产企业土地增值税清算中利息扣除有其特殊之处，需要根据相关税收政策加以梳理和分析。

一、资本化利息调整并入财务费用中扣除

根据《土地增值税暂行条例实施细则》第七条第（三）项的规定，房地产开发费用作为计算增值额的扣除项目，是指与房地产开发项目有关的销售费用、管理费用、财务费用。根据《国家税务总局关于土地增值税清算有关问题的通知》（国税函〔2010〕220号）第三条第（四）项的规定，土地增值税清算时，已经计入房地产开发成本的利息支出，应调整至财务费用中计算扣除。实务中，如果房地产企业执行《财政部关于印发〈企业产品成本核算制度（试行）〉的通知》（财会〔2013〕17号）第二十六条的规定，设置了土地征用及拆迁补偿费、前期工程费、建筑安装工程费、基础设施建设费、公共配套设施费、开发间接费、借款费用等成本项目，其中借款费用是指符合资本化条件的借款费用，则借款费用应调整至财务费用中计算扣除；如果房地产按照《房地产开发经营业务企业所得税处理办法》（国税发〔2009〕31号）第二十七条的规定，设置了土地征用费及拆迁补偿费、前期工程费、建筑安装工程费、基础设施建设费、公共配套设施费和开发间接费六个成本项目，其中资本化的借款费用在开发间接费中核算，则资本化借款费用应从

开发间接费调整至财务费用中计算扣除。

根据《土地增值税暂行条例实施细则》第七条第（二）项的规定，计算增值额的扣除项目房地产开发成本，是指纳税人房地产开发项目实际发生的成本，包括土地征用及拆迁补偿费、前期工程费、建筑安装工程费、基础设施费、公共配套设施费、开发间接费用。由此，如果房地产企业执行财会〔2013〕17号，资本化的借款费用在借款费用成本项目中核算，扣除项目房地产开发成本中的开发间接费用不包括资本化的借款费用，计算土地增值税扣除时一般不会造成重复扣除；而如果房地产企业按照国税发〔2009〕31号核算开发产品的成本，资本化的借款费用在开发间接费成本项目中核算，在计算土地增值税时调整至财务费用中扣除，扣除项目房地产开发成本中的开发间接费就不包括资本化的借款费用，房地产企业要防范重复扣除。

【案例1】某房地产企业开发某住宅小区项目，土地增值税清算时，房地产开发成本5000万元，其中向金融机构借款利息资本化的部分为500万元。房地产开发费用中的财务费用（利息支出）为300万元。

根据上述分析，计算土地增值税时，应从房地产开发成本中扣除500万元，归集到财务费用（利息支出）科目。这样，房地产开发成本扣除4500万元，利息支出扣除800万元。

二、利息据实、计算两种扣除方法

根据《土地增值税暂行条例实施细则》第七条第（三）项、《国家税务总局关于土地增值税清算有关问题的通知》（国税函〔2010〕220号）第三条第（一）（二）（三）项的规定，1.计算增值额的扣除项目房地产开发费用，是指与房地产开发项目有关的销售费用、管理费用、财务费用。财务费用中的利息支出，凡能够按转让房地产项目计算分摊并提供金融机构证明的，允许据实扣除，但最高不能超过按商业银行同类同期贷款利率计算的金额。其他房地产开发费用，按本条（一）（二）〔其中（一）指取得土地使用权所支付的金额；（二）指房地产开发成本，包括土地征用及拆迁补偿费、前期工程费、建筑安装工程费、基础设施费、公共配套设施费、开发间接费用。下同〕项规定计算的金额之和的百分之五以内计算扣除。2.凡不能按转让房地产项目计算分摊利息支出或不能提供金融机构证明的，房地产开发费用按本条（一）（二）项规定计算的金额之和的百分之十以内计算扣除。全部使用自有资金，没有利息支出的，按照以上方法扣除。上述计算扣除的具体比例，由各省、自治区、直辖市人民政府规定。3. 房地产开发企业既向金融机构借款，又有其他借款的，其房地产开发费用计算扣除时不能同时适用上述1、2两种办法。

针对上述规定，房地产开发企业需要注意以下几点：

1. 利息据实扣除，要具备两个条件：条件一，"能够按房地产项目计算分摊"；条件二，"能够提供金融机构证明"，并且据实扣除金额也不能超过按商业银行同类同期贷款利率计算的金额。

对于条件一，有地方税务机关认为，所谓"能够按房地产项目计算分摊"就是以该房地产项目名义取得金融机构资金，并专用于该项目的开发。这种认识是错误的。按照《土地增值税清算管理规程》（国税发〔2009〕91号）第二十七条第（二）项的规定，审核开发间接费用时应当重点关注：分期开发项目或者同时开发多个项目的，其取得的一般性贷款的利息支出，是否按照项目合理分摊。可见，91号文认可利息支出的合理分摊方法。由此，不管房地产企业向金融机构的借款是否以项目名义办理的，只要分配项目承担利息支出的方法是合理的，都应被视为"能够按房地产项目计算分摊"利息支出。

对于条件二，据实扣除的利息支出是向银行等金融机构借款而支付的利息，向金融机构借款的证明主要有借款合同、支付利息取得的增值税发票。对于向非金融机构的借款而支付的利息，即使能够按房地产项目计算分摊，由于不能取得金融机构借款的证明，从而不能据实扣除，只能按"取得土地使用权所支付的金额"与"房地产开发成本"金额之和的10%计算扣除。

实务中，房地产企业通过集团内部的财务中心办理统借统还业务支付的利息，据实扣除要看财务中心是否具备金融许可证，具备金融许可证且满足其他条件的可以据实扣除；不具备金融许可证的情况下，据实扣除存在风险。

实务中，对于房地产企业通过银行委托贷款支付的利息能否据实扣除，存在不同认识。有的认为房地产企业并非向金融机构取得贷款，且委托贷款的利率一般高于金融机构贷款率，不能据实扣除；有的认为委托贷款由于有金融机构居间保障，房地产企业能够取得金融机构证明，符合利息据实扣除的条件。如果当地税务机关认可委托贷款属于能够取得金融机构证明的情形，委托贷款利息支出要想在土地增值税前据实扣除，需要把握约定的利率不能超过同期商业银行贷款利率，超过部分不能扣除。

2. 利息据实扣除时，还需要注意《财政部、国家税务总局关于土地增值税一些具体问题规定的通知》（财税字〔1995〕48 号）第八条的规定，利息的上浮幅度按国家的有关规定执行，超过上浮幅度的部分不允许扣除；对于超过贷款期限的利息部分和加罚的利息不允许扣除。而在计算企业所得税时允许扣除符合条件的利息支出和罚息。

3. 企业全部使用自有资金，没有利息支出的，房地产开发费用在按"取得土地使用权所支付的金额"与"房地产开发成本"金额之和的10%以内计算扣除。需要大家注意的是，这点与所得税规定不同，所得税规定没有实际发生的利息支出，不允许扣除。

4. 由于计算土增税时利息扣除存在两种方法，在满足一定条件下，企业可以进行合理筹划。

【案例 2】某房地产企业开发某项目，取得土地使用权所支付的金额为 1500 万元，房地产开发成本为 2500 万元。在不超过商业银行同期同类贷款利率的前提下，按房地产项目分摊的利息支出为 250 万元，能够取得金融机构的增值税发票。

利息据实扣除下，房地产企业能够扣除的房地产开发费用 = 250 +（1500 + 2500）×5% = 450（万元）；计算扣除下，该企业所能扣除的房地产开发费用 =（1500 + 2500）×10% = 400（万元）。可见，利息据实扣除情况下，土地增值税较少。

假设案例中按房地产项目分摊的利息支出为 150 万元。利息据实扣除下，房地产企业能够扣除的房地产开发费用 = 150 +（1500 + 2500）×5% = 350（万元）；计算扣除下，该企业所能扣除的房地产开发费用 =（1500 + 2500）×10% = 400（万元）。可见，计算扣除情况下，土地增值税较少。

三、据实扣除利息支出的截止时点

实务中，对于房地产项目竣工后、土地增值税清算前支付的利息支出，

28. 房地产企业土地增值税清算中利息扣除的税务处理分析

能否据实扣除有两种截然相反的观点。观点一认为，不允许扣除，因为房地产项目已经竣工，利息支出与房地产开发无关，且企业会计准则、企业所得税都规定，对于已达到预定可使用状态的利息支出，停止利息支出的资本化。观点二认为，允许扣除，土地增值税税前扣除的利息支出，仅要求能够按照房地产项目计算分摊，并未规定利息支出的截止时点，因此能够归属到房地产项目的利息支出均应据实扣除。另外，房地产企业和金融机构签订贷款合同时，无法预估到开发项目完工时点，贷款期和项目开发期无法做到一致，存在少许偏差是正常现象；但不管怎么样，贷款是为开发项目发生的，利息支出是开发项目的直接支出，应该允许房地产项目竣工后、土地增值税清算前的利息支出据实扣除，也就是说，利息支出扣除应截至开发项目土地增值税清算时。房地产企业如遇这种情况，就需要咨询当地主管税务机关。

29. 房地产企业销售附有销售退回条款开发产品的会计处理

企业将商品转让给客户之后,可能会因为各种原因允许客户选择退货。附有销售退回条款的销售,是指客户依照有关合同有权退货的销售方式。合同中有关退货权的条款可能会在合同中明确约定,也有可能是隐含的。隐含的退货权可能来自企业在销售过程中向客户作出的声明或承诺,也有可能是来自法律法规的要求或企业以往的习惯做法等。客户选择退货时,可能有权要求返还其已经支付的全部或部分对价、抵减其对企业已经产生或将会产生的欠款或者要求换取其他商品。

客户取得商品控制权之前退回该商品不属于销售退回。需要说明的是,企业在允许客户退货的期间内随时准备接受退货的承诺,并不构成单项履约义务,但可能会影响收入确认的金额。企业应当遵循可变对价(包括将可变对价计入交易价格的限制要求)的处理原则来确定其预期有权收取的对价金额,即交易价格不应包含预期将会被退回的商品的对价金额。

企业应当在客户取得相关商品控制权时,按照因向客户转让商品而预期有权收取的对价金额(即,不包含预期因销售退回将退还的金额)确认收入,按照预期因销售退回将退还的金额确认负债;同时,按照预期将退回商品转让时的账面价值,扣除收回该商品预计发生的成本(包括退回商品的价值减损)后的余额,确认一项资产,按照所转让商品转让时的账面价值,扣除上述资产成本的净额结转成本。每一资产负债表日,企业应当重新估计未来销售退回情况,并对上述资产和负债进行重新计量。如有变化,应当作为会计估计变更进行会计处理。

29. 房地产企业销售附有销售退回条款开发产品的会计处理

【案例】 甲房地产公司于 2018 年 10 月 1 日向乙房地产销售公司销售 100 套 90 平方米的商品房,单套销售价格为 500 万元,单套成本为 300 万元,开出的增值税专用发票上注明的销售价格为 50000 万元,增值税额为 5000 万元,商品房已交付给乙公司,但款项尚未收到。根据协议约定,乙公司应于 2018 年 12 月 1 日之前支付房款,在 2019 年 3 月 31 日之前有权退还商品房。交付商品房时,甲公司根据过去的经验,估计已交付 100 套商品房的退房率约为 20%;在 2018 年 12 月 31 日,甲公司对退房率进行了重新评估,认为只有 10% 的商品房会被退回。2019 年 3 月 31 日发生销售退回,实际退房 8 套,退房款已经支付给乙公司。甲公司为增值税一般纳税人,商品房交付时的纳税义务已经发生,实际发生退回时取得税务机关开具的红字增值税专用发票。假定商品房交付时控制权转移给乙公司。

甲公司的账务处理如下(单位:万元):

1. 2018 年 10 月 1 日交付商品房。

借:应收账款　　　　　　　　　　　　　　　　　　　　55000
　　贷:主营业务收入　　　　　　　　　　　　　　　　40000
　　　　预计负债——应付退房款　　　　　　　　　　　10000
　　　　应交税费——应交增值税(销项税额)　　　　　 5000
借:主营业务成本　　　　　　　　　　　　　　　　　　24000
　　应收退货成本　　　　　　　　　　　　　　　　　　 6000
　　贷:开发产品　　　　　　　　　　　　　　　　　　30000

2. 2018 年 12 月 1 日前收到房款。

借:银行存款　　　　　　　　　　　　　　　　　　　　55000
　　贷:应收账款　　　　　　　　　　　　　　　　　　55000

3. 2018 年 12 月 31 日,甲公司对退房率进行重新评估。

借:预计负债——应付退房款　　　　　　　　　　　　　 5000
　　贷:主营业务收入　　　　　　　　　　　　　　　　 5000
借:主营业务成本　　　　　　　　　　　　　　　　　　 3000
　　贷:应收退货成本　　　　　　　　　　　　　　　　 3000

4. 2019 年 3 月 31 日发生销售退回,实际退房 8 套,退房款已经支付给乙公司。

借:开发产品　　　　　　　　　　　　　　　　　　　　 2400

　　　　应交税费—应交增值税（销项税额）　　　　400
　　　　预计负债—应付退房款　　　　　　　　　　5000
　　　　贷：应收退货成本　　　　　　　　　　　　2400
　　　　　　主营业务收入　　　　　　　　　　　　1000
　　　　　　银行存款　　　　　　　　　　　　　　4400
　借：主营业务成本　　　　　　　　　　　　　　　600
　　　贷：应收退货成本　　　　　　　　　　　　　600

　　注：新收入准则不再将销售退回作为资产负债表日后调整事项处理，而是作为日常业务采用未来适用法进行处理。

30.

房地产企业以公司分立方式变更土地使用权的财税处理分析

房地产企业取得土地后,有采用公司分立的方式,把土地使用权变更到新公司,对此如何进行财税处理,需要加以分析。

一、会计处理

目前会计准则对公司分立如何进行会计处理没有给予明确的规定。实务中,公司分立存在两种情况:一种情况是公司分立后,没有导致公司股权发生变化,即被分立公司和分立公司的股权结构一样,此种情况下往往采取账面价值进行会计处理;另一种情况是公司分立后,新公司和被分立公司的股权结构发生变化,此种情况可以看成是两步交易,先是按照被分立公司原股权结构进行分立,然后在评估分立后公司公允价值的基础上股东再进行股权交易。

(一) 股权未变化下会计处理

典型的公司分立在分立前后的控制权是不改变的,在分立过程中,对于原股东来讲没有引入新股东,也没有发生原股东退出情况,能够被控制资产总量没有发生变化。分立前后对资产负债的控制权利属于同一股东群体。这种分立的实质是资产、负债的一次内部调整与组合。股东在分立前后都具有关联关系,分立不具有商业实质,不是售卖行为,各个股东的权益不因为分立而增加,分立后仍以持续经营为前提。在此情况下，采取账面价值进行会计处理。

【案例 1】 A 房地产公司拥有一块土地，股东为甲公司和乙公司，假设持股比例都为 50%。公司分立，按照分立协议，土地归 B 公司所有，公司分立前后的资产负债情况如下表：

单位：万元

项　　目	分立前 A 公司	分立后 A 公司	分立后 B 公司
其他资产	8000	6500	1500
土地使用权	2000	0	2000
负债	3000	2500	500
实收资本	1000	500	500
资本公积			
盈余公积	2000	1500	500
未分配利润	4000	2000	2000
所有者权益合计	7000	4000	3000

按照账面价值进行账务处理：

1. 被分立公司 A

借：实收资本—甲公司	250
—乙公司	250
盈余公积	500
未分配利润	2000
负债	500
贷：其他资产	1500
无形资产—土地使用权	2000

2. 分立公司 B

借：其他资产	1500
无形资产—土地使用权	2000
贷：负债	500
实收资本—甲公司	250
—乙公司	250
资本公积	2500

3. 甲公司

借：长期股权投资—B 公司	1500

贷：长期股权投资—A 公司		250
—损益调整		1250

4. 乙公司

借：长期股权投资—B 公司		1500
贷：长期股权投资—A 公司		250
—损益调整		1250

（二）股权发生变化下会计处理

有的公司分立后，伴随着股权改变，比如案例 1 公司分立后，甲股东以持有 B 公司 50% 的股权去交换乙公司持有的分立后 A 公司 50% 的股权，从而甲公司 100% 控制 A 公司，乙公司 100% 控制 B 公司。在利益驱使下，股东进行股权交易时，都要以资产、负债当下的公允价值进行交易，不够部分另用现金等方法支付。在此情况下，分立后就要对公司的资产、负债进行公允价值评估，股东再按照公允价值交换股权。

【案例 2】 承接案例 1，分立后 A 公司其他资产评估增值 3250 万元，B 公司资产评估增值 4750 万元（其中其他资产增值 750 万元，土地使用权增值 4000 万元），为便于公司管理，甲股东和乙股东进行股权交换，实现甲 100% 控制 A 公司，乙 100% 控制 B 公司。账务处理如下：

1. A 公司。

借：其他资产		3250
贷：资本公积		3250
借：实收资本—乙公司		250
贷：实收资本—甲公司		250

2. B 公司。

借：其他资产		4750
贷：资本公积		4750
借：实收资本—甲公司		250
贷：实收资本—乙公司		250

3. 甲公司。

借：应收账款—乙公司（4750＋3000）×50%		3875
贷：长期股权投资—B 公司		1500

　　　　投资收益　　　　　　　　　　　　　　　　　　　　　　　2375

　　由于满足特殊性重组的条件（收购股权的比例、以股权作为支付对价的比例等都满足），不要缴纳企业所得税。

　　　　借：长期股权投资—A公司　　　　　　　　　　　　　3625
　　　　　　贷：应收账款—乙公司　　　　　　　　　　　　　3625
　　　　借：长期股权投资—A公司—其他权益调整　　　　　　 1625
　　　　　　贷：资本公积　　　　　　　　　　　　　　　　　1625
　　　　借：银行存款　　　　　　　　　　　　　　　　　　　 250
　　　　　　贷：应收账款—乙公司　　　　　　　　　　　　　 250

　　4. 乙公司。

　　　　借：应收账款—甲公司（3250+4000）×50%　　　　　 3625
　　　　　　贷：长期股权投资—A公司　　　　　　　　　　　 2000
　　　　　　　　投资收益　　　　　　　　　　　　　　　　　1625

　　由于满足特殊性重组的条件（收购股权的比例、以股权作为支付对价的比例等都满足），不要缴纳企业所得税。

　　　　借：长期股权投资—B公司　　　　　　　　　　　　　3875
　　　　　　贷：应收账款—甲公司　　　　　　　　　　　　　3875
　　　　借：长期股权投资—A公司—其他权益调整　　　　　　 2375
　　　　　　贷：资本公积　　　　　　　　　　　　　　　　　2375
　　　　借：应收账款—甲公司　　　　　　　　　　　　　　　 250
　　　　　　贷：银行存款　　　　　　　　　　　　　　　　　 250

二、税务处理

（一）A公司需要缴纳的税金

1. 增值税。

根据《营业税改征增值税试点有关事项的规定》（财税〔2016〕36号附件2）第一条第（二）项的规定，在资产重组过程中，通过合并、分立、出售、置换等方式，将全部或者部分实物资产以及与其相关联的债权、负债和劳动力一并转让给其他单位和个人,其中涉及的不动产、土地使用权转让行为不征收增值税。

因此,A 公司分立过程中,B 公司承接被分立公司土地使用权等资产的同时,也将承受 A 公司的负债以及劳动力,符合上述文件所规定的不征增值税条件,所以 A 公司将资产转移给 B 公司,不征收增值税。

2. 印花税。

《财政部 国家税务总局关于企业改制过程中有关印花税政策的通知》(财税〔2003〕183 号)第三条规定,企业因改制签订的产权转移书据免予贴花。据此,A 公司将土地使用权转移给 B 公司,免缴印花税。

3. 土地增值税。

根据《财政部 国家税务总局关于继续实施企业改制重组有关土地增值税政策的通知》(财税〔2018〕57 号)的规定,按照法律规定或者合同约定,企业分设为两个或两个以上与原企业投资主体相同的企业,对原企业将房地产转移、变更到分立后的企业,暂不征土地增值税。上述改制重组有关土地增值税政策不适用于房地产转移任意一方为房地产开发企业的情形。据此,A 房地产公司需要缴纳土地增值税。

4. 企业所得税。

根据《财政部 国家税务总局关于企业重组业务企业所得税处理若干问题的通知》(财税〔2009〕59 号)的规定,适用特殊性税务处理的企业分立的条件为:

(1)具有合理的商业目的,且不以减少、免除或者推迟缴纳税款为主要目的;

(2)企业分立后的连续 12 个月内不改变分立资产原来的实质性经营活动;

(3)取得股权支付的原主要股东,在分立后连续 12 个月内,不得转让所取得的股权;

(4)被分立企业所有股东按原持股比例取得分立企业的股权,分立企业和被分立企业均不改变原来的实质经营活动,且被分立企业股东在该企业分立发生时取得的股权支付金额不低于其交易支付总额的 85%。

同时满足上述条件的企业,可按以下规定进行税务处理:

(1)分立企业接受被分立企业资产和负债的计税基础,以被分立企业的

原有计税基础确定;

(2) 被分立企业已分立出去资产相应的所得税事项由分立企业承继;

(3) 被分立企业未超过法定弥补期限的亏损额可按分立资产占全部资产的比例进行分配,由分立企业继续弥补;

(4) 被分立企业的股东取得分立企业的股权(以下简称"新股"),如需部分或全部放弃原持有的被分立企业的股权(以下简称"旧股"),新股的计税基础应以放弃旧股的计税基础确定。如不需放弃旧股,则其取得新股的计税基础可从以下两种方法中选择确定:直接将新股的计税基础确定为零,或者以被分立企业分立出去的净资产占被分立企业全部净资产的比例先调减原持有的旧股的计税基础,再将调减的计税基础平均分配到新股上。

(5) 非股权支付额仍应在交易当期确认相应的资产转让所得或损失,并调整相应资产的计税基础。

根据以上规定,案例1中A公司分立时未发生非股权支付额,且满足其条件,应认定为免税重组,免缴纳企业所得税。

(二) B 公司需要缴纳的税金

1. 契税。

根据《财政部 国家税务总局关于继续支持企业事业单位改制重组有关契税政策的通知》(财税〔2018〕17号)的规定,公司依照法律规定、合同约定分立为两个或两个以上与原公司投资主体相同的公司,对分立后公司承受原公司土地、房屋权属,免征契税。投资主体相同,是指公司分立前后出资人不发生变动,出资人的出资比例可以发生变动。据此,案例1中B公司承受的土地使用权,B公司的股东和A公司的股东相同,都为甲和乙,故对B公司免征契税。

2. 印花税。

根据上文财税〔2003〕183号的规定,B公司免缴印花税。

3. 企业所得税。

根据上文财税〔2009〕59号文关于特殊性税务处理的规定,B公司承受的A公司的资产和负债则按A公司的原有计税基础确定,A公司未超过法定弥补期限的亏损额可按分立资产占全部资产的比例进行分配,由B公司继续弥补。

30. 房地产企业以公司分立方式变更土地使用权的财税处理分析

最后需要提及的是,实务中有人认为,案例1中A公司取得的土地由于投资额未达到《城市房地产管理法》第三十九条的规定不能转移。笔者认为公司分立导致土地使用权转移不应当适用《城市房地产管理法》第三十九条的规定。因为,第三十九条规定的目的在于防止炒卖土地,但公司分立导致的土地使用权转移与土地使用权的转让存在区别。另外,《公司法》第一百七十五条规定:"公司分立,其财产作相应的分割",土地作为公司分立时需要分割的财产之一,不应当受到限制。

31.

房地产企业与个人股东资金借贷的涉税处理分析

房地产企业与个人股东之间经常发生资金借贷交易，财务人员需警惕其中所涉税务风险。

一、公司借款给个人股东涉税分析

（一）增值税

《营业税改征增值税试点实施办法》规定，贷款是指将资金贷与他人使用而取得利息收入的业务活动。

可见，如果公司借款给个人股东使用并取得利息收入，需要按照贷款服务缴纳增值税，一般纳税人的税率为6%，小规模纳税人的征收率为3%。

实务中，如果公司借款给个人股东使用，不收利息，要不要缴纳增值税呢？

《营业税改征增值税试点实施办法》第十四条规定，下列情形视同销售服务、无形资产或者不动产：单位或者个体工商户向其他单位或者个人无偿提供服务，但用于公益事业或者以社会公众为对象的除外；单位或者个人向其他单位或者个人无偿转让无形资产或者不动产，但用于公益事业或者以社会公众为对象的除外；财政部和国家税务总局规定的其他情形。

对照上面的规定，公司借款给个人股东使用属于单位向个人无偿提供贷款服务,应按照视同销售处理,需要交纳增值税。

(二) 企业所得税

按照《公司法》的规定,符合公司章程规定或者经过股东会、股东大会的同意,可以将公司的资金借贷给他人。

税务上,公司借款给个人股东,应按照独立交易原则,收取利息,交纳企业所得税。

实务中存在公司将银行借款无偿转借给个人股东使用,按照《企业所得税法》第八条"企业实际发生的与取得收入有关的、合理的支出,包括成本、费用、税金、损失和其他支出,准予在计算应纳税所得额时扣除"的规定,公司承担的银行借款利息应认定为与公司生产经营无关,不得税前扣除。

(三) 个人所得税

实务中存在公司借款给个人股东使用,但个人股东长期不还的情况,对此相关税收政策进行了规定:

《财政部、国家税务总局关于规范个人投资者个人所得税征收管理的通知》(财税〔2003〕158号)第二条"关于个人投资者从其投资的企业(个人独资企业、合伙企业除外)借款长期不还的处理问题"规定,纳税年度内个人投资者从其投资企业(个人独资企业、合伙企业除外)借款,在该纳税年度终了后既不归还,又未用于企业生产经营的,其未归还的借款可视为企业对个人投资者的红利分配,依照"利息、股息、红利所得"项目计征个人所得税。

《国家税务总局关于印发〈个人所得税管理办法〉的通知》(国税发〔2005〕120号)第三十五条"各级税务机关应强化对个体工商户、个人独资企业和合伙企业投资者以及独立从事劳务活动的个人的个人所得税征管"第(四)项规定,加强个人投资者从其投资企业借款的管理,对期限超过一年又未用于企业生产经营的借款,严格按照有关规定征税。

《财政部、国家税务总局关于企业为个人购买房屋或其他财产征收个人所得税问题的批复》(财税〔2008〕83号)规定,企业投资者个人、投资者家庭成员或企业其他人员向企业借款用于购买房屋及其他财产,将所有权登记为投资者、投资者家庭成员或企业其他人员,且借款年度终了后未归还借款的。对个人独资企业、合伙企业的个人投资者或其家庭成员取得的上述所得，视为企业对个人投资者的利润分配，按照"个体工商户的生产、经营所得"项目计征个人所得税；对除个人独资企业、合伙企业以外其他企业的个人投资者或其家庭成员取得的上述所得，视为企业对个人投资者的红利分配，按照"利息、股息、红利所得"项目计征个人所得税；对企业其他人员取得的上述所得，按照"工资、薪金所得"项目计征个人所得税。

从以上的税法规定我们可以看出，为了防范股东利用借款之名，行避税之实，税法采用了"一刀切"的办法，即对期限超过一年又未用于企业生产经营的股东借款都视同股息、红利分配，需要交纳个人所得税。至于企业投资者个人、投资者家庭成员或企业其他人员向企业借款用于购买房屋及其他财产，将所有权登记为投资者、投资者家庭成员或企业其他人员，且借款年度终了后未归还借款的，直接认定为未用于生产经营，按照"利息、股息、红利所得"项目计征个人所得税。

财税〔2003〕158号所指的"年度终了后既不归还，又未用于企业生产经营的"如何理解？国税发〔2005〕120号进行了明确，是指"期限超过一年又未用于企业生产经营的借款"。

由上，破解借款被认定为股息、红利所得征税的思路就出来了：如果股东借款确实是"公干"，需要在借款单中详细写明用于企业生产经营活动的哪些方面，后续相关经营活动的凭据要与借款单所列用途相符；如果股东借款就是"私用"，就只能在使用时间上做文章，借款时间不要超过一年，确需超过一年的，可采用"还旧借新"的循环方式。

【案例1】 甲房地产公司为有限责任公司，公司借款1000万元给股东A私用，股东使用了一年半后归还了借款，公司和股东有什么税务风险？

分析：

根据财税〔2003〕158号、国税发〔2005〕120号的规定，股东A年度内从其投资企业甲房地产公司借款私用，使用了一年半之久，显然满足了文件所规定的"在该纳税年度终了后既不归还，又未用于企业生产经营"条件，股东A应按照"利息、股息、红利所得"项目计征个人所得税。其后虽然归还了公司借款，但纳税义务产生在前，已无更改的可能。

《个人所得税法》的规定，个人所得税，以所得人为纳税义务人，以支付所得的单位或者个人为扣缴义务人。《税收征收管理法》规定，扣缴义务人应扣未扣、应收而不收税款的,由税务机关向纳税人追缴税款,对扣缴义务人处应扣未扣、应收未收税款百分之五十以上三倍以下的罚款。可见,甲公司负有代扣代缴股东 A 个税的义务,将面临应扣未扣税款百分之五十以上三倍以下的罚款。

【案例2】甲房地产公司借款5000万给分公司乙公司使用,乙分公司收到款项后无偿转借给其关联方丙公司,丙公司再借给甲房地产的个人股东 A,A 股东用于对甲房地产公司的增资扩股。甲公司和股东有什么税务风险?

分析:财税〔2003〕158 号并没有具体规定个人投资者从其投资企业(个人独资企业、合伙企业除外)借款,是直接借款还是包含中间层的间接借款,税务机关一般按照实质重于形式的原则认为中间层次的间接借款也属于个人投资者从其投资企业获得借款,另外个人股东用于增资扩股也与公司的经营活动无关,股东 A 需要按照"利息、股息、红利所得"项目交纳个税。

同案例1一样,甲公司也负有代扣代缴义务。

(四) 印花税

根据《印花税暂行条例》的规定,非金融机构和借款人签订的借款合同,不属于印花税的征税范畴,不征收印花税。因此,公司与个人股东的资金借贷不需缴纳印花税。

二、公司向个人股东借款涉税分析

(一) 增值税

个人股东借款给公司并获得利息也属于贷款服务,需要缴纳增值税,公司要获得个人到税务机关代开的增值税发票。贷款服务属于不得抵扣范畴,公司即使取得个人到税务机关代开的增值税专用发票,也不能抵扣。

实务中,如果个人股东无偿借款给公司使用,要不要缴纳增值税呢?

根据《营业税改征增值税试点实施办法》第十四条规定,单位或者个体工商户向其他单位或者个人无偿提供服务需视同销售,但用于公益事业或者以社会公众为对象的除外。

个人无偿为公司提供贷款服务，不同于单位或者个体工商户为公司无偿提供贷款服务，不应视同销售，不需缴纳增值税。

(二) 企业所得税

《关于企业向自然人借款的利息支出企业所得税税前扣除问题的通知》(国税函〔2009〕777号) 第一条规定，企业向股东或其他与企业有关联关系的自然人借款的利息支出，应根据《中华人民共和国企业所得税法》第四十六条及《财政部、国家税务总局关于企业关联方利息支出税前扣除标准有关税收政策问题的通知》(财税〔2008〕121号) 规定的条件，计算企业所得税扣除额。

《企业所得税法》第四十六条规定，企业从其关联方接受的债权性投资与权益性投资的比例超过规定标准而发生的利息支出，不得在计算应纳税所得额时扣除。

财税〔2008〕121号第一条规定，在计算应纳税所得额时，企业实际支付给关联方的利息支出，不超过以下规定比例和税法及其实施条例有关规定计算的部分，准予扣除，超过的部分不得在发生当期和以后年度扣除。企业实际支付给关联方的利息支出，除符合本通知第二条规定外，其接受关联方债权性投资与其权益性投资比例为：金融企业，为5∶1；其他企业，为2∶1。第二条规定，企业如果能够按照税法及其实施条例的有关规定提供相关资料，并证明相关交易活动符合独立交易原则的；或者该企业的实际税负不高于境内关联方的，其实际支付给境内关联方的利息支出，在计算应纳税所得额时准予扣除。

根据以上税法规定，我们需要注意以下几个方面：其一，所有的个人股东都被视为企业的"关联方"，这与《公司法》中非控股股东与公司之间不构成关联关系有所不同。其二，其他企业接受关联方债权性投资与其权益性投资比例只有符合2∶1的情形下，公司才能扣除所支付的利息。其三，实务中，很难证明企业的实际税负不高于境内关联方的股东，因为一个是企业一个是股东。公司扣除利息支出，只能从证明相关交易活动符合独立交易原则这个路径进行。

【案例3】甲房地产公司个人股东A投资500万元，占股10%，2017年1月1日甲公司从股东A处借款1500万元，使用一年，合同约定利率为10%，同期同类贷款利率为5%,2017年甲公司可以税前扣除的利息为多少?

分析:关联债资比例超过2∶1的利息不能扣除;超过同期同类贷款利率水平的利息不能扣除。公司实际支付的利息 = 1500×10% = 150万元,准予税前扣除的利息 = 1000×5% = 50万元,所得税汇算清缴时,需纳税调增100万元。

另外,《国家税务总局关于企业投资者投资未到位而发生的利息支出企业所得税前扣除问题的批复》(国税函〔2009〕312号)规定,凡企业投资者在规定期限内未缴足其应缴资本额的,该企业对外借款所发生的利息,相当于投资者实缴资本额与在规定期限内应缴资本额的差额应计付的利息,其不属于企业合理的支出,应由企业投资者负担,不得在计算企业应纳税所得额时扣除。

那么,公司存在个人股东投资未到位又存在债资比例超过规定比例这种纠缠情形下,利息如何税前扣除呢?目前,国家税务总局没有明文规定。笔者认为,一般企业按照个人股东实际投资额的2倍计算税前利息扣除较为稳妥。

(三) 个人所得税

公司向个人股东借款,支付给个人的利息,个人需要交纳个人所得税,公司负有代扣代缴义务。"营改增"后,利息的个人所得税要按不含税收入计算,个人所得税不含税收入 = (全部价款和价外费用) ÷ (1 + 3%)。

(四) 印花税

同一(四)。

32. 房地产企业支付境外设计费的涉税分析

【案例】一家外国设计公司为境内甲房地产公司提供设计服务，合同约定在设计服务完成之日，甲公司承担所有税费后支付给外国设计公司 10 万美元，支付当日人民币对美元汇率中间价为 6∶1。外国设计公司 3 名设计师来甲公司连续工作 120 天，完成设计任务后回国。甲公司所在地城市维护建设税税率为 7%，教育费附加为 3%，地方教育附加为 2%。企业所得税税率为 10%，经税务机关核定的利润率为 30%。此项业务，甲公司应扣缴哪些税？如何计算？

一、税务处理分析

（一）增值税

根据《财政部、国家税务总局关于全面推开营业税改征增值税试点的通知》（财税〔2016〕36 号，以下简称"36 号文"）附件 1《营业税改征增值税试点实施办法》附《销售服务、无形资产、不动产注释》的规定，设计服务属于现代服务中的文化创意服务。

根据 36 号文附件 1 第十二条、第十三条的规定，在境内销售服务是指服务（租赁不动产除外）的销售方或者购买方在境内（指中华人民共和国境内，下同），境外单位或者个人向境内单位或者个人销售完全在境外发生的服务不属于在境内销售服务。案例中,外国设计公司为境内甲房地产公司提供设计服务的方式是派雇员到甲公司所在地进行设计,服务显然发生在境内,所以此项服务属于外国设计公司在境内的销售服务。

根据36号文附件1第一条、第六条的规定,在境内销售服务、无形资产或者不动产(以下称应税行为)的单位和个人,为增值税纳税人。境外单位或者个人在境内发生应税行为,在境内未设有经营机构的,以购买方为增值税扣缴义务人。财政部和国家税务总局另有规定的除外。案例中,外国设计公司在境内发生应税行为,为增值税纳税人,但其在境内未设有经营机构,以购买方甲公司为增值税扣缴义务人。

根据36号文附件1第四十五条的规定,扣缴义务发生时间为纳税人发生应税行为并收讫销售款项或者取得索取销售款项凭据的当天;先开具发票的,为开具发票的当天。收讫销售款项,是指纳税人销售服务过程中或者完成后收到款项。取得索取销售款项凭据的当天,是指书面合同确定的付款日期;未签订书面合同或者书面合同未确定付款日期的,为服务转让完成的当天。案例中,外国设计公司和甲房地产公司合同约定在完成设计之日支付款项,在当日甲公司的扣缴义务已发生。

根据36号文附件1第三十八条、第二十条的规定,销售额以人民币计算,纳税人按照人民币以外的货币结算销售额的,应当折合成人民币计算,折合率可以选择销售额发生的当天或者当月1日的人民币汇率中间价,纳税人应当在事先确定采用何种折合率,确定后12个月内不得变更。扣缴义务人按照下列公式计算应扣缴税额:应扣缴税额=购买方支付的价款÷(1+税率)×税率。案例中,外国设计公司和甲公司合同约定以美元为结算货币,甲公司在计算应扣缴税额时,应换算为人民币计算,如果合同约定了以销售额发生当月1日的人民币汇率中间价换算的,遵照合同的约定;如果合同没有约定,就以销售额发生当天的人民币汇率中间价换算。

根据36号文附件1第二十五条、第二十六条的规定,从境外单位购进服务,自税务机关取得的解缴税款的完税凭证上注明的增值税额,准予从销项税额中抵扣。纳税人凭完税凭证抵扣进项税额的,应当具备书面合同、付款证明和境外单位的对账单或者发票。资料不全的,其进项税额不得从销项税额中抵扣。案例中,甲公司从税务机关取得的完税凭证,所注明的增值税额可以抵扣销项税额,但应当具备书面合同、付款证明和境外单位的对账单或者发票。如果资料不全,其进项税额就不得从销项税额中抵扣。

(二) 城市维护建设税、教育费附加及地方教育附加

根据《国务院关于统一内外资企业和个人城市维护建设税和教育费附加制度的通知》(国发〔2010〕35号)规定,自2010年12月1日起,外商投资企业、外国企业及外籍个人均应按规定缴纳城建税和教育费附加。

根据《中华人民共和国城市维护建设税暂行条例》第二条、第三条、第五条规定,凡缴纳增值税的单位和个人,都应当依照规定缴纳城建税,以纳税人实际缴纳的增值税税额为计税依据,与增值税同时缴纳。城建税的征收、管理、纳税环节等事项,比照增值税的有关规定办理。

根据《国务院办公厅对〈中华人民共和国城市维护建设税暂行条例〉第五条的解释的复函》(国办函〔2004〕23号)和《国家税务总局关于转发国务院办公厅对〈中华人民共和国城市维护建设税暂行条例〉第五条的解释的复函的通知》(国税函〔2004〕420号)的规定,《城建税暂行条例》第五条中的"征收、管理",包括城建税的代扣代缴,一律比照增值税的有关规定办理。

基于以上规定,我们认为,增值税的代扣代缴义务人同时也是城建税的代扣代缴义务人。至于增值税的扣缴义务人在扣缴境外单位或个人增值税的同时,是否应扣缴教育费附加及地方教育附加,还有待政策进行明确。笔者认为增值税扣缴义务人在扣缴增值税时,既然扣缴了城市维护建设税,也应扣缴教育费附加及地方教育附加似乎更加合理点,否则就有"厚此薄彼"之嫌了。案例中,甲房地产公司在扣缴外国设计公司的增值税时,应扣缴城市维护建设税、教育费附加和地方教育附加。

(三) 企业所得税

《企业所得税法》第三条第二款规定,非居民企业在中国境内设立机构、场所的,应当就其所设机构、场所取得的来源于中国境内的所得,以及发生在中国境外但与其所设机构、场所有实际联系的所得,缴纳企业所得税。第三款规定,非居民企业在中国境内未设立机构、场所的,或者虽设立机构、场所但取得的所得与其所设机构、场所没有实际联系的,应当就其来源于中国境内的所得缴纳企业所得税。

根据《企业所得税法实施条例》第七条的规定，企业所得税法第三条所称来源于中国境内、境外的所得，提供劳务所得的，按照劳务发生地确定。

根据《企业所得税法》第三十七条的规定，对非居民企业取得本法第三条第三款规定的所得应缴纳的所得税，实行源泉扣缴，以支付人为扣缴义务人。税款由扣缴义务人在每次支付或者到期应支付时，从支付或者到期应支付的款项中扣缴。

根据《企业所得税法实施条例》第九十一条规定，非居民企业取得企业所得税法第三条第三款规定的所得，减按10%的税率征收企业所得税。

根据《国家税务总局关于营业税改征增值税试点中非居民企业缴纳企业所得税有关问题的公告》（国家税务总局公告2013年第9号）的规定，营业税改征增值税试点中的非居民企业，取得《中华人民共和国企业所得税法》第三条第三款规定的所得，在计算缴纳企业所得税时，应以不含增值税的收入全额作为应纳税所得额。

根据以上规定，如果外国设计公司完全在外国境内完成设计任务，即提供劳务所得的发生地在外国，其取得中国境内甲公司支付的所得，属于境外所得，在中国不存在企业所得税纳税义务。而案例中，外国设计公司派了3名设计师到甲公司连续工作了120天，才完成了设计任务，劳务发生地在中国。因此，外国设计公司在中国发生了企业所得税纳税义务，税率为10%，甲公司作为支付人，具有扣缴义务人的义务，在计算扣缴外国设计公司的应纳企业所得税时，应以不含增值税的收入全额作为应纳税所得额。

此外，我们还需要考虑税收协定的相关规定，考察非居民纳税人能否适用协定待遇，即按照税收协定可以减轻或者免除按照国内税收法律规定应当履行的企业所得税纳税义务。可见，税收协定在税收实务中起着"税盾"的作用。

根据《国家税务总局关于税收协定执行若干问题的公告》（国家税务总局公告2018年第11号）的规定，常设机构条款中关于劳务活动构成常设机构的表述为"在任何十二个月中连续或累计超过六个月"的，按照"在任何十二个月中连续或累计超过183天"的表述执行。案例中，如果外国设计公司3名设计师来甲公司连续工作210天，则在中国构成常设机构，基本税率为25%。

二、扣缴税款的计算方法

案例中,外国设计公司在中国境内的所有税收均由境内甲公司负担,外国设计公司取得的 10 万美元设计费不含任何税收,因此需要先确定含税金额,然后再按规定计算应扣缴的各项税收。

假设境外设计公司取得含税金额为 A,不含税金额(这里的不含税金额是指不含增值税、城市维护建设税、教育费附加、地方教育费附加和企业所得税)为 B,根据案例资料,计算如下:

增值税 = A ÷ (1 + 6%) × 6%

城市维护建设税 = A ÷ (1 + 6%) × 6% × 7%

教育费附加 = A ÷ (1 + 6%) × 6% × 3%

地方教育费附加 = A ÷ (1 + 6%) × 6% × 2%

企业所得税 = [A − A ÷ (1 + 6%) × 6% − A ÷ (1 + 6%) × 6% × 12%] × 30% × 10%

因为"A − 增值税 − 城市维护建设税 − 教育费附加 − 地方教育费附加 − 企业所得税 = B",将上述增值税、城市维护建设税、教育费附加、地方教育费附加和企业所得税的计算公式代入,整理后得:

A = B × (1 + 6%) ÷ [(1 − 30% × 10%) × (1 − 12% × 6%)]

A = 10 × 6 × (1 + 6%) ÷ (0.97 × 0.9928)

A = 63.6 ÷ 0.963016

A = 66.0425164(万元)

则:

增值税 = 66.0425164 ÷ (1 + 6%) × 6% = 3.73825565(万元)

城市维护建设税、教育费附加、地方教育费附加 = 0.448590678(万元)

企业所得税 = 61.8556701 × 30% × 10% = 1.8556701(万元)

验算:66.0425164 − 3.73825565 − 0.448590678 − 1.8556701 = 60(万元)

通过以上分析,甲房地产公司须扣缴外国设计公司的增值税 3.73825565 万元,城市维护建设税、教育费附加、地方教育费附加 0.448590678 万元,企业所得税 1.8556701 万元。

33. 房地产企业转让股权的所得税筹划分析

房地产企业转让股权涉及大额的企业所得税，有必要进行税收筹划。根据已有的研究文献，筹划的主要方法梳理如下。

一、合法延迟缴纳税款

根据《国家税务总局关于贯彻落实企业所得税法若干税收问题的通知》（国税函〔2010〕79号）的规定，企业转让股权收入，应于转让协议生效，且完成股权变更手续时，确认收入的实现。可见，要确认股权转让收入要满足两个条件：协议生效、股权变更手续完成。由此，在分期收到股权转让款的情况下，收到最好一笔股权转让款时才进行股权变更，可以合法延迟缴纳税款。

【案例1】房地产公司A于2015年1月1日和房地产B公司为开发某个房地产项目，共同投资1000万元建立甲房地产公司，其中A公司投资300万元，占股30%；B公司投资700万元，占股70%。2017年1月1日，A公司转让甲公司30%的股权给C公司，当日甲公司资产负债表情况为：资产总计5000万元，负债总计2000万元，所有者权益总计3000万元，其中，实收资本1000万元，未分配利润1500万元，盈余公积500万元。为便于案例分析，假设被投资企业资产、负债的账面价值与公允价值相同，不考虑股权转让过程中涉及的其他相关税费。假设2017年1月1日双方签订合同，C公司支付首付款 600 万元，合同生效；2018 年 1 月 1 日，C 公司支付第二笔购股款 300 万元。

对于 A 房地产公司来说，可以选择在 2018 年 1 月 1 日于 C 公司签订股权变更手续，合法延迟缴纳企业所得税义务。否则，如果 2017 年 1 月 1 日合同生效日双方签订股权变更手续，A 公司就于当日产生了纳税义务。

二、先分配利润再转入股权

《国家税务总局关于贯彻落实企业所得税法若干税收问题的通知》（国税函〔2010〕79 号）第三条规定，企业转让股权收入，应于转让协议生效，且完成股权变更手续时，确认收入的实现。转让股权收入扣除为取得该股权所发生的成本后，为股权转让所得。企业在计算股权转让所得时，不得扣除被投资企业未分配利润等股东留存收益中按该项股权所可能分配的金额。

《企业所得税法》第二十六条第（二）项规定，符合条件的居民企业之间的股息、红利等权益性投资收益，为免税收入。《企业所得税法实施条例》第八十三条规定，企业所得税法第二十六条第（二）项所称符合条件的居民企业之间的股息、红利等权益性投资收益，是指居民企业直接投资于其他居民企业取得的投资收益。

【案例 2】接案例 1，如果 A 直接转让股权，2017 年 1 月 1 日双方签订合同并办理了股权变更手续，收到股权转让款 900 万元。如果 A、B 协商决定先分配利润 1500 万元，A 获得 450 万元的股息，然后 A 再转让股权，股权转让价款为 450〔（3000 − 1500）× 30%〕万元。

在直接转让股权情况下，即按 A 公司持股比例对应的净资产份额转让，A 公司股权转让所得 = 900 − 300 = 600 万元，应交所得税 = 600 × 25% = 150 万元。

在先分配利润再转让股权的情况下，A 公司获得的股息所得 450（1500 × 30%）万元，根据上面规定为免税收入。然后，转让股权所得 = 450 − 300 = 150 万元，应交所得税 = 150 × 25% = 37.5 万元。

可见，在先分配利润再转让股权的情况下，缴纳的企业所得税节省了 112.5 万元。

三、先转增资本再转让股权

《公司法》第一百六十八条规定，公司的公积金用于弥补公司的亏损、扩大公司生产经营或者转为增加公司资本。但是，资本公积金不得用于弥补公司的亏损。法定公积金转为资本时，所留存的该项公积金不得少于转增前公司注册资本的百分之二十五。

《公司法》对未分配利润转增资本没有限额，因此，可以把未分配利润全额转增资本。

在案例2中，甲公司盈余公积转增资本的金额为250〔500－1000×25％〕万元，未分配利润1500万元也转增资本，实收资本变为2750万元，A公司享有份额825（2750×30％）万元。

以未分配利润和盈余公积转增资本，相当于把未分配利润和盈余公积分配给了投资企业，然后，投资企业再拿分配的金额增加实收资本。根据《企业所得税法》第二十六条第（二）项规定，此行为免税。

由于甲公司的所有者权益还是3000万元，不影响股权价款，A公司30％的股权作价仍然为900（3000×30％）万元，股权转让所得＝900－825＝75万元，应交所得税＝75×25％＝18.75万元。与直接转让股权相比节省所得税131.25（150－18.75）万元。

四、撤回投资方式

《国家税务总局关于企业所得税若干问题的公告》（国家税务总局公告2011年第34号）第五条规定，投资企业从被投资企业撤回或减少投资，其取得的资产中，相当于初始出资的部分，应确认为投资收回；相当于被投资企业累计未分配利润和累计盈余公积按减少实收资本比例计算的部分，应确认为股息所得；其余部分确认为投资资产转让所得。

在案例2中，A公司作为甲企业的股东，可以先撤资，然后C公司再进入甲公司。A公司撤资收回900万元，其中300万元属于投资成本，其余600

[(1500+500)×30%]万元属于股息所得,不要缴纳企业所得税。与直接转让股权相比节省所得税 150 万元。

五、先划转股权,再转让

根据《关于促进企业重组有关企业所得税处理问题的通知》(财税〔2014〕109 号)、《国家税务总局关于资产(股权)划转企业所得税征管问题的公告》(国家税务总局公告 2015 年第 40 号)的规定,对 100% 直接控制的居民企业之间,以及受同一或相同多家居民企业 100% 直接控制的居民企业之间按账面净值划转股权或资产,凡具有合理商业目的、不以减少、免除或者推迟缴纳税款为主要目的,股权或资产划转后连续 12 个月内不改变被划转股权或资产原来实质性经营活动,且划出方企业和划入方企业均未在会计上确认损益的,可以选择特殊性税务处理。即:第一,划出方企业和划入方企业均不确认所得。第二,划入方企业取得被划转股权或资产的计税基础,以被划转股权或资产的原账面净值确定。第三,划入方企业取得的被划转资产,应按其原账面净值计算折旧扣除。

据此,如果集团公司内存在对外转让股权行为,可以提前布局,把要转让的股权划转到合适的主体持有,以利集团总体税负最小。例如,在案例 2 中,A 公司可以把持有的甲公司股权按照以上政策规定的划转路径转让给属于同一集团内的亏损企业,就可以使集团税负减轻。当然,要至少提前 12 个月根据集团架构和经营特征进行布局,避免恶意税收筹划的临时操作。

综上所述,仅仅给予了房地产企业转让股权的思考方向,具体实操还须考虑相关法规的具体规定和企业的实际情况。

34.

房地产企业转让土地使用权的财税处理分析

房地产企业经常发生转让土地使用权的行为,税务和会计如何处理需要我们加以关注,本文对此进行梳理和分析。

一、税务处理

(一) 增值税

1. 适用税目。

根据《财政部、国家税务总局关于全面推开营业税改征增值税试点的通知》(财税〔2016〕36号)附件1《营业税改征增值税试点实施办法》的规定,销售无形资产,是指转让无形资产所有权或者使用权的业务活动。无形资产,是指不具实物形态,但能带来经济利益的资产,包括技术、商标、著作权、商誉、自然资源使用权和其他权益性无形资产。自然资源使用权,包括土地使用权、海域使用权、探矿权、采矿权、取水权和其他自然资源使用权。转让建筑物有限产权或者永久使用权的,转让在建的建筑物或者构筑物所有权的,以及在转让建筑物或者构筑物时一并转让其所占土地的使用权的,按照销售不动产缴纳增值税。

根据以上规定,纳税人单纯转让土地使用权按照销售无形资产征税;在转让建筑物或者构筑物时一并转让其所占土地的使用权的,按照销售不动产缴纳增值税。

2. 计税方法。

对于一般纳税人来说，转让2016年4月30日前取得的土地使用权，可选择按差额适用5%征收率计算增值税，也可选择按全额适用11%（2018年5月1日起改为10%）税率计算销项税额；转让2016年4月30日后取得的土地使用权，一般纳税人应按一般计税方法，按全额适用11%（2018年5月1日起改为10%）税率计算增值税销项税额。

对于小规模纳税人来说，转让2016年4月30日前取得的土地使用权，小规模纳税人可选择差额适用5%征收率计算增值税，也可选择按全额适用3%征收率计算增值税；转让2016年4月30日后取得的土地使用权，小规模应按全额适用3%征收率计算增值税。

【案例1】某房地产企业（一般纳税人）于2018年8月转让其2015年6月取得的土地使用权，土地转让收入8000万元，取得土地使用权成本4000万元，增值税如何计算？

（1）选择简易计税方法。

应缴增值税 = (8000 − 4000) ÷ (1 + 5%) × 5% = 190（万元）

（2）选择一般计税方法。

增值税销项税额 = 8000 ÷ (1 + 10%) × 10% = 727（万元）

【案例2】某房地产企业（小规模纳税人）于2018年8月转让其2015年6月取得的土地使用权，土地转让收入8000万元，取得土地使用权成本4000万元，增值税如何计算？

（1）选择差额征税。

应缴增值税 = (8000 − 4000) ÷ (1 + 5%) × 5% = 190（万元）

（2）选择全额征税。

应缴增值税 = 8000 ÷ (1 + 3%) × 3% = 233（万元）

【案例3】某房地产企业（一般纳税人）于2018年8月转让其2016年6月取得的土地使用权，土地转让收入8000万元，取得土地使用权成本4000万元，增值税如何计算？

增值税销项税额 = 8000 ÷ (1 + 10%) × 10% = 727（万元）

【案例4】某房地产企业（小规模纳税人）于2018年8月转让其2016年6月取得的土地使用权，土地转让收入8000万元，取得土地使用权成本4000

万元，增值税如何计算？

应缴增值税 = 8000 ÷ (1 + 3%) × 3% = 233（万元）

3. 不征收增值税。

根据财税〔2016〕36 号附件 2《营业税改征增值税试点有关事项的规定》，在资产重组过程中，通过合并、分立、出售、置换等方式，将全部或者部分实物资产以及与其相关联的债权、负债和劳动力一并转让给其他单位和个人，其中涉及的不动产、土地使用权转让行为，不征收增值税。根据《关于"营改增"试点若干征管问题的公告》（国家税务总局公告 2016 年第 53 号）的规定，《商品和服务税收分类与编码（试行）》中的分类编码增加"未发生销售行为的不征税项目"，用于纳税人收取款项但未发生销售货物、应税劳务、服务、无形资产或不动产的情形。"未发生销售行为的不征税项目"下设 608"资产重组涉及的土地使用权"。综上所述，简述之即房地产企业资产重组涉及的土地使用权转让不征增值税，可以开具增值税普通发票。

（二）印花税

根据《财政部、国家税务总局关于印花税若干政策的通知》（财税〔2006〕162 号）的规定，对土地使用权出让合同、土地使用权转让合同按产权转移书据征收印花税，按照所载金额的万分之五贴花。

需要注意的是，"营改增"后，若书据所载计税金额和增值税额分别注明的，则按书据所载计税金额作为计税依据；若书据所载计税金额包含增值税，以包含增值税的书据所载计税金额为计税依据，不作价税分离。

（三）土地增值税

根据《土地增值税暂行条例》第二条的规定，转让国有土地使用权并取得收入的单位和个人，为土地增值税的纳税义务人。

根据《土地增值税宣传提纲》（国税函发〔1995〕110 号）第六条第（一）、第（二）项的规定，对取得土地或房地产使用权后，未进行开发即转让的，计算其增值额时，只允许扣除取得土地使用权时支付的地价款，交纳的有关费用，以及在转让环节缴纳的税金；对取得土地使用权后投入资金，将生地变为熟地转让的，计算其增值额时，允许扣除取得土地使用权时支付的地价款、交纳的有关费用，和开发土地所需成本再加计开发成本的 20% 以及在转让环节缴纳的税金。

【案例5】某房地产企业（一般纳税人）于2018年8月转让其2016年6月取得的土地使用权，土地转让收入8000万元（含税），取得土地使用权成本4000万元，已发生土地开发成本1000万元，如何计算土地增值税？

土地增值税扣除项目金额 = 4000 + 1000 + 1000 × 20% + 8000 × 0.0005（印花税）+ 8000 ÷ (1 + 10%) × 10% × 12%（城市维护建设税、教育费附加、地方教育费附加） = 5291（万元）

增值额 = 8000 − 727 − 5291 = 1982（万元）

增值率 = 1982 ÷ 5291 = 37.5%

土地增值税 = 1982 × 30% = 595（万元）

（四）企业所得税

根据企业所得税法的相关规定，房地产企业转让土地使用权产生所得，需要交纳企业所得税。

二、会计处理

房地产企业转让土地使用权业务，一般在"营业外收入""营业外支出"科目核算转让土地使用权发生的收入和亏损。转让时，借记"银行存款""累计摊销""营业外支出"（产生亏损），贷记"无形资产""应交税费—应交增值税、应交印花税、土地增值税、应交城市维护建设税等""营业外收入"（产生盈利）。

35.

房地产企业租赁房产存在免租期的财税处理

房地产企业的自持物业租赁时,经常给予商户免租期的优惠,对此如何进行财税处理,有必要进行梳理分析。

一、房产税

《财政部、国家税务总局关于安置残疾人就业单位城镇土地使用税等政策的通知》(财税〔2010〕121号)第二条规定:"对出租房产,租赁双方签订的租赁合同约定有免收租金期限的,免收租金期间由产权所有人按照房产原值缴纳房产税。"房产原值是指纳税人按照会计制度规定,在账簿"固定资产"科目中记载的房屋原价。根据《中华人民共和国房产税暂行条例》(国发〔1986〕90号)第三条的规定:"房产税依照房产原值一次减除10%至30%后的余值计算缴纳。具体减除幅度,由省、自治区、直辖市人民政府规定。"

《关于"营改增"后契税房产税土地增值税个人所得税计税依据问题的通知》(财税〔2016〕43号)第二条规定:"房产出租的,计征房产税的租金收入不含增值税"。

【案例1】2018年1月1日甲房地公司出租写字楼给乙作为办公之用,甲"固定资产"科目记载的房屋价值5000万元。双方签订合同约定租期3年,每月租金20(不含增值税)万元,2018年1~3月为免租期,2018年4月1

日一次收取 2018 年的租金 180 万元，甲公司计算缴纳 2018 年房产税 21.6（180×12%）万元。

案例解析：甲公司 2018 年计算缴纳的房产税不正确。给予乙公司 3 个月的免租期甲也要计算缴纳房产税，按照房产原值进行计算：5000×（1－30%）×1.2%÷12×3＝10.5（万元）。因此，2018 年甲公司要缴纳房产税共计 32.1（21.6＋10.5）万元。通过案例计算可见，甲公司要避免在合同中使用"免租期"的字眼，否则会造成税负增加。甲公司在合同中应有"为了培育市场，租期的第一年每月租金 15 万元，第一年共计 180 万元；第二年租期每月租金 20 万元，第二年共计 240 万元；第三年租期每月租金 20 万元，第三年共计 240 万元"等类似条款，这样，虽然没有免租期和有免租期下所收到的租金总额都为 660 万元，但没有免租期下比有免租期下所缴纳的房产税减少了 10.5 万元。

二、增值税

《企业会计准则第 21 号——租赁》（新修订）第四十五条规定："在租赁期内各个期间，出租人应当采用直线法或其他系统合理的方法，将经营租赁的租赁收款额确认为租金收入。"

《国家税务总局关于土地价款扣除时间等增值税征管问题的公告》（国家税务总局公告 2016 年第 86 号）第七条规定："纳税人出租不动产，租赁合同中约定免租期的，不属于《营业税改征增值税试点实施办法》（财税〔2016〕36 号文件印发）第十四条规定的视同销售服务。"

根据《营业税改征增值税试点实施办法》（财税〔2016〕36 号附件 1）第四十五条的规定："租赁服务采取预收款方式的，其纳税义务发生时间为收到预收款的当天。"

根据以上规定，房地产企业出租商业房产时，如果采取预收款方式的，增值税纳税义务产生在收到预收款的当天，而按照会计准则的规定此时还没有确认租金收入。所以要注意采取预收款方式收取租金的情况下，增值税纳税义务发生时间不是确认收入时，而是在预收租金时。

【案例 2】 甲房地产公司（增值税一般纳税人）出租 2019 年建成的写字

楼（开工日期为 2018 年 8 月 1 日）给乙公司，合同租期为 2019 年 9 月 1 日至 2022 年 12 月 31 日，其中 2019 年 9 月 1 日至 2019 年 12 月 31 日为免租期。合同约定年租金 110（含税）万元，2019 年 9 月 1 日、2021 年 1 月 1 日和 2022 年 1 月 1 日分别收取租金 110 万元。

1. 2019 年账务处理。

（1）9 月 1 日。

借：银行存款　　　　　　　　　　　　　　　　　　　　110
　　贷：预收账款　　　　　　　　　　　　　　　　　　100
　　　　应交税费——应交增值税（销项税额）　　　　　 10

（2）按照会计准则要确认收入，每月收入 = 110 × 3 ÷ (1 + 10%) ÷ 40 = 7.5（万元）。

借：预收账款　　　　　　　　　　　　　　　　　　　　7.5
　　贷：其他业务收入　　　　　　　　　　　　　　　　7.5

2. 2020 年。

借：预收账款　　　　　　　　　　　　　　　　　　　　7.5
　　贷：其他业务收入　　　　　　　　　　　　　　　　7.5

3. 2021 年。

（1）1 月 1 日。

借：银行存款　　　　　　　　　　　　　　　　　　　　110
　　贷：预收账款　　　　　　　　　　　　　　　　　　100
　　　　应交税费——应交增值税（销项税额）　　　　　 10

（2）每月确认收入。

借：预收账款　　　　　　　　　　　　　　　　　　　　7.5
　　贷：其他业务收入　　　　　　　　　　　　　　　　7.5

4. 2022 年。

（1）1 月 1 日。

借：银行存款　　　　　　　　　　　　　　　　　　　　110
　　贷：预收账款　　　　　　　　　　　　　　　　　　100
　　　　应交税费——应交增值税（销项税额）　　　　　 10

（2）每月确认收入。

借：预收账款　　　　　　　　　　　　　　　　　　　　7.5

贷：其他业务收入　　　　　　　　　　　　　　　　　　　　　　7.5

三、企业所得税

《国家税务总局关于贯彻落实企业所得税法若干税收问题的通知》（国税函〔2010〕79号）第一条"关于租金收入确认问题"规定："根据《实施条例》第十九条的规定，企业提供固定资产、包装物或者其他有形资产的使用权取得的租金收入，应按交易合同或协议规定的承租人应付租金的日期确认收入的实现。其中，如果交易合同或协议中规定租赁期限跨年度，且租金提前一次性支付的，根据《实施条例》第九条规定的收入与费用配比原则，出租人可对上述已确认的收入，在租赁期内，分期均匀计入相关年度收入。"按上述规定分析，提前一次性收到租赁期跨年度的租金收入，既可以按照合同或协议规定的应付租金日期确认收入，也可以在租赁期内，分期均匀计入相关年度收入。

与会计准则的规定相对比可见，提前收到的租金收入，如果在所得税上选择"在租赁期内，分期均匀计入相关年度收入"，税会不会产生差异；如果在所得税上选择按照在收取租金时一次性确认收入，则会产生税会差异。

【案例3】承接案例2，企业所得税上选择按照在收取租金时一次性确认收入。

案例解析：

1. 2019年会计上确认4个月免租期的收入30（7.5×4）万元，所得税收入为100万元，所得税收入－会计收入＝100－30＝70（万元）。

2. 2020年会计收入90万元，所得税收入为0，所得税收入－会计收入＝0－90＝－90（万元）。

3. 2021年会计收入90万元，所得税收入100万元，所得税收入－会计收入＝100－90＝10（万元）。

4. 2022年会计收入90万元，所得税收入100万元，所得税收入－会计收入＝100－90＝10（万元）。

可见，2019年纳税调增70万元，2020年纳税调减90万元，2021年纳税调增10万元，2022年纳税调增10万元。

35. 房地产企业租赁房产存在免租期的财税处理

以 2019 年为例，企业所得税汇算清缴时，填报如下：

行次	项 目	合同金额（交易金额）	账载金额		税收金额		纳税调整金额
			本年	累计	本年	累计	6 (4-2)
		1	2	3	4	5	
1	一、跨期收取的租金、利息、特许权使用费收入（2+3+4）	300.00	30.00	30.00	100.00	100.00	70.00
2	（一）租金	300.00	30.00	30.00	100.00	100.00	70.00

A105020 未按权责发生制确认收入纳税调整明细表

A105000　　　纳税调整项目明细表

行次	项 目	账载金额	税收金额	调增金额	调减金额
		1	2	3	4
1	一、收入类调整项目（2+3+…8+10+11）	*	*		
2	（一）视同销售收入（填写A105010）	*			*
3	（二）未按权责发生制原则确认的收入（填写A105020）	30	100	70	

36.

房地产信托投资基金的税务处理分析

一、房地产信托投资基金概述

(一) 房地产信托投资基金的定义

房地产投资信托基金（REITs），是以发行收益凭证或发行股票的方式汇集众多投资者的资金，由专业机构进行专注于房地产行业的投资经营管理，投资综合收益按比例分配股息或红利。

(二) 房地产信托投资基金的分类

1. 根据组织形式，REITs 可分为公司型和契约型两种。

公司型 REITs 以《公司法》为依据，通过发行 REITs 股份所筹集起来的资金用于投资房地产资产。REITs 具有独立的法人资格，面向不特定的广大投资者筹集基金份额，REITs 股份的持有人最终成为公司的股东，股东选举董事会进行基金的投资管理，最后将投资所得的收益以股息或红利的形式分配给投资者。其组织形式如下：

契约型 REITs 则以信托契约成立为依据，通过发行受益凭证筹集资金而投资于房地产资产。契约型 REITs 本身并非独立法人，仅仅属于一种资产，由基金管理公司发起设立，资产管理公司按照契约将受益凭证发放给投资者，

36. 房地产信托投资基金的税务处理分析

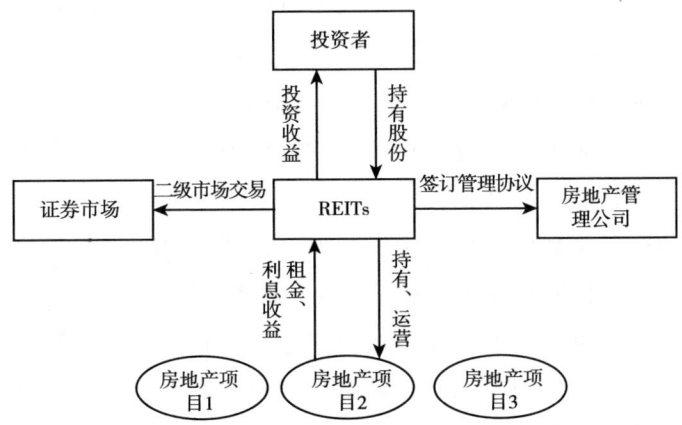

作为受托人接受委托对房地产进行投资，资产托管机构则负责保管信托资产，成为名义上的资产所有者。其组织形式如下：

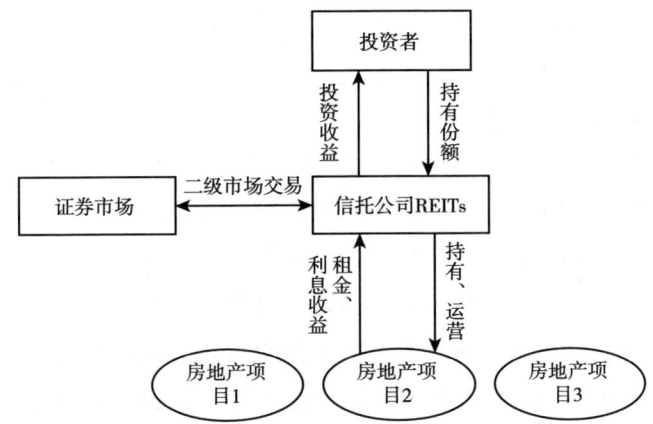

两者的主要区别在于设立的法律依据与运营的方式不同，契约型 REITs 比公司型 REITs 更具灵活性。公司型 REITs 在美国占主导地位，而在英国、日本、新加坡等地契约型 REITs 则较为普遍。

2. 根据投资形式的不同，REITs 通常可被分权益型、抵押型和混合型三类。

权益型 REITs 直接投资经营性房地产，包括酒店、写字楼、购物中心、仓储中心等，收益来源为租金及房地产升值。但是 REITs 与传统房地产公司的主要区别在于，REITs 主要目的是作为投资组合的一部分对房地产进行运营,而不是开发后进行转售。另外,从 REITs 的国际发展经验看,几乎所有 REITs 的经营模式都是收购已有商业地产并出租,靠租金回报投资者,因此,REITs 也并不同于一般意义上的房地产项目融资。

抵押型 REITs 是投资房地产抵押贷款或房地产抵押支持证券,其收益主要来源是房地产贷款的利息。

混合型 REITs 顾名思义是介于权益型与抵押型 REITs 之间的,其自身拥有部分物业产权的同时也在从事抵押贷款的服务。

市场上流通的 REITs 中绝大多数为权益型,而另两种类型的 REITs 所占比例不到 10%,并且权益型 REITs 能够提供更好的长期投资回报与更大的流动性,市场价格也更具有稳定性。

	权益型 REITs	抵押型 REITs
盈利模式	租金	利息
投资标的	商场、写字楼等商业物业	按揭贷款或 MBS
影响因素	商业地产行业和运营管理	利率
收益特征	有一定波动	较稳定
投资风险	较低	较低
可比标的	股票	债券

3. 根据运作方式的不同,有封闭型和开放型两种 REITs。

封闭型 REITs 的发行量在发行之初就被限制,不得任意追加发行新增的股份;而开放型 REITs 可以随时为了增加资金投资于新的不动产而追加发行新的股份,投资者也可以随时买入,不愿持有时也可随时赎回。封闭型 REITs 一般在证券交易所上市流通,投资者不想持有时可在二级市场市场上转让卖出。

4. 根据基金募集方式的不同,REITs 被分为公募型和私募型两类。

私募型 REITs 以非公开方式向特定投资者募集资金,募集对象是特定的,且不允许公开宣传,一般不上市交易。公募型 REITs 以公开发行的方式向社会公众投资者募集信托资金,发行时需要经过监管机构严格的审批,可以进行大量宣传。私募型 REITs 与公募 REITs 的主要区别在于:第一,投资对象方面,私募型基金一般面向资金规模较大的特定客户,而公募型基金则不定;第二,投资管理参与程度方面,私募型基金的投资者对于投资决策的影响力较大,而公募型基金的投资者则没有这种影响力;第三,在法律监管方面,私募型基金受到法律以及规范的限制相对较少,而公募型基金受到的法律限制和监管通常较多。

(三) 我国房地产信托投资基金的发展现状

目前，国内真正意义上的REITs还正处在探索的道路上，但已出现中信启航、中信苏宁等类REITs产品。类REITs产品的发展路径主要集中在三个方向：一是以证券投资基金为载体（主要是私募基金），通过投资不动产或不动产项目股权，发行基金份额，达到开展REITs目的；二是以资产支持专项计划为载体，以资产证券化的方式，通过结构化设计持有不动产权益或相应租金请求权，达到开展REITs的目的；三是采用双SPV的模式，达到开展REITs目的。例如，"新派公寓权益型房托资产支持专项计划""中联前海开源——保利地产租赁住房一号资产支持专项计划"就是采用这种模式。其架构如下：

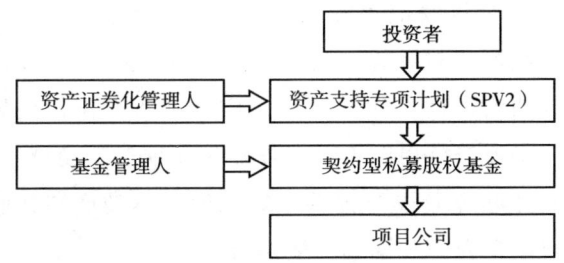

实际操作流程一般为：发行方将房地产目标资产划转至项目公司，然后发行方把持有的100%项目公司股权转让给私募股权基金，私募股权基金以其持有的目标资产作为未来REITs的投资标的，然后私募股权基金再向投资者发售或定向募集发行房地产投资信托受益凭证来筹集资金，并将房地产产生的租金收入等作为投资所得按一定比例分配给投资者。

以下主要按照这种双SPV结构进行论述。在此需要说明的是，我国REITs结构中已现公募基金的身影，但本文没有把公募基金纳入分析框架。

二、我国房地产信托投资基金的税务处理分析

（一）发起人资产置入项目公司环节

1. 增值税。

发起人将持有的资产转让给特殊目的公司（SPV），从而实现了风险隔

离,保护投资者利益。房地产企业作为发起人不管是把已持有的房产或新建的房产转让给项目公司,都需要交纳增值税。根据财税〔2016〕36 号文的规定,在资产重组过程中,通过合并、分立、出售、置换等方式,将全部或者部分实物资产以及与其相关联的债权、负债和劳动力一并转让给其他单位和个人,对涉及的不动产转让行为可免交增值税。因此,要实现增值税免交,必须在资产重组过程中,不动产的转让和劳动力以及债券、债务结合起来。

2. 企业所得税。

根据《财政部、国家税务总局关于非货币性资产投资企业所得税政策问题的通知》(财税〔2014〕116 号)的规定的,企业以非货币性资产对外投资,应对非货币性资产进行评估并按评估后的公允价值扣除计税基础后的余额,计算确认非货币性资产转让所得。企业以非货币性资产对外投资,应于投资协议生效并办理股权登记手续时,确认非货币性资产转让收入的实现。居民企业以非货币性资产对外投资确认的非货币性资产转让所得,可在不超过 5 年期限内,分期均匀计入相应年度的应纳税所得额,按规定计算缴纳企业所得税。因此,房地产公司以不动产投资设立项目,换取项目公司的股权,应于投资协议生效并办理股权登记手续时,确认不动产转让收入的实现,但可以在不超过 5 年期限内,分期均匀缴纳所得税。

根据《财政部、国家税务总局关于促进企业重组有关企业所得税处理问题的通知》(财税〔2014〕109 号)的规定,对 100% 直接控制的居民企业之间,以及受同一或相同多家居民企业 100% 直接控制的居民企业之间按账面净值划转股权或资产,凡具有合理商业目的、不以减少、免除或者推迟缴纳税款为主要目的,股权或资产划转后连续 12 个月内不改变被划转股权或资产原来实质性经营活动,且划出方企业和划入方企业均未在会计上确认损益的,可以进行特殊性税务处理。根据《国家税务总局关于资产(股权)划转企业所得税征管问题的公告》(国家税务总局公告 2015 年第 40 号)的规定,100% 直接控制的母子公司之间,母公司向子公司按账面净值划转其持有的股权或资产,母公司获得子公司 100% 的股权支付。母公司按增加长期股权投资处理,子公司按接受投资(包括资本公积,下同)处理。母公司获得子公司股权的计税基础以划转股权或资产的原计税基础确定。据此,我们可以这样进行操作:发行人(房地产企业)先以少量现金设置 100% 控股的子公司,然后再把基础资产的房产划转至子公司,可按照特殊性方法进行税务处理,暂免征收企业所得税。项目公司取得不动产的计税基础就是不动产的原计税基础，有助于项目公司业绩的提升，更有助于基金、资产证券化产品的市场估值。

当然，我们也可以按照《财政部、国家税务总局关于企业重组业务企业所得税处理若干问题的通知》（财税〔2009〕59号）规定的特殊性税务处理条件，把基础资产通过分立的方式划至项目公司，也能达到暂免企业所得税的效果。

3. 土地增值税。

根据《中华人民共和国土地增值税暂行条例》及其实施细则的相关规定，发起人转让不动产需缴纳土地增值税。根据《财政部、税务总局关于继续实施企业改制重组有关土地增值税政策的通知》（财税〔2018〕57号）规定，在改制过程中，通过投资、资产划转或企业分立形式划至项目公司的不动产暂不征收土地增值税，但对房地产公司却不适用。

4. 契税。

根据契税的相关税务规定，发行人投资转入项目公司的土地使用权、房产，项目公司需要交纳契税。但按照《财政部、税务总局关于继续支持企业事业单位改制重组有关契税政策的通知》（财税〔2018〕17号）的规定，通过资产划转、公司分立等形式划至项目公司的土地、房屋，项目公司免征契税。

（二）发起人转让项目公司股权环节

发起人转让股权给SPV，REITs迈出关键一步。

1. 增值税。

发起人转让项目公司的股权给SPV，由于股权不属于金融商品，发起人不需缴纳增值税。

2. 企业所得税。

发起人转让项目公司的股权给SPV，一般都会产生溢价，发起人需要缴纳企业所得税。如果在12个月内转让股权，则也会破坏重组优惠的时间性方面的要求，发起人需要补交标的资产注入项目公司环节的所得税。

3. 土地增值税。

《国家税务总局关于以转让股权名义转让房地产行为征收土地增值税问题

的批复》(国税函〔2000〕687号)规定,鉴于深圳市能源集团有限公司和深圳能源投资股份有限公司一次性共同转让深圳能源(钦州)实业有限公司100%的股权,且这些以股权形式表现的资产主要是土地使用权、地上建筑物及附着物,经研究,对此应按土地增值税的规定征税。据此,发起人把项目公司100%的股权转让给SPV,而股权的价值主要体现的就是土地和房屋价值,有可能需要缴纳土地增值税。这里不讨论穿透股权至土地和房产征收土增税是否符合税法基本原理的问题,破解这道税可以从形式上进行,发行人不是100%转让项目公司股权而是留有一部分权益。

(三) 资产运营环节

1. 增值税。

项目公司通过发行人转让获得不动产,项目公司可以抵扣进项税额,第一年抵扣比例为60%,第二年抵扣比例为40%。如果通过发行人资产重组取得不动产,发行人免征增值税,不能开具增值税专用发票,项目公司无法抵扣。项目公司租赁不动产,租金收入要缴纳增值税。

根据《财政部、国家税务总局关于全面推开营业税改征增值税试点的通知》(财税〔2016〕36号)附件3《营业税改征增值税试点过渡政策的规定》规定,2018年12月31日前,公共租赁住房经营管理单位出租公共租赁住房取得的收入,免征增值税。

财税〔2016〕36号规定,以货币资金投资收取的固定利润或者保底利润,按照贷款服务缴纳增值税。《财政部、国家税务总局关于明确金融、房地产开发、教育辅助服务等增值税政策的通知》(财税〔2016〕140号)规定,金融商品持有期间(含到期)取得的非保本的上述收益,不属于利息或利息性质的收入,不征收增值税。纳税人购入基金、信托、理财产品等各类资产管理产品持有至到期,不属于《销售服务、无形资产、不动产注释》(财税〔2016〕36号)第一条第(五)项第4点所称的金融商品转让。基于这些条款规定,由于私募股权基金从项目公司获得的收入以及REITs结构中上层产品从下层产品中取得的收入,合同没有约定保本的,不征收增值税;投资者持有至到期的资产管理产品不需要缴纳增值税,通过交易所交易转让的金融商品,则需要缴纳增值税。

根据《财政部、税务总局关于资管产品增值税有关问题的通知》(财税

〔2017〕56号）的规定，资管产品管理人（以下称管理人）运营资管产品过程中发生的增值税应税行为，暂适用简易计税方法，按照3%的征收率缴纳增值税；管理人接受投资者委托或信托对受托资产提供的管理服务以及管理人发生的其他增值税应税行为（即资管产品运营以外的其他业务），按照现行规定缴纳增值税；管理人应分别核算资管产品运营业务和其他业务的销售额和增值税应纳税额，未分别核算的，资管产品运营业务不得适用3%的简易计税方法。

2. 企业所得税。

项目公司取得的租金、不动产处置等收入按规定需要缴纳企业所得税。

契约型私募股权投资基金本身并非独立法人，不用缴纳所得税，上层资产支持专项计划（SPV2）亦不是企业所得税的纳税主体，不用缴纳企业所得税，顶层的投资者自资产支持专项计划获得的投资收益需要交纳企业所得税；公司型股权投资基金本身是独立法人，其自项目公司获得的股息红利所得，可以适用《企业所得税法》第二十六条关于免税优惠的规定。同样，上层公司型股权投资基金自下层公司型股权投资基金获得的股息红利所得，也适用免税规定，顶层投资者自上层公司型股权投资基金获得的股息红利所得同样适用免税规定。

如果顶层投资者是个人，无论是资产支持专项计划或者是公司型股权投资基金股份，都应该按照财产转让所得计算缴纳个税。

3. 房产税。

根据《中华人民共和国房产税暂行条例》的规定，房产出租的，以房产租金收入为房产税的计税依据，税率为12%。因此，项目公司在出租房产时，需要缴纳房产税。考虑房产权属证书办理滞后于租金收入实现的问题，根据《国家税务总局关于房产税、城镇土地使用税有关政策规定的通知》（国税发〔2003〕89号）的规定，出租房产自交付出租房产之次月起计征房产税。

根据《财政部、国家税务总局关于廉租住房经济适用住房和住房租赁有关税收政策的通知》（财税〔2008〕24号）规定，对企事业单位、社会团体以及其他组织按市场价格向个人出租用于居住的住房，减按4%的税率征收房产税。根据《财政部、国家税务总局关于公共租赁住房税收优惠政策的通知》（财税〔2015〕139号）规定，对公共租赁住房免征房产税。如果项目公司适用，则从其规定。

4. 土地使用税。

项目公司持有的土地还要按照《城镇土地使用税暂行条例》等规定，计算缴纳土地使用税。

（四）项目退出环节

如果发行人回购项目公司的股权，REITs 就面临拆解，主要涉及的税收问题是私募股权基金的股权转让所得逐层分配如何缴纳所得税，这又回到了 REITs 结构中各层是否具有企业所得税纳税主体资格。前面已有所涉及，在此不再赘述。

需要提及的是，REITs 成立、登记、管理、服务、销售等环节还涉及印花税。

综上所述，目前 REITs 存在严重的重复征税问题，限制了我国 REITs 的发展；REITs 里面的税务问题复杂模糊，需要国家税务总局供应优质税收政策，加以澄清。

37.

房企"限地价竞配建"模式下保障房的财税处理分析

所谓"限地价竞配建"就是政府出让土地时,先限定地块的合理最高上限地价,在此基础上再看开发商竞投的保障房面积,谁竞投的面积大,谁就最终以最高限定地价拿到土地使用权。配建的保障房建成后,政府通常以成本价回购,或由开发商无偿移交,产权归地方政府所有。此模式下配建的保障房如何进行会计和税务处理,困扰着不少财务人员,本文拟谈点个人看法,仅供参考。

一、会计处理

实务中,房地产企业一般按照《国家税务总局关于印发〈房地产开发经营业务企业所得税处理办法〉的通知》(国税发〔2009〕31号)的要求进行会计核算,这样能避免过多的税会差异调整。

有的财务人员认为,根据国税发〔2009〕31号第十七条的规定,保障房应该属于配套设施,按以下规定进行处理:1.属于非营利性且产权属于全体业主的,或无偿赠与地方政府、公用事业单位的,可将其视为公共配套设施,其建造费用按公共配套设施费的有关规定进行处理。2.属于营利性的,或产权归企业所有的,或未明确产权归属的,或无偿赠与地方政府、公用事业单位以外其他单位的,应当单独核算其成本。除企业自用应按建造固定资产进行处理外,其他一律按建造开发产品进行处理。也就是保障房处理有两种情况：一是作为公共配套设施，成本通过二次分配计算归结到商品房的成本项目"公共配套设施"；二是作为独立成本对象，核算其成本。我们认为，保障房与一般意义上的"公共配套设施"有所不同，表现在保障房无论有偿还是无偿最后都要移交给政府，然后政府通过租或售给个人使用，与公共配套设施由公众使用不同，它本身还要承担其他公共配套设施的支出。因此，保障房应作为一个独立成本核算对象较符合实际。

也有财务人员认为，保障房是为了换取土地付出的代价，因此在取得土地时就应该按照保障房的预计公允价值（或建设成本）借计"开发成本—土地征用及拆迁费"，贷计"应付账款—某某政府机构—保障房"。但这样做可能会导致后期大量的税会差异调整。为了避免大量调整，也有财务人员在保障房实际移交时，按照政府收购价（或建设成本）计入土地成本，在保障房作为独立成本计算对象时，还要再分摊计入商品房和保障房的成本项目的"土地征用及拆迁费"，由此可导致商品房和保障房成本项目"土地征用及拆迁费"包括保障房的建设成本。这种分摊的结果是不是不易理解，且在增值税上，对于进入土地征用及拆迁费的保障房建设成本如何抵扣增值税销项税额，也不得而知。

据此，我们认为，商品房、保障房分别作为成本计算对象，按照实际支付的土地价款，分别按照保障房、商品房的占地面积计入"开发成本—土地征用及拆迁费"进行核算，其他前期工程费、基础设施建设费、建筑安装工程费和开发间接费按照通常方法和程序分配到商品房和保障房这两个成本计算对象。采用此种方法简单明了，条理比较清楚，容易理解。

【案例】2019年8月1日，房地产开发公司通过"限地价竞配建"拿到土地10万平方米（其中保障房占地1万平方米，商品房9万平方米），支付土地出让金40亿元，规划建筑面积40万平方米（其中配建的保障房房建筑面积4万平方米，商品房36万平方米），每平方建筑面积1万元。该保障房与商品房同时设计、同时施工、同时竣工验收，属于同一项目。其他相关数据省略。

支付土地价款时，按照实际支付的土地价款，不要包括预计的未来移交保障房的公允价值或建造成本，商品房、保障房分别作为独立的成本计算对象，做账如下：

1. 土地计入开发成本。

借：开发成本—土地征用及拆迁费（商品房）　　36

　　　　　—土地征用及拆迁费（保障房）　　　　　4
　　　贷：银行存款　　　　　　　　　　　　　　　40
2. 成本结转开发产品。
　　借：开发产品—商品房
　　　　　　　　—保障房
　　　贷：开发成本—土地征用及拆迁费
　　　　　　　　　—前期工程费
　　　　　　　　　—基础设施费
　　　　　　　　　—建筑安装工程费
　　　　　　　　　—开发间接费
3. 按成本价款或政府指定价款移交政府。
借：银行存款
　　贷：主营业务收入
　　　　　应交税费—应交增值税（销项税额）
借：主营业务成本
　　贷：开发产品
　　　　　土地抵减销项税额
借：应交税额—应交增值税（销项税额抵减）
　　贷：主营业务成本
4. 无偿移交政府。
借：营业外支出
　　　应交税费—应交增值税（销项税额抵扣）
　　贷：开发产品
　　　　　应交税费—应交增值税（销项税额）

二、税务处理

（一）政府按成本价回购保障房

保障房建成后，政府部门按照成本价（或指定价等相对市场价格，下同）

进行回购，房地产企业将保障房产权办理到房产管理局等政府部门。在此情况下，相当于政府按照保障房的成本价购买保障房，与保障房的市场价格相比，成本价确实低了点，但政府通过限地价已给予开发商利益补偿，可以认为按成本价交易是公平合理的价格。在按成本价进行回购的情况下，增值税、企业所得税和土地增值税的收入就是政府支付的不含税成本价，如支付回购价10900万元，房地产企业如果是一般纳税人，在采用一般计税方法下，增值税的销售额＝10900÷（1＋9%）＝10000（万元），企业所得税和土地增值税的收入也是10000万元。

（二）无偿移交保障房

房地产公司把保障房无偿移交给政府机构，涉及的主要税种有增值税、企业所得税、土地增值税和契税。

1. 增值税。

根据《财政部、国家税务总局关于全面推开营业税改征增值税试点的通知》（财税〔2016〕36号）规定，单位或者个人向其他单位或者个人无偿转让无形资产或者不动产（用于公益事业或者以社会公众为对象的除外），视同销售服务、无形资产或者不动产。"限地价竞配建"下保障房无偿移交给政府，不符合用于公益事业或者以社会公众为对象，要按视同销售进行税务处理。

在视同销售下，主管税务机关有权按照下列顺序确定销售额：（1）按照纳税人最近时期销售同类服务、无形资产或者不动产的平均价格确定。（2）按照其他纳税人最近时期销售同类服务、无形资产或者不动产的平均价格确定。（3）按照组成计税价格确定。组成计税价格的公式为：组成计税价格＝成本×（1＋成本利润率），成本利润率由国家税务总局确定。因此，房地产无偿移交保障房视同销售，可以按照自己最近时期销售同类保障房的平均价格、按照其他纳税人最近时期销售同类保障房的平均价格或者组成计税价格来计算增值税。

根据财税〔2016〕36号的规定，房地产开发企业中的一般纳税人销售其开发的房地产项目（选择简易计税方法的房地产老项目除外），以取得的全部价款和价外费用，扣除受让土地时向政府部门支付的土地价款后的余额为销售额。根据《关于明确金融、房地产开发、教育辅助服务等增值税政策的通知》（财税〔2016〕140号）的规定，"向政府部门支付的土地价款"包括土地受让人向政府部门支付的征地和拆迁补偿费用、土地前期开发费用和土地出让收益等。例如，房地产企业一般纳税人通过"限地价竞配建"拿地土地1万平方米，其中保障房占地0.1万平方米，每平方米地价为0.3万元，建房3万平方米，其中保障房0.3万平方米，无偿移交给政府0.3万平方米保障房给政府时，假如采用一般计税方法下，计算增值税销项税额可以扣除地价款300万元。

2. 企业所得税。

根据国税发〔2009〕31号的规定，企业将开发产品用于捐赠、赞助、职工福利、奖励、对外投资、分配给股东或投资人、抵偿债务、换取其他企事业单位和个人的非货币性资产等行为，应视同销售，于开发产品所有权或使用权转移，或于实际取得利益权利时确认收入（或利润）的实现。确认收入（或利润）的方法和顺序为：（1）按本企业近期或本年度最近月份同类开发产品市场销售价格确定；（2）由主管税务机关参照当地同类开发产品市场公允价值确定；（3）按开发产品的成本利润率确定。开发产品的成本利润率不得低于15%，具体比例由主管税务机关确定。据此，房地产企业无偿移交保障房给政府，是为了换取土地，在所得税上应视同销售。需要提及的是，在保障房作为独立成本计算对象下，与保障房作为"公共配套设施"分摊计入商品房的成本项目"公共配套设施费"下，企业所得税金额不会受到多大影响。

3. 土地增值税。

根据《国家税务总局关于房地产开发企业土地增值税清算管理有关问题的通知》（国税发〔2006〕187号）的规定，房地产开发企业将开发产品用于职工福利、奖励、对外投资、分配给股东或投资人、抵偿债务、换取其他单位和个人的非货币性资产等，发生所有权转移时应视同销售房地产，其收入按下列方法和顺序确认：按本企业在同一地区、同一年度销售的同类房地产的平均价格确定；由主管税务机关参照当地当年、同类房地产的市场价格或评估价值确定。据此，房地产企业用保障房换取土地，在土地增值税上应视同销售，缴纳土地增值税。

需要提及的是，有人认为如果把保障房的公允价值（或成本）摊入"开发成本—土地征用及拆迁补偿费"，就抬高了商品房的成本，商品房的土地增值税就会减少，可能对企业更为有利。其实如果把保障房和商品房作为一个土地增值税清算对象的话,保障房的所有成本也都能扣除,土地增值税和前面核算产生的土增税基本一样。当然,如果按成本计算对象作为土地增值税的清算对象,会导致商品房土地增值税税负升高。

4. 契税。

根据《中华人民共和国契税暂行条例细则》的规定,成交价格是指土地、房屋权属转移合同确定的价格,包括承受者应交付的货币、实物、无形资产或者其他经济利益。有税务机关认为,"限地价竞配建"下企业拿的地比"招拍挂"下出价高者得地要便宜,而保障房无偿移交是为了换取土地支付的代价,因此,应该把保障房的建设成本也作为计征契税的依据。也有的税务机关不需要把保障房的建设成本作为契税的计税依据。具体处理业务时,需咨询当地税务机关的意见。

根据以上分析,"限地价竞配建"模式下保障房的会计和税务处理,目前还存在许多问题,期待财税机关予以明确。

38. 房企一般纳税人增值税纳税申报填写案例

【案例】某房地产企业,为增值税一般纳税人,2018年5月发生下列业务:

1. 销售自行开发的适用一般计税方法房地产取得收入4400万元(含税),开具增值税专用发票,对应土地价款1100万元;

2. 销售自行开发的适用简易计税方法的房产,取得收入1050万元(含税),开具增值税普通发票;

3. 当期收取预收款110万元,适用于一般计税项目,向购房方开具增值税普通发票;

4. 购买电梯一部,用于建设中的房地产项目,取得增值税专用发票(1份),票面金额100万元,税额16万元;

5. 向地产项目建设方支付建筑款103万元,该项目采用简易计税方法,取得增值税专用发票(1份),票面金额100万元,税额3万元;

6. 支付前期工程费用2200万元(含税),增值税专用发票(1份)上注明税额200万元;

7. 支付公司税务咨询费42.4万元(含税),取得增值税专用发票(1份)上注明税额2.4万元,购买办公用品58万元(含税),取得增值税专用发票(1份)上注明税额8万元;

8. 购进白酒一箱用于宴请,取得增值税专用发票1份,票面金额0.2万元,税额0.032万元;

9. 企业支付税控设备0.116万元,取得增值税专用发票1份。

上述业务取得的增值税专用发票均已认证相符。

一、会计核算

1. 业务1。

借：银行存款 4400
　　贷：主营业务收入 4000
　　　　应交税费—应交增值税（销项税额） 400
借：应交税费—应交增值税（销项税额抵减） 100
　　1100÷（1＋10%）×10%
　　贷：主营业务成本 100

2. 业务2。

借：银行存款 1050
　　贷：主营业务收入 1000
　　　　应交税费—简易计税 50

3. 业务3。

借：银行存款 110
　　贷：预收账款 110
借：应交税费—预计增值税 3
　　110÷（1＋10%）×3%
　　贷：银行存款 3

4. 业务4。

借：开发成本—建筑安装工程费 100
　　应交税费—应交增值税（进项税额） 16
　　贷：银行存款 116

5. 业务5。

借：开发成本—建筑安装工程费 100
　　应交税费—应交增值税 3
　　贷：银行存款 103

6. 业务6。

借：开发成本—前期工程费		2000
应交税费—应交增值税（进项税额）		200
贷：银行存款		2200

7. 业务7。

借：管理费用—税务咨询		40
—办公费		50
应交税费—应交增值税（进项税额）		10.4
贷：银行存款		100.4

8. 业务8。

借：管理费用—业务招待费		0.232
贷：银行存款		0.232

9. 业务9。

借：管理费用		0.116
贷：银行存款		0.116
借：应交税费—应交增值税（减免税款）		0.116
贷：管理费用		0.116

二、2018年6月增值税申报表填写分析如下：

（一）填写附表1《本期销售情况明细表》

根据业务1、业务2填写如下。

（二）填写附表2《本期进项税额明细》

根据业务4、业务5、业务6、业务7中，取得的专用发票本期认证相符且按规定允许抵扣进项税额，按取得专用发票的份数、金额、税额合计填写附表2"一、申报抵扣的进项税额"第1、第2栏。金额合计为：100 + 100 + 2000 + 90 = 2290万元，进项税额为16 + 3 + 200 + 10.4 = 229.4万元。

业务8纳税人交际应酬属于个人消费，其增值税进项税额不得抵扣，因购进时即确定不能抵扣，则不应填写附表二"一、申报抵扣的进项税额"相

附件1

增值税纳税申报表附列资料（一）
（本期销售情况明细）

纳税人名称：（公章）　　税款所属时间：　年　月　日至　年　月　日　　金额单位：万元

项目及栏次			开具增值税专用发票		开具其他发票		未开具发票		纳税检查调整		合计			服务、不动产和无形资产扣除项目本期实际扣除金额	扣除后	
			销售额	销项(应纳)税额	销售额	销项(应纳)税额	销售额	销项(应纳)税额	销售额	销项(应纳)税额	销售额	销项(应纳)税额	价税合计		含税(免税)销售额	销项(应纳)税额
			1	2	3	4	5	6	7	8	9=1+3+5+7	10=2+4+6+8	11=9+10	12	13=11-12	14=13÷(100%+税率或征收率)×税率或征收率
一、一般计税方法计税	全部征税项目	16%税率的货物及加工修理修配劳务 1												—	—	—
		16%税率的服务、不动产和无形资产 2												—	—	—
		13%税率 3	—	—										—	—	—
		10%税率的货物及加工修理修配劳务 4a												—	—	—
		10%税率的服务、不动产和无形资产 4b	4000	400							4000	400	4400	1100	3300	300
		6%税率 5												—	—	—
	其中：即征即退项目	即征即退货物及加工修理修配劳务 6												—	—	—
		即征即退服务、不动产和无形资产 7												—	—	—
二、简易计税方法计税	全部征税项目	6%征收率 8												—	—	—
		5%征收率的货物及加工修理修配劳务 9a												—	—	—
		5%征收率的服务、不动产和无形资产 9b			1000	50					1000	50	1050	0	1050	50
		4%征收率 10												—	—	—
		3%征收率的货物及加工修理修配劳务 11												—	—	—
		3%征收率的服务、不动产和无形资产 12												—	—	—
		预征率　% 13a														
		预征率　% 13b														
		预征率　% 13c														
	其中：即征即退项目	即征即退货物及加工修理修配劳务 14	—	—	—	—	—	—	—	—	—	—	—			
		即征即退服务、不动产和无形资产 15	—	—	—	—	—	—	—	—	—	—	—			

关栏次，而应填写"三、待抵扣进项税额"相关栏次，因此，将业务8进项填入第26栏、第27栏、第28栏。

业务9购进税控设备，可以全额抵减增值税税款，不得作为扣税凭证再抵扣进项税额，不应填写附表二"一、申报抵扣的进项税额"相关栏次，而应填写"三、待抵扣进项税额"相关栏次，因此，将业务9进项填入第26栏、第27栏、第28栏。

本期所有认证相符的专用发票，不论是否申报抵扣进项税额，均应填写第35栏。

具体填写如下。

（三）填写附表3《服务、不动产和无形资产扣除项目明细》

在业务1中，该企业适用一般计税方法销售房产，取得全部收入4400万，其中允许扣除对应的土地出让金价款1100万元，在填写完附表1后将扣除情况填写在附表3中。

38. 房企一般纳税人增值税纳税申报填写案例

附件2

增值税纳税申报表附列资料（二）
（本期进项税额明细）

税款所属时间：　年　月　日至　年　月　日

纳税人名称：（公章）　　　　　　　　　　　　　　　　　　　　　　　金额单位：万元

一、申报抵扣的进项税额

项目	栏次	份数	金额	税额
（一）认证相符的增值税专用发票	1=2+3	5	2290	229.4
其中：本期认证相符且本期申报抵扣	2	5	2290	229.4
前期认证相符且本期申报抵扣	3			
（二）其他扣税凭证	4=5+6+7+8a+8b			
其中：海关进口增值税专用缴款书	5			
农产品收购发票或者销售发票	6			
代扣代缴税收缴款凭证	7		——	
加计扣除农产品进项税额	8a		——	
其他	8b			
（三）本期用于购建不动产的扣税凭证	9			
（四）本期不动产允许抵扣进项税额	10		——	
（五）外贸企业进项税额抵扣证明	11		——	
当期申报抵扣进项税额合计	12=1+4-9+10+11	5	2290	229.4

二、进项税额转出额

项目	栏次	税额
本期进项税额转出额	13=14至23之和	
其中：免税项目用	14	
集体福利、个人消费	15	
非正常损失	16	
简易计税方法征税项目用	17	
免抵退税办法不得抵扣的进项税额	18	
纳税检查调减进项税额	19	
红字专用发票信息表注明的进项税额	20	
上期留抵税额抵减欠税	21	
上期留抵税额退税	22	
其他应作进项税额转出的情形	23	

三、待抵扣进项税额

项目	栏次	份数	金额	税额
（一）认证相符的增值税专用发票	24		——	——
期初已认证相符但未申报抵扣	25			
本期认证相符且本期未申报抵扣	26	2	0.3	0.048
期末已认证相符但未申报抵扣	27	2	0.3	0.048
其中：按照税法规定不允许抵扣	28	2	0.3	0.048
（二）其他扣税凭证	29=30至33之和			
其中：海关进口增值税专用缴款书	30			
农产品收购发票或者销售发票	31			
代扣代缴税收缴款凭证	32		——	
其他	33			
	34			

四、其他

项目	栏次	份数	金额	税额
本期认证相符的增值税专用发票	35	7	2290.3	229.448
代扣代缴税额	36			

增值税纳税申报表附列资料（三）
（服务、不动产和无形资产扣除项目明细）

税款所属时间： 年 月 日至 年 月 日

纳税人名称：（公章）　　　　　　　　　　　　　　　　　　　金额单位：万元

项目及栏次		本期服务、不动产和无形资产价税合计额（免税销售额）	服务、不动产和无形资产扣除项目				
			期初余额	本期发生额	本期应扣除金额	本期实际扣除金额	期末余额
		1	2	3	4=2+3	5(5≤1且5≤4)	6=4-5
16%税率的项目	1						
10%税率的项目	2	4400	0	1100	1100	1100	0

（四）填写附表4《税额抵减情况表》

业务9购进税控设备全额抵减增值税填写在本表第1栏。

在业务3中，纳税人收取预收款已预缴税额3万元，填入附表4（税额抵减情况表）第4栏。

增值税纳税申报表附列资料（四）
（税额抵减情况表）

税款所属时间： 年 月 日至 年 月 日

纳税人名称：（公章）　　　　　　　　　　　　　　　　　　　金额单位：万元

序号	抵减项目	期初余额	本期发生额	本期应抵减税额	本期实际抵减税额	期末余额
		1	2	3=1+2	4≤3	5=3-4
1	增值税税控系统专用设备费及技术维护费	0	0.116	0.116	0.116	0
2	分支机构预征缴纳税款					
3	建筑服务预征缴纳税款					
4	销售不动产预征缴纳税款	0	3	3	3	0
5	出租不动产预征缴纳税款					

（五）填写《增值税减免税申报明细表》

在业务9中，购进的税控设备，符合增值税减免政策规定，应将对应金额填入《增值税减免税申报明细表》第1栏、第2栏。该抵减金额应同时填写主表第23栏。

增值税减免税申报明细表

税款所属时间：自 年 月 日至 年 月 日

纳税人名称（公章）：　　　　　　　　　　　　　　　　　金额单位：万元

一、减税项目

减税性质代码及名称	栏次	期初余额 1	本期发生额 2	本期应抵减税额 3=1+2	本期实际抵减税额 4≤3	期末余额 5=3-4
合计	1	0	0.116	0.116	0.116	0
	2	0	0.116	0.116	0.116	0
	3					
	4					
	5					
	6					

（六）填写增值税纳税申报主表

1. 销售额部分。

将业务1中填写扣除前的不含税销售额4000万元销售额填在主表第1栏。

在业务2中，简易计税的销售额1000万元填入主表第5栏。

2. 税款计算部分。

将业务1中对应的销项税额300万元（附表1第4行第14列）填入第11栏。

将业务2中对应的应纳税额50万元（附表1第9b栏第14列）填入第21栏"简易计税办法计算的应纳税额"。

将本期允许抵扣的进项税额，即附表2第12栏税额229.4万元，填入主表第12栏。

将业务8可全额抵减的税控设备金额0.116万元填入第23栏。

经过表内逻辑关系计算，当期主表第24栏"应纳税额合计"为120.484万元。

3. 税款缴纳部分。

将业务3预缴3万元税款情况（对应附表4税额抵减情况表）填入主表第28行。

经过表内逻辑关系计算，当期第34栏"本期应补（退）税额"为117.484万元。

具体填写如下。

增值税纳税申报表
(一般纳税人适用)

根据国家税收法律法规及增值税相关规定制定本表。纳税人不论有无销售额,均应按税务机关核定的纳税期限填写本表,并向当地税务机关申报。

税款所属时间:自　年　月　日至　年　月　日　　　填表日期:　年　月　日　　　金额单位:万元

纳税人识别号															
纳税人名称			(公章)	法定代表人姓名		注册地址		生产经营地址	
开户银行及账号				登记注册类型				电话号码	

项目		栏次	一般项目		即征即退项目	
			本月数	本年累计	本月数	本年累计
销售额	(一)按适用税率计税销售额	1	4000			
	其中:应税货物销售额	2				
	应税劳务销售额	3				
	纳税检查调整的销售额	4				
	(二)按简易办法计税销售额	5	1000			
	其中:纳税检查调整的销售额	6				
	(三)免、抵、退办法出口销售额	7			——	——
	(四)免税销售额	8			——	——
	其中:免税货物销售额	9			——	——
	免税劳务销售额	10			——	——
税款计算	销项税额	11	300			
	进项税额	12	229.4			
	上期留抵税额	13				
	进项税额转出	14				
	免、抵、退应退税额	15			——	——
	按适用税率计算的纳税检查应补缴税额	16			——	——
	应抵扣税额合计	17=12+13-14-15+16	229.4		——	——
	实际抵扣税额	18 (如17<11,则为17,否则为11)	229.4			
	应纳税额	19=11-18	70.6			
	期末留抵税额	20=17-18				
	简易计税办法计算的应纳税额	21	50			
	按简易计税办法计算的纳税检查应补缴税额	22			——	——
	应纳税额减征额	23	0.116			
	应纳税额合计	24=19+21-23	120.484			
税款缴纳	期初未缴税额(多缴为负数)	25			——	——
	实收出口开具专用缴款书退税额	26			——	——
	本期已缴税额	27=28+29+30+31	3			
	①分次预缴税额	28	3		——	——
	②出口开具专用缴款书预缴税额	29	0		——	——
	③本期缴纳上期应纳税额	30	0			
	④本期缴纳欠缴税额	31				
	期末未缴税额(多缴为负数)	32=24+25+26-27	117.484			
	其中:欠缴税额(≥0)	33=25+26-27				
	本期应补(退)税额	34=24-28-29	117.484		——	——
	即征即退实际退税额	35	——	——		
	期初未缴查补税额	36			——	——
	本期入库查补税额	37			——	——
	期末未缴查补税额	38=16+22+36-37			——	——

授权声明	如果你已委托代理人申报,请填写下列资料: 为代理一切税务事宜,现授权　　(地址)　　为本纳税人的代理申报人,任何与本申报表有关的往来文件,都可寄予此人。 授权人签字	申报人声明	本纳税申报表是根据国家税收法律法规及相关规定填报的,我确定它是真实的、可靠的、完整的。 声明人签字

主管税务机关:　　　　　　　　　接收人:　　　　　　　　　接收日期:

39. 非货币性资产投资的税务处理分析

非货币性资产，是指现金、银行存款等货币性资产以外的资产，包括股权、不动产、技术发明成果以及其他形式的非货币性资产。非货币性资产投资，包括以非货币性资产出资设立新的企业，以及以非货币性资产出资参与企业增资扩股、定向增发股票、股权置换、重组改制等投资行为。非货币性资产的税务处理比较复杂，本文对此进行梳理分析，以期对实务工作有些帮助。

一、非货币性资产投资的增值税

（一）不动产投资涉及的增值税

在中华人民共和国境内的企业和个人以不动产投资的，按照销售不动产缴纳增值税。

《营业税改征增值税试点实施办法》（财税〔2016〕36号附件1）规定，销售不动产，是指转让不动产所有权的业务活动。不动产，是指不能移动或者移动后会引起性质、形状改变的财产，包括建筑物、构筑物等。建筑物，包括住宅、商业营业用房、办公楼等可供居住、工作或者进行其他活动的建造物。构筑物，包括道路、桥梁、隧道、水坝等建造物。转让建筑物有限产权或者永久使用权的，转让在建的建筑物或者构筑物所有权的，以及在转让建筑物或者构筑物时一并转让其所占土地的使用权的,按照销售不动产缴纳增值税。

根据《纳税人转让不动产增值税征收管理暂行办法》(国家税务总局〔2016〕14号)和《财政部 国家税务总局关于调整增值税税率的通知》(财税〔2018〕32号)的规定,纳税人转让不动产如何缴纳增值税,可以从以下几个方面来把握。

1. 预缴税款。

14号公告第六条规定,其他个人以外的纳税人转让其取得的不动产,区分以下情形计算应向不动产所在地主管地税机关预缴的税款:(1)以转让不动产取得的全部价款和价外费用作为预缴税款计算依据的,计算公式为:应预缴税款=全部价款和价外费用÷(1+5%)×5%;(2)以转让不动产取得的全部价款和价外费用扣除不动产购置原价或者取得不动产时的作价后的余额作为预缴税款计算依据的,计算公式为:应预缴税款=(全部价款和价外费用-不动产购置原价或者取得不动产时的作价)÷(1+5%)×5%。第七条规定,其他个人转让其取得的不动产,按照本办法第六条规定的计算方法计算应纳税额并向不动产所在地主管地税机关申报纳税。

就是说,其他个人以外的纳税人转让其取得的不动产需要预缴税款,税款预缴的方式分为全额预缴和差额预缴两种。预缴的增值税税款,可以在当期增值税应纳税额中抵减,抵减不完的,结转下期继续抵减。

2. 一般纳税人转让其取得的不动产如何缴纳增值税。

一般纳税人转让其取得的不动产,按照以下规定视情况缴纳增值税:

第一,一般纳税人转让其2016年4月30日前取得(不含自建)的不动产,可以选择适用简易计税方法计税,以取得的全部价款和价外费用扣除不动产购置原价或者取得不动产时作价后的余额为销售额,按照5%的征收率计算应纳税额。

纳税人应按照上述计税方法向不动产所在地主管地税机关(现国、地税合并为一家,下同)预缴税款,向机构所在地主管国税机关申报纳税。

换言之,一般纳税人转让非自建老项目,选择简易计税方法的话,预缴税款时是差额预缴,纳税申报时也是差额缴税,并抵减预缴税款,预缴税款地点为不动产所在地主管地税机关,申报纳税地点为机构所在地主管国税机关。

39. 非货币性资产投资的税务处理分析

第二，一般纳税人转让其2016年4月30日前自建的不动产，可以选择适用简易计税方法计税，以取得的全部价款和价外费用为销售额，按照5%的征收率计算应纳税额。纳税人应按照上述计税方法向不动产所在地主管地税机关预缴税款，向机构所在地主管国税机关申报纳税。

换言之，一般纳税人转让自建老项目，选择简易计税方法的话，预缴税款时是全额预缴，纳税申报时也是全额缴税，并抵减预缴税款，预缴税款地点为不动产所在地主管地税机关，申报纳税地点为机构所在地主管国税机关。

第三，一般纳税人转让其2016年4月30日前取得（不含自建）的不动产，选择适用一般计税方法计税的，以取得的全部价款和价外费用为销售额计算应纳税额。纳税人应以取得的全部价款和价外费用扣除不动产购置原价或者取得不动产时的作价后的余额，按照5%的预征率向不动产所在地主管地税机关预缴税款，向机构所在地主管国税机关申报纳税。

换言之，一般纳税人转让非自建老项目，选择一般计税方法的话，预缴税款时是差额预缴，纳税申报时也是差额缴税，并抵减预缴税款，预缴税款地点为不动产所在地主管地税机关，申报纳税地点为机构所在地主管国税机关。

第四，一般纳税人转让其2016年4月30日前自建的不动产，选择适用一般计税方法计税的，以取得的全部价款和价外费用为销售额计算应纳税额。纳税人应以取得的全部价款和价外费用，按照5%的预征率向不动产所在地主管地税机关预缴税款，向机构所在地主管国税机关申报纳税。

换言之，一般纳税人转让自建老项目，选择一般计税方法的话，预缴税款时是全额预缴，纳税申报时也是全额缴税，并抵减预缴税款，预缴税款地点为不动产所在地主管地税机关，申报纳税地点为机构所在地主管国税机关。

第五，一般纳税人转让其2016年5月1日后取得（不含自建）的不动产，适用一般计税方法，以取得的全部价款和价外费用为销售额计算应纳税额。纳税人应以取得的全部价款和价外费用扣除不动产购置原价或者取得不动产时的作价后的余额，按照5%的预征率向不动产所在地主管地税机关预缴税款，向机构所在地主管国税机关申报纳税。

换言之，一般纳税人转让非自建新项目，选择一般计税方法的话，预缴税款时是差额预缴，纳税申报时是全额缴税，并抵减预缴税款，预缴税款地点为不动产所在地主管地税机关，申报纳税地点为机构所在地主管国税机关。

第六，一般纳税人转让其2016年5月1日后自建的不动产，适用一般计税方法，以取得的全部价款和价外费用为销售额计算应纳税额。纳税人应以取得的全部价款和价外费用，按照5%的预征率向不动产所在地主管地税机关预缴税款，向机构所在地主管国税机关申报纳税。

换言之，一般纳税人转让自建新项目，选择一般计税方法的话，预缴税款时是全额预缴，纳税申报时也是全额缴税，并抵减预缴税款，预缴税款地点为不动产所在地主管地税机关，申报纳税地点为机构所在地主管国税机关。

3. 小规模纳税人转让其取得的不动产如何缴纳增值税。

小规模纳税人转让其取得的不动产，除个人转让其购买的住房外，按照以下规定缴纳增值税：

第一，小规模纳税人转让其取得（不含自建）的不动产，以取得的全部价款和价外费用扣除不动产购置原价或者取得不动产时的作价后的余额为销售额，按照5%的征收率计算应纳税额。

换言之，小规模纳税人转让其非自建的不动产，不管是新项目还是老项目，差额预缴税款，差额纳税申报，抵减预缴税款。

第二，小规模纳税人转让其自建的不动产，以取得的全部价款和价外费用为销售额，按照5%的征收率计算应纳税额。

换言之，小规模纳税人转让其自建的不动产，不管是新项目还是老项目，全额预缴税款，全额纳税申报，抵减预缴税款。

除其他个人之外的小规模纳税人，应按照本条规定的计税方法向不动产所在地主管地税机关预缴税款，向机构所在地主管国税机关申报纳税。

4. 其他个人转让其取得的不动产如何缴纳增值税。

其他个人转让其取得的不动产（不含购买的住房），如果是自建的，按照公式缴纳税款，应缴税款=全部价款和价外费用÷(1+5%)×5%；如果是非自建的，按照公式缴纳税款，应缴税款=（全部价款和价外费用－不动产购置原价或者取得不动产时的作价）÷(1+5%)×5%。按照上述方法计算的应纳税额向不动产所在地主管地税机关申报纳税。

（二）以土地使用权等无形资产投资涉及的增值税

在中华人民共和国境内的企业和个人以土地使用权等无形资产投资的，按照销售无形资产缴纳增值税。

财税〔2016〕36号附件1规定，销售无形资产，是指转让无形资产所有权或者使用权的业务活动。无形资产，是指不具实物形态，但能带来经济利益的资产，包括技术、商标、著作权、商誉、自然资源使用权和其他权益性无形资产。技术，包括专利技术和非专利技术。自然资源使用权，包括土地使用权、海域使用权、探矿权、采矿权、取水权和其他自然资源使用权。其他权益性无形资产，包括基础设施资产经营权、公共事业特许权、配额、经营权（包括特许经营权、连锁经营权、其他经营权）、经销权、分销权、代理权、会员权、席位权、网络游戏虚拟道具、域名、名称权、肖像权、冠名权、转会费等。

根据财税〔2016〕36号、财税〔2018〕32号的规定，转让土地使用权的税率为10%，销售无形资产的税率为6%，增值税征收率为3%。

根据财税〔2016〕36号附件1的规定，一般纳税人发生应税行为适用一般计税方法计税。一般纳税人发生财政部和国家税务总局规定的特定应税行为，可以选择适用简易计税方法计税，但一经选择，36个月内不得变更。小规模纳税人发生应税行为适用简易计税方法计税。

根据以上（一）、（二）的论述，企业以不动产、土地使用权投资需要交纳增值税，但存在例外情况。《营业税改征增值税试点有关事项的规定》（财税〔2016〕36号附件2）规定，在资产重组过程中，通过合并、分立、出售、置换等方式，将全部或者部分实物资产以及与其相关联的债权、负债和劳动力一并转让给其他单位和个人，其中涉及的不动产、土地使用权转让行为不征收增值税。

（三）货物和货物类固定资产投资涉及的增值税

在中华人民共和国境内以材料、商品或产品、固定资产对外投资的单位和个人应当缴纳增值税。

其中以自己使用过的固定资产和旧货进行投资，涉及的增值税处理比较复杂，可以从以下几个方面进行把握：

1. 一般纳税人销售自己使用过的固定资产和旧货。

一般纳税人销售可以抵扣的固定资产，包括：按规定抵扣过的固定资产；企业自身等原因可以抵扣但没有抵扣的固定资产。按正常适用税率征收增值税，适用一般计税方法可以按规定抵扣进项税额，可以按规定开具增值税专用发票。

一般纳税人销售不可以抵扣固定资产,包括以下情况:2008年12月31日以前未纳入扩大增值税抵扣范围试点的纳税人,销售自己使用过2008年12月31日以前购进或自制的固定资产;纳税人购进或自制固定资产时为小规模纳税人;2013年8月1日前购进自用的应征消费税的摩托车、汽车和游艇;"营改增"纳税人,"营改增"后购进不得抵扣固定资产;购进其他情况按规定不能抵扣进项税额的固定资产;"营改增"纳税人,纳入"营改增"试点前取得的固定资产。按简易办法依3%的征收率,减按2%征收增值税,只能开具增值税普通发票或者放弃减税,按简易办法依照3%征收率缴纳增值税,可以开具增值税专用发票。

一般纳税人销售旧货,按简易办法依3%的征收率,减按2%征收增值税,只能开具增值税普通发票。

2. 小规模纳税人销售自己使用过的固定资产和旧货。

小规模纳税人销售自己使用过的固定资产,按简易办法依3%的征收率,减按2%征收增值税,只能开具增值税普通发票或放弃减税,按简易办法依3%的征收率缴纳增值税,可以代开或自开增值税专用发票。

二、非货币性资产投资的企业所得税

非货币性资产投资的企业所得税处理存在以下三种情况:

(一)一次性确认所得缴纳所得税

《企业所得税法实施条例》第二十五条规定,企业发生非货币性资产交换,以及将货物、财产、劳务用于捐赠、偿债、赞助、集资、广告、样品、职工福利或者利润分配等用途的,应当视同销售货物、转让财产或者提供劳务,但国务院财政、税务主管部门另有规定的除外。《关于企业取得财产转让等所得企业所得税处理问题的公告》(国家税务总局〔2010〕19号)第一条规定,企业取得财产(包括各类资产、股权、债权等)转让收入、债务重组收入、接受捐赠收入、无法偿付的应付款收入等,不论是以货币形式、还是非货币形式体现,除另有规定外,均应一次性计入确认收入的年度计算缴纳企业所得税。据此，一般情况下，非货币性资产投资纳税人可以选择一次性确认所得，缴纳企业所得税。

（二）五年递延纳税

《财政部、国家税务总局关于非货币性资产投资企业所得税政策问题的通知》（财税〔2014〕116号）和《国家税务总局关于非货币性资产投资企业所得税有关征管问题的公告》（国家税务总局〔2015〕33号）规定，居民企业（以下简称企业）以非货币性资产对外投资确认的非货币性资产转让所得，可在不超过5年期限内，分期均匀计入相应年度的应纳税所得额，按规定计算缴纳企业所得税。企业以非货币性资产对外投资，应对非货币性资产进行评估并按评估后的公允价值扣除计税基础后的余额，计算确认非货币性资产转让所得。企业以非货币性资产对外投资，应于投资协议生效并办理股权登记手续时，确认非货币性资产转让收入的实现。企业以非货币性资产对外投资而取得被投资企业的股权，应以非货币性资产的原计税成本为计税基础，加上每年确认的非货币性资产转让所得，逐年进行调整。被投资企业取得非货币性资产的计税基础，应按非货币性资产的公允价值确定。企业在对外投资5年内转让上述股权或投资收回的，应停止执行递延纳税政策，并就递延期内尚未确认的非货币性资产转让所得，在转让股权或投资收回当年的企业所得税年度汇算清缴时，一次性计算缴纳企业所得税；企业在计算股权转让所得时，可按本通知第三条第一款规定将股权的计税基础一次调整到位。企业在对外投资5年内注销的，应停止执行递延纳税政策，并就递延期内尚未确认的非货币性资产转让所得，在注销当年的企业所得税年度汇算清缴时，一次性计算缴纳企业所得税。

【案例1】某房地产公司以一幢房产对外投资，该房产的账面价值为2000（与计税基础等同）万元，公允价值为6000万元。该公司选择分5年均匀确认所得。则第一年对外投资时，其取得的股权投资的计税基础为2000万元，年度汇算清缴时，应确认的所得为：(6000－2000)/5＝800（万元）。第二年，股权投资的计税基础上升到2800万元，第二年汇算清缴时再确认800万元所得。第三年年初，股权投资的计税基础上升到3600万元。如果第三年的10月，投资企业将该项股权以8000万元的价格转让，则在当年汇算清缴时应确认的股权转让所得为：8000－3600＝4400（万元），该股权转让所得中实际上包含了一次确认的剩余资产转让所得2400万元。

(三) 特殊性税务处理

财税〔2014〕116号第六条规定，企业发生非货币性资产投资，符合《财政部、国家税务总局关于企业重组业务企业所得税处理若干问题的通知》（财税〔2009〕59号）等文件规定的特殊性税务处理条件的，也可选择按特殊性税务处理规定执行。国家税务总局公告2015年第33号第三条进一步明确，符合财税〔2014〕116号文件规定的企业非货币性资产投资行为，同时又符合《财政部、国家税务总局关于企业重组业务企业所得税处理若干问题的通知》（财税〔2009〕59号）、《财政部、国家税务总局关于促进企业重组有关企业所得税处理问题的通知》（财税〔2014〕109号）等文件规定的特殊性税务处理条件的，可由企业选择其中一项政策执行，且一经选择，不得改变。可见，非货币性资产投资在满足特殊性税务处理条件下，可选择适用。

【案例2】 甲公司、乙公司均为居民企业。2017年10月，甲公司以固定资产对乙公司进行投资，获得乙公司30%股份。甲公司投资前资产总额为2000万元，该固定资产的账面原值为1500万元，投资时已计提折旧累计300万元（与税法折旧相同），公允价值为1400万元，剩余折旧年限为10年。在不考虑该事项影响的情况下，甲公司、乙公司2017～2021年度的会计利润均为1000万元，适用企业所得税税率为25%。

根据财税〔2009〕59号文和财税〔2014〕109号文的规定，资产收购下，受让企业收购的资产不低于转让企业全部资产的50%，或股权收购下，收购企业购买的股权不低于被收购企业全部股权的50%，且受让企业股权支付金额不低于其交易支付总额的85%，可以选择按以下规定处理：1.重组交易各方对交易中股权支付暂不确认有关资产的转让所得或损失。2.转让企业取得受让企业股权的计税基础，以被转让资产的原有计税基础确定。3.受让企业取得转让企业资产的计税基础，以被转让资产的原有计税基础确定。

甲公司转让的固定资产净额为1200万元，占甲公司全部资产60%，且该交易中使用股权支付的金额占其交易支付总额的100%，根据财税〔2019〕59号文和财税〔2014〕109号文的规定，符合特殊性税务处理条件。对于甲公司来说，无须确认固定资产转让所得，取得受让企业股权的计税基础，以被转让固定资产的原有计税基础确定,即1200万元,2017~2021年度应纳所得税额均为250(1000×25%)万元。对于乙公司来说,取得转让企业固定资产的计税基础,以被转让固定资产的原有计税基础确定,即1200万元,按照10年进行摊销,则每年摊销金额为120(1200÷10)万元,则乙公司2017~2021年度应纳所得税额均为220[(1000-120)×25%]万元。

需要注意的是,以上三种非货币性资产投资的处理方式并不会影响交易各方总体税收负担,影响的只是企业纳税的时间。

三、非货币性资产投资的个人所得税

非货币性资产投资,实质为个人"转让非货币性资产"和"对外投资"两笔经济业务同时发生。个人通过转移非货币性资产权属,投资换得被投资企业的股权(或股票),实现了对非货币性资产的转让性处置。

对个人转让非货币性资产的所得,应按照"财产转让所得"项目,依法计算缴纳个人所得税,实务中,需要把握以下两个要点。

(一)应纳税所得额与应纳税额的计算

个人以非货币性资产投资,应按评估后的公允价值确认非货币性资产转让收入。非货币性资产转让收入减除该资产原值及合理税费后的余额为应纳税所得额。国家税务总局公告〔2015〕20号第4条进一步规定,纳税人非货币性资产投资应纳税所得额为非货币性资产转让收入减除该资产原值及合理税费后的余额。可用公式表达如下:

应纳税所得额 = 非货币性资产转让收入 - 资产原值 - 合理税费

应纳税额 = 应纳税所得额 × 20%

个人以非货币性资产投资,应于非货币性资产转让、取得被投资企业股权时,确认非货币性资产转让收入的实现;非货币性资产原值为纳税人取得该项资产时实际发生的支出。纳税人无法提供完整、准确的非货币性资产原值凭证,不能正确计算非货币性资产原值的,主管税务机关可依法核定其非货币性资产原值。纳税人以股权投资的,该股权原值确认等相关问题依照《股权转让所得个人所得税管理办法(试行)》(国家税务总局公告〔2014〕

67号）有关规定执行；合理税费是指纳税人在非货币性资产投资过程中发生的与资产转移相关的税金及合理费用。

【案例3】 王某在2017年以1000万元（不含税）购得一块土地，2018年其以此土地经评估作价2000万元（不含税）入股某房地产公司。过户时发生评估费、中介费等相关税费300万元。则王某以土地入股房地产公司时，应缴纳个人所得税为：（2000－1000－300）×20％＝140（万元）。

（二）非货币性投资个税的分期缴纳

1. 分期缴税的规定。

财税〔2015〕41号文第3条规定，个人应在非货币性投资发生应税行为的次月15日内向主管税务机关申报纳税。纳税人一次性缴税有困难的，可合理确定分期缴纳计划并报主管税务机关备案后，自发生上述应税行为之日起不超过5个公历年度内（含）分期缴纳个人所得税。

2. 现金收入优先缴税。

（1）现金补价优先缴税。

财税〔2015〕41号文第4条第1款规定，个人以非货币性资产投资交易过程中取得现金补价的，现金部分应优先用于缴税；现金不足以缴纳的部分，可分期缴纳。

假如，王某在2017年因某项非货币性资产投资发生纳税义务200万元，当年取得现金补价40万元，应优先缴纳2017年税款，不足部分可以分期缴纳。未履行纳税义务在剩余期间按期分摊，2018～2021年应缴税款为：（200－40）÷4＝40（万元/年）。

（2）转让股权的现金收入优先缴税。

财税〔2015〕41号文第4条第2款规定，个人在分期缴税期间转让其持有的上述全部或部分股权，并取得现金收入的，该现金收入应优先用于缴纳尚未缴清的税款。

假如，王某2017年因某项非货币性资产投资发生纳税义务200万元，在2019年处置投资取得的部分股权，取得现金收入60万元，则2017年、2018年根据直线法计算，每年缴纳税款40万元，2019年应缴纳60万元，则剩余2个年度（即2020年、2021年）应缴税款为：（200－40×2－60）÷2＝30（万元/年）。

（3）既有现金补价又有转让股权的现金收入优先缴税。

此种情况下可能需要多次在剩余期间重新分摊。

假如，王某在 2017 年因某项非货币性资产投资发生纳税义务 200 万元，2017 年取得现金补价 55 万元，2019 年处置投资取得的部分股权现金收入 45 万元，则 2017 年缴纳税款 55 万元后，剩余 4 个年度应缴税款：$(200-55) \div 4 = 36.25$（万元/年）。2019 年缴纳税款 45 万元后，剩余 2 个年度应缴税款为：$(200-55-36.25-45) \div 2 = 31.875$（万元/年）。

四、房地产投资的土地增值税

《土地增值税暂行条例》第二条规定，转让国有土地使用权、地上的建筑物及其附着物（以下简称转让房地产）并取得收入的单位和个人，为土地增值税的纳税义务人，应当依照本条例缴纳土地增值税。

《财政部、税务总局关于继续实施企业改制重组有关土地增值税政策的通知》（财税〔2018〕57 号）第一条规定，按照《中华人民共和国公司法》的规定，非公司制企业整体改制为有限责任公司或者股份有限公司，有限责任公司（股份有限公司）整体改制为股份有限公司（有限责任公司），对改制前的企业将国有土地使用权、地上的建筑物及其附着物（以下称房地产）转移、变更到改制后的企业，暂不征土地增值税。本通知所称整体改制是指不改变原企业的投资主体，并承继原企业权利、义务的行为。第二条规定，按照法律规定或者合同约定，两个或两个以上企业合并为一个企业，且原企业投资主体存续的，对原企业将房地产转移、变更到合并后的企业，暂不征土地增值税。第三条规定，按照法律规定或者合同约定，企业分设为两个或两个以上与原企业投资主体相同的企业，对原企业将房地产转移、变更到分立后的企业，暂不征土地增值税。第四条规定，单位、个人在改制重组时以房地产作价入股进行投资，对其将房地产转移、变更到被投资的企业，暂不征土地增值税。第五条规定，上述改制重组有关土地增值税政策不适用于房地产转移任意一方为房地产开发企业的情形。第六条规定，企业改制重组后再转让国有土地使用权并申报缴纳土地增值税时，应以改制前取得该宗国有土地使用权所支付的地价款和按国家统一规定缴纳的有关费用，作为该企业

"取得土地使用权所支付的金额"扣除。企业在改制重组过程中经省级以上（含省级）国土管理部门批准，国家以国有土地使用权作价出资入股的，再转让该宗国有土地使用权并申报缴纳土地增值税时，应以该宗土地作价入股时省级以上（含省级）国土管理部门批准的评估价格，作为该企业"取得土地使用权所支付的金额"扣除。第八条规定，本通知所称不改变原企业投资主体、投资主体相同，是指企业改制重组前后出资人不发生变动，出资人的出资比例可以发生变动；投资主体存续，是指原企业出资人必须存在于改制重组后的企业，出资人的出资比例可以发生变动。

根据以上规定，非房地产企业用房地产投资需要交纳土地增值税，满足财税〔2018〕57号规定的"改制重组"免征土地增值税。但对投资方和被投资方只要一家是房地产企业来说，即使"改制重组"也不能免征土地增值税。

五、房地产投资的契税

企业和个人以国有土地、房屋进行投资的，被投资企业需要依法缴纳契税。但满足"改制重组"条件的，适用免征契税的优惠，对此《财政部、税务总局关于继续支持企业事业单位改制重组有关契税政策的通知》（财税〔2018〕17号）进行了明确的规定。

财税〔2018〕17号第一条规定，企业按照《中华人民共和国公司法》有关规定整体改制，包括非公司制企业改制为有限责任公司或股份有限公司，有限责任公司变更为股份有限公司，股份有限公司变更为有限责任公司，原企业投资主体存续并在改制（变更）后的公司中所持股权（股份）比例超过75%，且改制（变更）后公司承继原企业权利、义务的，对改制（变更）后公司承受原企业土地、房屋权属，免征契税。第三条规定，两个或两个以上的公司，依照法律规定、合同约定，合并为一个公司，且原投资主体存续的，对合并后公司承受原合并各方土地、房屋权属，免征契税。第四条规定，公司依照法律规定、合同约定分立为两个或两个以上与原公司投资主体相同的公司，对分立后公司承受原公司土地、房屋权属，免征契税。第六条规定，对承受县级以上人民政府或国有资产管理部门按规定进行行政性调整、划转国有土地、房屋权属的单位，免征契税。同一投资主体内部所属企业之间土地、房屋权属的划转，包括母公司与其全资子公司之间，同一公司所属全资子公司之间，同一自然人与其设立的个人独资企业、一人有限公司之间土地、房屋权属的划转，免征契税。母公司以土地，房屋权属向其全资子公司增资，视同划转，免征契税。第七条规定，经国务院批准实施债权转股权的企业，对债权转股权后新设立的公司承受原企业的土地、房屋权属，免征契税。

六、非货币性投资的印花税

非货币性投资可以分为投资设立新企业和对现有企业增资，会计核算上表现为"实收资本""资本公积"的增加。根据《财政部、税务总局关于对营业账簿减免印花税的通知》（财税〔2018〕50号）的规定，自2018年5月1日起，对按万分之五税率贴花的资金账簿减半征收印花税。

根据《国家税务总局关于印花税若干具体问题的解释和规定的通知》（国税发〔1991〕155号）第十条规定，"财产所有权"转移书据的征税范围是：经政府管理机关登记注册的动产、不动产的所有权转移所立的书据，以及企业股权转让所立的书据。因此，对需要办理财产所有权转移登记手续的房地产、商标、专利等非货币性资产，应按照"产权转移书据"税目，按所载金额的万分之五贴花；不需要办理财产所有权转移登记手续的动产等，则不需贴花（专有技术使用权除外）。

40.

房地产企业永续债的税会处理分析

永续债是指到期日不确定，或到期期限非常长，债权人不能确定获得本金的时间，但是可以定期取得利息的一种有价证券。自2013年，中国银行间市场交易商协会、发改委、证监会等相关监管部门竞相开放永续债试点以来，至今已有四年有余，市场上陆续出现了永续中票、可续期企业债、永续定向工具以及可续期公司债等各类永续债，截至2017年11月底，我国永续债的规模已超过1.1万亿元。

房企需要大量资金，可以说房企的一生就是融资的一生，融资手段也花样百出。早在2013年恒大就试水永续债，成为永续债融资的第一家房企，并于今年已赎回1129亿元的永续债。这些永续债不但是恒大拿地、并购扩张的资金来源，而且也改善了公司的资本结构，对恒大的发展功不可没，可以说，如果没有永续债，恒大很难实现从二三线城市到一线城市转型的惊险一跃。随后，许多房企加入了永续债的大军，包括绿城中国、远洋集团、中国金茂、旭辉和华侨城等著名房企纷纷启动了永续债融资。但笔者调研却发现，相对于如火如荼的永续债融资市场，对永续债究竟如何进行税会处理特别是税务处理困惑着房企的一些财务人员。因此，笔者结合新修订的《企业会计准则第37号——金融工具列报》，并以首开股份永续债为例，对房企永续债的税会处理进行一点梳理分析。

一、永续债的主要特征

1. 长期性或无限期。永续债发行公告中不规定到期期限，发行人可根据自身资金状况，按合约中限定条款自主决定到期日；投资人不能主动要求清偿本金，只能按期收取利息。因此，永续债具有长期性或无限期的特征。

2. 股债混合。从国际上看，对于银行等金融企业来说，永续债可以计入非核心一级资本，增强银行的资本金实力；对于非金融企业来说，永续债满足一定条件下可以作为权益工具，达到优化报表结构、降低资产负债率的作用。另外，就清偿顺序而言，发行人破产时，债券的清偿顺序在普通债务之后，而优于优先股和普通股。因此，具有权益的特征。同时，永续债的投资者不能像普通股股东那样参与经营管理和利润分配，除企业破产、发生重大不利财务事件和主动赎回外，投资者通常不得主动要求发行人偿还本金，而只能定期获取利息，因而又具有债的特征。

3. 附加利率调整款和赎回条款。对于大数永续债来讲，在其附加条款中大多包含利率调整款和赎回条款。一般情况下，永续债的首次赎回都是在债券发行五年之后。假如五年之后债券没有赎回，则固定利率可以变更为浮动利率或者按照设置的利息"跳升"机制付息。这样，永续债的投资者可以获得更高的利息报酬，也成为促使发行人赎回永续债的约束条款。

二、会计处理

（一）金融工具分类

永续债作为兼具"债""股"双重属性的融资工具，究竟是作为权益还是债务是实务界面临的难题。企业应当根据所发行金融工具的合同条款及其所反映的经济实质而非仅以法律形式，结合金融资产、金融负债和权益工具的定义，在初始确认时将该金融工具或其组成部分分类为金融资产、金融负债或权益工具。

1. 金融负债的定义。

金融负债是指一项有结算义务的合约。若不用自身权益工具结算，金融负债是指向另一个主体交付现金或者金融资产，或在潜在不利的条件下，与另一主体交换金融资产或金融负债的合同义务；若企业发行的金融工具将来须用或可用企业自身权益工具进行结算，还需要继续区分不同情况进行判断：如发行的金融工具为非衍生工具，且企业根据该合同将交付可变数量的自身权益工具进行结算的合同义务，则分类为负债，否则为权益工具。例如，企业约定将来交付等值于 5000 万元的本企业股票进行结算的合同，虽然该项合同不是以现金或其他资产结算的，但是交付的是可变数量的股票（数量须视结算当时的股票市价而定），该合同应当分类为一项负债。如发行的金融工具为衍生工具，且该金融工具不是只能通过交付固定数量的发行方自身权益工具换取固定数额的现金或其他金融资产进行结算的，则分类为负债，否则为权益工具。例如，企业发行的可转换公司债，其中的可转换权是一项衍生工具，该衍生工具结算时需要交付企业自身股票，如果合同条款中已经约定，以每股 5 元的价格进行转股，则属于将来通过交付固定数量的发行方自身权益工具换取固定数额的现金进行结算的合同，该转换权应当分类为一项权益。

2. 权益工具的定义。

权益工具，是指能证明拥有某个企业在扣除所有负债后的资产中的剩余权益的合同。从此定义可知，权益工具的判断要依赖于对金融负债概念的界定。即对发行主体发行的金融工具属性判断时，首要判断其是否归属于金融负债，若最终确定其不是金融负债，那么判定该金融工具必然归属于权益工具。需要强调的是，在实务中具体界定金融工具的属性时，对具体核心条款进行分析时要求权益工具与金融负债进行相对分析，必须对所有核心条款判定其不归属于金融负债才能最终确定其为权益工具。

3. 金融负债和权益工具的区分。

企业不能无条件地避免以交付现金或其他金融资产来履行一项合同义务的，该合同义务符合金融负债的定义。有些金融工具虽然没有明确地包含交付现金或其他金融资产义务的条款和条件，但有可能通过其他条款和条件间接地形成合同义务。

如果一项金融工具须用或可用企业自身权益工具进行结算，需要考虑用于结算该工具的企业自身权益工具，是作为现金或其他金融资产的替代品，还是为了使该工具持有方享有在发行方扣除所有负债后的资产中的剩余权益。如果是前者，该工具是发行方的金融负债；如果是后者，该工具是发行方的权益工具。在某些情况下，一项金融工具合同规定企业须用或可用自身权益工具结算该金融工具，其中合同权利或合同义务的金额等于可获取或需交付的自身权益工具的数量乘以其结算时的公允价值，则无论该合同权利或合同义务的金额是固定的，还是完全或部分地基于除企业自身权益工具的市场价格以外变量（如利率、某种商品的价格或某项金融工具的价格）的变动而变动的，该合同应当分类为金融负债。

4. 回购条款下金融工具分类。

如果一项合同使发行方承担了以现金或其他金融资产回购自身权益工具的义务，即使发行方的回购义务取决于合同对手方是否行使回售权，发行方应当在初始确认时将该义务确认为一项金融负债，其金额等于回购所需支付金额的现值（如远期回购价格的现值、期权行权价格的现值或其他回售金额的现值）。如果最终发行方无须以现金或其他金融资产回购自身权益工具，应当在合同到期时将该项金融负债按照账面价值重分类为权益工具。

5. 附有或有结算条款的金融工具分类。

附有或有结算条款的金融工具，指是否通过交付现金或其他金融资产进行结算，或者是否以其他导致该金融工具成为金融负债的方式进行结算，需要由发行方和持有方均不能控制的未来不确定事项（如股价指数、消费价格指数变动、利率或税法变动、发行方未来收入、净收益或债务权益比率等）的发生或不发生（或发行方和持有方均不能控制的未来不确定事项的结果）来确定的金融工具。对于附有或有结算条款的金融工具，发行方不能无条件地避免交付现金、其他金融资产或以其他导致该工具成为金融负债的方式进行结算的，应当分类为金融负债。但是，满足下列条件之一的，发行方应当将其分类为权益工具：要求以现金、其他金融资产或以其他导致该工具成为金融负债的方式进行结算的或有结算条款几乎不具有可能性，即相关情形极端罕见、显著异常且几乎不可能发生；只有在发行方清算时，才需要以现金、其他金融资产或以其他导致该工具成为金融负债的方式进行结算；按照本准则（新37号）第三章分类为权益工具的可回售工具。

6. 存在结算选择权的衍生工具分类。

对于存在结算选择权的衍生工具（例如，合同规定发行方或持有方能选择以现金净额或以发行股份交换现金等方式进行结算的衍生工具），发行方应当将其确认为金融资产或金融负债，但所有可供选择的结算方式均表明该衍生工具应当确认为权益工具的除外。

7. 非衍生复合金融工具的分类。

企业应对发行的非衍生工具进行评估，以确定所发行的工具是否为复合金融工具。企业所发行的非衍生工具可能同时包含金融负债成分和权益工具成分。对于复合金融工具，发行方应于初始确认时将各组成部分分别分类为金融负债、金融资产或权益工具。企业发行的一项非衍生工具同时包含金融负债成分和权益工具成分的，应于初始计量时先确定金融负债成分的公允价值（包括其中可能包含的非权益性嵌入衍生工具的公允价值），再从复合金融工具公允价值中扣除负债成分的公允价值，作为权益工具成分的价值。复合金融工具中包含非权益性嵌入衍生工具的，非权益性嵌入衍生工具的公允价值应当包含在金融负债成分的公允价值中，并且按照《企业会计准则第22号——金融工具确认和计量》的规定对该金融负债成分进行会计处理。

8. 在合并财务报表中对金融工具分类。

在合并财务报表中对金融工具（或其组成部分）进行分类时，企业应当考虑企业集团成员和金融工具的持有方之间达成的所有条款和条件。企业集团作为一个整体，因该工具承担了交付现金、其他金融资产或以其他导致该工具成为金融负债的方式进行结算的义务的，该工具在企业集团合并财务报表中应当分类为金融负债。

（二）主要账务核算

企业应当以所发行金融工具的分类为基础，确定该工具利息支出或股利分配等的会计处理。对于归类为权益工具的金融工具，无论其名称中是否包含"债"，其利息支出或股利分配都应当作为发行企业的利润分配，其回购、注销等作为权益的变动处理；对于归类为金融负债的金融工具，无论其名称中是否包含"股"，其利息支出或股利分配原则上按照借款费用进行处理，其回购或赎回产生的利得或损失等计入当期损益。发行方发行金融工具，其发生的手续费、佣金等交易费用，如分类为债务工具且以摊余成本计量的，应当计入所发行工具的初始计量金额；如分类为权益工具的，应当从权益中扣除。

发行方发行的金融工具归类为债务工具并以摊余成本计量的，应按实际收到的金额，借记"银行存款"或"存放中央银行款项"等科目，按债务工具的面值，贷记"应付债券——优先股、永续债等（面值）"科目，按其差额，贷记或借记"应付债券——优先股、永续债等（利息调整）"科目。在该工具存续期间，计提利息并对账面的利息调整进行调整等的会计处理，按照金融工具确认和计量准则中有关金融负债按摊余成本后续计量的规定进行会计处理。

发行方发行的金融工具归类为权益工具的，应按实际收到的金额，借记"银行存款"或"存放中央银行款项"等科目，贷记"其他权益工具——优先股、永续债等"科目。分类为权益工具的金融工具，在存续期间分派股利（含分类为权益工具的工具所产生的利息，下同）的，作为利润分配处理。发行方应根据经批准的股利分配方案，按应分配给金融工具持有者的股利金额，借记"利润分配——应付优先股股利、应付永续债利息等"科目，贷记"应付股利——优先股股利、永续债利息等"科目。

发行方发行的金融工具为复合金融工具的，应按实际收到的金额，借记"银行存款"或"存放中央银行款项"等科目，按金融工具的面值，贷记"应付债券——优先股、永续债（面值）等"科目，按负债成分的公允价值与金融工具面值之间的差额，借记或贷记"应付债券——优先股、永续债等（利息调整）"科目，按实际收到的金额扣除负债成分的公允价值后的金额，贷记"其他权益工具——优先股、永续债等"科目。发行复合金融工具发生的交易费用，应当在负债成分和权益成分之间按照各自占总发行价款的比例进行分摊。与多项交易相关的共同交易费用，应当在合理的基础上，采用与其他类似交易一致的方法，在各项交易之间进行分摊。

由于发行的金融工具原合同条款约定的条件或事项随着时间的推移或经济环境的改变而发生变化，导致原归类为权益工具的金融工具重分类为金融负债的，应当于重分类日，按该工具的账面价值，借记"其他权益工具——优先股、永续债等"科目，按该工具的面值，贷记"应付债券——优先股、永续债等（面值）"科目，按该工具的公允价值与面值之间的差额，借记或贷记"应付债券——优先股、永续债等（利息调整）"科目，按该工具的公允价值与账面价值的差额，贷记或借记"资本公积——资本溢价（或股本溢价）"科目，如资本公积不够冲减的，依次冲减盈余公积和未分配利润。发行方以重分类日计算的实际利率作为应付债券后续计量利息调整等的基础。因发行的金融工具原合同条款约定的条件或事项随着时间的推移或经济环境的改变而发生变化,导致原归类为金融负债的金融工具重分类为权益工具的,应于重分类日,按金融负债的面值,借记"应付债券——优先股、永续债等(面值)"科目,按利息调整余额,借记或贷记"应付债券——优先股、永续债等(利息调整)"科目,按金融负债的账面价值,贷记"其他权益工具——优先股、永续债等"科目。

发行方按合同条款约定赎回所发行的除普通股以外的分类为权益工具的金融工具,按赎回价格,借记"库存股——其他权益工具"科目,贷记"银行存款"或"存放中央银行款项"等科目;注销所购回的金融工具,按该工具对应的其他权益工具的账面价值,借记"其他权益工具"科目,按该工具的赎回价格,贷记"库存股——其他权益工具"科目,按其差额,借记或贷记"资本公积——资本溢价(或股本溢价)"科目,如资本公积不够冲减的,依次冲减盈余公积和未分配利润。发行方按合同条款约定赎回所发行的分类为金融负债的金融工具,按该工具赎回日的账面价值,借记"应付债券"等科目,按赎回价格,贷记"银行存款"或"存放中央银行款项"等科目,按其差额,借记或贷记"财务费用"科目。

发行方按合同条款约定将发行的除普通股以外的金融工具转换为普通股的,按该工具对应的金融负债或其他权益工具的账面价值,借记"应付债券"、"其他权益工具"等科目,按普通股的面值,贷记"实收资本(或股本)"科目,按其差额,贷记"资本公积——资本溢价(或股本溢价)"科目(如转股时金融工具的账面价值不足转换为1股普通股而以现金或其他金融资产支付的,还需按支付的现金或其他金融资产的金额,贷记"银行存款"或"存放中央银行款项"等科目)。

三、税务处理

《企业所得税法实施条例》第一百一十九条规定,债权性投资是指企业直接或者间接从关联方获得的,需要偿还本金和支付利息或者需要以其他具有支付利息性质的方式予以补偿的融资;权益性投资是指企业接受的不需要偿还本金和支付利息，投资人对企业净资产拥有所有权的投资。从定义来看，对于债权性投资的定义中"具有支付利息性质的方式予以补偿"如何理解存在模糊认识；而税法对权益性投资的定义借用了会计上的认定标准，投资人对企业净资产拥有所有权直接与会计资产负债表的所有者权益相对应。

按照《企业所得税法》的规定，权益性投资和债权性投资有着不同的所得税规定。在债权性投资的税务处理中，发行方应于应付利息的日期，确认利息支出，并按税法规定在税前扣除。同时，购买方应于发行方应付利息的日期，确认收入的实现并计入当期应纳税所得额。在权益性投资的税务处理中，对于被投资方进行的股利分配，投资方取得符合条件的居民企业之间的股息、红利等权益性投资收益为免税收入，同时被投资方向投资者支付的股息、红利等权益性投资收益款项，在计算应纳税所得额时，不得税前扣除。

对于兼具权益和债权双重特性的混合性投资业务，目前主要的税收政策是《国家税务总局关于企业混合性投资业务企业所得税处理问题的公告》（国家税务总局公告2013年第41号，以下简称第41号公告）。按照第41号公告进行税务处理的混合性投资业务，必须同时符合以下5个条件：被投资企业接受投资后，需要按投资合同或协议约定的利率定期支付利息（或定期支付保底利息、固定利润、固定股息，下同）；有明确的投资期限或特定的投资条件，并在投资期满或者满足特定投资条件后，被投资企业需要赎回投资或偿还本金；投资企业对被投资企业净资产不拥有所有权；投资企业不具有选举权和被选举权；投资企业不参与被投资企业日常生产经营活动。同时符合五个条件的混合性投资业务，其企业所得税处理为：对于被投资企业支付的利息，投资企业应于被投资企业应付利息的日期，确认收入的实现并计入当期应纳税所得额；被投资企业应于应付利息的日期，确认利息支出，并按税法和《国家税务总局关于企业所得税若干问题的公告》（国家税务总局公告2011年第34号）第一条的规定，进行税前扣除；对于被投资企业赎回的投资，投资双方应于赎回时将赎价与投资成本之间的差额确认为债务重组损益，分别计入当期应纳税所得额。

第41号公告对混合性投资的税务处理的基本原则是把混合性投案做个切割，分别切割成权益性投资和债权性投资，"桥归桥路归路"，然后再按照权益性投资和债权性投资的税务处理规则去处理，在权益性投资和债权性投资的内涵和外延没有明确的情况下，混合性投资的税务处理政策天然地存在缺陷。另外，第 41 号公告企图用 5 个条件就把纷繁复杂的股债关系整的清楚似乎勉为其难，固然同时满足这 5 个条件的是债，但不同时满足的是股还是债仍然难以下结论。况且就 5 个条件本身来说有的也语焉不详，如投资企业不具有选举权和被选举权，哪些所有选举权和被选举权不明确；投资企业不参与被投资企业日常生产经营活动，什么是日常生产经营活动不清晰。

四、案例分析

【案例】北京首都开发股份有限公司（简称首开股份），主要经营范围是商品房和保障房的开发建设以及销售，在 2015 年和 2016 年间共发行了三期永续债，每期都是 30 亿元。永续债主要条款内容摘录如下：

（1）期限。无固定期限，若发行人选择赎回永续债，需要按实际的用款天数和贷款余额计收利息。

（2）偿付顺序。公司按照"分红必派息，不分红不派息"的规定，如果借款人当年宣布分红，则发行人必须分配永续债利息同时偿还以前年度递延的利息（如有）。

（3）付息方式。每自然季度月末 20 日结息；分红必派息，不分红不派息。可将利息推迟至下一个付息日支付，且不受到递延支付利息次数的限制。

（4）利率。条款规定，永续债利率在存续期间会递增，发行前期利率相对较低，存续期间利率逐渐上升。

（5）赎回。发行人有权决定赎回时间且无须委托人书面同意，但需提前 30 日通知委托人；只要发行人没有发生未按照合同规定的方式支付利息或者超出合同规定的借款使用范围使用资金，投资者没有收回本金的权利。

（6）延期付息。借款方在某一年（设为 X 年）宣布延期支付利息（第一年利率设为 Y、第二年利率设为 Z）。此时，若借款方决定在次年（X+1 年）支付利息，则需要支付：X 年利率为 Y，X+1 年的利率为 150%×Z。若借款方决定在第三年（X+2）支付利息，则需要支付：X 年利率为 Y，X+1 年的利率为 150%×Z，X+2 年的利率为 150%×150%×Z。以此类推，但委贷利率的上线为 20%/年。

1. 会计处理分析。

对以上首开股份发行的永续债条款进行分析，我们可以得出如下结论：首开股份对支付利息有自主决定权；企业对永续债有自主的赎回权，投资方不能回售。也就是说，首开发行的永续债并没有形成交付现金或其他金融资产的合同义务，同时也没有必须赎回永续债的义务。同时，若首开股份未来按照面值赎回永续债（非衍生工具），也符合"以固定数量的自身权益工具进行结算"。因此，首开股份满足新37号准则中计入权益工具的条件，计入权益是合适的。

账务核算：

发行时，将永续债券归类为权益工具。

借：银行存款
　　贷：其他权益工具—永续债

在存续期间分配股利：

借：利润分配—应付永续债利息
　　贷：应付股利—永续债利息

若首开将永续债重分类为金融负债：

借：其他权益工具—永续债（账面价值）
　　贷：应付债券—永续债（面值）
　　　　（或借方）—永续债（利息调整）（应付债券公允价值与面值的差额）
　　　　（或借方）资本公积—股本溢价（重分类后公允价值与应付债券面值的差额）

赎回时，

借：其他权益工具—永续债
　　贷：银行存款

2. 税务处理分析。

对比第41号公告的5个条件可以看出，首开股份永续债条款规定了发行人有权决定是否递延支付利息，不符合第41号公告规定的"被投资企业接受投资后，需要按投资合同或协议约定的利率定期支付利息"的条件；首开股份发行的永续债没有固定期限，且有自主决定何时偿还本金的权利，不符合第41号公告规定的"有明确的投资期限或特定的投资条件，并在投资期满或者满足特定投资条件后，发行企业需要赎回本金"的条件；首开股份永续债的所有者不享有净资产的所有权，符合第41号公告规定的"投资企业对被投资企业净资产不拥有所有权"的条件；投资者持有首开股份的永续债，不享有首开股份的股份，不具有选举权和被选举权，符合第41号公告规定的"投资企业不具有选举权和被选举权"的条件；永续债所有者不享有企业的股份，无法参与企业日常经营决策，符合第41号公告规定的"投资企业不参与被投资企业日常生产经营活动"的条件。综上可见，首开股份永续债的条款并没有同时符合第41号公告的5个条件，因此永续债利息不能在税前列支。实际上，首开股份永续债的利息是作为公司的股利分配的，并没有在所得税前扣除。

目前，大多发行永续债的公司都如首开股份那样，把永续债分类为权益，永续债的利息作为公司的利润分配处理的，没有税前扣除；而永续债的投资者则根据经济实质，把收到的永续债利息作为利息收入并入企业应纳税所得额缴纳所得税。分析大家这样做的原因，无外乎是大家拿第41号公告的5个条件去对照永续债的条款，凡是不满足这5个条件的，出于规避税务风险的考量，只能采用保守的税务处理方法，而枉顾"债"的事实。一项经济事项，投资方和筹资方税务处理适用不同规则，这种局面使纳税人"难受"又令税务当局"尴尬"。期待税务当局早日提供优质税务政策，以消弭纷争。

41.

劳务派遣用工的财税处理分析

劳务派遣是指用工单位向劳务派遣公司有偿租赁劳动力,实现劳动关系和用工主体相分离的一种新型用工模式。劳务派遣是一种三方关系,劳务派遣公司与用工单位签订《劳务派遣协议》,劳动者与劳务派遣公司签订《劳动合同》并接受劳务派遣公司的派遣为用工单位提供劳动,劳务派遣公司成为法律意义上的"用人单位",接受使用劳务派遣服务的单位则是"用工单位"。本文对劳务派遣用工的社会保险问题、会计处理问题和税务处理问题进行分析,以期对财务工作者有些许帮助。

一、劳务派遣用工的社保处理

《社会保险法》第五十八条规定,用人单位应当自用工之日起三十日内为其职工向社会保险经办机构申请办理社会保险登记。

《劳务派遣暂行规定》(人力资源和社会保障部令第22号)第八条第(四)项规定,劳务派遣单位应依法为被派遣劳动者缴纳社会保险费,并办理社会保险相关手续。第十条规定,被派遣劳动者在用工单位因工作遭受事故伤害的,劳务派遣单位应当依法申请工伤认定,用工单位应当协助工伤认定的调查核实工作。劳务派遣单位承担工伤保险责任,但可以与用工单位约定补偿办法。第十八条规定,劳务派遣单位跨地区派遣劳动者的,应当在用工单位所在地为被派遣劳动者参加社会保险,按照用工单位所在地的规定缴纳社会保险费,被派遣劳动者按照国家规定享受社会保险待遇。第十九条规定,劳务派遣单位在用工单位所在地设立分支机构的,由分支机构为被派遣劳动者办理参保手续,缴纳社会保险费。劳务派遣单位未在用工单位所在地设立分支机构的,由用工单位代劳务派遣单位为被派遣劳动者办理参保手续,缴纳社会保险费。

《劳动合同法》第五十八条规定,劳务派遣单位是本法所称用人单位,应当履行用人单位对劳动者的义务。

第五十九条规定,劳务派遣单位派遣劳动者应当与接受以劳务派遣形式用工的单位(以下称用工单位)订立劳务派遣协议。劳务派遣协议应当约定派遣岗位和人员数量、派遣期限、劳动报酬和社会保险费的数额与支付方式以及违反协议的责任。

根据以上法规规定,社保的缴纳理论上应由用人单位负责,因为劳务派遣公司和劳务派遣人员签订了《劳动合同》,建立了劳动关系。但对劳务派遣单位跨地区派遣劳动者,且劳务派遣单位未在用工单位所在地设立分支机构的,由用工单位代劳务派遣单位为被派遣劳动者办理参保手续,缴纳社会保险费,也就是说法规在某些情况下允许用工单位代劳务派遣单位为被派遣劳动者缴纳社会保险费。似乎《劳动合同法》第五十九条也认可劳务派遣员工的社保可由用人方和用工方进行协商确定。

因此,目前实务中对于劳务派遣员工的社保存在两种缴纳方式:一是如果企业与劳务派遣公司签订的劳务派遣合同中只约定给劳务派遣公司总的劳务派遣费费用,则社保费用由劳务派遣公司(用人单位)负担;二是如果企业与劳务派遣公司签订的劳务派遣合同中约定企业只支付劳务派遣公司的劳务派遣费用,派遣员工的工资、福利和社保费用直接由企业进行支付,则社保费用由用工单位负担。

二、劳务派遣用工的会计处理

企业与劳务派遣公司签订的劳务派遣合同中只约定给劳务派遣公司总的劳务派遣费费用(包括劳务派遣公司支付给被派遣者的工资、福利和社保费用),则企业直接支付给劳务派遣公司总的费用在"管理费用—劳务费"会计科目核算。会计分录为:

借:管理费用—劳务费用

应交税费—应交增值税（进项税额）
　　贷：银行存款等

企业与劳务派遣公司签订的劳务派遣合同中约定企业只支付劳务派遣公司劳务派遣费用，派遣工的工资、福利和社保费用直接由企业进行支付，则企业直接支付给派遣工的工资、福利和社保费用，在"应付职工薪酬—工资"会计科目核算。会计分录为：

借：管理费用—劳务费用
　　应交税费—应交增值税（进项税额）
　　应付职工薪酬—工资
　　应付职工薪酬—社会保险费用
　　贷：银行存款等

三、劳务派遣用工的税务处理

（一）增值税

《关于进一步明确全面推开"营改增"试点有关劳务派遣服务、收费公路通行费抵扣等政策的通知》（财税〔2016〕47号）第一条"劳务派遣服务政策"规定："一般纳税人提供劳务派遣服务，可以按照《财政部、国家税务总局关于全面推开营业税改征增值税试点的通知》（财税〔2016〕36号）的有关规定，以取得的全部价款和价外费用为销售额，按照一般计税方法计算缴纳增值税；也可以选择差额纳税，以取得的全部价款和价外费用，扣除代用工单位支付给劳务派遣员工的工资、福利和为其办理社会保险及住房公积金后的余额为销售额，按照简易计税方法依5%的征收率计算缴纳增值税。小规模纳税人提供劳务派遣服务，可以按照《财政部、国家税务总局关于全面推开营业税改征增值税试点的通知》（财税〔2016〕36号）的有关规定，以取得的全部价款和价外费用为销售额，按照简易计税方法依3%的征收率计算缴纳增值税；也可以选择差额纳税，以取得的全部价款和价外费用，扣除代用工单位支付给劳务派遣员工的工资、福利和为其办理社会保险及住房公积金后的余额为销售额，按照简易计税方法依5%的征收率计算缴纳增值税。选择差额纳税的纳税人，向用工单位收取用于支付给劳务派遣员工工资、福利和为其办理社会保险及住房公积金的费用，不得开具增值税专用发票，可以开具普通发票。"

根据以上规定，对于劳务派遣公司来说，一般纳税人可选择一般计税方法，计算公式为：销售额÷（1+6%）×6%；小规模可选择简易计税方法，计算公式为：销售额÷（1+3%）×3%；一般纳税人或小规模纳税人可选择差额纳税，计算公式为：（全部价款和价外费用－代用工单位支付给劳务派遣员工的工资、福利和为其办理社会保险及住房公积金）÷（1+5%）×5%。

由此，如果劳务派遣公司选择一般计税方法，则用工企业可以凭劳务派遣公司开的增值税专用发票抵扣6%的增值税进项税额；劳务派遣公司选择差额纳税，则用工企业凭劳务派遣公司差额计税增值税专用发票，按规定抵扣进项税额；小规模纳税人的劳务派遣公司选择简易计税3%征收率征税的情况下，劳务派遣公司到当地税务机关全额代开增值税专用发票，则用工单位按取得代开的增值税专用发票上注明的增值税额，按照相关规定抵扣进项税额。

（二）企业所得税

《关于企业工资薪金和职工福利费等支出税前扣除问题的公告》（国家税务总局公告2015年第34号）第三条规定："企业接受外部劳务派遣用工所实际发生的费用，应分两种情况按规定在税前扣除：按照协议（合同）约定直接支付给劳务派遣公司的费用，应作为劳务费支出；直接支付给员工个人的费用，应作为工资薪金支出和职工福利费支出。其中属于工资薪金支出的费用，准予计入企业工资薪金总额的基数，作为计算其他各项相关费用扣除的依据。"需要注意的是该条中"直接支付给员工个人的费用"是指用人单位将工资、社会保险和福利费用直接支付给农民工，而不是支付给劳务派遣公司，由劳务派遣公司支付给农民工。

（三）个人所得税

《关于建筑安装业跨省异地工程作业人员个人所得税征收管理问题的公告》（国家税务总局公告2015年第52号）第一条规定，总承包企业和分承包企业通过劳务派遣公司聘用劳务人员跨省异地工作期间的工资、薪金所得个人所得税，由劳务派遣公司依法代扣代缴并向工程作业所在地税务机关申报缴纳。可见，劳务派遣公司负代扣代缴义务并向工程作业所在地税务机关申报纳税。

42. 拍卖转让旧房，土地增值税扣除项目包括哪些？

中国化工集团下属子公司 A 拍卖转让旧房，在计算土地增值税时对于支付给某资产评估有限公司的评估费、拍卖佣金、房屋装修费、维护费、购房时缴纳的印花税能否扣除，税企有不同观点，企业认为能扣除，税局认为不可以扣除。

一、A 公司的观点

对于评估费、拍卖佣金，系 A 公司为转让所涉房屋而支出的费用。A 公司认为，其系中国化工集团属下的全资子公司，属于国有独资中央企业，国务院国资委授权中国化工集团对包括 A 公司在内的全资和控股企业实施资产管理。在处置闲置资产时，在缺乏针对央企资产处置的专门规定的情况下，应当比照适用《中央级事业单位国有资产处置管理暂行办法》（财教〔2008〕495号）第三十三条规定："中央级事业单位国有资产处置收入，在扣除相关税金、评估费、拍卖佣金等费用后，按照政府非税收入管理和财政国库收缴管理的规定上缴中央国库，实行'收支两条线'管理"，将评估费、拍卖费计入转让房地产有关的合理费用予以扣除。

对于房屋装修费、维护费，系 A 公司在购入所涉房屋后，为使房屋具有和保持使用价值而支出的必要费用。A 公司认为，中介机构对所涉房屋进行评估，评估价中包含装修费价值，故装修费应当列入成本予以扣除；国家税务总局《关于房地产开发企业土地增值税清算管理有关问题的通知》第四条第（四）款规定："房地产开发企业销售已装修的房屋，其装修费用可以计入房地产开发成本"，该规定可比照适用于 A 公司；国家税务总局《关于个人住房转让所得征收个人所得税有关问题的通知》（国税发〔2006〕108 号）第二条规定："对转让住房收入计算个人所得税应纳税所得额时，纳税人可凭原购房合同、发票等有效凭证，经税务机关审核后，允许从其转让收入中减除房屋原值、转让住房过程中缴纳的税金及有关合理费用"，装修费和维护费属于列入扣除项目的合理费用；财政部《企业会计准则第 4 号——固定资产》第八条规定："外购固定资产的成本，包括购买价款、相关税费、使固定资产达到预定可使用状态前所发生的可归属于该项资产的运输费、装卸费、安装费和专业人员服务费等"，装修费和维护费属于固定资产成本，应当在计算增值额时扣除。

对于购房时缴纳的印花税，系 A 公司购房时支出的税款，属于购房成本的范畴，应当计入扣除项目。

二、税务部门的观点

根据税收法定原则，土地增值税的扣除项目，应当依据《中华人民共和国土地增值税暂行条例》第六条确定，具体包括以下五项：（一）取得土地使用权所支付的金额；（二）开发土地的成本、费用；（三）新建房及配套设施的成本、费用，或者旧房及建筑物的评估价格；（四）与转让房地产有关的税金；（五）财政部规定的其他扣除项目。

由于 A 公司并非房地产开发企业，涉案房屋在性质上属于旧房，故涉案房屋土地增值税扣除项目涉及《暂行条例》第六条第（一）项、第（三）项、第（四）项、第（五）项。根据《中华人民共和国土地增值税暂行条例实施细则》（以下简称《实施细则》）第七条规定，取得土地使用权所支付的金额，是指纳税人为取得土地使用权所支付的地价款和按国家统一规定交纳的有关费用；旧房及建筑物的评估价格，是指在转让已使用的房屋及建筑物时，由政府批准设立的房地产评估机构评定的重置成本价乘以成新度折扣率后的价格；与转让房地产有关的税金，是指在转让房地产时缴纳的营业税、城市维护建设税、印花税。因转让房地产交纳的教育费附加,也可视同税金予以扣除。

根据《财政部、国家税务总局关于土地增值税若干问题的通知》(财税〔2006〕21号)(以下简称《若干问题通知》)第二条规定,纳税人转让旧房及建筑物,凡不能取得评估价格,但能提供购房发票的,经当地税务部门确认,《暂行条例》第六条第(一)项、第(三)项规定的扣除项目的金额,可按发票所载金额并从购买年度起至转让年度止每年加计5%计算。

根据《财政部、国家税务总局关于土地增值税一些具体问题规定的通知》(财税字〔1995〕048号)(以下简称《具体问题通知》)第九条、第十二条规定,《实施细则》中规定允许扣除的印花税,是指在转让房地产时缴纳的印花税;纳税人转让旧房及建筑物时因计算纳税的需要而对房地产进行评估,其支付的评估费用允许在计算增值额时予以扣除。

可见,上述费用并非《暂行条例》《实施细则》《若干问题通知》《具体问题通知》所列可予扣除的项目,A公司主张依据的《中央级事业单位国有资产处置管理暂行办法》《关于房地产开发企业土地增值税清算管理有关问题的通知》《关于个人住房转让所得征收个人所得税有关问题的通知》《企业会计准则第4号——固定资产》与本案例缺乏关联性,不能作为非房地产开发企业转让旧房时计算土地增值额扣除项目的依据。

三、笔者的评论

从《暂行条例》第六条的规定来看,计算增值额的扣除项目包括五项,但并没有区分是房地产开发企业还是转让旧房的企业。并且第六条的第三款将旧房及建筑物的评估价格与新建房及配套设施的成本、费用作为扣除项目一个选择项,也就是说,如果新建房可扣除的是建房及配套设施的成本、费用,是旧房则为旧房及建筑物的评估价格。但《实施细则》在对扣除项目进行解释时,却打乱了《暂行条例》对扣除项目的分类,进行了重新分类和解释,将开发土地成本与新建房及配套设施的成本作为一个项目进行解释,而且仅限于纳税人房地产开发项目。从《暂行条例》和《实施细则》两个规定来看,对土地增值税的扣除项目是总括规定的,转让旧房的土地增值税扣除项目并没有单独明确。

《财政部、国家税务总局关于土地增值税一些具体问题规定的通知》（财税字〔1995〕48号）第十条，关于转让旧房如何确定扣除项目金额的问题规定，转让旧房的，应按房屋及建筑物的评估价格、取得土地使用权所支付的地价款和按国家统一规定交纳的有关费用以及在转让环节缴纳的税金作为扣除项目金额计征土地增值税。对取得土地使用权时未支付地价款或不能提供已支付的地价款凭据的，不允许扣除取得土地使用权所支付的金额。从此条可以看出，转让旧房的扣除项目包括三类，即：房屋及建筑物的评估价格；取得土地使用权所支付的地价款和按国家统一规定交纳的有关费用；转让环节缴纳的税金。

《国家税务总局关于印发〈土地增值税宣传提纲〉的通知》（国税函发〔1995〕110号）第六条规定，转让旧房及建筑物的，在计算其增值额时，允许扣除由税务机关参照评估价格确定的扣除项目金额（即房屋及建筑物的重置成本价乘以成新度折扣率后的价值），以及在转让时缴纳的有关税金。这主要是考虑到如果按原成本价作为扣除项目金额，不尽合理。而采用评估的重置成本价能够相对消除通货膨胀因素的影响，比较合理。此条规定了房屋及建筑物的评估价格由房屋及建筑物的重置成本价乘以成新度折扣率确定，即旧房的评估价格＝房地产重置成本价×成新度折扣率。根据"采用评估的重置成本价能够相对消除通货膨胀因素的影响"这句话，可以推断房地产重置成本按旧房"处置"时点决定，评估价格反映的是旧房处置时的价格。

由此，按照评估价格计算旧房土地增值税，扣除项目用公式表达为：计算扣除项目金额＝重置成本价×成新度折扣率＋取得土地使用权时所支付的地价款和按国家统一规定缴纳的有关费用＋在转让环节缴纳的税金。这个公式由三个部分之和组成，但三个部分存在不同"时态"，"取得土地使用权时所支付的地价款和按国家统一规定缴纳的有关费用"属于"过去式"；而"重置成本价×成新度折扣率"、"在转让环节缴纳的税金"属于"现在时"。

为什么这样安排呢？让我们看下土地增值额的计算，土地增值额＝旧房及建筑物转让价款或评估价款－扣除项目金额，"旧房及建筑物转让价款或评估价款"也属于"现在时"，差额反映了"土地价格的增值"。例如，某企业转让旧办公楼一栋，土地发票注明的土地价款200万元，办公楼评估重置价格1000万元，成新度为4成，转让收入1200万元，为说明问题不考虑其他任

42. 拍卖转让旧房,土地增值税扣除项目包括哪些?

何税费。则扣除项目 = 200 + 1000 × 40% = 600 万元,土地增值额 = 1200 − 600 = 600 万元。办公楼转让收入实际上既包括地价又包括纯粹的房价,房价相当于旧房的评估价格 400(1000 × 40%)万元,剩下的 800 万元就是现在的地价,现在的地价减去购买时的地价剩余 600(800 − 200)万元就是土地增值额。算出土地增值额就可以征税了,"实现了"我们开征土地增值税的"理想"。

然而"理想很丰满,现实很骨感",在计算转让旧房的土地增值税时,扣除项目有哪些,仍然争执不断,主要集中在以下几个方面:

1. 关于已缴纳的契税可否在计税时扣除的问题。

财税字〔1995〕48 号第十一规定,对于个人购入房地产再转让的,其在购入时已缴纳的契税,在旧房及建筑物的评估价中已包括了此项因素,在计征土地增值税时,不另作为"与转让房地产有关的税金"予以扣除。该规定仅限于个人,对于企业转让旧房是否包括契税并不明确。

2. 关于计算增值额时扣除已缴纳印花税的问题。

财税字〔1995〕48 号第九条规定,细则中规定允许扣除的印花税,是指在转让房地产时缴纳的印花税。房地产开发企业按照《施工、房地产开发企业财务制度》(已全文废止)的有关规定,其缴纳的印花税列入管理费用,已相应予以扣除。其他的土地增值税纳税义务人在计算土地增值税时允许扣除在转让时缴纳的印花税。该条规定了非房地产企业转让房产时缴纳的印花税,在转让环节缴纳的税金项目中可以扣除,而对于购买房产时已缴纳的印花税,是否能扣除没有明确。有税务机关认为《实施细则》第七条第(一)项规定的"按国家统一规定交纳的有关费用"仅指"费",而非"税",主要指纳税人在取得土地使用权过程中按国家规定统一缴纳的有关交易、登记、过户费用等,至于购买房产时缴纳的印花税既不和取得土地使用权相关又不属于"费",不允许扣除。我们认为,购买房产时的印花税并没有单独作为扣除项目,在按照评估价计算土地增值税时,评估旧房产价值应该包括了购买房产时已缴纳的印花税。

3. 关于评估费用可否在计算增值额时扣除的问题。

财税字〔1995〕48 号第十二规定,纳税人转让旧房及建筑物时因计算纳税的需要而对房地产进行评估,其支付的评估费用允许在计算增值额时予以扣除。对条例第九条规定的纳税人隐瞒、虚报房地产成交价格等情形而按房地产评估价格计算征收土地增值税所发生的评估费用,不允许在计算土地增值税时予以扣除。该条强调了因计算纳税的需要而对房地产进行评估,是否意味着因其他需要进行的评估,其评估费不允许在计算增值额时扣除,如案例中因拍卖需要的评估而发生的评估费。

4. 关于装修费用可否在计算增值额时扣除的问题。

根据税法规定,房地产开发企业销售已装修的房屋,其装修费用可以计入房地产开发成本,在计算土地增值税时扣除。对于除房地产开发企业以外的其他企业,购买房产后的装修费是否可以扣除现有税法文件没有规定。这个问题和前述的印花税问题是一样的,关键看在按重置成本评估旧房的评估价格时,这个重置成本是否包括装修费用。笔者查阅了《房地产估价规范》(GB/T50291—2015),在估价方法部分中的成本法中提到了在用成本法测算房地产的价值或价格时需要考虑装饰装修因素。

综上所述,问题症结是目前的税收文件没有对转让旧房采用评估方法计算土地增值税可以扣除的各项目进行清晰界定,可以扣除的项目金额计算中的三个部分包括具体内容不明确,最关键的"旧房的评估价格"(重置成本价乘以成新度折扣率)部分中重置成本价考虑了哪些因素,是否和扣除项目计算中其他两个部分存在重复的内容,需要税法文件更进一步界定,并和《房地产估价规范》(GB/T50291—2015)衔接起来。

43.

企业职工带薪缺勤的会计处理分析

《企业会计准则第 9 号——职工薪酬》（以下简称《职工薪酬》）第二条规定，带薪缺勤，是指企业支付工资或提供补偿的职工缺勤，包括年休假、病假、短期伤残、婚假、产假、丧假、探亲假等。

带薪缺勤可分为短期带薪缺勤和长期带薪缺勤。对于短期带薪缺勤，企业应当根据其性质及其职工享有的权利，分为累积带薪缺勤和非累积带薪缺勤两类，企业应当分别对其进行账务处理。对于长期带薪缺勤，企业应当作为其他长期职工福利处理。以下按这三种分类分别进行分析。

一、非累积带薪缺勤及其会计处理

非累积带薪缺勤，是指带薪权利不能结转下期的带薪缺勤，本期尚未用完的带薪缺勤权利将予以取消，并且职工离开企业时也无权获得现金支付。我国企业职工休婚假、产假、丧假、探亲假、病假期间的工资通常属于非累积带薪缺勤。由于职工提供服务本身不能增加其能够享受的福利金额，企业在职工未缺勤时不应当计提相关费用和负债。为此，《职工薪酬》准则规定，企业应当在职工实际发生缺勤的会计期间确认与非累积带薪缺勤相关的职工薪酬。企业确认职工享有的与非累积带薪缺勤权利相关的薪酬，视同职工出勤确认的当期损益或相关资产成本。通常情况下，与非累积带薪缺勤相关的职工薪酬已经包括在企业每期向职工发放的工资等薪酬中，因此，不必额外作相应的账务处理。

二、累积带薪缺勤及其会计处理

累积带薪缺勤，是指带薪缺勤权利可以结转下期的带薪缺勤，本期尚未用完的带薪缺勤权利可以在未来期间使用。企业应当在职工提供了服务从而增加了其未来享有的带薪缺勤权利时，确认与累积带薪缺勤相关的职工薪酬，并以累积未行使权利而增加的预期支付金额计量。

有些累积带薪缺勤在职工离开企业时，对于未行使的权利，职工有权获得现金支付。职工在离开企业时能够获得现金支付的，企业应当确认企业必须支付的、职工全部累积未使用权利的金额。企业应当根据资产负债表日因累积未使用权利而导致的预期支付的追加金额，作为累积带薪缺勤费用进行预计。

【案例1】甲企业生产工人从2016年1月1日开始实行累积带薪缺勤制度。该制度规定，每个工人每年可享受10个工作日带薪年休假，未使用的年休假只能向后结转一个日历年度，超过1年未使用的权利作废；职工休年休假时，首先使用当年可享受的权利，不足部分再从上年结转的带薪年休假中扣除；职工离开公司时，对未使用的累积带薪年休假无权获得现金支付。假设生产人员日工资为200元，2016年12月31日某职工享受了6天的带薪休假，2017年享受了8天的带薪休假，2016年和2017年如何对带薪休假做账务处理？

1. 2016年12月31日某职工享受了6天的带薪休假，还剩余4天带薪休假，企业应做会计分录：

借：生产成本   800
　　贷：应付职工薪酬——累积带薪缺勤   800

2. 2017年该职工享受了8天的带薪休假，当年未用完的2天带薪休假递延到2018年，2016年未用的4天作废，企业应做会计分录：

借：生产成本   400
　　贷：应付职工薪酬——累积带薪缺勤   400
借：应付职工薪酬——累积带薪缺勤   800
　　贷：生产成本   800

根据案例，可总结累积带薪缺勤的会计核算如下，假设某企业生产工人可享受年带薪假 A 天，具体规定如案例所述，该工人日工资为 m 元。具体有以下两种情况。

1. 第一年的会计核算。

假设第一年享受了 B 天带薪假，则 B 可能小于或等于 A，当 B＝A 时，所有的带薪假期全部享受完，当年累积带薪缺勤不做核算；当 B＜A 时，第一年假期未享受完，则剩余天数递延下年，应天数的职工薪酬计入累积带薪缺勤的同时，计入当期成本。

借：生产成本(A－B)×m
　　贷：应付职工薪酬——累积带薪缺勤(A－B)×m

2. 第二年的会计核算。

假设第二年享受了 C 天带薪假，则 C 可能大于等于 A 或小于 A。

当 C≥A 时，即当年带薪假用完的情况下，还用了上年递延的带薪假。此时，当年带薪假无须做会计核算；对于上年递延天数，无论上年剩余的（A－B）天是否用完，截至第二年年末的时候均会作废，视为用完，需要将上年计入生产成本和累积带薪缺勤的金额在本年转出。

借：应付职工薪酬——累积带薪缺勤(A－B)×m
　　贷：生产成本(A－B)×m

当 C＜A 时，即当年带薪假期未用完，当年未享用天数递延第三年，上年递延天数作废。企业需要确认当年累积带薪缺勤的同时，转出上年递延的累积带薪缺勤。

借：生产成本(A－C)×m
　　贷：应付职工薪酬——累积带薪缺勤(A－C)×m
借：应付职工薪酬——累积带薪缺勤(A－B)×m
　　贷：生产成本(A－B)×m

以后年度以此类推。

三、长期带薪缺勤及其会计处理

长期带薪缺勤应当作为其他长期职工福利来核算处理，并且新准则规定企业向职工提供的其他长期职工福利，符合设定提存计划条件的应当按照设定提存计划的有关规定进行会计处理，符合设定受益计划条件的应当按照设定受益计划来处理。

【案例2】 甲企业财务主管李某在2016年12月查出身患重病，由于需要长时间的治疗和休养，于2016年年末向公司申请了三年的长期病假。公司经过研究讨论之后，正式批准了李某的长期病假申请，并且决定李某病假期间的工资减按平时工资（年薪20万元）的50%发放。假设活跃市场上的高质量公司债券的市场收益率为10%，作为本案例折现率。对此，甲企业如何进行账务处理？

1. 将支付的长期带薪缺勤工资折现后计入当期损益。

200000×50%×(A/P，10%，3) = 100000×2.487 = 248700（元）

借：管理费用　　　　　　　　　　　　　　　　　　248700
　　未确认融资费用　　　　　　　　　　　　　　　 51300
　　贷：应付职工薪酬—其他长期职工福利　　　　　300000

2. 摊销未确认融资费用。

日期	工资 (a)	确认的融资费用 (b) = 期初 (d) ×10%	应付本金减少额 (c) = (a) - (b)	应付本金余额 (d) = 期初 (d) - (c)
2017年1月1日				248700
2017年12月31日	100000	24870	75130	173570
2018年12月31日	100000	17357	82643	90927
2019年12月31日	100000	9073*	90927	0
合计	300000	51300	248700	—

注：*尾数调整=100000-90927=9073。

3. 2017年账务处理。

（1）2017年1月支付工资。

借：应付职工薪酬—其他长期职工福利　　8333（100000÷12）
　　贷：银行存款　　　　　　　　　　　　　　　　　　8333

（2）2017年1月至12月，每月摊销未确认融资费用为2072.5（24870÷12）元。

借：财务费用　　　　　　　　　　　　　　　　　　2072.5
　　贷：未确认融资费用　　　　　　　　　　　　　　2072.5

以后各期会计处理如上。

44.

土地增值税"清算单位"判例解析

一、判例背景

新联公司开发的"巴楚新联未来城"包含普通住宅和非普通住宅。新联公司在向巴楚县税务局申报土地增值税清算时,将普通住宅和非普通住宅合并清算,申报应缴土地增值税为0。新联公司认为合并清算的主要依据是国税发〔2006〕187号、财法〔1995〕6号、国税发〔2009〕91号、新地税发〔2005〕208号的规定,本案土地增值税的清算以"幢"为单位进行核算已经到了最小单位,无法再继续细分;且依据《财政部、国家税务总局关于土地增值税一些具体问题规定的通知》(财税字〔1995〕48号)第十三条规定"关于既建普通标准住宅又搞其他类型房地产开发的如何计税的问题,对纳税人既建普通标准住宅又搞其他房地产开发的,应分别核算增值额。不分别核算增值额或不能准确核算增值额的,其建造的普通标准住宅不能适用条例第八条(一)项的免税规定";国务院令1993年第138号《中华人民共和国土地增值税暂行条例》第八条有下列情形之一的,免征土地增值税:"(一)纳税人建造普通标准住宅出售、增值额未超过扣除项目金额20%的"。新联公司认为其完全可以以放弃免税权利为代价,来合并核算土地增值额。由此,新联公司申报了新联未来城一期1~6号商住楼项目土地增值税:1~4号商住楼增值率为-16.92%,其中普通住宅增值率0.00%,其他项目增值率

-16.92%，应缴土地增值税税额 0.00 元，已缴土地增值税税额 470105.92 元，应退土地增值税税额 470105.92 元；5～6 号楼商住楼增值率为 -7.74%，其中普通住宅增值率为 0.00%，其他项目增值率 -7.74%，应缴土地增值税税额 0.00 元，已缴土地增值税税额 634062.34 元，应退土地增值税税额 634062.34 元，一期应退土地增值税税额共计 1104168.26 元。

但巴楚县税务局依据《国家税务总局关于印发〈土地增值税清算管理规程〉的通知》（国税发〔2009〕91 号）第十七条规定，"清算审核时，应审核房地产开发项目是否以国家有关部门审批、备案的项目为单位进行清算；对于分期开发的项目，是否以分期项目为单位清算；对不同类型房地产是否分别计算增值额、增值率，缴纳土地增值税"。巴楚县税务局对新联公司的普通住宅、非普通住宅、非住宅分别计算增值额、增值率，缴纳土地增值税，计算出原告应缴纳："1. 普通标准住宅清算审核后增值额为 -13783747.40 元，增值率为 0，应缴纳土地增值税 0 元，已预征 0 元，应退土地增值税 0 元；2. 非普通住宅清算审核后增值额为 -308946.71 元，增值率为 0，应缴纳土地增值税 0 元，已预征 0 元，应退土地增值税 0 元；3. 非住宅清算审核后增值额为 8255836.49 元，增值率为 34%，应缴纳土地增值税 2476750.95 元，已预征 0 元，应补土地增值税 2476750.95 元"。

二、争议焦点

双方争议的主要焦点是：1. 对土地增值税的清算单位确定的问题；2. 对财税字〔1995〕48 号文《财政部、国家税务总局关于土地增值税一些具体问题的规定的通知》第十三条规定的理解与适用问题。

三、法院裁判

对于双方争议的土地增值税的清算单位确定的问题，新联公司主张，"土地增值税最小计算单位为一个幢号"；巴楚县税务局在清算新联未来城一期项目土地增值税时，不应在"一个幢号"的基础上再分别计算普通标准住房和非普通住房的增值额，缴纳增值税的做法，违反了"土地增值税最小计算单位为一个幢号"的法律规定。本院认为：依据《国家税务总局关于房地产开发企业土地增值税清算管理有关问题的通知》（国税发〔2006〕187号）第一条：土地增值税以国家有关部门审批的房地产开发项目为单位进行清算，对于分期开发的项目，以分期项目为单位清算，开发项目中同时包含普通住宅和非普通住宅的，应分别计算增值额；《财政部、国家税务总局关于土地增值税一些具体问题的规定的通知》（财税〔1995〕48号文）第十三条：对纳税人既建普通标准住宅又搞其他房地产开发的，应分别核算增值额；《财政部、国家税务总局关于土地增值税若干问题的通知》（财税〔2006〕21号）第三条：各地要进一步完善土地增值税预征办法，根据本地区产业增值水平和市场发展情况，区别普通住房、非普通住房和商业房等不同类型，科学合理地制定预征率，并适时调整的规定，上述法律规定与新联公司主张，"土地增值税最小计算单位为一个幢号"的法律规定并不矛盾，土地增值税最小计算单位为一个幢号，但并不影响对一个幢号中不同类型的房屋分别计算增值额，征收土地增值税。同时这种操作方式也并不导致土地清算单位就演变为普通住宅、非普通住宅、商铺的结论。现实中大量存在开发商开发的房地产项目仅为一幢楼的情况，上述法律规定就是针对"开发项目中同时包含普通住宅和非普通住宅的，应分别计算增值额""对纳税人既建普通标准住宅又搞其他房地产开发的，应分别核算增值额"做出的。新联公司开发的新联未来城一期项目，符合上述法律规定的情形，故巴楚县税务局在清算新联公司新联未来城一期项目土地增值税时，对新联公司开发的项目中不同类型的房屋分别核算增值额，征收土地增值税的做法符合上述法律规定，应予支持。新联公司主张"土地增值税最小计算单位为一个幢号"；不应分别计算增值额，缴纳增值税的上诉理由，没有法律依据，是其对法律法规的误解所致，应予驳回。

对于双方争议的对《财政部、国家税务总局关于土地增值税一些具体问题的规定的通知》（财税〔1995〕48号文）第十三条规定的理解与适用问题。新联公司主张"分别计算增值额，并不产生分别计算土地增值税，而是为了区分普通标准住宅""新联公司虽然认可巴楚县税务局分别计算增值额的方式，但却并不认可巴楚县税务局分别设计土地增值税的行为，退一步讲，新联公司完全可以以放弃免税权利为代价，来要求合并计算土地增值额，进而合并计算土地增值税"；依据《财政部、国家税务总局关于土地增值税一些具体问题的规定的通知》（财税〔1995〕48号文）第十三条：对纳税人既建普通标准住宅又搞其他房地产开发的，应分别核算增值额。不分别核算增值额或不能准确核增值额的，其建造的普通标准住宅不能适用条例第八条（一）项的免税规定的规定，本院认为：分别核算增值额的目的，就是为了分别计算土地增值税，通过分别核算增值额达到分别计算土地增值税，进而起到税收杠杆调节的作用，达到引导房地产经营方向，规范房地产市场的交易秩序，合理调节土地增值收益分配，促进房地产开发的健康发展的目的。故新联公司主张"分别计算增值额，并不产生分别计算土地增值税，而是为了区分普通标准住宅"的上诉理由，没有法律依据，是对法律的曲解，不予采纳。《财政部、国家税务总局关于土地增值税一些具体问题的规定的通知》（财税〔1995〕48号文）第十三条的规定，并没有赋予新联公司在分别核算增值额和分别计算土地增值税方面具有选择权，即"新联公司完全可以以放弃免税权利为代价，来要求合并计算土地增值额，进而合并计算土地增值税"；而是进一步对应该分别计算，没有分别核算的纳税人，普通标准住宅不得享受免税的规定，是一种惩罚性条款，而非选择性条款。

四、判例简析

（一）闹不明的清算单位

《土地增值税暂行条例》（国务院令〔1993〕138号）第八条第（一）项规定，纳税人建造普通标准住宅出售，增值额未超过扣除项目金额20%的，免征土地增值税。该条仅说明，普通标准住宅免征土地增值税的条件是增值额未超过扣除项目金额20%，预示房地产企业要享受免税的优惠，必须算出增值额。至于怎么算，是普通标准住宅本身单独作为一个成本计算对象，还是从其他成本计算对象计算结果中分离计算出普通标准住宅的增值额，例如，房地产企业盖了一幢18层大楼，5~10层为普通标准住宅，1~4层为商业用房，是普通标准住宅作为单独成本计算对象计算出增值额，还是一幢大楼作为成本计算对象，然后从一幢大楼这个成本计算对象计算的成本中分离计算出标准住宅的增值额，暂行条例未给予明确。

44. 土地增值税"清算单位"判例解析

《土地增值税暂行条例实施细则》(财法〔1995〕6号)第八条规定,土地增值税以纳税人房地产成本核算的最基本的核算项目或核算对象为单位计算。该条实际隐藏着两个基本概念:土地增值税以某某为单位计算,即是土地增值税的清算单位,是税法概念;房地产成本核算的最基本的核算项目或核算对象,即成本核算对象,是会计概念。苦于税法没有核算系统,没有办法"独立"算出土地增值税,它要依靠会计核算系统才能进行土地增值税清算,不得已把清算单位(税法概念)界定为基本的成本计算对象(会计概念)。我们知道,会计上的成本计算对象,是企业按照会计政策并结合自身的实际决定的,企业有一定程度的自由决定权,会计成本计算对象如果不是基本的成本计算对象,那么税法上的"清算对象"就与之不一致。

《国家税务总局关于房地产开发企业土地增值税清算管理有关问题的通知》(国税发〔2006〕187号)第一条规定,土地增值税以国家有关部门审批的房地产开发项目为单位进行清算,对于分期开发的项目,以分期项目为单位清算。开发项目中同时包含普通住宅和非普通住宅的,应分别计算增值额。《国家税务总局关于印发〈土地增值税清算管理规程〉的通知》(国税发〔2009〕91号)第十七条规定,清算审核时,应审核房地产开发项目是否以国家有关部门审批、备案的项目为单位进行清算;对于分期开发的项目,是否以分期项目为单位清算;对不同类型房地产是否分别计算增值额、增值率,缴纳土地增值税。由此,我们注意到,税收政策上对"清算单位"的界定发生了变化,指出土地增值税清算单位为国家有关部门审批的房地产开发项目,摆脱了受"会计概念"束缚的局面,走上"独立"之路。

通过以上文件的梳理分析,我们可以看到土地增值税"清算对象"的演进路径,从暂行条例没有"清算对象"的概念,到暂行条例实施细则的"清算对象"为基本的成本计算对象,再到"清算对象"为国家有关部门审批的房地产开发项目;从依赖会计概念再到摆脱会计概念。

再看地方政策,《新疆维吾尔自治区地方税务局关于土地增值税有关问题的通知》(新地税发〔2005〕208号)第三条规定,土地增值税最小计算单位为一个幢号。我们注意到该文件发布的时间是在2006年之前,当时税收政策还没有提出按国家有关部门审批的房地产开发项目来确定清算单位。根据该条,一幢楼如果有不同的房产类型,也可作为一个最小清算对象。

通过上文分析，我们认为税法上的"清算对象"是个后来概念，在暂行条例实施细则中才出现的概念，并和会计上成本计算对象联系到一起。后来国税类税收文件把"清算对象"界定为房地产开发项目，可以说和上位法是矛盾的，但它又没有资格否认上位法。这样，就并存着"清算对象"既可为成本计算对象也可为房地产开发项目，且成本计算对象和房地产开发项目也没有从税法的角度加以解释，实务中大家各取所需，争执不断。

（二）扯不清的权利、义务

《土地增值税暂行条例》规定，纳税人建造普通标准住宅出售，增值额未超过扣除项目金额20%的，免征土地增值税。据此，有人认为免征土地增值税是一项税收优惠，既然是税收优惠，就应该保留纳税人选择的权利，由纳税人自行选择，可分开核算享受税收优惠，也可不分开核算放弃享受税收优惠。如此，就判例中房地产公司来说，不分开核算放弃享受税收优惠，按照一幢作为"清算对象"清算土地增值税不违法。

《财政部、国家税务总局关于土地增值税一些具体问题规定的通知》（财税〔1995〕48号）第十三条规定，对纳税人既建普通标准住宅又搞其他房地产开发的，应分别核算增值额。不分别核算增值额或不能准确核算增值额的，其建造的普通标准住宅不能适用条例第八条（一）项的免税规定。该条是对土地增值税暂行条例第八条（一）项免税规定所要求条件的再次明确。《财政部、国家税务总局关于土地增值税若干问题的通知》（财税〔2006〕21号）第一条指出，纳税人既建造普通住宅，又建造其他商品房的，应分别核算土地增值额。国税发〔2006〕187号第一条规定，开发项目中同时包含普通住宅和非普通住宅的，应分别计算增值额。据此，有人认为，三份文件都明确"应"分别计算增值额，这表明分开核算是纳税人的一项义务而非权利。如此，就判例中房地产公司来说，无论是否享受税收优惠，都必须按照普通住宅、非普通住宅和非住宅三类分别核算土地增值额，从而分别核算其土地增值税。此时，按照一幢作为清算对象计算土地增值税就变为不可能，变相否定了一幢作为清算对象计算土地增值税的合法性。

法院裁判取了权利派中按照一幢作为最小"清算对象"清算土地增值税不违法"，又取了义务派中按照普通住宅、非普通住宅和非住宅三类分别核算土地增值额是义务，因此得出认可"土地增值税最小计算单位为一个幢号"但必须"分别计算增值额从而计算土地增值税"的判决，笔者不禁要问，在此种情况下，一幢作为最小清算对象计算土地增值税的规定又有何用？对于法院这样的判决，你服气吗？

45. 限售股涉税计算分析

限售股一般是指在限定时间内和条件下限制出售的股票。实务中，对于限售股所涉及的主要税种以及如何计算尚存在模糊之处，本文拟对此进行总结分析，以期对财税工作者有点帮助。

一、增值税

个人（个体工商户和自然人）转让限售股免征增值税，单位（比如公司制企业、事业单位和合伙企业等）转让限售股需要缴纳增值税。

单位转让限售股应交增值税 =（限售股卖出价 - 限售股买入价）÷（1 + 税率或征收率）× 税率或征收率。

限售股卖出价不扣除交易税费。

限售股买入价要按照《国家税务总局关于"营改增"试点若干征管问题的公告》（国家税务总局公告2016年第53号）和《国家税务总局关于明确中外合作办学等若干增值税征管问题的公告》（国家税务总局公告2018年第42号）的相关规定进行确定，即单位将其持有的限售股在解禁流通后对外转让的，按照以下规定确定买入价：1. 上市公司实施股权分置改革时，在股票复牌之前形成的原非流通股股份，以及股票复牌首日至解禁日期间由上述股份孳生的送、转股，以该上市公司完成股权分置改革后股票复牌首日的开盘价为买入价。2. 公司首次公开发行股票并上市形成的限售股，以及上市首日至解禁日期间由上述股份孳生的送、转股，以该上市公司股票首次公开发行

（IPO）的发行价为买入价。3. 因上市公司实施重大资产重组形成的限售股，以及股票复牌首日至解禁日期间由上述股份孳生的送、转股，以该上市公司因重大资产重组股票停牌前一交易日的收盘价为买入价。在重大资产重组前已经暂停上市的，以上市公司完成资产重组后股票恢复上市首日的开盘价为买入价。

【案例1】A 公司 2017 年 1 月 1 日上市，股票发行价为 10 元/股，B 公司为增值税一般纳税人，持有 A 公司股票 1000 万股，限售期为 1 年（解禁日为 2017 年 12 月 31 日），该限售股在 A 公司上市前购入，每股 5 元。2017 年 9 月 1 日，A 公司宣告分配方案，每 10 股分 10 股转 20 股（用股票溢价形成的资本公积转增股票，下同）派发 1 元。B 公司取得现金红利 100 万元，持股数量变为 4000 万股。2018 年 6 月 1 日 B 公司将所持 4000 万股全部卖出，每股为 12 万元，计算应该缴纳多少增值税？

案例解析：

根据上文税收政策的规定，公司首次公开发行股票并上市形成的限售股，以及上市首日至解禁日期间由上述股份孳生的送、转股，以该上市公司股票首次公开发行（IPO）的发行价为买入价。案例中 B 公司在 A 公司上市首日形成的限售股，以及上市首日至解禁日期间由限售股孳生的送、转股也为限售股，买入价按照 IPO 发行价确定。

$$B 公司应交增值税 = (4000 \times 12 - 4000 \times 10) \div (1 + 6\%) \times 6\%$$
$$= (48000 - 40000) \div (1 + 6\%) \times 6\%$$
$$= 453（万元）$$

【案例2】A 公司 2017 年 1 月 1 日上市，股票发行价为 10 元/股，B 公司为增值税一般纳税人，持有 A 公司股票 1000 万股，限售期为 1 年（解禁日为 2017 年 12 月 31 日），该限售股在 A 公司上市前购入，每股 5 元。2018 年 3 月 1 日，A 公司宣告分配方案，每 10 股分 10 股转 20 股（用股票溢价形成的资本公积转增股票，下同）派发 1 元。B 公司取得现金红利 100 万元，持股数量变为 4000 万股。2018 年 6 月 1 日 B 公司将所持 4000 万股全部卖出，每股为 12 万元，计算应该缴纳多少增值税？

案例解析：

限售股解禁期满后可以上市流通，性质由限售股变成流通股。案例中 B 公司解禁期满后取得的送股和转股不属于限售股。送股，一般是用公司的未分配利润或/和盈余公积转增股本,相当于公司先进行利润分配、后转增股本,然后股东再用应该得到的公司利润分配的现金购买公司股票,因此,送股的买入价就是股东应该得到的公司利润分配的现金,通常表现为红股的面值。转股,一般是用公司的资本公积转增股本,又分为用股本溢价类资本公积转增股本和非股本溢价类资本公积转增股本。股本溢价类资本公积转增股本不是公司分配其赚取的利润,而是公司把计入"资本公积"的股东出资额转入"股本",股东的出资总额没有变化但持股数量增加,其买入价应确认为0。用非股本溢价类资本公积转增股本,股东取得转增股票的买入价可视同送股确定。

B公司应交增值税 = [4000×12 - (1000×10 + 1000×1)] ÷ (1 + 6%) × 6%
= (48000 - 11000) ÷ (1 + 6%) × 6% = 2094(万元)。

对比案例1和案例2,我们发现,解禁前送转股,由于都是限售股,按股票上市发行价计算限售股买价,实质"扩大"了计算销售额的扣除数,大大降低了应该缴纳的增值税。在资本市场中,许多上市公司就是利用此点进行增值税的税收筹划。

二、企业所得税

《国家税务总局关于贯彻落实企业所得税法若干税收问题的通知》(国税函〔2010〕79号)第四条规定,被投资企业将股权(票)溢价所形成的资本公积转为股本的,不作为投资方企业的股息、红利收入,投资方企业也不得增加该项长期投资的计税基础。

根据《企业所得税法》第二十六第(二)项的规定,符合条件的居民企业之间的股息、红利等权益性投资收益为免税收入。根据《企业所得税法实施条例》第八十三条的规定,企业所得税法第二十六条第(二)项所称符合条件的居民企业之间的股息、红利等权益性投资收益,是指居民企业直接投资于其他居民企业取得的投资收益。所称股息、红利等权益性投资收益,不包括连续持有居民企业公开发行并上市流通的股票不足12个月取得的投资收益。

基于以上税法规定,对于股权(票)溢价形成的资本公积转为股本既不作为投资方企业的股息、红利收入，也不得增加该项长期投资的计税基础。对于送股和非股本溢价类资本公积转增股本不满足条件的，则作为应税收入，相应应该增加长期股权投资的计税基础；满足条件的，则作为免税收入，是否增加长期股权投资的计税基础，企业所得税没有明确的规定。与上文"一、增值税"里的分析类似，笔者认为，送股、非股本溢价类资本公积转增股本作为免税收入的情况下，长期股权投资的计税基础也应该相应增加。另外，对于企业分得的股票股利或实物股利，在确认免税同时，只有确认相应的计税基础，免税才是真正意义上的免税。

在考虑了送股、转股的计税基础之后，我们还需要确定限售股解禁流通后对外转让的增值税是否应该在计算企业所得税时扣除。一般来说，增值税是价外税，在计算企业应纳税所得时都进行了价税分离，不影响损益。但根据《增值税会计处理规定》（财会〔2016〕22号）的规定，金融商品实际转让月末，如产生转让收益，应按应纳税额借记"投资收益"等科目，贷记"应交税费—转让金融商品应交增值税"（以下简称"应交税费"）科目；如产生转让损失，应按可结转下月抵扣的税额，借记"应交税费"科目，贷记"投资收益"等科目。缴纳增值税时，应借记"应交税费"科目，贷记"银行存款"科目。年末，"应交税费"科目如有借方余额，则借记"投资收益"等科目，贷记"应交税费"科目。可见金融商品转让的增值税影响损益，所以在计算转让限售股的企业所得税时，应该扣除转让限售股所缴纳的增值税。

【案例3】A公司2017年1月1日上市，股票发行价为10元/股，B公司为增值税一般纳税人，持有A公司股票1000万股，限售期为1年（解禁日为2017年12月31日），该限售股在A公司上市前购入，每股5元。2017年9月1日，A公司宣告分配方案，每10股分10股转20股（用股票溢价形成的资本公积转增股票，下同）派发1元。B公司取得现金红利100万元，持股数量变为4000万股。2018年6月1日B公司将所持4000万股全部卖出，每股为12万元。假设城市维护建设税税率为7%、教育费附加为3%、地方教育费附加为2%，证券交易印花税税率为1‰，企业所得税税率为25%，计算B公司转让限售股应该缴纳多少企业所得税？

B公司转让限售股的企业所得税 = [4000×12 - 1000×5 - 1000×1 - 453×(1 + 7% + 3% + 2%) - 4000×12×0.001]×25% = (48000 - 5000 - 1000 - 507.36 - 48)×25% = 10361（万元）

三、个人所得税

根据财税〔2009〕167号的规定,目前纳入征税范围的限售股仅限于股改限售股和新股限售股,而不包括配股、上市公司为引入战略投资者而定向增发形成的限售股、重大资产重组形成的限售股等。

根据财税〔2009〕167号第三条的规定,个人转让限售股,以每次限售股转让收入,减除股票原值和合理税费后的余额,为应纳税所得额。即:应纳税所得额=限售股转让收入-(限售股原值+合理税费),如果纳税人未能提供完整、真实的限售股原值凭证的,不能准确计算限售股原值的,主管税务机关一律按限售股转让收入的15%核定限售股原值及合理税费。应纳税额=应纳税所得额×20%。可见,限售股个税是按照个税"财产转让所得"税目,20%的税率征收个人所得税。

【案例4】 华水公司2016年1月1日上市,股票发行价为每股6元,王某是原始股东,投资2000万元,持股2000万股限售股,限售期为12个月。2016年5月1日华水公司宣告分配方案,每10股送10股转10股派发3元,取得现金红利600万元,股票数量变为6000万股,2017年10月15日王某将6000万股全部卖出,每股5元,交易税费50万元,王某转让限售股应该缴纳多少个税?

案例解析:

王某转让限售股应该征税,解禁期内送转股也属于限售股,即6000万股都应该纳税。

限售股转让收入=6000×5=30000(万元)

限售股转让成本=原始投资额+送股增加的计税基础
=2000+2000=4000(万元)

王某应纳个税=(30000-4000-50)×20%=5190(万元)

【案例5】 华北公司2016年1月1日上市,股票发行价为每股6元,王某是原始股东,投资2000万元,持股2000万股限售股,限售期为12个月。2017年5月1日华北公司宣告分配方案,每10股送10股转10股派发3元,取得现金红利600万元,股票数量变为6000万股,2017年10月15日王某将

6000万股全部卖出,每股5元,交易税费50万元,王某转让限售股应该缴纳多少个税?

案例解析:

个人转让限售股缴纳个税,转让流通股不征税,限售股解禁后的送转股不属于限售股,即6000万股中有4000万股属于流通股。

限售股的转让收入 = 2000×5 = 10000(万元)

限售股转让成本 = 原始投资额 + 限售股转让按比例分摊的交易税费
$$= 2000 + 50 \div 3 = 2016.67(万元)$$

王某应纳个税 = (10000 − 2016.67)×20% = 1596.67(万元)

如果本案例中王某无法提供原始投资额,应该核定限售股的成本。

限售股的转让收入 = 2000×5 = 10000(万元)

限售股的转让成本 = 10000×15% = 1500(万元)

王某应纳个税 = (10000 − 1500)×20% = 1700(万元)

比较案例4和案例5可见,如果解禁后送转股,形成的流通股不需要缴纳个税,限售股转让收入减少了,从而降低了个人所得税。

46.
权益法下长期股权投资的税会分析

投资企业对被投资单位具有共同控制或者重大影响的长期股权投资，应当采用权益法核算。权益法下长期股权投资的初始投资、持有和处置的会计核算比较复杂，而在其每个环节税务处理又和会计核算存在差异。这样，就造成了许多财务人员学习这部分内容感到很苦恼，本文试图按照长期股权投资的环节对其会计核算和税务处理进行简单分析，以期帮助"苦恼者"排忧解难。

一、初始投资环节

根据会计准则的规定，长期股权投资的初始投资成本大于投资时应享有被投资单位可辨认净资产公允价值份额的，不调整长期股权投资的初始投资成本；长期股权投资的初始投资成本小于投资时应享有被投资单位可辨认净资产公允价值份额的，其差额应当计入当期损益，同时调整长期股权投资的成本。

税务上应按照实际支付的金额确认投资成本，不确认因投资而产生的损益。

【案例1】2017年1月1日，华水公司以600万元取得华北公司30%的股权，被投资单位净资产账面价值为3000万元（假定被投资公司各项可辨认净资产的公允价值与账面价值相等）。华水公司取得华北公司股权后，能够对华北公司施加重大影响，不考虑相关税费等其他因素。

会计处理：

借：长期股权投资—华北公司（投资成本）　　　　　　　900
　　贷：银行存款　　　　　　　　　　　　　　　　　　600
　　　　营业外收入　　　　　　　　　　　　　　　　　300

税务处理：根据税法的规定，以支付现金取得长期股权投资，计税基础为支付的买价加相关税费，华水公司取得华北公司的投资资产计税基础应为600万元。华水公司计算企业所得税时，会计上确认的营业外收入300万元应在表A105000做纳税调减处理。纳税申报见下表：

纳税调整项目明细表					
行次	项　　　目	账载金额	税收金额	调增金额	调减金额
		1	2	3	4
1	一、收入类调整项目(2+3+4+5+6+7+8+10+11)	*	*		
2	（一）视同销售收入（填写A105010）	*			*
3	（二）未按权责发生制原则确认的收入（填写A105020）				
4	（三）投资收益（填写A105030）				
5	（四）按权益法核算长期股权投资对初始投资成本调整确认收益	*	*	*	300

二、持有环节

（一）被投资公司实现净损益、其他综合收益和其他权益变动

根据会计准则的规定，投资方取得长期股权投资后，应当按照应享有或应分担的被投资单位实现的净损益和其他综合收益的份额，分别确认投资收益和其他综合收益，同时调整长期股权投资的账面价值；投资方按照被投资单位宣告分派的利润或现金股利计算应享有的部分，相应减少长期股权投资的账面价值；投资方对于被投资单位除净损益、其他综合收益和利润分配以外所有者权益的其他变动，应当调整长期股权投资的账面价值并计入所有者权益。投资方在确认应享有被投资单位净损益的份额时，应当以取得投资时被投资单位可辨认净资产的公允价值为基础，对被投资单位的净利润进行调整后确认。被投资单位采用的会计政策及会计期间与投资方不一致的，应当按照投资方的会计政策及会计期间对被投资单位的财务报表进行调整，并据以确认投资收益和其他综合收益等。

根据税法的规定，股息、红利等权益性投资收益，除国务院财政、税务主管部门另有规定外，按照被投资方做出利润分配决定的日期确认收入的实现，计入当期应纳税所得额。同时规定对于符合条件的居民企业之间的股息、红利等权益性投资收益及在中国境内设立机构、场所的非居民企业从居民企业取得与该机构、场所有实际联系的股息、红利等权益性投资收益，为免税收入，不计入企业应纳税所得额征税。对于被投资企业其他综合收益、其他权益变动等，投资企业相应调整长期股权投资的账面价值，因为该调整记入的是所有者权益科目，并未影响当前损益，所以不需要进行纳税调整。

【案例 2】 接案例 1，2017 年 8 月，华北公司宣布分红 300 万元，华水公司当月收到股息；2017 年华北公司实现净利润 400 万元；当年华北公司因持有的可供出售金融资产公允价值变动计入其他综合收益的金额为 200 万元；华北公司的母公司对其捐赠 100 万元，该捐赠属于资本性投入，华北公司计入了资本公积科目。

会计处理：

1. 宣告及收到现金股利。

借：应收股利　　　　　　　　　　　　　　　　90
　　贷：长期股权投资—华北公司（损益调整）　　　　90
借：银行存款　　　　　　　　　　　　　　　　90
　　贷：应收股利　　　　　　　　　　　　　　　　　90

2. 华水公司应享有华北公司净利润 120 万元，确认为投资收益。

借：长期股权投资—华北公司（损益调整）　　120
　　贷：投资收益　　　　　　　　　　　　　　　　120

3. 因华北公司其他综合收益、资本公积发生变动，华水公司调整长期股权投资的账面价值。

借：长期股权投资—华北公司（其他综合收益）　　60
　　　　　　　　—华北公司（其他权益变动）　　　30
　　贷：其他综合收益　　　　　　　　　　　　　　60
　　　　资本公积—其他资本公积　　　　　　　　　30

税务处理：

2017 年会计上确认投资收益为 120 万元，税务上，按被投资方宣告分配股利确认投资收益为 90 万元，应调减应纳税所得额 30（120－90）万元，在表 A105030 进行调整。税法上确认的投资收益 90 万元，按照税法规定属于免税收入，在表 A107011 进行调整。因被投资企业其他综合收益、其他权益变动而调增的长期股权投资，没有影响损益科目，不需要进行纳税调整。纳税申报见下表：

投资收益纳税调整明细表

行次	项目	持有收益			处置收益						纳税调整金额
		账款金额	税收金额	纳税调整金额	会计确认的处置收入	税收计算的处置收入	处置投资的账面价值	处置投资的计税基础	会计确认的处置所得或损失	税收计算的处置所得	纳税调整金额
		1	2	3(2-1)	4	5	6	7	8(4-6)	9(5-7)	10(9-8)	11(3+10)
1	一、交易性金额资产											
2	二、可供出售金融资产											
3	三、持有至到期投资											
4	四、衍生工具											
5	五、交易性金额负债											
6	六、长期股权投资	120	90	-30								-30

符合条件的居民企业之间的股息、红利等权益性投资收益优惠明细表

行次	被投资企业	投资性质	投资成本	投资比例	被投资企业利润分配确认金额		被投资企业清算确认金额			撤回或减少投资确认金额					合计
					被投资企业做出利润分配或转股决定时间	依决定归属于本公司的股息、红利等权益性投资收益金额	分得的被投资企业清算剩余资产	被清算企业累计未分配利润和累计盈余公积应享有部分	应确认的股息所得	从被投资企业撤回或减少取得资产	减少投资比例	收回初始投资成本	取得资产中超过收回初始投资成本部分	撤回或减少投资应享有该投资企业累计未分配利润和累计盈余公积	应确认的股息所得	
	1	2	3	4	5	6	7	8	9<7与8数小>	10	11	12(3×11)	13(10-12)	14	15(13与14数小)	16(8+9+15)
1	华北公司	直接投资	600	30%	2017.8	90										90

（二）被投资公司产生亏损

根据会计准则，投资方确认被投资单位发生的净亏损，应当以长期股权投资的账面价值以及其他实质上构成对被投资单位净投资的长期权益减记至零为限，投资方负有承担额外损失义务的除外。

根据税法规定，投资企业不能确认被投资企业发生的净亏损，被投资企业发生的净亏损只能由被投资企业以后年度的所得弥补。投资企业确认了被投资企业净亏损的，应按照税法规定进行调整。

【案例3】接案例1、案例2，2018年华北公司发生净亏损400万元。

会计处理：

　　借：投资收益　　　　　　　　　　　　　　　　120

贷：长期股权投资—华北公司（损益调整）　　　　　　　　120

税务处理：

华水公司不能确认投资损失，当年应调增应纳税所得额120万元。纳税申报见下表：

投资收益纳税调整明细表

行次	项目	持有收益			处置收益						纳税调整金额
		账载金额	税收金额	纳税调整金额	会计确认的处置收入	税收计算的处置收入	处置投资的账面价值	处置投资的计税基础	会计确认的处置所得或损失	税收计算的处置所得	纳税调整金额
		1	2	3(2-1)	4	5	6	7	8(4-6)	9(5-7)	10(9-8)	11(3+10)
1	一、交易性金融资产											
2	二、可供出售金融资产											
3	三、持有至到期投资											
4	四、衍生工具											
5	五、交易性金融负债											
6	六、长期股权投资	-120	0	120								120

纳税调整项目明细表

行次	项目	账载金额	税收金额	调增金额	调减金额
		1	2	3	4
1	一、收入类调整项目（2+3+4+5+6+7+8+10+11）	*	*		
2	（一）视同销售收入（填写A105010）	*			*
3	（二）未按权责发生制原则确认的收入（填写A105020）				
4	（三）投资收益（填写A105030）	-120	0	120	

三、处置环节

会计处理上，当投资企业处置长期股权投资时，其账面价值与实际取得价款的差额，记入当期损益"投资收益"账户；将原计入所有者权益的部分按相应比例转让投资收益。

税务处理上，企业对外投资期间，投资资产的成本在计算应纳税所得额时不得扣除。企业处置长期股权投资，其计税基础与实际取得价款的差额，应当计入转让当前应纳税所得额，缴纳企业所得税。企业转让股权收入，应于转让协议生效，且完成股权变更手续时，确认收入的实现。转让股权收入扣除为取得该股权所发生的成本后，为股权转让所得。企业在计算股权转让所得时，不得扣除被投资企业未分配利润等股东留存收益中按该项股权所可能分配的金额。

46. 权益法下长期股权投资的税会分析

【案例4】 接案例1、案例2、案例3，2019年10月1日，华水公司出售全部华北公司股权，取得价格1000万元。

会计处理：

1. 华水公司转让华北公司股权取得收入1000万元。

　　借：银行存款　　　　　　　　　　　　　　　　　1000
　　　　长期股权投资—华北公司（损益调整）　　　　　90
　　　　贷：长期股权投资—华北公司（投资成本）　　　　900
　　　　　　　　　　—华北公司（其他综合收益）　　　　60
　　　　　　　　　　—华北公司（其他权益变动）　　　　30
　　　　　　投资收益　　　　　　　　　　　　　　　　100

2. 将原计入其他综合收益、资本公积的所有者权益变动全部转入当期损益。

　　借：其他综合收益　　　　　　　　　　　　　　　　60
　　　　资本公积—其他资本公积　　　　　　　　　　　　30
　　　　贷：投资收益　　　　　　　　　　　　　　　　　90

税务处理：

税务上确认投资收益为400（1000-600）万元。会计上确认收益为190万元，应调增应纳税所得额210（400-190）万元。本案例假定从其他综合收益、资本公积转入投资收益的金额90万元作为持有收益进行填报。纳税申报见下表：

投资收益纳税调整明细表

行次	项目	持有收益			处置收益						纳税调整金额
		账载金额	税收金额	纳税调整金额	会计确认的处置收入	税收计算的处置收入	处置投资的账面价值	处置投资的计税基础	会计确认的处置所得或损失	税收计算的处置所得	
		1	2	3(2-1)	4	5	6	7	8(4-6)	9(5-7)	10(9-8)	11(3+10)
1	一、交易性金融资产											
2	二、可供出售金融资产											
3	三、持有至到期投资											
4	四、衍生工具											
5	五、交易性金融负债											
6	六、长期股权投资	90	0	-90	1000	1000	900	600	100	400	300	210

289

	纳税调整项目明细表				
行次	项　　目	账载金额	税收金额	调增金额	调减金额
		1	2	3	4
1	一、收入类调整项目（2+3+4+5+6+7+8+10+11）	*	*		
2	（一）视同销售收入（填写A105010）		*		*
3	（二）未按权责发生制原则确认的收入（填写A105020）				
4	（三）投资收益（填写A105030）	190	400	210	

【案例5】接案例1、案例2、案例3，2019年10月1日，华水公司出售全部华北公司股权，取得价格500万元。

会计处理：

1. 华水公司转让华北公司股权取得收入500万元。

　　借：银行存款　　　　　　　　　　　　　　　　　　500

　　　　长期股权投资—华北公司（损益调整）　　　　　90

　　　　投资收益　　　　　　　　　　　　　　　　　　400

　　　　贷：长期股权投资—华北公司（投资成本）　　　　900

　　　　　　　—华北公司（其他综合收益）　　　　　　　60

　　　　　　　—华北公司（其他权益变动）　　　　　　　30

2. 将原计入其他综合收益、资本公积的所有者权益变动全部转入当期损益。

　　借：其他综合收益　　　　　　　　　　　　　　　　60

　　　　资本公积—其他资本公积　　　　　　　　　　　30

　　　　贷：投资收益　　　　　　　　　　　　　　　　　90

税务处理： 税法计算股权转让损失100（500－600）万元，会计确认损失310万元，应纳税调增210万元。纳税申报见下表：

	资产损失（专项申报）税前扣除及纳税调整明细表						
行次	项　　目	账载金额	处置收入	赔偿收入	计税基础	税收金额	纳税调整金额
	1	2	3	4	5	6 (5-3-4)	7 (2-6)
1	一、货币资产损失（2+3+4+5）						
2							
3							
4							
5							
6	二、非货币资产损失（7+8+9+10）						
7							
8							
9							
10							
11	三、投资损失（12+13+14+15）	310	500		600	100	-210

资产损失税前扣除及纳税调整明细表

行次	项目	账载金额 1	税收金额 2	纳税调整金额 3（1-2）
1	一、清单申报资产损失（2+3+4+5+6+7+8）			
2	（一）正常经营管理活动中，按照公允价格销售、转让、变卖非货币资产的损失			
3	（二）存货发生的正常损耗			
4	（三）固定资产达到或超过使用年限而正常报废清理的损失			
5	（四）生产性生物资产达到或超过使用年限而正常死亡发生的资产损失			
6	（五）按照市场公平交易原则，通过各种交易场所、市场等买卖债券、股票、期货、基金以及金融衍生产品等发生的损失			
7	（六）分支机构上报的资产损失			
8	（七）其他			
9	二、专项申报资产损失（填写A105091）			
10	（一）货币资产损失（填写A105091）			
11	（二）非货币资产损失（填写A105091）			
12	（三）投资损失（填写A105091）	310	100	210

纳税调整项目明细表

行次	项目	账载金额 1	税收金额 2	调增金额 3	调减金额 4
	一、收入类调整项目（2+3+4+5+6+7+8+10+11）	*	*		
30	三、资产类调整项目（31+32+33+34）	*	*		
31	（一）资产折旧、摊销（填写A105080）				
32	（二）资产减值准备金		*		
33	（三）资产损失（填写A105090）	310	100	210	

47. "经营所得"个税计算与纳税申报分析

一、经营所得的概念

经营所得是指：1. 个体工商户从事生产、经营活动取得的所得，个人独资企业投资人、合伙企业的个人合伙人来源于境内注册的个人独资企业、合伙企业生产、经营的所得；2. 个人依法从事办学、医疗、咨询以及其他有偿服务活动取得的所得；3. 个人对企业、事业单位承包经营、承租经营以及转包、转租取得的所得；4. 个人从事其他生产、经营活动取得的所得。

二、应纳税所得额的计算

根据《个人所得税法》《个人所得税法实施条例》的规定，经营所得，以每一纳税年度的收入总额减除成本、费用以及损失后的余额，为应纳税所得额。成本、费用，是指生产、经营活动中发生的各项直接支出和分配计入成本的间接费用以及销售费用、管理费用、财务费用；损失，是指生产、经营活动中发生的固定资产和存货的盘亏、毁损、报废损失，转让财产损失，坏账损失，自然灾害等不可抗力因素造成的损失以及其他损失。

取得经营所得的个人，没有综合所得的，计算其每一纳税年度的应纳税所得额时，应当减除费用 6 万元、专项扣除、专项附加扣除以及依法确定的其他扣除。专项附加扣除在办理汇算清缴时减除。

从事生产、经营活动，未提供完整、准确的纳税资料，不能正确计算应纳税所得额的，由主管税务机关核定应纳税所得额或者应纳税额。

根据以上规定，应纳税所得额的计算可分为两种情况，纳税人能提供完整、准确的纳税资料下，通过计算得到应纳税所得额；纳税人未提供完整、准确的纳税资料，不能正确计算应纳税所得额的，由主管税务机关核定应纳税所得额或者应纳税额。查账征收方式下，如果纳税人没有综合所得，预缴个税时，计算应纳税所得额应当减除费用 6 万元、专项扣除和依法确定的其他扣除；汇算清缴个税时，计算应纳税所得额应当减除费用 6 万元专项扣除、专项附加扣除以及依法确定的其他扣除。这块详细的内容可参见下文五和六部分。

三、计算"经营所得"个税适用的税率

计算经营所得个税，适用百分之五至百分之三十五的超额累进税率。税率表如下：

级数	全年应纳税所得额	税率（%）
1	不超过 30000 元的	5%
2	超过 30000 元至 90000 元的部分	10%
3	超过 90000 元至 300000 元的部分	20%
4	超过 300000 元至 500000 元的部分	30%
5	超过 500000 元的部分	35%

在实际计算"经营所得"的个税时，为避免采用上表进行计算带来的麻烦，我们往往采用下表进行经营所得个税的计算。
（个体工商户的生产、经营所得和对企事业单位的承包经营、承租经营所得适用）

级数	全年应纳税所得额	税率	速算扣除数
1	不超过 30000 元的	5%	0
2	超过 30000 元至 90000 元的部分	10%	1500

续表

级数	全年应纳税所得额	税率	速算扣除数
3	超过 90000 元至 300000 元的部分	20%	10500
4	超过 300000 元至 500000 元的部分	30%	40500
5	超过 500000 元的部分	35%	65500

四、纳税申报表类型

纳税人取得经营所得，按年计算个人所得税，由纳税人在月度或季度终了后 15 日内，向经营管理所在地主管税务机关办理预缴纳税申报，并报送《个人所得税经营所得纳税申报表（A 表）》。在取得所得的次年 3 月 31 日前，向经营管理所在地主管税务机关办理汇算清缴，并报送《个人所得税经营所得纳税申报表（B 表）》；从两处以上取得经营所得的，选择向其中一处经营管理所在地主管税务机关办理年度汇总申报，并报送《个人所得税经营所得纳税申报表（C 表）》。

五、"经营所得"预缴个税的计算和预缴纳税申报

（一）预缴时应纳税所得额的计算

1. 查账征收（据实预缴）。

应纳税所得额 =［(收入总额 - 成本费用) - 弥补以前年度亏损］× 合伙企业个人合伙人分配比例(非合伙没此环节) - 允许扣除的个人费用及其他扣除。其中"允许扣除的个人费用及其他扣除"项目包括："投资者减除费用"（每月 5000 元）、"专项扣除"（按规定允许扣除的基本养老保险费、基本医疗保险费、失业保险费、住房公积金的金额）和"依法确定的其他扣除"（商业健康保险、税延养老保险以及其他按规定允许扣除项目的金额）。

特别要提醒的是，根据《个人所得税法实施条例》第十五条第二款的规定，取得经营所得的个人，没有综合所得的，计算应纳税所得额时才允许扣

除个人费用及其他扣除。也就是说,如果纳税人取得了综合所得,计算经营所得的个税时不能扣除"投资者减除费用"、"专项扣除"、"依法确定的其他扣除"以及"专项附加扣除"(预缴不扣除,汇算清缴扣除)。如此,可能存在纳税人取得的综合所得不足以扣除上述项目,而取得的经营所得不可以扣除,浪费掉上述扣除项目,纳税人税负增加,对纳税人不公平。目前已发的个税文件还没给予解决办法,期待税总给予关注。

2. 查账征收(按上年应纳税所得额预缴)。

应纳税所得额 = 上年度的应纳税所得额 ÷ 12 × 月份数。

3. 核定应税所得率征收(能准确核算收入总额的)。

应纳税所得额 = 收入总额 × 应税所得率 × 合伙企业个人合伙人分配比例(非合伙没此环节)。

4. 核定应税所得率征收(能准确核算成本费用的)。

应纳税所得额 = 成本费用 ÷ (1 - 应税所得率) × 应税所得率 × 合伙企业个人合伙人分配比例(非合伙没此环节)

5. 核定应纳税所得额征收。

应纳税所得额 = 税务机关核定的应纳税所得额

6. 税务机关认可的其他方式。

应纳税所得额 = 税务机关认可的应纳税所得额

(二) 案例解析经营所得预缴个税的计算和预缴申报

【案例1】王明创办了一家个人独资企业"北京市明光电器五金制品厂",能完整、准确提供税务核算资料,2019年每季度取得的收入为100000元,成本费用30000元,王明按季度预缴申报个税,王明2019年度没有取得综合所得。假设,该独资企业不存在弥补以前年度亏损情况,王明每月支付"三险一金"4500元(其中基本养老保险2000元,基本医疗保险1000元,失业保险500元,住房公积金1000元),每月支付商业健康保险费、税延养老保险各200元,每月支付子女教育1000元,每月支付首套住房贷款利息1000元,赡养老人每月支出1000元,王明2019年发生大病医疗费用20000元。

1. 王明第一季度经营所得预缴个税的计算和预缴申报。

(1) 应纳税所得额 = 收入总额 - 成本费用 - 允许扣除的个人费用及其他扣除 = (100000 - 30000) - 5000 × 3 - 4500 × 3 - (200 + 200) × 3 = 70000 -

15000 – 13500 – 1200 = 40300（元）

（2）查上表，税率为 10%，速算扣除数为 1500

（3）应预缴个税 = 40300 × 10% – 1500 = 2530（元）

（4）第一季度后的 15 日之内填写个人所得税经营所得纳税申报表(A 表)

个人所得税经营所得纳税申报表（A 表）

税款所属期：2019 年 1 月 1 日至 2019 年 3 月 31 日

纳税人姓名：王明

纳税人识别号：身份证号　　　　　　　　　金额单位：人民币元（列至角分）

被投资单位信息	名称	北京市明光电器五金制品厂	纳税人识别号（统一社会信用代码）	北京市明光电器五金制品厂的纳税识别号
征收方式	☑查账征收（据实预缴）　　□查账征收（按上年应纳税所得额预缴） □核定应税所得率征收　　□核定应纳税所得额征收 □税务机关认可的其他方式_____			

项　目	行次	金额/比例
一、收入总额	1	100000
二、成本费用	2	30000
三、利润总额（3 = 1 – 2）	3	70000
四、弥补以前年度亏损	4	
五、应税所得率（%）	5	
六、合伙企业个人合伙人分配比例（%）	6	
七、允许扣除的个人费用及其他扣除（7 = 8 + 9 + 14）	7	29700
（一）投资者减除费用	8	15000
（二）专项扣除（9 = 10 + 11 + 12 + 13）	9	13500
1. 基本养老保险费	10	6000
2. 基本医疗保险费	11	3000
3. 失业保险费	12	1500
4. 住房公积金	13	3000
（三）依法确定的其他扣除（14 = 15 + 16 + 17）	14	1200
1. 商业健康保险费	15	600
2. 税延养老保险	16	600
3.	17	
八、应纳税所得额	18	40300

续表

项　　目	行次	金额/比例
九、税率（%）	19	10%
十、速算扣除数	20	1500
十一、应纳税额（21 = 18×19 − 20）	21	2530
十二、减免税额（附报《个人所得税减免税事项报告表》）	22	
十三、已缴税额	23	
十四、应补/退税额（24 = 21 − 22 − 23）	24	

谨声明：本表是根据国家税收法律法规及相关规定填报的，是真实的、可靠的、完整的。

纳税人签字： 王明　2019 年　4 月　10 日

经办人： 经办人身份证件号码： 代理机构签章： 代理机构统一社会信用代码：	受理人： 受理税务机关（章）： 受理日期：　　年　月　日

2. 王明第二季度经营所得预缴个税的计算和预缴申报。

（1）应纳税所得额＝收入总额－成本费用－允许扣除的个人费用及其他扣除＝（100000×2－30000×2）－5000×6－4500×6－（200＋200）×6＝140000－30000－27000－2400＝80600（元）

（2）查上表，税率为10%，速算扣除数为1500

（3）应预缴个税＝80600×10%－1500＝6560（元）

（4）应补税额＝6560－2530＝4030（元）

（5）第二季度后的15日之内填写个人所得税经营所得纳税申报表（A表）

个人所得税经营所得纳税申报表（A表）

税款所属期：2019 年 1 月 1 日至 2019 年 6 月 30 日

纳税人姓名：王明

纳税人识别号：身份证号　　　　　　　　　金额单位：人民币元（列至角分）

被投资单位信息	名称	北京市明光电器五金制品厂	纳税人识别号（统一社会信用代码）	北京市明光电器五金制品厂的纳税识别号
征收方式	☑查账征收（据实预缴）　　□查账征收（按上年应纳税所得额预缴） □核定应税所得率征收　　　□核定应纳所得额征收 □税务机关认可的其他方式_____			

续表

项　　目	行次	金额/比例
一、收入总额	1	200000
二、成本费用	2	60000
三、利润总额（3＝1－2）	3	140000
四、弥补以前年度亏损	4	
五、应税所得率（%）	5	
六、合伙企业个人合伙人分配比例（%）	6	
七、允许扣除的个人费用及其他扣除（7＝8＋9＋14）	7	59400
（一）投资者减除费用	8	30000
（二）专项扣除（9＝10＋11＋12＋13）	9	27000
1. 基本养老保险费	10	12000
2. 基本医疗保险费	11	6000
3. 失业保险费	12	3000
4. 住房公积金	13	6000
（三）依法确定的其他扣除（14＝15＋16＋17）	14	2400
1. 商业健康保险费	15	1200
2. 税延养老保险	16	1200
3.	17	
八、应纳税所得额	18	80600
九、税率（%）	19	10%
十、速算扣除数	20	1500
十一、应纳税额（21＝18×19－20）	21	6560
十二、减免税额（附报《个人所得税减免税事项报告表》）	22	0
十三、已缴税额	23	2530
十四、应补/退税额（24＝21－22－23）	24	4030

谨声明：本表是根据国家税收法律法规及相关规定填报的，是真实的、可靠的、完整的。

　　　　　　　　　　　　　　　　　　　纳税人签字：　王明　2019 年 7 月 10 日

经办人：	受理人：
经办人身份证件号码：	
代理机构签章：	受理税务机关（章）：
代理机构统一社会信用代码：	受理日期：　　年　月　日

47. "经营所得"个税计算与纳税申报分析

3. 王明第三季度经营所得预缴个税的计算和预缴申报。

(1) 应纳税所得额 = 收入总额 – 成本费用 – 允许扣除的个人费用及其他扣除 = (100000 × 3 – 30000 × 3) – 5000 × 9 – 4500 × 9 – (200 + 200) × 9 = 210000 – 45000 – 40500 – 3600 = 120900(元)

(2) 查上表,税率为20%,速算扣除数为10500

(3) 应预缴个税 = 120900 × 20% – 10500 = 13680(元)

(4) 应补税额 = 13680 – 6560 = 7120(元)

(5) 第三季度后的15日之内填写个人所得税经营所得纳税申报表(A表)

个人所得税经营所得纳税申报表(A表)

税款所属期:2019年1月1日至2019年9月30日

纳税人姓名:王明

纳税人识别号:身份证号　　　　　　　　金额单位:人民币元(列至角分)

被投资单位信息	名称	北京市明光电器五金制品厂	纳税人识别号(统一社会信用代码)	北京市明光电器五金制品厂的纳税识别号
征收方式	☑查账征收(据实预缴)　　□查账征收(按上年应纳税所得额预缴) □核定应税所得率征收　　□核定应纳税所得额征收 □税务机关认可的其他方式＿＿＿＿			

项　目	行次	金额/比例
一、收入总额	1	300000
二、成本费用	2	90000
三、利润总额(3 = 1 – 2)	3	210000
四、弥补以前年度亏损	4	
五、应税所得率(%)	5	
六、合伙企业个人合伙人分配比例(%)	6	
七、允许扣除的个人费用及其他扣除(7 = 8 + 9 + 14)	7	89100
(一)投资者减除费用	8	45000
(二)专项扣除(9 = 10 + 11 + 12 + 13)	9	40500
1. 基本养老保险费	10	18000
2. 基本医疗保险费	11	9000
3. 失业保险费	12	4500
4. 住房公积金	13	9000

续表

项　　目	行次	金额/比例
（三）依法确定的其他扣除（14 = 15 + 16 + 17）	14	3600
1. 商业健康保险费	15	1800
2. 税延养老保险	16	1800
3.	17	
八、应纳税所得额	18	120900
九、税率（%）	19	20%
十、速算扣除数	20	10500
十一、应纳税额（21 = 18 × 19 − 20）	21	13680
十二、减免税额（附报《个人所得税减免税事项报告表》）	22	0
十三、已缴税额	23	6560
十四、应补/退税额（24 = 21 − 22 − 23）	24	7120

谨声明：本表是根据国家税收法律法规及相关规定填报的，是真实的、可靠的、完整的。

纳税人签字：　王明　2019 年 10 月 10 日

经办人： 经办人身份证件号码： 代理机构签章： 代理机构统一社会信用代码：	受理人： 受理税务机关（章）： 受理日期：　　年　　月　　日

4. 王明第四季度经营所得预缴个税的计算和预缴申报。

（1）应纳税所得额 = 收入总额 − 成本费用 − 允许扣除的个人费用及其他扣除 =（100000 × 4 − 30000 × 4）− 5000 × 12 − 4500 × 12 −（200 + 200）× 12 = 280000 − 60000 − 54000 − 4800 = 161200（元）

（2）查上表，税率为 20%，速算扣除数为 10500。

（3）应预缴个税 = 161200 × 20% − 10500 = 21740（元）

（4）应补税额 = 21740 − 13680 = 8060（元）

（5）2019 年第四季度后的 15 日之内填写个人所得税经营所得纳税申报表（A 表）

47. "经营所得"个税计算与纳税申报分析

个人所得税经营所得纳税申报表（A 表）

税款所属期：2019 年 1 月 1 日至 2019 年 12 月 31 日

纳税人姓名：王明

纳税人识别号：身份证号　　　　　　　金额单位：人民币元（列至角分）

被投资单位信息	名称	北京市明光电器五金制品厂	纳税人识别号（统一社会信用代码）	北京市明光电器五金制品厂的纳税识别号
征收方式	☑查账征收（据实预缴）　　□查账征收（按上年应纳税所得额预缴） □核定应税所得率征收　　□核定应纳税所得额征收 □税务机关认可的其他方式_____			

项　目	行次	金额/比例
一、收入总额	1	400000
二、成本费用	2	120000
三、利润总额（3 = 1 - 2）	3	280000
四、弥补以前年度亏损	4	
五、应税所得率（%）	5	
六、合伙企业个人合伙人分配比例（%）	6	
七、允许扣除的个人费用及其他扣除（7 = 8 + 9 + 14）	7	118800
（一）投资者减除费用	8	60000
（二）专项扣除（9 = 10 + 11 + 12 + 13）	9	54000
1. 基本养老保险费	10	24000
2. 基本医疗保险费	11	12000
3. 失业保险费	12	6000
4. 住房公积金	13	12000
（三）依法确定的其他扣除（14 = 15 + 16 + 17）	14	4800
1. 商业健康保险费	15	2400
2. 税延养老保险	16	2400
3.	17	
八、应纳税所得额	18	161200
九、税率（%）	19	20%
十、速算扣除数	20	10500
十一、应纳税额（21 = 18 × 19 - 20）	21	21740
十二、减免税额（附报《个人所得税减免税事项报告表》）	22	0
十三、已缴税额	23	13680
十四、应补/退税额（24 = 21 - 22 - 23）	24	8060

续表

谨声明：本表是根据国家税收法律法规及相关规定填报的，是真实的、可靠的、完整的。	
纳税人签字：　王明　2020年1月10日	
经办人： 经办人身份证件号码： 代理机构签章： 代理机构统一社会信用代码：	受理人： 受理税务机关（章）： 受理日期：　　年　　月　　日

六、汇算清缴时"经营所得"个税的计算和纳税申报

（一）汇算清缴时应纳税所得额的计算

实行查账征收计算"经营所得"个税的纳税人才需要汇算清缴。与预缴个税计算相比，汇算清缴时应纳税所得额的计算另外还需要进行以下5个方面的调整。

1. 纳税调整增加。

纳税调整增加包括超过规定标准的扣除项目金额和不允许扣除的项目金额。

关于超过规定标准的扣除项目金额，是指超过税法规定的扣除标准应予调增的应纳税所得额。需要掌握以下几项支出的税法规定（国家税务总局令第35号）：职工福利费；职工教育经费；工会经费；利息支出；业务招待费；广告费和业务宣传费；教育和公益事业捐赠；社会保险费；住房公积金；折旧费用；无形资产摊销；资产损失。

关于不允许扣除的项目，主要包括：个人所得税税款；税收滞纳金；罚金、罚款和被没收财物的损失；不符合扣除规定的捐赠支出；赞助支出；用于个人和家庭的支出；投资者工资薪金支出；与取得生产经营收入无关的其他支出；国家税务总局规定不准扣除的支出。

2. 纳税调整减少。

在计算利润总额时已计入收入或未列入成本费用，但在计算应纳税所得额时应予扣除的项目金额。

3. 专项附加扣除。

按规定可扣除的子女教育、继续教育、大病医疗、住房贷款利息、住房租金、赡养老人支出。

4. 投资抵扣。

按照税法规定可以税前抵扣的投资金额。

5. 准予扣除的个人捐赠支出。

《个人所得税法》第六条第三款规定,个人将其所得对教育、扶贫、济困等公益慈善事业进行捐赠,捐赠额未超过纳税人申报的应纳税所得额百分之三十的部分,可以从其应纳税所得额中扣除;国务院规定对公益慈善事业捐赠实行全额税前扣除的,从其规定。《个人所得税法实施条例》第十九条规定,个人所得税法第六条第三款所称个人将其所得对教育、扶贫、济困等公益慈善事业进行捐赠,是指个人将其所得通过中国境内的公益性社会组织、国家机关向教育、扶贫、济困等公益慈善事业的捐赠;所称应纳税所得额,是指计算扣除捐赠额之前的应纳税所得额。

(二)案例解析汇算清缴时经营所得个税的计算和纳税申报

【案例2】承接案例1,假设业务招待费超过规定标准5000元,被没收财物产生损失7000元,赞助支出2000元,无其他纳税调整事项。

1. 王明汇算清缴应纳个税。

(1) 应纳税所得额 = 收入总额 − 成本费用 − 允许扣除的个人费用及其他扣除(包括专项附加扣除)+ 纳税调整增加额 =(100000×4 − 30000×4)− 5000×12 − 4500×12 −(200 + 200)×12 −(3000×12 + 20000)+ 14000 = 280000 − 60000 − 54000 − 4800 − 56000 + 14000 = 119200(元)

(2) 查上表,税率为20%,速算扣除数为10500

(3) 应预缴个税 = 119200×20% − 10500 = 13340(元)

(4) 已预缴个税 = 21740(元)

(4) 应退税额 = 21740 − 13340 = 8400(元)

(5) 2019年度后的15日之内填写个人所得税经营所得纳税申报表(B表)

个人所得税经营所得纳税申报表（B表）

税款所属期： 2019 年 1 月 1 日至 2019 年 12 月 31 日

纳税人姓名：王明

纳税人识别号：身份证号　　　　　　　　　金额单位：人民币元（列至角分）

被投资单位信息	名称	北京市明光电器五金制品厂	纳税人识别号（统一社会信用代码）	北京市明光电器五金制品厂的纳税识别号

项　目	行次	金额/比例
一、收入总额	1	400000
其中：国债利息收入	2	
二、成本费用（3＝4＋5＋6＋7＋8＋9＋10）	3	120000
（一）营业成本	4	
（二）营业费用	5	
（三）管理费用	6	
（四）财务费用	7	
（五）税金	8	
（六）损失	9	
（七）其他支出	10	
三、利润总额（11＝1－2－3）	11	280000
四、纳税调整增加额（12＝13＋27）	12	14000
（一）超过规定标准的扣除项目金额（13＝14＋15＋16＋17＋18＋19＋20＋21＋22＋23＋24＋25＋26）	13	5000
1. 职工福利费	14	
2. 职工教育经费	15	
3. 工会经费	16	
4. 利息支出	17	
5. 业务招待费	18	5000
6. 广告费和业务宣传费	19	
7. 教育和公益事业捐赠	20	
8. 住房公积金	21	
9. 社会保险费	22	
10. 折旧费用	23	
11. 无形资产摊销	24	
12. 资产损失	25	
13. 其他	26	

续表

项　目	行次	金额/比例
（二）不允许扣除的项目金额（27 = 28 + 29 + 30 + 31 + 32 + 33 + 34 + 35 + 36）	27	9000
1. 个人所得税税款	28	
2. 税收滞纳金	29	
3. 罚金、罚款和被没收财物的损失	30	7000
4. 不符合扣除规定的捐赠支出	31	
5. 赞助支出	32	2000
6. 用于个人和家庭的支出	33	
7. 与取得生产经营收入无关的其他支出	34	
8. 投资者工资薪金支出	35	
9. 其他不允许扣除的支出	36	
五、纳税调整减少额	37	
六、纳税调整后所得（38 = 11 + 12 - 37）	38	294000
七、弥补以前年度亏损	39	
八、合伙企业个人合伙人分配比例（%）	40	
九、允许扣除的个人费用及其他扣除（41 = 42 + 43 + 48 + 55）	41	174800
（一）投资者减除费用	42	60000
（二）专项扣除（43 = 44 + 45 + 46 + 47）	43	54000
1. 基本养老保险费	44	24000
2. 基本医疗保险费	45	12000
3. 失业保险费	46	6000
4. 住房公积金	47	12000
（三）专项附加扣除（48 = 49 + 50 + 51 + 52 + 53 + 54）	48	56000
1. 子女教育	49	12000
2. 继续教育	50	
3. 大病医疗	51	20000
4. 住房贷款利息	52	12000
5. 住房租金	53	
6. 赡养老人	54	12000
（四）依法确定的其他扣除（55 = 56 + 57 + 58 + 59）	55	4800
1. 商业健康保险	56	2400
2. 税延养老保险	57	2400

续表

项目	行次	金额/比例
3.	58	
4.	59	
十、投资抵扣	60	
十一、准予扣除的个人捐赠支出	61	
十二、应纳税所得额（62＝38－39－41－60－61）或［62＝(38－39)×40－41－60－61］	62	119200
十三、税率（％）	63	20%
十四、速算扣除数	64	10500
十五、应纳税额（65＝62×63－64）	65	13340
十六、减免税额（附报《个人所得税减免税事项报告表》）	66	
十七、已缴税额	67	21740
十八、应补/退税额（68＝65－66－67）	68	－8400

谨声明：本表是根据国家税收法律法规及相关规定填报的，是真实的、可靠的、完整的。

纳税人签字：王明　　2020年3月20日

经办人：	受理人：
经办人身份证件号码：	
代理机构签章：	受理税务机关（章）：
代理机构统一社会信用代码：	受理日期：　　年　月　日

七、从两处以上取得经营所得个税的计算和纳税申报

根据《国家税务总局关于个人所得税自行纳税申报有关问题的公告》（国家税务总局公告2018年第62号）第二条、《国家税务总局关于修订个人所得税申报表的公告》（国家税务总局公告2019年第7号）的规定，从两处以上取得经营所得的，选择向其中一处经营管理所在地主管税务机关办理年度汇总申报，并报送《个人所得税经营所得纳税申报表（C表）》。具体纳税计算过程与上文大致相同，调整项目参见下表，不再赘述；纳税申报表格式如下：

个人所得税经营所得纳税申报表（C表）

税款所属期：　　年　月　日至　　年　月　日

纳税人姓名：

纳税人识别号：□□□□□□□□□□□□□□□□□□　金额单位：人民币元（列至角分）

被投资单位信息			单位名称	纳税人识别号（统一社会信用代码）	投资者应纳税所得额
	汇总地				
	非汇总地	1			
		2			
		3			
		4			
		5			

项　目	行次	金额/比例
一、投资者应纳税所得额合计	1	
二、应调整的个人费用及其他扣除（2＝3＋4＋5＋6）	2	
（一）投资者减除费用	3	
（二）专项扣除	4	
（三）专项附加扣除	5	
（四）依法确定的其他扣除	6	
三、应调整的其他项目	7	
四、调整后应纳税所得额（8＝1＋2＋7）	8	
五、税率（%）	9	
六、速算扣除数	10	
七、应纳税额（11＝8×9－10）	11	
八、减免税额（附报《个人所得税减免税事项报告表》）	12	
九、已缴税额	13	
十、应补/退税额（14＝11－12－13）	14	

谨声明：本表是根据国家税收法律法规及相关规定填报的，是真实的、可靠的、完整的。

纳税人签字：　　　　　　年　月　日

经办人： 经办人身份证件号码： 代理机构签章： 代理机构统一社会信用代码：	受理人： 受理税务机关（章）： 受理日期：　　年　月　日

48.

建筑业小规模纳税人免征增值税的核算与纳税申报

《国家税务总局关于小规模纳税人免征增值税政策有关征管问题的公告》规定："小规模纳税人发生增值税应税销售行为，合计月销售额未超过 10 万元（以 1 个季度为 1 个纳税期的，季度销售额未超过 30 万元）的，免征增值税。""适用增值税差额征税政策的小规模纳税人，以差额后的销售额确定是否可以享受本公告规定的免征增值税政策。《增值税纳税申报表（小规模纳税人适用）》中的'免税销售额'相关栏次，填写差额后的销售额。由此，"建筑业小规模纳税人适用免征增值税的条件和纳税申报发生变化，以案例说明如下：

【案例】甲建筑企业属于小规模纳税人，2019 年 3 月为乙房地产企业提供建筑服务，取得收入 20.6（含税）万元，为乙开具了增值税普通发票，同时将部分业务分包给其他建筑企业，支付分包款 10.3（含税）万元，取得了增值税普通发票，甲企业以 1 个月为增值税纳税期。

1. 会计处理。

（1）收到工程款。

借：银行存款　　　　　　　　　　　　　　　20.6
　　贷：工程结算　　　　　　　　　　　　　　20
　　　　应交税费—应交增值税　　　　　　　　0.6

（2）支付分包款。

借：工程施工—合同成本　　　　　　　　　　10.3
　　贷：银行存款　　　　　　　　　　　　　　10.3

（3）销售额 =（20.6 - 10.3）÷（1 + 3%）= 10（万元），符合小规模纳税

人免征增值税的条件,免征增值税。

借:应交税费—应交增值税　　　　　　　　　　　0.3
　　贷:其他收益　　　　　　　　　　　　　　　　0.3

2. 报表填写。

在填写申报表时应先填写《增值税纳税申报表(小规模纳税人适用)附列资料》(以下称附表),再填写主表,具体为:"含税"收入20.6万元填写附表第5栏"全部含税收入(适用3%征收率)",扣除金额10.3万元填写附表第2栏"本期发生额"、第3栏"本期扣除额"、第6栏"本期扣除额",差额扣除后的不含税销售额10万元填写主表"服务、不动产和无形资产"列第9栏"(四)免税销售额"、第10栏"其中小微企业免税销售额",同时对应的免税额填写主表第17栏"本期免税额"、第18栏"其中:小微企业免税额"。

增值税纳税申报表(小规模纳税人适用)附列资料

税款所属期: 　年　月　日至　年　月　日　　　　　　　填表日期:　年　月　日
纳税人名称(公章):　　　　　　　　　　　　　　　　　　金额单位:元至角分

应税行为(3%征收率)扣除额计算			
期初余额	本期发生额	本期扣除额	期末余额
1	2	3(3≤1+2之和,且3≤5)	4=1+2-3
	10.3	10.3	0
应税行为(3%征收率)计税销售额计算			
全部含税收入(适用3%征收)	本期扣除额	含税销售额	不含税销售额
5	6-3	7=5-6	8=7÷1.03
20.5	10.3	10.3	10

增值税纳税申报表

（小规模纳税人适用）

纳税人识别号：□□□□□□□□□□□□□□□

纳税人名称（公章）： 金额单位：元至角分

税款所属期：年月日至年月日 填表日期： 年 月 日

	项目	栏次	本期数		本年累计	
			货物及劳务	服务、不动产和无形资产	货物及劳务	服务、不动产和无形资产
一、计税依据	（一）应征增值税不含税销售额（3%征收率）	1				
	税务机关代开的增值税专用发票不含税销售额	2				
	税控器具开具的普通发票不含税销售额	3				
	（二）应征增值税不含税销售额（5%征收率）	4	—		—	
	税务机关代开的增值税专用发票不含税销售额	5	—		—	
	税控器具开具的普通发票不含税销售额	6	—		—	
	（三）销售使用过的固定资产不含税销售额	7(7≥8)		—		—
	其中：税控器具开具的普通发票不含税销售额	8		—		—
	（四）免税销售额	9=10+11+12	100000		100000	
	其中：小微企业免税销售额	10	100000		100000	
	未达起征点销售额	11				
	其他免税销售额	12				
	（五）出口免税销售额	13(13≥14)				
	其中：税控器具开具的普通发票销售额	14				
二、税款计算	本期应纳税额	15				
	本期应纳税额减征额	16				
	本期免税额	17	3000		3000	
	其中：小微企业免税额	18	3000		3000	
	未达起征点免税额	19				
	应纳税额合计	20=15-16				
	本期预缴税额	21			—	—
	本期应补（退）税额	22=20-21			—	—

49.

商铺售后回租的税会处理分析

【案例】甲房地产公司为一般纳税人,2019年1月1日,甲房地产企业将自行开发(新项目)的商铺销售给李某等自然人,合同约定售价6500万元(同类商铺的市场价格也为6500万元),假定商铺的开发成本为3000万元,其中支付的土地价款为1000万元,取得了省级以上(含省级)财政部门监(印)制的财政票据。同时甲公司和个人又签订《委托经营管理合同》,回租销售的商铺,租期4年,年租金250万元,4年租金总额抵减销售额,并给个人开具了发票。1月1日,甲房地产公司转租该商铺,租期4年,年租金为300万元,当日取得4年的租金总额为1200万元。甲房地产公司认为,应以冲减4年租金总额1000万元后的金额计算增值税、企业所得税、土地增值税等税费;个人出租商铺给甲公司,租金已经抵减,甲公司也没有必要取得发票;整个交易过程中不存在代扣代缴个税;甲公司也不存在缴纳房产税风险。真的是这样吗?售后回租业务中涉及哪些税?如何进行正确的税会处理?本文对此进行梳理和分析。

一、增值税

根据《关于全面推开营业税改征增值税试点的通知》(财税〔2016〕36号)附加1《营业税改征增值税试点实施办法》第三十七条的规定,销售额是指纳税人发生应税行为取得的全部价款和价外费用,财政部和国家税务总局另有规定的除外。

根据《国家税务总局关于发布〈房地产开发企业销售自行开发的房地产项目增值税征收管理暂行办法〉的公告》（国家税务总局公告2016年第18号）第四条的规定，房地产开发企业中的一般纳税人（以下简称一般纳税人）销售自行开发的房地产项目，适用一般计税方法计税，按照取得的全部价款和价外费用，扣除当期销售房地产项目对应的土地价款后的余额计算销售额。销售额的计算公式如下：销售额＝（全部价款和价外费用－当期允许扣除的土地价款）÷（1＋10%）。第六条规定，在计算销售额时从全部价款和价外费用中扣除土地价款，应当取得省级以上（含省级）财政部门监（印）制的财政票据。第十八条规定，一般纳税人向其他个人销售自行开发的房地产项目，不得开具增值税专用发票。

根据以上规定，作为增值税一般纳税人的甲房地产公司，销售新开发的房地产项目适用一般计税方法时，销售额的减除要符合税法规定，不能任意为之，税法规定能扣除的只是土地价款，并要取得省级以上（含省级）财政部门监（印）制的财政票据。

甲公司采用"售后回租"的方式销售商铺，销售和租回是两项业务，要分别进行财务和税务处理。

甲房地产公司销售商铺的销售额＝（全部价款和价外费用－当期允许扣除的土地价款）÷（1＋10%）＝（6500－1000）÷（1＋10%）＝5000万元，只能扣除土地价款1000万元，不能扣除甲公司应该支付给个人的4年租金总额1000万元。甲公司销售商铺应纳增值税销项税额＝5000×10%＝500万元，开具增值税普通发票给个人。甲公司销售做分录如下：

借：银行存款		6500
贷：主营业务收入		6000
应交税金—应交增值税（销项税额）		500
借：主营业务成本		3000
贷：开发产品		3000

甲公司租回个人的住宅，以4年租金抵减销售额，个人要缴纳增值税吗？

根据《营业税改征增值税试点有关事项的规定》第一条第（九项）"不动产经营租赁服务"第5款规定，其他个人出租其取得的不动产（不含住房），应按照5%的征收率计算应纳增值税税额。所以，个人出租商铺应按合同约定租金抵减销售额的总额缴纳增值税，应纳增值税额＝1000÷（1＋5%）×5%＝47.6

万元。由于年租金分摊到月后,超过了3万元,个人不能享受免征增值税的优惠,这47.6万元的增值税额必须缴纳。

再根据《国家税务总局关于营业税改征增值税委托地税局代征税款和代开增值税发票的通知》(税总函〔2016〕145号)规定,增值税小规模纳税人销售其取得的不动产以及其他个人出租不动产,购买方或承租方不属于其他个人的,纳税人缴纳增值税后可以向地税局申请代开增值税专用发票(当然也可开具普票)。所以个人可以到地税局代开增值税专用发票(现在国地税合并为一家,不会走错门了),甲房地产公司拿到税局代开的专票可以抵扣进项税额。

甲公司转租商铺获得的收入,也属于增值税应税服务,需要缴纳增值税。根据《营业税改征增值税试点实施办法》第四十五条的规定,纳税人发生应税行为并收讫销售款项的当天纳税义务产生,甲房地产公司转租一次性获得4年的房租收入1200万元,纳税义务产生,应纳增值税销项税额=1200÷(1+10%)×10%=109万元。实务中,有的房地产企业在转租时,把一次性收到租金的纳税义务平均分解到租赁期,这在税务上存在风险。

甲房地产公司回租再转租的会计处理如下:

支付给个人租金。

借:应付账款　　　　　　　　　　　　　　952.4
　　应交税费—应交增值税(进项税额)　　47.6
　　贷:银行存款　　　　　　　　　　　　1000

按年确认租金成本。

借:其他业务成本　　　　　　　　　　　　238.1
　　贷:应付账款　　　　　　　　　　　　238.1

转租收到租金。

借:银行存款　　　　　　　　　　　　　　1200
　　贷:预收账款　　　　　　　　　　　　1091
　　　　应交税费—应交增值税(销项税额)　109

按年确认租金收入。

借:预收账款　　　　　　　　　　　　　　272.75
　　贷:其他业务收入　　　　　　　　　　272.75

二、企业所得税

根据《房地产开发经营业务企业所得税处理办法》（国税发〔2009〕31号）第五条的规定，开发产品销售收入的范围为销售开发产品过程中取得的全部价款，包括现金、现金等价物及其他经济利益。第六条规定，采取一次性全额收款方式销售开发产品的，应于实际收讫价款或取得索取价款凭据（权利）之日，确认收入的实现。可见，房地产企业销售开发产品时，强调了收入的完整性和及时性。甲房地产企业销售商铺取得价款 6500 万元，是完整的收入，而企业把应付给个人的商铺租金抵减收入，减少了应纳税所得额。

有的人认为，抵减租金后的收入金额和完整确认售房收入再把租金做支出，在金额上和纳税上不存在差异啊，真是这样吗？我们认为，首先这种做法在财务上就不允许，收入与支出相互抵消不能完整反映企业的经营业务；在税务上，个人出租商铺给甲公司，由于没有代开发票给甲公司，甲公司实际上在所得税上无法扣除，两者在税收上存在差异。

另外，根据《企业所得税税前扣除凭证管理办法》（国家税务总局公告 2018 年第 28 号）的规定，租赁服务属于应税服务，首选发票作为税前扣除的依据，甲公司没有取得个人到税局代开的发票，无法税前扣除 1000 万元租赁费。

甲公司转租一次性获得的租金 1200 万元，可以按照企业所得税的相关规定，按照租赁期分摊到月缴纳企业所得税，这和增值税的处理不同。

三、土地增值税

《土地增值税暂行条例》第二条规定，转让国有土地使用权、地上的建筑物及其附着物并取得收入的单位和个人，为土地增值税的纳税义务人，应当依照本条例缴纳土地增值税。第五条规定，纳税人转让房地产所取得的收入，包括货币收入、实物收入和其他收入。

《土地增值税暂行条例实施细则》第五条规定，条例第二条所称的收入，包括转让房地产的全部价款及有关的经济收益。

可见，土地增值税上也要求销售收入的完整性。甲公司以租金抵减销售商铺的收入，会造成甲公司在土地增值税扣除金额一样的情况下少缴纳土地增值税。

四、个人所得税

根据《个人所得税法》等相关税法规定，财产租赁所得适用比例税率，税率为20%，财产租赁所得每次收入不超过4000元的，减除费用800元，超过4000元的，减除20%的费用，其余额为应纳税所得额，财产租赁所得以1个月内取得的收入为一次。

《个人所得税法》第八条规定，个人所得税以所得人为纳税义务人，以支付所得的单位或者个人为扣缴义务人。

《税收征收管理法》第六十九条规定，扣缴义务人应扣未扣、应收而不收税款的，由税务机关向纳税人追缴税款，对扣缴义务人处应扣未扣、应收未收税款百分之五十以上三倍以下的罚款。

根据《国家税务总局关于明确年所得12万元以上自行纳税申报口径的通知》（国税函〔2006〕1200号）的规定，对于纳税人一次取得跨年度财产租赁所得的，全部视为实际取得所得年度的所得。

按照《财政部、国家税务总局关于"营改增"后契税房产税土地增值税个人所得税计税依据问题的通知》（财税〔2016〕43号）第四条的规定，个人出租房屋的个人所得税应税收入不含增值税，计算房屋出租所得可扣除的税费不包括本次出租缴纳的增值税。

根据以上规定，甲公司回租个人的商铺，支付租金给个人，个人应该缴纳个税，税率为20%，甲公司负有代扣代缴义务，如未扣缴将面临应扣未扣、应收未收税款百分之五十以上三倍以下的罚款。对于个人来说，一次取得跨年度财产租赁所得的，全部视为实际取得所得年度的所得，超过12万元的，还需要自行进行年度申报。个人出租商铺，在计算应该缴纳的个税时，租房所得可以扣除缴纳的增值税。

五、房产税

《房产税暂行条例》第二条规定，房产税由产权所有人缴纳。产权属于全民所有的，由经营管理的单位缴纳。产权出典的，由承典人缴纳。产权所有人、承典人不在房产所在地的，或者产权未确定及租典纠纷未解决的，由房产代管人或者使用人缴纳。第三条规定，房产出租的，以房产租金收入为房产税的计税依据。财税〔2016〕43号第二条规定，房产出租的，计征房产税的租金收入不含增值税。

根据以上规定，个人出租商铺，应按不含增值税的租金收入缴纳房产税。但本案例中，甲公司并没有取得个人到税局代开的增值税发票，租金抵减了房款，"隐瞒"了这块收入，肯定没有缴纳房产税。在此情况下，甲公司作为受托人，代管个人房产，有可能自己成为纳税义务人。

六、印花税

按印花税的税法规定，财产租赁合同按租赁金额1‰贴花，税额不足1元的按1元贴花。产权转移书据按所载金额0.5‰贴花。可见，两者的贴花不同，甲公司以租金抵减销售额，会造成少贴印花税。

七、契税

根据契税的相关规定，以租抵减销售额，会造成个人少缴契税。

综上所述，在售后回租的交易中，以租金抵减销售款，多个税种都存在少缴的风险。《税收征收管理法》第六十三条规定，纳税人伪造、变造、隐匿、擅自销毁账簿、记账凭证，或者在账簿上多列支出或者不列、少列收入，或者经税务机关通知申报而拒不申报或者进行虚假的纳税申报，不缴或者少缴应纳税款的，是偷税。对纳税人偷税的，由税务机关追缴其不缴或者少缴的税款、滞纳金,并处不缴或者少缴的税款百分之五十以上五倍以下的罚款;构成犯罪的,依法追究刑事责任。据此,甲公司作为纳税人,有被认定为偷税的风险,将面临补交税款、缴纳滞纳金以及罚款的处理。

50. 投资性房地产的税会处理分析

企业会计准则规定,投资性房地产是指为赚取租金或资本增值,或两者兼有而持有的房地产,主要包括已出租的土地使用权、持有并准备增值后转让的土地使用权和已出租的建筑物,不含自用房地产和作为存货的房地产。税法上并没有对投资性房地产作出专门的界定,准则中作为投资性房地产处理的房屋和建筑物,税法上是作为固定资产处理的;准则中作为投资性房地产处理的土地使用权,税法上是作为无形资产处理的。本文先按照投资性房地产初始计量、后续计量、转换、处置对投资性房地产的会计、税务处理进行对比分析,最后通过案例进行详解,以期对财务工作者有所帮助。

一、投资性房地产初始计量

会计处理上,投资性房地产同时满足下列条件的,才能予以确认:与该投资性房地产有关的经济利益很可能流入企业;该投资性房地产的成本能够可靠地计量。投资性房地产按照成本进行初始计量。外购投资性房地产的成本,包括购买价款、相关税费和可直接归属于该资产的其他支出;自行建造投资性房地产的成本,由建造该项资产达到预定可使用状态前所发生的必要支出构成;以其他方式取得的投资性房地产的成本,按照相关会计准则的规定确定。与投资性房地产有关的后续支出,满足规定的确认条件的,应当计入投资性房地产成本;不满规定的确认条件的,应当在发生时计入当期损益。

税务处理上，投资性房地产的房屋、建筑物可作为固定资产处理，投资性房地产的土地使用权可作为无形资产处理。固定资产、无形资产都是以历史成本作为计税基础，所谓历史成本就是指企业取得资产时实际发生的支出。

可见，在投资性房地产进行初始计量时，会计处理和税务处理本质上并不存在差异。

二、投资性房地产后续计量

（一）成本计量模式

会计处理上，企业应当在资产负债表日采用成本模式对投资性房地产进行后续计量，但满足会计准则规定采用公允价值计量模式的除外。采用成本模式计量的建筑物的后续计量，适用《企业会计准则第4号——固定资产》；采用成本模式计量的土地使用权的后续计量，适用《企业会计准则第6号——无形资产》。

税务处理上，由于税法对于投资性房地产中的房屋、建筑物或者土地使用权都有较明确的使用年限和折旧方法规定，如与会计规定不同，则会产生纳税调整；税法一般并不认同会计上计提的资产减值准备，如会计上计提了资产减值准备，则会产生纳税调整。

（二）公允价值计量模式

会计处理上，有确凿证据表明投资性房地产的公允价值能够持续可靠取得的，可以对投资性房地产采用公允价值模式进行后续计量。采用公允价值模式计量的，应当同时满足下列条件：投资性房地产所在地有活跃的房地产交易市场；企业能够从房地产交易市场上取得同类或类似房地产的市场价格及其他相关信息，从而对投资性房地产的公允价值作出合理的估计。采用公允价值模式计量的，不对投资性房地产计提折旧或进行摊销，应当以资产负债表日投资性房地产的公允价值为基础调整其账面价值，公允价值与原账面价值之间的差额计入当期损益。

税务处理上，企业采用公允价值计量模式进行后续计量的，公允价值变动损益在计算应纳税所得额时不予确认,需要进行纳税调整;投资性房地产在税法上体现的固定资产、无形资产可以计提折旧或进行摊销。

(三) 计量模式变更

会计处理上,企业对投资性房地产的计量模式一经确定,不得随意变更。成本模式转为公允价值模式的,应当作为会计政策变更,并按计量模式变更时公允价值与账面价值的差额调整期初留存收益。已采用公允价值模式计量的投资性房地产,不得从公允价值模式转为成本模式。

税务处理上,对公允价值与账面价值的差额不确认利得或损失,由于会计上差额调整的是期初留存收益,不影响当期损益,无须做纳税调整。转换为公允价值模式后,按照公允价值模式下的税务与会计处理差异进行调整。

三、投资性房地产转换

会计处理上,企业有确凿证据表明房地产用途发生改变,满足下列条件之一的,应当将投资性房地产转换为其他资产或者将其他资产转换为投资性房地产:投资性房地产开始自用;作为存货的房地产,改为出租;自用土地使用权停止自用,用于赚取租金或资本增值;自用建筑物停止自用,改为出租。在成本模式下,应当将房地产转换前的账面价值作为转换后的入账价值。采用公允价值模式计量的投资性房地产转换为自用房地产时,应当以其转换当日的公允价值作为自用房地产的账面价值,公允价值与原账面价值的差额计入当期损益。自用房地产或存货转换为采用公允价值模式计量的投资性房地产时,投资性房地产按照转换当日的公允价值计价,转换当日的公允价值小于原账面价值的,其差额计入当期损益;转换当日的公允价值大于原账面价值的,其差额计入所有者权益。可见,企业对投资性房地产采用成本模式进行后续计量,则转换的会计处理比较简单;而采用公允价值模式进行后续计量,则在转换过程中的会计处理比较复杂,以案例说明如下:

【案例1】2018年1月1日,甲房地产公司将一幢原自用办公楼租赁给乙公司使用,租期1.5年。该办公楼的原值为6000万元,预计净残值为0,预计使用年限20年,已提折旧1500万元,与税法规定一致。假定甲公司2018年实现的会计利润为 5000 万元,所得税税率为 25%,无其他纳税调整项目,为便于理解,暂不考虑除所得税外的其他税费影响以及收到租金的事项。甲公司对投资性房地产采用公允价值模式进行后续计量,转换日该办公楼的公允价值为 5000 万元。2018 年 12 月 31 日,该办公楼的公允价值为 5500 万元。2019 年 6 月 30 日租期结束,华水公司将办公楼收回后自用,当日的公允价值为 7000 万元。

2018 年 1 月 1 日,转换日会计分录如下:

  借:投资性房地产—成本   5000
    累计折旧   1500
   贷:固定资产   6000
    其他综合收益   500

2018 年 12 月 31 日,投资性房地产按公允价值模式计量,会计分录如下:

  借:投资性房地产—公允价值变动   500
   贷:公允价值变动损益   500

2018 年 12 月 31 日,按照税法规定,办公楼的计税基础为 6000 − 1500 − 300 = 4200 万元,账面价值为 5500 万元,产生应纳税暂时性差异为 1300（5500 − 4200）万元,应确认递延所得税负债 325（1300 × 25%）万元,其中有 500 万元影响其他综合收益 125 万元。应纳税所得额 = 5000 − 500 − 300 = 4200 万元,应纳税额 = 4200 × 25% = 1050 万元。

会计分录如下:

  借:所得税费用   1250
    其他综合收益   125
   贷:递延所得税负债   325
    应交税费—应交所得税   1050

2019 年 6 月 30 日,投资性房地产转换为固定资产,会计分录如下:

  借:固定资产   7000
   贷:投资性房地产—成本   5000
        —公允价值变动   500
    公允价值变动损益   1500

特别需要提醒的是,投资性房地产转换为非投资性房地产,不论是借方差额还是贷方差额,全部计入"公允价值变动损益",而非投资性房地产转换为投资性房地产时要区别对待,借方差额计入"公允价值变动损益",贷方差额计入"其他综合收益"。转为自用时,会计准则并没有明确已确认的"其他综合收益"和"公允价值变动损益"是否转出。

税务处理上,自用房地产或存货转换为采用公允价值模式计量的投资性房地产时,对于会计上转换产生借差的部分需要进行调整,而转换差额为贷方的其他综合收益,因为不影响当期损益,无须进行调整。项目的计税基础也不会产生变化,转换后依然按照有关规定计提折旧。企业将按照公允价值进行计量的投资性房地产,转换为固定资产或无形资产时,会计上产生的公允价值变动部分如上例的 1500 万元需要纳税调减,该办公楼应按新的入账价值 7000 万元重新计算每年应提折旧额,而企业所得税法每年允许扣除的折旧仍为 300 万元,所以每年年末都需要进行纳税调整,并确认递延所得税。

四、投资性房地产处置

会计处理上,当投资性房地产被处置,或者永久退出使用且预计不能从其处置中取得经济利益时,应当终止确认该项投资性房地产。企业出售、转让、报废投资性房地产或者发生投资性房地产毁损,应当将处置收入扣除其账面价值和相关税费后的金额计入当期损益。

税务处理上,投资性房地产转让所得为转让房地产的收入与其计税基础的差额,与会计准则计算的所得存在差别,需要进行纳税调整。在对投资性房地产进行处置时,还应将会计上确认的公允价值变动损益进行纳税调整。

五、税会处理综合案例

【案例 2】2018 年 5 月 1 日,甲房地产公司将一幢原自用办公楼租赁给乙公司使用,租期 1.5 年,租赁费 990 万元,合同约定租赁开始日乙公司支付租金总额的一半,另一半于 2019 年 3 月支付。该办公楼的原值为 6000 万元,预计净残值为 0,预计使用年限 20 年,已累计提取折旧 1500 万元,与税法规定一致。甲公司对投资性房地产采用公允价值模式进行后续计量,转换日该办公楼的公允价值为 5000 万元。2018 年 12 月 31 日,该项投资性房地产的公允价值为 5500 万元。假定甲公司 2018 年、2019 年实现的会计利润都为 5000 万元,所得税税率为 25%,无其他纳税调整项目。2019 年 10 月 31 日租期结束,甲公司将办公楼收回当日出售,出售价格为 6600 万元(增值税采用一般计税方法),款项已收讫。

(一) 2018 年

1. 会计处理。

(1) 2018 年 5 月 1 日,原固定资产转换为投资性房地产。

借:投资性房地产——成本　　　　　　　　　　5000
　　累计折旧　　　　　　　　　　　　　　　　1500
　　贷:固定资产　　　　　　　　　　　　　　　　　6000
　　　　其他综合收益　　　　　　　　　　　　　　　500

(2) 2018 年 5 月 1 日收到乙公司支付的租金 495 万元。

借:银行存款　　　　　　　　　　　　　　　　495
　　贷:预收账款　　　　　　　　　　　　　　　　　450
　　　　应交税费——应交增值税(销项税额)　　　　 45

(3) 每月确认租金收入 50 万元(2018 年共确认 400 万元)。

借:预收账款　　　　　　　　　　　　　　　　 50
　　贷:其他业务收入　　　　　　　　　　　　　　　 50

(4) 2018 年 12 月 31 日,根据公允价值变动调整账面价值。

借:投资性房地产——公允价值变动　　　　　　 500
　　贷:公允价值变动损益　　　　　　　　　　　　　500

(5) 2018 年 12 月 31 日,确认递延所得税和所得税费用。

2018 年 12 月 31 日,按照税法规定,办公楼的计税基础为 6000 - 1500 - 200 = 4300 万元,账面价值为 5500 万元,产生应纳税暂时性差异为 1200 (5500 - 4300) 万元,应确认递延所得税负债 300 (1200 × 25%) 万元,其中有 500 万元影响其他综合收益 125 万元。应纳税所得额 = 5000 - 500 - 200 + 50 (税法确认的租金收入和会计确认的租金收入的差额) = 4350 万元,应纳税额 = 4350 × 25% = 1087.5 万元,预收账款年末的账面价值为 50 万元,产生递延所得税资产 12.5 万元。会计分录如下:

借:所得税费用　　　　　　　　　　　　　　 1250

递延所得税资产　　　　　　　　　　　　　　　　　　12.5
　　其他综合收益　　　　　　　　　　　　　　　　　　　125
　　　贷：递延所得税负债　　　　　　　　　　　　　　　　300
　　　　　应交税费—应交所得税　　　　　　　　　　　　1087.5

2. 纳税调整。

（1）本期公允价值变动损益不计入应纳税所得额，做纳税调减500万元；

（2）税法确认的租金收入为450万元，会计上确认400万元，做纳税调增50万元；

（3）2018年5月到12月，按照税法可以扣除的折旧200万元。会计未计提折旧，做纳税调减200万元。

这样，2018年合计纳税调减650万元。

3. 纳税申报。

A105020　　　　未按权责发生制确认收入纳税调整明细表

行次	项　　目	合同金额（交易金额）	账载金额		税收金额		纳税调整金额
			本年	累计	本年	累计	
		1	2	3	4	5	6（4-2）
1	一、跨期收取的租金、利息、特许权使用费收入（2+3+4）						
2	（一）租金	900	400	400	450	450	50

A105080　　　　资产折旧、摊销及纳税调整明细表

行次	项　目	账载金额			税收金额					纳税调整金额
		资产原值	本年折旧、摊销额	累计折旧、摊销额	资产计税基础	税收折旧额	享受加速折旧政策的资产按税收一般规定计算的折旧、摊销额	加速折旧统计额	累计折旧、摊销额	
		1	2	3	4	5	6	7=5-6	8	9（2-5）
1	一、固定资产（2+3+4+5+6+7）						*	*		
2	所有固定资产 （一）房屋、建筑物	6000	100	1500	6000	300	*	*	1700	-200

A105000　　　　　　　　纳税调整项目明细表

行次	项目	账载金额 1	税收金额 2	调增金额 3	调减金额 4
1	一、收入类调整项目（2+3+…8+10+11）	*	*		
3	（二）未按权责发生制原则确认的收入（填写A105020）	400	450	50	
7	（六）公允价值变动净损益	500	*		500
31	三、资产类调整项目（32+33+34+35）	*	*		
32	（一）资产折旧、摊销（填写A105080）	100	300		200

（二）2019年

1. 会计处理。

（1）2019年1月到10月，每月确认租金收入50万元。

借：预收账款　　　　　　　　　　　　　　　50
　　贷：其他业务收入　　　　　　　　　　　　　　50

（2）2019年3月收到另一半租金。

借：银行存款　　　　　　　　　　　　　　　495
　　贷：预收账款　　　　　　　　　　　　　　　　450
　　　　应交税费——应交增值税（销项税额）　　　45

（3）2019年10月31日，出售该投资性房地产。

借：银行存款　　　　　　　　　　　　　　　6600
　　贷：其他业务收入　　　　　　　　　　　　　　6000
　　　　应交税费——应交增值税（销项数额）　　　600

借：其他业务成本　　　　　　　　　　　　　5500
　　贷：投资性房地产——成本　　　　　　　　　　5000
　　　　　　　　　　——公允价值变动　　　　　　500

借：公允价值变动损益　　　　　　　　　　　500
　　贷：其他业务收入　　　　　　　　　　　　　　500

借：其他综合收益　　　　　　　　　　　　　　　　　　　500
　　　贷：其他业务收入　　　　　　　　　　　　　　　　　500

（4）2019年12月31日，冲减确认的递延所得税、确认所得税费用。

借：所得税费用　　　　　　　　　　　　　　　　　　　　1250
　　递延所得税负债　　　　　　　　　　　　　　　　　　300
　　　贷：递延所得税资产　　　　　　　　　　　　　　　12.5
　　　　　其他综合收益　　　　　　　　　　　　　　　　125
　　　　　应交税费——应交所得税　　　　　　　　　　　1412.5

2. 纳税调整。

（1）税法确认的租金收入为450万元，会计上确认500万元，做纳税调减50万元。

（2）2017年度，按照税法可以扣除的折旧250万元。会计未计提折旧，做纳税调减250万元。

（3）按税法规定办公楼的出售净收益＝转让收入－计税基础＝6000－（4500－200－250）＝1950万元；

按会计准则规定办公楼的出售净收益＝其他业务收入－其他业务成本＝（6000＋500＋500）－5500＝1500万元；

纳税调减收入1000万元，纳税调增成本1450万元。

（4）公允价值变动损益借方发生额500万元，本年应纳税调增500万元。

这样，2019年合计纳税调增650万元。

3. 纳税申报。

A105020　　　未按权责发生制确认收入纳税调整明细表

行次	项　　目	合同金额（交易金额）	账载金额		税收金额		纳税调整金额
			本年	累计	本年	累计	
		1	2	3	4	5	6（4－2）
1	一、跨期收取的租金、利息、特许权使用费收入（2＋3＋4）						
2	（一）租金	900	500	900	450	900	－50

50. 投资性房地产的税会处理分析

A105080　　　资产折旧、摊销及纳税调整明细表

行次	项目	账载金额			税收金额					纳税调整金额
		资产原值	本年折旧、摊销额	累计折旧、摊销额	资产计税基础	税收折旧额	享受加速折旧政策的资产按税收一般规定计算的折旧、摊销额	加速折旧统计额	累计折旧、摊销额	
		1	2	3	4	5	6	7=5-6	8	9(2-5)
1	一、固定资产（2+3+4+5+6+7）						*	*		
2	所有固定资产（一）房屋、建筑物	6000	0	1500	6000	250	*	*	1950	-250

A105000　　　纳税调整项目明细表

行次	项目	账载金额	税收金额	调增金额	调减金额
		1	2	3	4
1	一、收入类调整项目（2+3+…8+10+11）	*	*		
3	（二）未按权责发生制原则确认的收入（填写A105020）	500	450		50
7	（六）公允价值变动净损益	-500	*	500	
11	（九）其他	7000	6000		1000
12	二、扣除类调整项目（13+14+…24+26+27+28+29+30）	*	*		
30	（十七）其他	5500	4050	1450	
31	三、资产类调整项目（32+33+34+35）	*	*		
32	（一）资产折旧、摊销（填写A105080）	0	250		250
33	（二）资产减值准备金		*		
34	（三）资产损失（填写A105090）				
35	（四）其他				
45	合计（1+12+31+36+43+44）	*	*	1950	1300

比较甲公司 2018 年、2019 年的 A105000 纳税调整项目明细表，2018 年纳税调减净额为 650 万元，2019 年纳税调增净额为 650 万元，可见该业务属于时间性差异。在我们进行汇算清缴时，可以通过这种比较来判断我们进行的纳税调整是否正确。

51.

投资性房地产未出租部分要不要缴纳房产税?

【案例】某房地产企业 2010 年 6 月 30 日将其开发建设的商业房地产由库存商品开发产品、生产成本开发成本转入投资性房地产成本、投资性房地产公允价值变动会计科目,开发成本 367126653.36 元,公允价值变动 180805946.64 元。2010 年 6 月至 2013 年 12 月期间对投资性房地产出租部分按取得的租金收入缴纳了相关税费,但对投资性房地产未出租部分未按规定申报缴纳房产税,企业的做法对吗?

1. 投资性房地产未出租部分要不要缴纳房产税。

《房产税暂行条例》第一条规定,房产税在城市、县城、建制镇和工矿区征收。可见,房产税在房产税征税范围内实行普遍征收原则。

《关于房产税、城镇土地使用税有关政策规定的通知》(国税发〔2003〕89 号)第一条规定,关于房地产开发企业开发的商品房征免房产税问题,鉴于房地产开发企业开发的商品房在出售前,对房地产开发企业而言是一种产品,因此,对房地产开发企业建造的商品房,在售出前,不征收房产税;但对售出前房地产开发企业已使用或出租、出借的商品房应按规定征收房产税。此条规定了房地产企业的房产税的个别减免政策,未使用的待售商品不需缴纳房产税,而售出前房地产开发企业已使用或出租、出借的商品房应按规定征收房产税。

那么,房地产企业把库存商品、开发成本转入投资性房地产是否属于售出前房地产开发企业使用呢?

《企业会计准则第 3 号——投资性房地产》第二条规定,投资性房地产,是指为赚取租金或资本增值,或两者兼有而持有的房地产。房地产公司将其持有的房产在会计账目上从开发成本、库存商品转入投资性房地产会计科目,按投资性房地产进行管理和核算,并且房地产价值随市场变化产生了损益,实际上构成对房产的实际使用。因此,对投资性房地产未出租部分应该缴纳房产税。

2. 投资性房地产未出租部分,按公允价值缴纳房产税吗?

《房产税暂行条例》第三条规定,房产税依照房产原值一次减除10%~30%后的余值计算缴纳。具体减除幅度,由省、自治区、直辖市人民政府规定。没有房产原值作为依据的,由房产所在地税务机关参考同类房产核定。房产出租的,以房产租金收入为房产税的计税依据。

根据上述规定,房产出租的,以房产租金收入为房产税的计税依据,案例中的房地产企业投资性房地产中出租部分按照租金收入计征房产税;案例中以公允价值模式进行后续计量的投资性房地产,其账面价值反映为公允价值,公允价值不属于房屋原价,因此,投资性房地产应按历史成本,即开发成本367126653.36元作为房产税的房屋原价,一次减除规定比例(10%~30%)后的余值计算缴纳房产税。

案例提示我们,房地产企业在把自己开发的商品作为投资性房地产时,要掌握好管理和账务处理的时间节点,在开发商品还不能出租、出借等使用情况下,最好还是作为商品进行管理和账务处理,否则,一旦作为投资性房地产处理,就要缴纳房产税。

52.

新个税税款计算

扣缴义务人需要根据不同的纳税人和所得项目，采用不同的方法计算应当预扣、代扣的税款：

（一）需要扣缴税款的所得项目

扣缴义务人应代扣代缴的应税所得项目包括：①工资、薪金所得；②劳务报酬所得；③稿酬所得；④特许权使用费所得；⑤利息、股息、红利所得；⑥财产租赁所得；⑦财产转让所得；⑧偶然所得。换句话说，除了经营所得之外，其他所得项目均需预扣、代扣税款。

（二）居民个人综合所得预扣预缴税款的计算方法

居民个人取得工资、薪金所得，劳务报酬所得，稿酬所得，特许权使用费四项综合所得时，由扣缴义务人按月或者按次预扣预缴税款，具体方法规定如下：

1. 工资、薪金所得税款计算方法。

扣缴义务人向居民个人支付工资、薪金所得时，需要按照"累计预扣法"计算预扣预缴税款。具体方法为：

计算累计预扣预缴应纳税所得额。对居民个人，按照其在本单位截至当前月份工资、薪金所得的累计收入，减除累计免税收入、累计减除费用、累计专项扣除、累计专项附加扣除和累计依法确定的其他扣除计算预扣预缴应纳税所得额。具体公式：

累计预扣预缴应纳税所得额 = 累计收入 - 累计免税收入 - 累计减除费用 - 累计专项扣除 - 累计专项附加扣除 - 累计依法确定的其他扣除

其中,本期可扣除的专项附加扣除金额的计算。

上述公式中,员工当期可扣除的专项附加扣除金额,为该员工在本单位截至当前月份符合政策条件的扣除金额,扣除标准、范围和条件等参见文件规定。以子女教育为例:

【案例1】如某员工2019年3月向单位首次报送其正在上幼儿园的4岁女儿相关信息。则3月该员工可在本单位发工资时扣除子女教育支出3000元(1000元/月×3个月)。如果另一员工2019年3月向单位首次报送其正在上幼儿园的女儿相关信息,且女儿3月刚满3周岁,则可以扣除子女教育支出仅为1000元(1000元/月×1个月)。

【案例2】如某员工2019年3月新入职本单位开始领工资,其5月才首次向单位报送正在上幼儿园的4岁女儿相关信息。则5月该员工可在本单位发工资时扣除的子女教育支出金额为3000元(1000元/月×3个月)。

计算本期应预扣预缴税额。根据累计预扣预缴应纳税所得额,对照个人所得税预扣率表一,查找适用预扣率和速算扣除数,据此计算累计应预扣预缴税额,再减除累计减免税额和累计已预扣预缴税额。如果计算本月应预扣预缴税额为负值时,暂不退税。纳税年度终了后余额仍为负值时,由纳税人通过办理综合所得年度汇算清缴,税款多退少补。

具体公式:

本期应预扣预缴税额=(累计预扣预缴应纳税所得额×预扣率-速算扣除数)-累计减免税额-累计已预扣预缴税额

个人所得税预扣率表一

(居民个人工资、薪金所得预扣预缴适用)

级数	累计预扣预缴应纳税所得额	预扣率(%)	速算扣除数
1	不超过36000元的	3	0
2	超过36000元至144000元的部分	10	2520
3	超过144000元至300000元的部分	20	16920
4	超过300000元至420000元的部分	25	31920
5	超过420000元至660000元的部分	30	52920
6	超过660000元至960000元的部分	35	85920
7	超过960000元的部分	45	181920

【案例3】某职员2015年入职,2019年每月应发工资均为10000元,每

月减除费用 5000 元,"三险一金"等专项扣除为 1500 元,从 1 月起享受子女教育专项附加扣除 1000 元,假设没有减免收入及减免税额等情况。以前三个月为例,应当按照以下方法计算预扣预缴税额:

1 月:(10000 − 5000 − 1500 − 1000)×3% = 75(元);

2 月:(10000×2 − 5000×2 − 1500×2 − 1000×2)×3% − 75 = 75(元);

3 月:(10000×3 − 5000×3 − 1500×3 − 1000×3)×3% − 75 − 75 = 75(元)。

进一步计算可知,该纳税人全年累计预扣预缴应纳税所得额为 30000 元,一直适用 3% 的税率,因此各月应预扣预缴的税款相同。

【案例 4】某职员 2015 年入职,2019 年每月应发工资均为 30000 元,每月减除费用 5000 元,"三险一金"等专项扣除为 4500 元,享受子女教育、赡养老人两项专项附加扣除共计 2000 元,假设没有减免收入及减免税额等情况。以前三个月为例,应当按照以下方法计算各月应预扣预缴税额:

1 月:(30000 − 5000 − 4500 − 2000)×3% = 555(元);

2 月:(30000×2 − 5000×2 − 4500×2 − 2000×2)×10% − 2520 − 555 = 625(元);

3 月:(30000×3 − 5000×3 − 4500×3 − 2000×3)×10% − 2520 − 555 − 625 = 1850(元);

上述计算结果表明,由于 2 月累计预扣预缴应纳税所得额为 37000 元,已适用 10% 的税率,因此 2 月和 3 月应预扣预缴税款有所增加。

2. 劳务报酬所得、稿酬所得、特许权使用费所得税款的计算方法。

扣缴义务人向居民个人支付劳务报酬所得、稿酬所得、特许权使用费所得时(以下简称"三项综合所得"),按以下方法按月或者按次预扣预缴个人所得税:

(1)计算预扣预缴应纳税所得额。三项综合所得以每次收入减除费用后的余额为收入额,其中稿酬所得的收入额减按 70% 计算。当三项综合所得每次收入不超过 4000 元的,减除费用按 800 元计算;当每次收入在 4000 元以上的,减除费用按 20% 计算。三项综合所得以每次收入额为预扣预缴应纳税所得额。

(2)计算预扣预缴应纳税额。根据预扣预缴应纳税所得额乘以适用预扣率计算应预扣预缴税额。其中,劳务报酬所得适用个人所得税预扣率表二

(如下表)，稿酬所得、特许权使用费所得适用20%的比例预扣率。

个人所得税预扣率表二

(居民个人劳务报酬所得预扣预缴适用)

级数	预扣预缴应纳税所得额	预扣率（%）	速算扣除数
1	不超过20000元的	20	0
2	超过20000元至50000元的部分	30	2000
3	超过50000元的部分	40	7000

【案例5】假如某居民个人取得劳务报酬所得2000元，则这笔所得应预扣预缴税额计算过程为：预扣预缴应纳税所得额：2000 - 800 = 1200元

应预扣预缴税额：$1200 \times 20\% = 240$（元）

【案例6】假如某居民个人取得稿酬所得40000元，则这笔所得应预扣预缴税额计算过程为：

预扣预缴应纳税所得额：$(40000 - 40000 \times 20\%) \times 70\% = 22400$（元）

应预扣预缴税额：$22400 \times 20\% = 4480$（元）

【特别说明事项】

上述三项所得预扣预缴税款的计算，和年度汇算清缴税款的计算方法是有区别的。主要差别为：

一是收入额的计算方法不同。年度汇算清缴时，收入额为收入减除20%的费用后的余额；预扣预缴时收入额为每次收入减除费用后的余额，其中，"收入不超过4000元的，费用按800元计算；每次收入4000元以上的，费用按20%计算"。

二是可扣除的项目不同。居民个人的上述三项所得和工资、薪金所得属于综合所得，年度汇算清缴时以四项所得的合计收入额减除费用6万元以及专项扣除、专项附加扣除和依法确定的其他扣除后的余额，为应纳税所得额。而根据个人所得税法及实施条例规定，上述三项所得日常预扣预缴税款时暂不减除专项附加扣除。

三是适用的税率/预扣率不同。年度汇算清缴时，各项所得合并适用3% ~ 45%的超额累进税率；预扣预缴时，劳务报酬所得适用个人所得税预扣率表二，稿酬所得、特许权使用费所得适用20%的比例预扣率。

关于"按次"的具体规定。劳务报酬、稿酬所得、特许权使用费所得三项综合所得，属于一次性收入的，以取得该项收入为一次；属于同一项目连

续性收入的，以一个月内取得的收入为一次。

（三）非居民个人工资、薪金所得，劳务报酬所得，稿酬所得和特许权使用费所得代扣代缴的计算方法

非居民个人的工资、薪金所得，以每月收入额减除费用 5000 元后的余额为应纳税所得额；劳务报酬所得、稿酬所得、特许权使用费所得，以每次收入额为应纳税所得额，适用个人所得税税率表三计算应纳税额。其中，劳务报酬所得、稿酬所得、特许权使用费所得以收入减除 20% 的费用后的余额为收入额。稿酬所得的收入额减按 70% 计算。

个人所得税税率表三

（非居民个人工资、薪金所得，劳务报酬所得，稿酬所得，特许权使用费所得适用）

级数	应纳税所得额	税率（%）	速算扣除数
1	不超过 3000 元的	3	0
2	超过 3000 元至 12000 元的部分	10	210
3	超过 12000 元至 25000 元的部分	20	1410
4	超过 25000 元至 35000 元的部分	25	2660
5	超过 35000 元至 55000 元的部分	30	4410
6	超过 55000 元至 80000 元的部分	35	7160
7	超过 80000 元的部分	45	15160

【案例 7】 假如某非居民个人取得劳务报酬所得 20000 元，则这笔所得应扣缴税额为：

（20000 − 20000 × 20%）× 20% − 1410 = 1790（元）

【案例 8】 假如某非居民个人取得稿酬所得 10000 元，则这笔所得应扣缴税额为：

（10000 − 10000 × 20%）× 70% × 10% − 210 = 350（元）

（四）其他分类所得代扣代缴税款的计算方法

支付财产租赁所得，财产转让所得，利息、股息、红利所得和偶然所得时，不用区分纳税人是否为居民个人，扣缴义务人应直接采用以下方法代扣代缴：

1. 财产租赁所得。

支付财产租赁所得的，每次收入不超过 4000 元的，减除费用 800 元；

4000元以上的,减除20%的费用,其余额为应纳税所得额,乘以20%的比例税率计算税款。

2. 财产转让所得。

支付财产转让所得的,以转让财产的收入额减除财产原值和合理费用后的余额为应纳税所得额,乘以20%的比例税率计算税款。

3. 利息、股息、红利所得和偶然所得。

支付利息、股息、红利所得和偶然所得的,以每次收入额为应纳税所得额,乘以20%的比例税率计算税款。

53. 综合所得个税计算分析

我们这次的个税改革实行的是综合与分类相结合的所得税制，根据《个人所得税法》的规定，所谓综合所得是指居民个人取得的工资薪金所得、劳务报酬所得、稿酬所得、特许权使用费所得四项所得。可见，居民企业取得的以上四项所得才叫综合所得，非居民取得的以上四项所得不能称为综合所得。

根据《个人所得税》和《个人所得税实施条例》的规定，综合所得的个税计算一般采用预扣预缴与汇算清缴相结合的方式，即年度内扣缴义务人预扣预缴，次年3月1日至6月30日纳税人汇算清缴。

一、预扣预缴

（一）工资、薪金所得预扣预缴

扣缴义务人向居民个人支付工资、薪金所得时，应当按照累计预扣法计算预扣税款，并按月办理扣缴申报。

累计预扣法，是指扣缴义务人在一个纳税年度内预扣预缴税款时，以纳税人在本单位截至当前月份工资、薪金所得累计收入减除累计免税收入、累计减除费用、累计专项扣除、累计专项附加扣除和累计依法确定的其他扣除后的余额为累计预扣预缴应纳税所得额，适用个人所得税预扣率表一（见下文)，计算累计应预扣预缴税额，再减除累计减免税额和累计已预扣预缴税额,其余额为本期应预扣预缴税额。余额为负值时,暂不退税。纳税年度终了后余额仍为负值时,由纳税人通过办理综合所得年度汇算清缴,税款多退少补。

具体计算公式如下:

本期应预扣预缴税额 =(累计预扣预缴应纳税所得额 × 预扣率 – 速算扣除数)– 累计减免税额 – 累计已预扣预缴税额

累计预扣预缴应纳税所得额 = 累计收入 – 累计免税收入 – 累计减除费用 – 累计专项扣除 – 累计专项附加扣除 – 累计依法确定的其他扣除

其中,累计减除费用,按照 5000 元/月乘以纳税人当年截至本月在本单位的任职受雇月份数计算,即纳税人如果 5 月入职,则扣缴义务人发放 5 月工资扣缴税款时,减除费用按 5000 元计算;6 月发工资扣缴税款时,减除费用按 10000 元计算,以此类推;累计专项扣除是指累计的"三险一金",不包括工伤保险和生育保险,因为这两项保险都由企业承担,个人不承担;累计专项附加扣除是指累计的"子女教育、继续教育、住房贷款利息或者住房租金、赡养老人"四项按税法规定的支出,享受大病医疗专项附加扣除的纳税人,由其在次年 3 月 1 日至 6 月 30 日内,自行向汇缴地主管税务机关办理汇算清缴申报时扣除;累计依法确定的其他扣除是指个人缴付符合国家规定的企业年金、职业年金的累计额,个人购买符合国家规定的商业健康保险、税收递延型商业养老保险的支出总额,以及国务院规定可以扣除的其他项目的累计额。

个人所得税预扣率表一

(居民个人工资、薪金所得预扣预缴适用)

级数	累计预扣预缴应纳税所得额	预扣率(%)	速算扣除数
1	不超过 36000 元的	3	0
2	超过 36000 元至 144000 元的部分	10	2520
3	超过 144000 元至 300000 元的部分	20	16920
4	超过 300000 元至 420000 元的部分	25	31920
5	超过 420000 元至 660000 元的部分	30	52920
6	超过 660000 元至 960000 元的部分	35	85920
7	超过 960000 元的部分	45	181920

（二）劳务报酬所得、稿酬所得、特许权使用费所得的预扣预缴

扣缴义务人向居民个人支付劳务报酬所得、稿酬所得和特许权使用费所得的，按以下方法按次或者按月预扣预缴个人所得税：

劳务报酬所得、稿酬所得、特许权使用费所得以每次收入减除费用后的余额为收入额；其中，稿酬所得的收入额减按70%计算。

预扣预缴税款时，劳务报酬所得、稿酬所得、特许权使用费所得每次收入不超过4000元的，减除费用按800元计算；每次收入4000元以上的，减除费用按收入的20%计算。

劳务报酬所得、稿酬所得、特许权使用费所得，以每次收入额为预扣预缴应纳税所得额，计算应预扣预缴税额。劳务报酬所得适用个人所得税预扣率表二（见下表），稿酬所得、特许权使用费所得适用20%的比例预扣率。

个人所得税预扣率表二

（居民个人劳务报酬所得预扣预缴适用）

级数	预扣预缴应纳税所得额	预扣率（%）	速算扣除数
1	不超过20000元的	20	0
2	超过20000元至50000元的部分	30	2000
3	超过50000元的部分	40	7000

二、汇算清缴

《个人所得税实施条例》第二十五条规定，取得综合所得需要办理汇算清缴的情形包括：从两处以上取得综合所得，且综合所得年收入额减除专项扣除的余额超过6万元；取得劳务报酬所得、稿酬所得、特许权使用费所得中一项或者多项所得，且综合所得年收入额减除专项扣除的余额超过6万元；纳税年度内预缴税额低于应纳税额；纳税人申请退税。

《个人所得税实施条例》第二十八条第二款规定，居民个人取得劳务报酬所得、稿酬所得、特许权使用费所得，应当在汇算清缴时向税务机关提供有关信息，减除专项附加扣除。

根据《个人所得税法》第六条的规定，居民个人的综合所得，以每一纳税年

度的收入额减除费用 6 万元以及专项扣除、专项附加扣除和依法确定的其他扣除后的余额,为应纳税所得额。劳务报酬所得、稿酬所得、特许权使用费所得以收入减除 20% 的费用后的余额为收入额。稿酬所得的收入额减按 70% 计算。

根据《个人所得税法》第二条、第三条的相关规定,居民个人取得的综合所得,按纳税年度合并计算个人所得税,适用 3%～45% 的超额累进税率,税率表如下:

个人所得税税率表一
(综合所得适用)

级数	全年应纳税所得额	税率(%)
1	不超过36000元的	3
2	超过36000元至144000元的部分	10
3	超过144000元至300000元的部分	20
4	超过300000元至420000元的部分	25
5	超过420000元至660000元的部分	30
6	超过660000元至960000元的部分	35
7	超过960000元的部分	45

(注1:本表所称全年应纳税所得额是指依照本法第六条的规定,居民个人取得综合所得以每一纳税年度收入额减除费用六万元以及专项扣除、专项附加扣除和依法确定的其他扣除后的余额。

注2:非居民个人取得工资、薪金所得,劳务报酬所得,稿酬所得和特许权使用费所得,依照本表按月换算后计算应纳税额。)

三、预扣预缴与汇算清缴的对比

对比上文一和二的内容,预扣预缴与汇算清缴存在以下差异:

1. 发生时间不同。预扣预缴发生于会计年度内,汇算清缴于次年 3 月 1 日至 6 月 30 日进行。

2. 是否分项存在不同。预扣预缴是按综合所得的组成内容进行的,即分为工资薪金所得、劳务报酬所得、稿酬所得、特许权使用费所得四个项目的预扣预缴,而汇算清缴是按综合所得的总额进行的。

3. 预扣预缴应纳税所得额和综合所得计算不同。计算工资薪金的预扣预缴应纳税所得额时,扣除专项附加扣除不包括大病医疗项目。劳务报酬所得、稿酬所得、特许权使用费所得每次收入不超过 4000 元的,减除费用按 800 元计算；每次收入 4000 元以上的，减除费用按收入的 20% 计算。劳务报酬所得、稿酬所得、特许权使用费所得以每次收入减除费用后的余额为收入额；其中，稿酬所得的收入额减按 70% 计算。综合所得金额的计算时，把工资薪金、劳务报酬所得、稿酬所得、特许权使用费所得四个项目综合考虑，可以扣除大病医疗项目；其中，劳务报酬所得、稿酬所得、特许权使用费所得以收入减除 20% 的费用后的余额为收入额，与预扣预缴时不足 4000 元的扣除 800 元，超过四千的按收入的 20% 减除费用计算不同。

4. 预扣率与税率不同。预扣预缴计算时使用的是预扣率，其中计算工资薪金的预扣率和劳务报酬的预扣率见上文，稿酬所得、特许权使用费所得适用 20% 的比例预扣率；计算综合所得个税时使用的税率不做区分，只有一类，见上文。

四、具体案例

某地产企业经理小王，假设 2019 年小王的综合所得情况如下：每月工资 20000 万元，每月"三险一金" 4500 元，每月子女教育、住房贷款两项专项附加扣除为 2000 元，由本人扣除。依法确定的其他扣除金额每月为 1000 元。当年扣除医保报销后个人负担的大病医疗费为 40000 万元，由本人扣除。3 月取得劳务报酬收入 3000 元，4 月取得劳务报酬收入 30000 元。5 月取得一笔稿酬收入 5000 元。10 月取得特许权使用费收入 6000 元。无其他收入、支出及优惠情况。请计算小王的综合所得个税。

案例计算分析：

（一）预扣预缴税款计算

1. 工资、薪金。

（1）1 月。

累计预扣预缴应纳税所得额 = 累计收入 − 累计免税收入 − 累计减除费用 − 累计专项扣除 − 累计专项附加扣除 − 累计依法确定的其他扣除

= 20000 − 0 − 5000 − 4500 − 2000 − 1000 = 7500（元）

本期应预扣预缴税额 =（累计预扣预缴应纳税所得额 × 预扣率 − 速算扣除数）− 累计减免税额 − 累计已预扣预缴税额 =（7500 × 3% − 0）− 0 = 225（元）

(2) 2月。

累计预扣预缴应纳税所得额 = $20000 \times 2 - 5000 \times 2 - 4500 \times 2 - 2000 \times 2 - 1000 \times 2 = 15000$（元）

本期应预扣预缴税额 = $15000 \times 3\% - 225 = 225$（元）

(3) 3月。

累计预扣预缴应纳税所得额 = $20000 \times 3 - 5000 \times 3 - 4500 \times 3 - 2000 \times 3 - 1000 \times 3 = 22500$（元）

本期应预扣预缴税额 = $22500 \times 3\% - 225 - 225 = 225$（元）

(4) 4月。

累计预扣预缴应纳税所得额 = $7500 \times 4 = 30000$（元）

本期应预扣预缴税额 = $30000 \times 3\% - 225 - 225 - 225 = 225$（元）

(5) 5月。

累计预扣预缴应纳税所得额 = $7500 \times 5 = 37500$（元）

本期应预扣预缴税额 = $37500 \times 10\% - 2520 - 225 \times 4 = 330$（元）

(6) 6月。

累计预扣预缴应纳税所得额 = $7500 \times 6 = 45000$（元）

本期应预扣预缴税额 = $45000 \times 10\% - 2520 - 225 \times 4 - 330 = 750$（元）

(7) 7月。

累计预扣预缴应纳税所得额 = $7500 \times 7 = 52500$（元）

本期应预扣预缴税额 = $52500 \times 10\% - 2520 - 225 \times 4 - 330 - 750 = 750$（元）

(8) 8月。

累计预扣预缴应纳税所得额 = $7500 \times 8 = 60000$（元）

本期应预扣预缴税额 = $60000 \times 10\% - 2520 - 225 \times 4 - 330 - 750 \times 2 = 750$（元）

(9) 9月。

累计预扣预缴应纳税所得额 = $7500 \times 9 = 67500$（元）

本期应预扣预缴税额 = $67500 \times 10\% - 2520 - 225 \times 4 - 330 - 750 \times 3 = 750$（元）

(10) 10月。

累计预扣预缴应纳税所得额 = $7500 \times 10 = 75000$（元）

本期应预扣预缴税额 = 75000 × 10% − 2520 − 225 × 4 − 330 − 750 × 4
= 750（元）

（11）11月。

累计预扣预缴应纳税所得额 = 7500 × 11 = 82500（元）

本期应预扣预缴税额 = 82500 × 10% − 2520 − 225 × 4 − 330 − 750 × 5
= 750（元）

（12）12月。

累计预扣预缴应纳税所得额 = 7500 × 12 = 90000（元）

本期应预扣预缴税额 = 90000 × 10% − 2520 − 225 × 4 − 330 − 750 × 6
= 750（元）

2. 劳务报酬所得、稿酬所得、特许权使用费。

（1）3月。

由于劳务报酬收入小于4000元，则预扣预缴应纳税所得额 = 3000 − 800 = 2200（元），应预扣预缴税额 = 2200 × 20% = 440（元）

（2）4月。

由于劳务报酬收入大于4000元，则预扣预缴应纳税所得额 = 30000 ×（1 − 20%）= 24000（元），应预扣预缴税额 = 24000 × 30% − 2000 = 5200（元）

（3）5月。

由于稿酬收入5000元，大于4000元，则预扣预缴应纳税所得额 = 5000 ×（1 − 20%）× 70% = 2800（元），应预扣预缴税额 = 2800 × 20% = 560（元）

（4）10月。

特许权使用费收入6000元，大于4000元，则预扣预缴应纳税所得额 = 6000 ×（1 − 20%）= 4800元，应预扣预缴税额 = 4800 × 20% = 960（元）。

（二）汇算清缴税款计算

综合所得 =（20000 − 5000 − 4500 − 2000 − 1000）× 12 +（3000 + 30000）×（1 − 20%）+ 5000 ×（1 − 20%）× 70% + 6000 ×（1 − 20%）− 40000 = 84000（元）。

汇算清缴应缴个税 = 84000 × 10% = 8400（元）

由于，已预缴个税总额 =（225 × 4 + 330 + 750 × 7）+ 440 + 5200 + 560 + 960 = 13640（元）

因此，应申请退税 = 13640 - 8400 = 5240（元）

综上分析计算，我们发现，如果个人的综合所得主要由劳务报酬所得、稿酬所得、特许权使用费所得三项组成，由于在预扣预缴时无法扣除累计减除费用、累计专项扣除、累计专项附加扣除和累计依法确定的其他扣除，且预扣率较高，则以劳务报酬所得、稿酬所得、特许权使用费所得为主要收入的个人承担的预扣预缴税额较大。虽说次年3月1日至6月30日可通过汇算清缴退税，但这些人前期负担的税负较重，相对以工资为主要收入的个人来说，税法对这些人有失公平。

54. 以房抵工程款的税务处理分析

房地产企业以完工开发产品抵顶建筑企业的工程款（以下简称以房抵债），房地产企业和建筑企业如何进行税务处理，值得梳理分析。

一、房地产企业的税务处理

（一）增值税

根据财税〔2016〕36号文附件一《营业税改征增值税试点实施办法》的规定，销售服务、无形资产或者不动产，是指有偿提供服务、有偿转让无形资产或者不动产。有偿，是指取得货币、货物或者其他经济利益。以房抵债属于取得其他经济利益的销售，需要交纳增值税。

根据《国家税务总局关于发布〈房地产开发企业销售自行开发的房地产项目增值税征收管理暂行办法〉的公告》（国家税务总局公告2016年第18号）的规定，一般纳税人的房地产企业销售自行开发的房地产项目，如果房地产项目是新项目，适用一般计税方法按照10%的税率计税；如果房地产项目是老项目，可以选择适用简易计税方法按照5%的征收率计税，但一经选择简易计税方法计税的，36个月内不得变更为一般计税方法计税。

所谓房地产老项目，是指：《建筑工程施工许可证》注明的合同开工日期在2016年4月30日前的房地产项目；《建筑工程施工许可证》未注明合同开工日期或者未取得《建筑工程施工许可证》但建筑工程承包合同注明的开工日期在 2016 年 4 月 30 日前的建筑工程项目。

相比采用简易计税方法，采用一般计税方法的特殊之处在于其销售额允许扣除土地价款，扣除的土地价款应当取得省级以上（含省级）财政部门监（印）制的财政票据。

（二）企业所得税

《企业所得税法实施条例》第二十五条规定，企业发生非货币性资产交换，以及将货物、财产、劳务用于捐赠、偿债、赞助、集资、广告、样品、职工福利或者利润分配等用途的，应当视同销售货物、转让财产或者提供劳务，但国务院财政、税务主管部门另有规定的除外。

《国家税务总局关于印发〈房地产开发经营业务企业所得税处理办法〉的通知》（国税发〔2009〕31 号）第七条规定，企业将开发产品用于捐赠、赞助、职工福利、奖励、对外投资、分配给股东或投资人、抵偿债务、换取其他企事业单位和个人的非货币性资产等行为，应视同销售，于开发产品所有权或使用权转移，或于实际取得利益权利时确认收入（或利润）的实现。确认收入（或利润）的方法和顺序为：1. 按本企业近期或本年度最近月份同类开发产品市场销售价格确定；2. 由主管税务机关参照当地同类开发产品市场公允价值确定；3. 按开发产品的成本利润率确定。开发产品的成本利润率不得低于 15%，具体比例由主管税务机关确定。

可见，以房抵债在所得税上就是"视同销售"，而按照增值税文件财税〔2016〕36 号文的规定就是销售，定义上存在差异。但两者如都是根据市场销售价格确认销售收入，计算上不存在差异。

（三）土地增值税

根据《国家税务总局关于印发〈土地增值税清算管理规程〉的通知》（国税发〔2009〕91 号）第十九条的规定，房地产开发企业将开发产品用于抵偿债务，发生所有权转移时应视同销售房地产，其收入按下列方法和顺序确认：1. 按本企业在同一地区、同一年度销售的同类房地产的平均价格确定；2. 由主管税务机关参照当地当年、同类房地产的市场价格或评估价值确定。

根据《关于"营改增"后契税、房产税、土地增值税、个人所得税计税依据问题的通知》（财税〔2016〕43 号）的规定，有两个因素影响土地增值税的计算：一是收入确认方面，房地产的转让收入为不含增值税收入。二是扣除项目方面，增值税进项税额若能在销项税额中抵扣，则不能计入土地增值税扣除项目；若不能在销项税额中抵扣，则可以计入土地增值税扣除项目。

根据以上税收法规规定，以房抵债属于土地增值税上的视同销售，销售收入不含增值税。收入的确认需按国税发〔2009〕91号第十九条的要求进行，但笔者认为，在商品房市场价格已存在的情况下，根本没有必要按照所规定的顺序来确认收入，直接按照市场价格来确认并无不当之处。这也许是税法对"视同销售"的定义和理解不同所造成的影响之一。

（四）印花税

《财政部国家税务总局关于印花税若干政策的通知》（财税〔2006〕162号）规定，对商品房销售合同按照产权转移书据征收印花税。需要注意的是，商品房销售不是按照购销合同税目计算贴花，而是按照产权转移书据税目计算贴花，税率为0.5‰；合同所载金额和增值税分开注明的，按不含增值税的合同金额确定计税依据，未分开注明的，以合同所载金额为计税依据。

二、建筑企业的税务处理

（一）增值税

《营业税改征增值税试点实施办法》规定，建筑服务是指各类建筑物、构筑物及其附属设施的建造、修缮、装饰，线路、管道、设备、设施等的安装以及其他工程作业的业务活动。包括工程服务、安装服务、修缮服务、装饰服务和其他建筑服务。

乙公司为甲公司提供建筑服务需要交纳增值税。

（二）企业所得税

乙公司为甲公司提供建筑服务，其取得的收入减去施工成本以及相关税费，如果有所得需要交纳企业所得税。

(三) 印花税

同一（四）。

(四) 契税

《中华人民共和国契税暂行条例》第一条规定，在中华人民共和国境内转移土地、房屋权属，承受的单位和个人为契税的纳税人，应当依照本条例的规定缴纳契税。

《关于"营改增"后契税、房产税、土地增值税、个人所得税计税依据问题的通知》（财税〔2016〕43号）第一条规定，计征契税的成交价格不含增值税。

以房抵债，房地产企业转移了房屋权属，建筑企业承受了房屋权属，应为契税的纳税人，计算契税的成交价格不含增值税。

(五) 房产税、城镇土地使用税

根据《财政部、国家税务总局关于房产税、城镇土地使用税有关政策的通知》（财税〔2006〕186号）规定，建筑公司取得抵债房次月起，应当申报缴纳房产税，应从抵消合同约定交付土地时间的次月起缴纳城镇土地使用税，抵消合同未约定交付土地时间的，由建筑公司从抵消合同签订的次月起缴纳城镇土地使用税。

三、案例分析

【案例】甲房地产公司与其债权人乙建筑公司均在郑州市，都为增值税一般纳税人。甲欠乙建筑工程款10500万元，由于资金流动性较差，无法支付到期债务。2017年8月，甲乙公司达成协议，甲公司以开发产品抵顶乙债务。假设甲公司的开发产品售价也为10500万元（售房合同中价税分离），与该开发产品有关的地价款为2000万元，开发成本3000万元，利息支出500万元（可提供金融机构证明），其他开发费用200万元（包括印花税），郑州市规定的其他房地产开发费用计算扣除比例为5%，城市维护建设税及教育费附加综合税率为10%，契税税率为3%，土地使用税为每平方米20元，房产占地面积21万平方米，甲公司的开发产品属于房地产老项目，选择简易计税方法并开具增值税专用发票，甲乙企业所得税税率都为25%，乙公司的施工成本为9000万元。

案例分析：

(一) 甲公司

1. 增值税。

甲公司销售自行开发的房地产老项目选择简易计税方法，应以取得的全部价款和价外费用为销售额，不得扣除相应的土地价款，适用5%的征收率计算缴纳增值税。

增值税税额 = 10500 ÷ (1 + 5%) × 5% = 500 (万元)

2. 城市维护建设税及教育费附加。

500 × 10% = 50 (万元)

3. 印花税。

10500 ÷ (1 + 5%) × 0.5‰ = 5 (万元)

4. 土地增值税。

地价 = 2000 (万元)

开发成本 = 3000 (万元)

开发费用 = 500 + (2000 + 3000) × 5% = 750 (万元)

允许扣除的税费 = 50 + 5 = 55 (万元)

加计扣除额 = (2000 + 3000) × 20% = 1000 (万元)

允许扣除的项目金额合计 = 2000 + 3000 + 750 + 55 + 1000 = 6805 (万元)

增值额 = 10000 − 6805 = 3195 (万元)

增值率 = 3195 ÷ 6805 = 47%

应纳土地增值税 = 3195 × 30% = 959 (万元)

5. 企业所得税。

应纳所得税 = [10500 ÷ (1 + 5%) − 2000 − 3000 − 500 − 200 − 50 − 959] × 25% = 823 (万元)

(二) 乙公司

1. 增值税。

乙公司提供建筑服务获得房产，表明取得了收益，需要交纳增值税，也选择简易计税。

销售收入 = 10500 ÷ (1 + 3%) = 10194 (万元)

应纳增值税销项税额 = 10194 × 3% = 306 (万元)

取得甲公司开具的增值税发票,进项税额 = 500 (万元)

销项税额小于进项税额,不需要缴纳增值税。

2. 城市维护建设税及教育费附加。

0 × 10% = 0 (万元)

3. 印花税。

10000 × 0.5‰ = 5 (万元)

4. 契税。

10000 × 3% = 300 (万元)

5. 房产税、城镇土地使用税。

房地产税 = 10000 × (1 - 70%) × 1.2% ÷ 4 = 9 (万元)

土地使用税 = 21 × 20 ÷ 4 = 105 (万元)

6. 企业所得税。

(10194 - 9000 - 5 - 300 - 9 - 105) × 25% = 194 (万元)

55.

土地增值税计算中层高系数法的应用

一、层高系数法的计算步骤

1. 计算项目的层高系数。

在纳税人的同一项目（包括不同类型房地产）中，选取住宅的层高为基数，设定为1；层高低于住宅的，则以1为系数；其他类别的用房层高高于住宅层高的，就需要按其他类别用房层高和住宅层高的比例，然后计算出其层高系数。公式如下：某类型用房层高系数＝该类型用房的层高数÷住宅层高。

2. 计算项目的总层高系数面积。

（1）某类型用房总层高系数面积 ＝ $\sum$（某类型用房层高系数 × 某类型用房可售建筑面积）。

（2）某类型用房已售部分的层高系数面积＝某类型用房层高系数 × 某类型用房已售建筑面积。

3. 计算不同类型用房已售部分可分摊的房地产开发成本。

某类型用房已售部分应分摊的房地产开发成本＝房地产开发总成本÷总层高系数面积 × 某类型用房已售部分的层高系数面积。

二、层高系数法的使用效果

【案例】某房地产企业建造一栋建筑,总建筑安装费用为6500万元。1~3层为商铺,每层高5.6米,总可售建筑面积3000平方米,销售单价3万元/平方米;4~13层为普通住宅,每层高2.8米,总可售建筑面积10000平方米销售单价1万元/平方米。住宅和商铺都已销售完毕,进行清算。

1. 建筑面积法。

(1) 总建筑安装费6500(万元)。

(2) 总可售建筑面积=3000+10000=13000(平方米)。

(3) 单位建筑面积建筑安装费=6500÷1.3=5000(元/米)。

(4) 普通住宅的建筑安装成本=0.5×10000=5000(万元)。

(5) 商铺的建筑安装成本=0.5×3000=1500(万元)。

2. 层高系数法。

(1) 总建筑安装费6500(万元)。

(2) 总层高系数可售建筑面积=3000×2+10000=16000(平方米)。

(3) 单位层高系数建筑面积建筑安装费=6500÷1.6=4062.5(元/米)。

(4) 普通住宅的建筑安装成本=0.40625×10000=4062.5(万元)。

(5) 商铺的建筑安装成本=0.40625×6000=2437.5(万元)。

比较1、2的计算结果可见,层高系数法计算的商铺建筑安装成本大于建筑面积法计算的商铺建筑安装成本,由此层高系数法下商铺的土地增值税比建筑面积法下商铺的土地增值税少。与之相反,层高系数法下普通住宅土地增值税比建筑面积法下普通住宅的土地增值税大。

根据以上的计算,我们引申一下,在商铺自营的情况下,采用层高系数法使更多的成本堆集在商铺上,销售的普通住宅承担的土地增值税就比建筑面积法下更多一点,因此,开发商在决策商铺自营的情况下,谨慎选择层高系数法。

56. "营改增"对土地增值税计算的影响分析

"营改增"后税收政策对土地增值税计算产生了影响,本文对此进行梳理分析。

一、对土地增值税应税收入的影响

(一) 土地增值税预征的计征依据

根据《国家税务总局关于"营改增"后土地增值税若干征管规定的公告》(国家税务总局公告 2016 年第 70 号)第一条的规定,为方便纳税人,简化土地增值税预征税款计算,房地产开发企业采取预收款方式销售自行开发的房地产项目的,可按照以下方法计算土地增值税预征计征依据:土地增值税预征的计征依据 = 预收款 − 应预缴增值税税款。可见,要计算出土地增值税预征计征依据,关键是计算出应预缴增值税税款。

根据《国家税务总局关于发布〈房地产开发企业销售自行开发的房地产项目增值税征收管理暂行办法〉的公告》(国家税务总局公告 2016 年第 18 号)等税收政策的规定,应预缴增值税税款按照以下公式计算:应预缴税款 = 预收款 ÷ (1 + 适用税率或征收率) × 3%,适用一般计税方法计税的,按照 10% 的适用税率计算;适用简易计税方法计税的,按照 5% 的征收率计算。从公式可见,计算预缴增值税税款的计税依据 = 预收款 ÷ (1 + 适用税率或征收率)。

依据以上规定，土地增值税预征的计征依据 = 预收款 − 应预缴增值税税款；预缴增值税税款的计税依据 = 预收款 ÷（1 + 适用税率或征收率）。可见，两个税种预征税款的计税依据不同。

【案例1】甲房地产企业为增值税一般纳税人，2016年3月1日开发建造某住宅小区项目，2018年8月取得《商品房预售许可证》，当月取得预售款22000万元。

（1）甲企业采用一般计税方法下，预缴增值税计税依据 = 22000 ÷（1 + 10%）= 20000（万元），预缴增值税税款 = 20000 × 3% = 600（万元），则土地增值税预征的计征依据 = 预收款 − 应预缴增值税税款 = 22000 − 600 = 21400（万元）。土地增值税预征的计征依据21400万元＞预缴增值税计税依据20000万元。

（2）甲企业采用简易计税方法下，预缴增值税计税依据 = 22000 ÷（1 + 5%）= 20952（万元），预缴增值税税款 = 20952 × 3% = 629（万元），则土地增值税预征的计征依据 = 预收款 − 应预缴增值税税款 = 22000 − 629 = 21371（万元）。土地增值税预征的计征依据21371万元＞预缴增值税计税依据20952万元。

通过案例计算提醒我们，计算预征土地增值税时，其计税依据不能使用预缴增值税的计税依据，防范少预缴土地增值税。

（二）土地增值税销售收入

《财政部、国家税务总局关于"营改增"后契税房产税土地增值税个人所得税计税依据问题的通知》（财税〔2016〕43号）第三条规定，土地增值税纳税人转让房地产取得的收入为不含增值税收入。国家税务总局公告2016年第70号第一条进一步规定，"营改增"后，纳税人转让房地产的土地增值税应税收入不含增值税。适用增值税一般计税方法的纳税人，其转让房地产的土地增值税应税收入不含增值税销项税额；适用简易计税方法的纳税人，其转让房地产的土地增值税应税收入不含增值税应纳税额。

根据财税〔2016〕36号、国家税务总局公告2016年第18号等政策的规定，房地产开发企业中的一般纳税人销售自行开发的房地产项目，适用一般计税方法计税，按照取得的全部价款和价外费用，扣除当期销售房地产项目对应的土地价款后的余额计算销售额。即销售额 =（全部价款和价外费用－当期允许扣除的土地价款）÷（1＋10%），销项税额＝销售额×税率。简易计税方法的销售额不包括其应纳税额，纳税人采用销售额和应纳税额合并定价方法的，销售额＝含税销售额÷（1＋征收率），应纳税额＝销售额×征收率。

【案例2】甲房地产企业2018年9月销售商品房取得含税销售收入33000万元，相应的土地成本11000万元，并取得了合规的财政票据。

（1）假设采用简易计税，增值税销售额＝33000÷（1＋5%）＝31429（万元），土地增值税应税收入＝33000÷（1＋5%）＝31429（万元），同样，会计收入、企业所得税收入也等于31429万元。可见，税会、税种之间不存在差异。

（2）假设采用一般计税，增值税销售额＝（全部价款和价外费用－当期允许扣除的土地价款）÷（1＋10%）＝（33000－11000）÷（1＋10%）＝20000（万元），销项税额＝销售额×税率＝20000×10%＝2000（万元）。土地增值税应税收入＝含税销售额－增值税销项税额＝33000－2000＝31000（万元）。会计收入、企业所得税收入＝33000÷（1＋10%）＝30000（万元）。土地增值税应税收入＝30000＋11000÷（1＋10%）×10%＝30000＋1000＝31000（万元），即土地增值税应税收入＝会计收入＋土地成本抵减的增值税销项税额。

（三）视同销售房地产的土地增值税应税收入确认

根据国家税务总局公告2016年第70号第二条、《国家税务总局关于房地产开发企业土地增值税清算管理有关问题的通知》（国税发〔2006〕187号）第三条的规定，纳税人将开发产品用于职工福利、奖励、对外投资、分配给股东或投资人、抵偿债务、换取其他单位和个人的非货币性资产等，发生所有权转移时应视同销售房地产，其收入按下列方法和顺序确认：1.按本企业在同一地区、同一年度销售的同类房地产的平均价格确定；2.由主管税务机关参照当地当年、同类房地产的市场价格或评估价值确定。

国家税务总局公告2016年第70号第二条规定，纳税人安置回迁户，其拆迁安置用房应税收入和扣除项目的确认，应按照《国家税务总局关于土地增值税清算有关问题的通知》（国税函〔2010〕220号）第六条规定执行。国税函〔2010〕220号第六条规定，关于拆迁安置土地增值税计算问题：1.房地产企业用建造的本项目房地产安置回迁户的，安置用房视同销售处理，按

《国家税务总局关于房地产开发企业土地增值税清算管理有关问题的通知》（国税发〔2006〕187号）第三条第（一）款规定确认收入，同时将此确认为房地产开发项目的拆迁补偿费。房地产开发企业支付给回迁户的补差价款，计入拆迁补偿费；回迁户支付给房地产开发企业的补差价款，应抵减本项目拆迁补偿费。2. 开发企业采取异地安置，异地安置的房屋属于自行开发建造的，房屋价值按国税发〔2006〕187号第三条第（一）款的规定计算，计入本项目的拆迁补偿费；异地安置的房屋属于购入的，以实际支付的购房支出计入拆迁补偿费。3. 货币安置拆迁的，房地产开发企业凭合法有效凭据计入拆迁补偿费。

根据上述规定，房地产视同销售收入的确认还是按照原规定处理，没有变化。但在确认土地增值税应税收入时，又要回到上文（二）的分析。

二、对土地增值税扣除项目的影响

（一）取得土地使用权所支付的金额

根据《土地增值税暂行条例》及其《土地增值税暂行条例实施细则》的规定，取得土地使用权所支付的金额，是指纳税人为取得土地使用权所支付的地价款和按国家统一规定交纳的有关费用。因此，在一般纳税人采取一般计税方法下，土地成本抵减的增值税销项税额不能冲减土地增值税计算中的土地成本。特别注意的是，在一般计税方法下，与会计收入相比，土地增值税应税收入相当于在会计收入上附加了土地成本抵减的增值税销项税额，而不是抵减土地成本。如若不增加土地增值税收入，而是抵减土地成本，对纳税人是不利的。因为，土地成本参与土地增值税附加扣除的计算。另外，《国家税务总局关于修订土地增值税纳税申报表的通知》（税总函〔2016〕309号）对"取得土地使用权所支付的金额"栏的填表说明也明确规定为"按纳税人为取得该房地产开发项目所需要的土地使用权而实际支付（补交）的土地出让金（地价款）及按国家统一规定交纳的有关费用的数额填写"。

(二) 房地产开发成本

房地产开发成本包括土地征用及拆迁补偿费、前期工程费、建筑安装工程费、基础设施费、公共配套设施费和开发间接费用。房地产开发成本在计算土地增值税时是据实扣除的,"营改增"后需要注意取得合规的票据,是增值税业务的要取得合规的增值税发票,比如房地产企业取得的建筑安装服务增值税发票,应在发票备注栏注明建筑安装服务发生地点及项目名称,否则不能扣除。

房地产企业采用一般计税方法下,进项税额已经抵扣的,开发成本金额不含进项税额;简易计税方法下不得抵扣进项税额,包含在开发成本金额中。实务中,对于既可以纳入增值税销项抵扣,又可计入土地增值税扣除项目的成本支出,房地产企业要考虑是取得专票还是普票,比较取得不同发票下土地增值税和增值税上税收利益谁大,相机抉择。

(三) 房地产开发费用

计算扣除开发费用时,依据的是"取得土地使用权所支付的金额""房地产开发成本"两项金额,只要这两项金额正确就能保证开发费用计算正确。如果对财务费用中的利息支出采用据实扣除的,"营改增"后,注意要取得利息的增值税发票,不能再是利息结息单了。

(四) 与转让房地产有关的税金

国家税务总局公告2016年第70号规定,"营改增"后,计算土地增值税增值额的扣除项目中"与转让房地产有关的税金"不包括增值税。"营改增"后,房地产开发企业实际缴纳的城市维护建设税、教育费附加,凡能够按清算项目准确计算的,允许据实扣除。凡不能按清算项目准确计算的,则按该清算项目预缴增值税时实际缴纳的城建税、教育费附加扣除。其他转让房地产行为的城建税、教育费附加扣除比照上述规定执行。之所以这样规定,实属无奈之举。因为房地产企业一般来说是作为一个纳税主体计算增值税的,各个房地产项目搅和在一起缴纳增值税从而无法按清算项目分清城市维护建设税、教育费附加,预缴增值税时实际缴纳的城建税、教育费附加能够按项目分清的,可以扣除。当然对于核算特别精细的房地产企业,能按项目核算清楚增值税，从而能够按清算项目确定实际缴纳的城建税、教育费附加的，允许按项目扣除。这就从另一方面提醒我们，企业要加强财务管理和核算，否则存在本应由项目承担的城市维护建设税、教育费附加，由于核算粗糙不能在计算土地增值税扣除的可能。

对于印花税，原来房地产开发企业按照《施工、房地产开发企业财务制度》的有关规定，其缴纳的印花税列入管理费用予以扣除。随着财会〔2016〕22号的施行，印花税在"税金及附加"科目核算，应计入"与转让房地产有关的税金"项目进行扣除。

57.

建筑施工企业分包业务的财税处理分析

分包是指从事工程总承包的单位将所承包的建设工程的一部分依法发包给具有相应资质的承包单位的行为，该总承包人并不退出承包关系，其与第三人就第三人完成的工作成果向发包人承担连带责任。合法的分包须满足以下几个条件：1. 分包必须取得发包人的同意；2. 分包只能是一次分包，即分包单位不得再将其承包的工程分包出去；3. 分包必须是分包给具备相应资质条件的单位；4. 总承包人可以将承包工程中的部分工程发包给具有相应资质条件的分包单位，但不得将主体工程分包出去。存在下列情形之一的，属于违法分包：1. 承包单位将其承包的工程分包给个人的；2. 施工总承包单位或专业承包单位将工程分包给不具备相应资质单位的；3. 施工总承包单位将施工总承包合同范围内工程主体结构的施工分包给其他单位的，钢结构工程除外；4. 专业分包单位将其承包的专业工程中非劳务作业部分再分包的；5. 专业作业承包人将其承包的劳务再分包的；6. 专业作业承包人除计取劳务作业费用外，还计取主要建筑材料款和大中型施工机械设备、主要周转材料费用的。在合法分包下，本文探讨建筑施工企业在同一地级行政区划内的分包和在同一地级行政区划外的分包两类情况下的财税处理。

一、建筑施工企业在同一地级行政区划内的分包

《国家税务总局关于进一步明确营改增有关征管问题的公告》（国家税务

总局公告 2017 年第 11 号）第三条规定，纳税人在同一地级行政区范围内跨县（含县级市、区、旗，下同）提供建筑服务，不适用《纳税人跨县（市、区）提供建筑服务增值税征收管理暂行办法》（国家税务总局公告 2016 年第 17 号）的相关政策规定。即：纳税人在同一地级行政区范围内跨县提供建筑服务，比照在县内提供建筑服务的政策计算缴纳增值税。试点纳税人提供建筑服务发生分包工程时，适用一般计税办法的，以取得的全部价款为销售额，支付分包工程款取得增值税专用发票注明的税额按一般计税办法进行抵扣；适用简易计税办法的以取得的全部价款和价外费用扣除支付的分包款后的余额为销售额。

（一）一般计税下分包

【案例 1】 北京市房山区 A 建筑企业适用于一般计税方法，在房山区承揽了一项工程项目，该工程项目不含税金额为 1000 万元。A 企业 2018 年 8 月收到全部工程款，并开具增值税发票，发票金额为 1000 万元，税额为 100 万元；A 将部分建筑项目分包给海定区的建筑企业 B（一般纳税人），取得了增值税专用发票 40 张，票面价款 300 万元，税额 30 万元，当月进行认证抵扣。

（1）账务处理。

8 月收到工程款：

借：银行存款	1100	
贷：工程结算		1000
应交税费—应交增值税（销项税额）		100

8 月支付给 B 公司分包款：

借：工程施工—合同成本	300	
应交税费—应交增值税（进项税额）	30	
贷：银行存款		330

A 公司确认该项目收入与费用：

借：主营业务成本	300	
工程施工—合同毛利	700	
贷：主营业务收入		1000

工程结算与工程施工对冲结平：

借：工程结算	1000	

贷：工程施工—合同成本　　　　　　　　　　　　　　　300
　　　　　—合同毛利　　　　　　　　　　　　　　　　700

(2) 9月15日之前纳税申报。

增值税纳税申报表附列资料（一）
（本期销售情况明细）

税款所属时间：　年　月　日至　年　月　日

纳税人名称：（公章）　　　　　　　　　　　　　　　　　　　　　　　　　　金额单位：万元

	项目及栏次		开具增值税专用发票		开具其他发票		未开具发票		纳税检查调整		合计			服务、不动产和无形资产扣除项目本期实际扣除金额	扣除后	
			销售额	销项(应纳)税额	销售额	销项(应纳)税额	销售额	销项(应纳)税额	销售额	销项(应纳)税额	销售额	销项(应纳)税额	价税合计		含税(免税)销售额	销项(应纳)税额
			1	2	3	4	5	6	7	8	9=1+3+5+7	10=2+4+6+8	11=9+10	12	13=11-12	14=13÷(100%+税率或征收率)×税率或征收率
一、一般计税方法计税	全部征税项目	16%税率的货物及加工修理修配劳务	1														
		16%税率的服务、不动产和无形资产	2														
		13%税率	3	—	—	—	—	—	—	—	—	—	—	—		—	—
		10%税率的货物及加工修理修配劳务	4a	—	—												
		10%税率的服务、不动产和无形资产	4b	1000	100							1000	100	1100	0	1100	100
		6%税率	5														
	其中：即征即退项目	即征即退货物及加工修理修配劳务	6	—	—	—	—	—	—	—	—	—	—	—		—	—
		即征即退服务、不动产和无形资产	7	—	—	—	—	—	—	—	—	—	—	—		—	—

增值税纳税申报表附列资料（二）
（本期进项税额明细）

税款所属时间：　年　月　日至　年　月　日

纳税人名称：（公章）　　　　　　　　　　　　　　　　　　　　　　　　　　金额单位：万元

一、申报抵扣的进项税额				
项目	栏次	份数	金额	税额
（一）认证相符的增值税专用发票	1=2+3	40	300	30
其中：本期认证相符且本期申报抵扣	2	40	300	30
前期认证相符且本期申报抵扣	3			

（二）简易计税下分包

1. 一般纳税人简易计税下分包。

增值税一般纳税人以清包工方式提供建筑服务，为甲供工程提供建筑服务，为建筑工程老项目提供建筑服务，可以选择简易计税方法。一般纳税人销售电梯的同时提供安装服务，其安装服务可以按照甲供工程选择适用简易计税方法计税。建筑工程总承包单位为房屋建筑的地基与基础、主体结构提供工程服务，建设单位自行采购全部或部分钢材、混凝土、砌体材料、预制构件的，适用简易计税方法计税。简易计税方法以取得的全部价款和价外费用扣除支付的分包款后的余额为销售额，按照3%征收率计算应纳税额。

【案例2】北京市房山区A建筑施工企业为一般纳税人，2018年8月为本区甲项目提供工程服务（清包工方式，该企业选择简易计税方法），含税销售额515万元，给对方开具了增值税专用发票；同时，将部分甲项目分包给建

增值税纳税申报表
（一般纳税人适用）

根据国家税收法律法规及增值税相关规定制定本表。纳税人不论有无销售额，均应按税务机关核定的纳税期限填写本表，并向当地税务机关申报。

税款所属时间：自 年 月 日至 年 月 日　　　　填表日期： 年 月 日　　　　　　　　　　　　　　金额单位：万元

纳税人识别号									
纳税人名称			（公章）	法定代表人姓名		注册地址		生产经营地址	
开户银行及账号				登记注册类型				电话号码	

项目		栏次	一般项目		即征即退项目	
			本月数	本年累计	本月数	本年累计
销售额	（一）按适用税率计税销售额	1	1000			
	其中：应税货物销售额	2				
	应税劳务销售额	3				
	纳税检查调整的销售额	4				
	（二）按简易办法计税销售额	5				
	其中：纳税检查调整的销售额	6				
	（三）免、抵、退办法出口销售额	7		—		—
	（四）免税销售额	8				
	其中：免税货物销售额	9				
	免税劳务销售额	10				
税款计算	销项税额	11	100			
	进项税额	12	30			
	上期留抵税额	13		—		—
	进项税额转出	14				
	免、抵、退应退税额	15				
	按适用税率计算的纳税检查应补缴税额	16				
	应抵扣税额合计	17=12+13-14-15+16	30	—		—
	实际抵扣税额	18（如17<11，则为17，否则为11）	30			
	应纳税额	19=11-18	70			
	期末留抵税额	20=17-18				
	简易计税办法计算的应纳税额	21				
	按简易计税办法计算的纳税检查应补缴税额	22		—		—
	应纳税额减征额	23				
	应纳税额合计	24=19+21-23	70			

筑企业 B，支付分包款 103 万元（含税），取得增值税普通发票。自建部分为 400 万元，发生原材料等成本 200 万元。

（1）账务处理。

自建发生成本：

借：工程施工——合同成本　　　　　　　　　　　　　　　　200

　　贷：原材料等　　　　　　　　　　　　　　　　　　　　　　　200

支付 B 企业分包款：

借：工程施工——合同成本　　　　　　　　　　　　　　　　103

　　贷：银行存款　　　　　　　　　　　　　　　　　　　　　　　103

分包款抵扣税额，冲减工程成本：

借：应交税费——简易计税　　　　　　　　　　　　　　　　　3

　　贷：工程施工——合同成本　　　　　　　　　　　　　　　　　3

57. 建筑施工企业分包业务的财税处理分析

收到业主工程款：

借：银行存款　　　　　　　　　　　　　　　　515

　　贷：工程结算　　　　　　　　　　　　　　　　500

　　　　应交税费—简易计税　　　　　　　　　　　 15

确认项目收入与费用：

借：主营业务成本　　　　　　　　　　300（200＋103－3）

　　工程施工—合同毛利　　　　　　　　　　　　200

　　贷：主营业务收入　　　　　　　　　　　　　　500

工程结算与工程施工对冲结平：

借：工程结算　　　　　　　　　　　　　　　　500

　　贷：工程施工—合同成本　　　　　　　　　　　300

　　　　　　—合同毛利　　　　　　　　　　　　　200

（2）9月15日之前纳税申报。

增值税纳税申报表附列资料（一）
（本期销售情况明细）

税款所属时间：　年　月　日至　年　月　日

纳税人名称：（公章）　　　　　　　　　　　　　　　　　　　　　　金额单位：万元

项目及栏次		开具增值税专用发票		开具其他发票		未开具发票		纳税检查调整		合计			服务、不动产和无形资产扣除项目本期实际扣除金额	扣除后	
		销售额	销项（应纳）税额	销售额	销项（应纳）税额	销售额	销项（应纳）税额	销售额	销项（应纳）税额	销售额	销项（应纳）税额	价税合计		含税（免税）销售额	销项（应纳）税额
		1	2	3	4	5	6	7	8	9=1+3+5+7	10=2+4+6+8	11=9+10	12	13=11-12	14=13÷(100%+税率或征收率)×税率或征收率
一、一般计税方法计税	16%税率的货物及加工修理修配劳务	1												——	——
	16%税率的服务、不动产和无形资产	2													
	13%税率	3		——	——									——	——
	10%税率的货物及加工修理修配劳务	4a												——	——
	10%税率的服务、不动产和无形资产	4b													
	6%税率	5												——	——
其中：即征即退项目	即征即退货物及加工修理修配劳务	6	——	——	——	——	——	——	——	——	——	——	——	——	——
	即征即退服务、不动产和无形资产	7	——	——	——	——	——	——	——	——	——	——	——	——	——
二、简易计税方法计税	6%征收率	8												——	——
	5%征收率的货物及加工修理修配劳务	9a												——	——
	5%征收率的服务、不动产和无形资产	9b													
	4%征收率	10												——	——
	3%征收率的货物及加工修理修配劳务	11												——	——
	3%征收率的服务、不动产和无形资产	12	500	15							500	15	515	103	412	12
	预征率　%	13a									——					
	预征率　%	13b									——					
	预征率　%	13c									——					
其中：即征即退项目	即征即退货物及加工修理修配劳务	14	——	——	——	——	——	——	——	——	——	——	——	——	——
	即征即退服务、不动产和无形资产	15	——	——	——	——	——	——	——	——	——	——	——	——	——

2. 小规模纳税人简易计税下分包。

【案例3】北京市房山区A建筑施工企业为小规模纳税人，2018年8月为本区甲项目提供工程服务，含税销售额515万元，给对方开具了增值税普通发票；同时，将部分甲项目分包给建筑企业B，支付分包款103万元（含

增值税纳税申报表附列资料（三）
（服务、不动产和无形资产扣除项目明细）

税款所属时间：　年　月　日至　年　月　日

纳税人名称：（公章）　　　　　　　　　　　　　　　　　　　　　　　　　　　金额单位：万元

项目及栏次		本期服务、不动产和无形资产价税合计额（免税销售额）	服务、不动产和无形资产扣除项目				
			期初余额	本期发生额	本期应扣除金额	本期实际扣除金额	期末余额
		1	2	3	4=2+3	5(5≤1且5≤4)	6=4-5
16%税率的项目	1						
10%税率的项目	2						
6%税率的项目（不含金融商品转让）	3						
6%税率的金融商品转让项目	4						
5%征收率的项目	5						
3%征收率的项目	6	515	0	103	103	103	0

增值税纳税申报表
（一般纳税人适用）

根据国家税收法律法规及增值税相关规定制定本表。纳税人不论有无销售额，均应按税务机关核定的纳税期限填写本表，并向当地税务机关申报。

税款所属时间：自　年　月　日至　年　月　日　　　　填表日期：　年　月　日　　　　　　　金额单位：万元

纳税人识别号							
纳税人名称			（公章）	法定代表人姓名		所属行业	
开户银行及账号				登记注册类型		注册地址	
						生产经营地址	
						电话号码	

	项目	栏次	一般项目		即征即退项目	
			本月数	本年累计	本月数	本年累计
销售额	（一）按适用税率计税销售额	1				
	其中：应税货物销售额	2				
	应税劳务销售额	3				
	纳税检查调整的销售额	4				
	（二）按简易办法计税销售额	5	500			
	其中：纳税检查调整的销售额	6				
	（三）免、抵、退办法出口销售额	7			——	——
	（四）免税销售额	8			——	——
	其中：免税货物销售额	9			——	——
	免税劳务销售额	10			——	——
税款计算	销项税额	11				
	进项税额	12				
	上期留抵税额	13				
	进项税额转出	14				
	免、抵、退应退税额	15			——	——
	按适用税率计算的纳税检查应补缴税额	16				
	应抵扣税额合计	17=12+13-14-15+16		——		——
	实际抵扣税额	18（如17<11，则为17，否则为11）				
	应纳税额	19=11-18				
	期末留抵税额	20=17-18				
	简易计税办法计算的应纳税额	21	12			
	按简易计税办法计算的纳税检查应补缴税额	22				
	应纳税额减征额	23				
	应纳税额合计	24=19+21-23	12			

税），取得增值税普通发票。自建部分为 400 万元，发生原材料等成本 200 万元。

(1) 账务处理。

同案例2的账务处理。

(2) 9月15日之前纳税申报。

增值税纳税申报表（小规模纳税人适用）附列资料

税款所属期：　年　月　日至　年　月　日　　　填表日期：　年　月　日

纳税人名称（公章）：　　　　　　　　　　　　　金额单位：元至角分

应税行为（3%征收率）扣除额计算

期初余额	本期发生额	本期扣除额	期末余额
1	2	3（3≤1+2之和，且3≤5）	4=1+2−3
0	103	103	0

应税行为（3%征收率）计税销售额计算

全部含税收入（适用3%征收率）	本期扣除额	含税销售额	不含税销售额
5	6=3	7=5−6	8=7÷1.03
515	103	412	400

二、建筑施工企业在同一地级行政区划外的分包

根据财税〔2016〕36号、国家税务总局公告2016年第17号和国家税务总局公告2017年第11号的规定，一般纳税人跨地市级行政区域提供建筑服务，适用一般计税方法计税的，应以取得的全部价款和价外费用为销售额计算应纳税额。纳税人应以取得的全部价款和价外费用扣除支付的分包款后的余额，按照2%的预征率在建筑服务发生地预缴税款后，向机构所在地主管税务机关进行纳税申报。一般纳税人跨地市级行政区域提供建筑服务，选择适用简易计税方法计税的，应以取得的全部价款和价外费用扣除支付的分包款后的余额为销售额，按照3%的征收率计算应纳税额。纳税人应按照上述计税方法在建筑服务发生地预缴税款后，向机构所在地主管税务机关进行纳税申报。小规模纳税人跨地市级行政区域提供建筑服务，应以取得的全部价款和价外费用扣除支付的分包款后的余额为销售额，按照3%的征收率计算应纳税

增值税纳税申报表

(小规模纳税人适用)

纳税人识别号：□□□□□□□□□□□□□□□□□□□

纳税人名称（公章）：   金额单位：元至角分

税款所属期：年月日至年月日   填表日期：年月日

<table>
<tr><th colspan="2" rowspan="2">项目</th><th rowspan="2">栏次</th><th colspan="2">本期数</th><th colspan="2">本年累计</th></tr>
<tr><th>货物及劳务</th><th>服务、不动产和无形资产</th><th>货物及劳务</th><th>服务、不动产和无形资产</th></tr>
<tr><td rowspan="17">一、计税依据</td><td>（一）应征增值税不含税销售额（3%征收率）</td><td>1</td><td></td><td></td><td></td><td></td></tr>
<tr><td>税务机关代开的增值税专用发票不含税销售额</td><td>2</td><td></td><td></td><td></td><td></td></tr>
<tr><td>税控器具开具的普通发票不含税销售额</td><td>3</td><td></td><td>400</td><td></td><td></td></tr>
<tr><td>（二）应征增值税不含税销售额（5%征收率）</td><td>4</td><td>——</td><td></td><td>——</td><td></td></tr>
<tr><td>税务机关代开的增值税专用发票不含税销售额</td><td>5</td><td>——</td><td></td><td>——</td><td></td></tr>
<tr><td>税控器具开具的普通发票不含税销售额</td><td>6</td><td>——</td><td></td><td>——</td><td></td></tr>
<tr><td>（三）销售使用过的固定资产不含税销售额</td><td>7(7≥8)</td><td></td><td>——</td><td></td><td>——</td></tr>
<tr><td>其中：税控器具开具的普通发票不含税销售额</td><td>8</td><td></td><td>——</td><td></td><td>——</td></tr>
<tr><td>（四）免税销售额</td><td>9=10+11+12</td><td></td><td></td><td></td><td></td></tr>
<tr><td>其中：小微企业免税销售额</td><td>10</td><td></td><td></td><td></td><td></td></tr>
<tr><td>未达起征点销售额</td><td>11</td><td></td><td></td><td></td><td></td></tr>
<tr><td>其他免税销售额</td><td>12</td><td></td><td></td><td></td><td></td></tr>
<tr><td>（五）出口免税销售额</td><td>13(13≥14)</td><td></td><td></td><td></td><td></td></tr>
<tr><td>其中：税控器具开具的普通发票销售额</td><td>14</td><td></td><td></td><td></td><td></td></tr>
<tr><td colspan="7"></td></tr>
<tr><td colspan="7"></td></tr>
<tr><td colspan="7"></td></tr>
<tr><td rowspan="3">二、税款计算</td><td>本期应纳税额</td><td>15</td><td></td><td>12</td><td></td><td></td></tr>
<tr><td>本期应纳税额减征额</td><td>16</td><td></td><td></td><td></td><td></td></tr>
<tr><td>本期免税额</td><td>17</td><td></td><td></td><td></td><td></td></tr>
</table>

额。纳税人应按照上述计税方法在建筑服务发生地预缴税款后，向机构所在地主管税务机关进行纳税申报。

（一）一般计税下分包

【**案例4**】北京市房山区A建筑企业适用于一般计税方法，在安徽省淮南市承揽了一项工程项目，该工程项目不含税金额为1000万元。A企业2018年8月收到全部工程款，并开具增值税专用发票，发票金额为1000万元，税额为100万元；A将部分建筑项目分包给淮南市的建筑企业B（一般纳税人），取得了增值税专用发票40张，票面价款300万元，税额30万元，当月进行认证抵扣。

（1）账务处理。

8月收到工程款：

借：银行存款　　　　　　　　　　　　　　　　　　　1100
　　贷：工程结算　　　　　　　　　　　　　　　　　　1000
　　　　应交税费—应交增值税（销项税额）　　　　　　 100

8月支付给B公司分包款：

借：工程施工—合同成本　　　　　　　　　　　　　　　300
　　应交税费—应交增值税（进项税额）　　　　　　　　 30
　　贷：银行存款　　　　　　　　　　　　　　　　　　 330

在淮南市预交增值税：

$(1100 - 330) \div (1 + 10\%) \times 2\% = 14$（万元）

借：应交税费—预交增值税　　　　　　　　　　　　　　14
　　贷：银行存款　　　　　　　　　　　　　　　　　　 14

A公司确认该项目收入与费用：

借：主营业务成本　　　　　　　　　　　　　　　　　　300
　　工程施工—合同毛利　　　　　　　　　　　　　　　700
　　贷：主营业务收入　　　　　　　　　　　　　　　　1000

工程结算与工程施工对冲结平：

借：工程结算　　　　　　　　　　　　　　　　　　　　1000
　　贷：工程施工—合同成本　　　　　　　　　　　　　 300
　　　　　　　—合同毛利　　　　　　　　　　　　　　 700

（2）9月15日之前纳税申报。

增值税纳税申报表附列资料（一）
（本期销售情况明细）

税款所属时间： 年 月 日至 年 月 日

纳税人名称：（公章）　　　　　　　　　　　　　　　　　　　　　金额单位：万元

项目及栏次			开具增值税专用发票		开具其他发票		未开具发票		纳税检查调整		合计			服务、不动产和无形资产扣除项目本期实际扣除金额	扣除后	
			销售额	销项（应纳）税额	销售额	销项（应纳）税额	销售额	销项（应纳）税额	销售额	销项（应纳）税额	销售额	销项（应纳）税额	价税合计		含税（免税）销售额	销项（应纳）税额
			1	2	3	4	5	6	7	8	9=1+3+5+7	10=2+4+6+8	11=9+10	12	13=11-12	14=13÷(100%+税率或征收率)×税率或征收率
一、一般计税方法计税	全部征税项目	16%税率的货物及加工修理修配劳务	1											—	—	—
		16%税率的服务、不动产和无形资产	2											—	—	—
		13%税率	3	—	—											
		10%税率的货物及加工修理修配劳务	4a													
		10%税率的服务、不动产和无形资产	4b	1000	100							1000	100	1100	0	1100	100
		6%税率	5													
	其中：即征即退项目	即征即退货物及加工修理修配劳务	6													
		即征即退服务、不动产和无形资产	7													

增值税纳税申报表附列资料（二）
（本期进项税额明细）

税款所属时间： 年 月 日至 年 月 日

纳税人名称：（公章）　　　　　　　　　　　　　　　　　　　　　金额单位：万元

一、申报抵扣的进项税额

项目	栏次	份数	金额	税额
（一）认证相符的增值税专用发票	1=2+3	40	300	30
其中：本期认证相符且本期申报抵扣	2	40	300	30
前期认证相符且本期申报抵扣	3			

增值税纳税申报表附列资料（四）
（税额抵减情况表）

税款所属时间： 年 月 日至 年 月 日

纳税人名称：（公章）　　　　　　　　　　　　　　　　　　　　　金额单位：元至角分

序号	抵减项目	期初余额	本期发生额	本期应抵减税额	本期实际抵减税额	期末余额
		1	2	3=1+2	4≤3	5=3-4
1	增值税税控系统专用设备费及技术维护费					
2	分支机构预征缴纳税款					
3	建筑服务预征缴纳税款	0	14	14	14	0
4	销售不动产预征缴纳税款					

57. 建筑施工企业分包业务的财税处理分析

增值税纳税申报表
（一般纳税人适用）

根据国家税收法律法规及增值税相关规定制定本表。纳税人不论有无销售额，均应按税务机关核定的纳税期限填写本表，并向当地税务机关申报。

税款所属时间：自 年 月 日至 年 月 日　　填表日期：年 月 日　　金额单位：万元

纳税人识别号　　　　　　　　　　　　　　　　　　所属行业：
纳税人名称　　　　　　（公章）　法定代表人姓名　　　　注册地址　　　　　　生产经营地址
开户银行及账号　　　　　　　　　登记注册类型　　　　　　　　　　　　电话号码

	项目	栏次	一般项目		即征即退项目	
			本月数	本年累计	本月数	本年累计
销售额	（一）按适用税率计税销售额	1	1000			
	其中：应税货物销售额	2				
	应税劳务销售额	3				
	纳税检查调整的销售额	4				
	（二）按简易办法计税销售额	5				
	其中：纳税检查调整的销售额	6				
	（三）免、抵、退办法出口销售额	7			—	—
	（四）免税销售额	8			—	—
	其中：免税货物销售额	9			—	—
	免税劳务销售额	10			—	—
税款计算	销项税额	11	100			
	进项税额	12	30			
	上期留抵税额	13			—	—
	进项税额转出	14				
	免、抵、退应退税额	15				
	按适用税率计算的纳税检查应补缴税额	16				
	应抵扣税额合计	17=12+13-14-15+16	30		—	—
	实际抵扣税额	18（如17<11，则为17，否则为11）	30			
	应纳税额	19=11-18	70			
	期末留抵税额	20=17-18				
	简易计税办法计算的应纳税额	21				
	按简易计税办法计算的纳税检查应补缴税额	22				
	应纳税额减征额	23				
	应纳税额合计	24=19+21-23	70			
税款缴纳	期初未缴税额（多缴为负数）	25				
	实收出口开具专用缴款书退税额	26				
	本期已缴税额	27=28+29+30+31	14			
	①分次预缴税额	28	14		—	—
	②出口开具专用缴款书预缴税额	29			—	—
	③本期缴纳上期应纳税额	30				
	④本期缴纳欠缴税额	31				
	期末未缴税额（多缴为负数）	32=24+25+26-27	56			
	其中：欠缴税额（≥0）	33=25+26-27			—	—
	本期应补（退）税额	34=24-28-29	56		—	—
	即征即退实际退税额	35	—	—		
	期初未缴查补税额	36			—	—
	本期入库查补税额	37			—	—
	期末未缴查补税额	38=16+22+36-37			—	—

（二）简易计税下分包

1. 一般纳税人简易计税下分包。

【案例5】北京市房山区A建筑施工企业为一般纳税人，2018年8月为安徽淮南市甲项目提供工程服务（清包工方式，该企业选择简易计税方法），含税销售额 515 万元，给对方开具了增值税专用发票；同时，将部分甲项目分包给建筑企业 B，支付分包款 103 万元（含税），取得增值税普通发票。自建部分为 400 万元，发生原材料等成本 200 万元。

（1）账务处理。

自建发生成本：

借：工程施工—合同成本　　　　　　　　　　　　　　200
　　贷：原材料等　　　　　　　　　　　　　　　　　　　200

支付 B 企业分包款：

借：工程施工—合同成本　　　　　　　　　　　　　　103
　　贷：银行存款　　　　　　　　　　　　　　　　　　　103

到业主工程款：

借：银行存款　　　　　　　　　　　　　　　　　　　515
　　贷：工程结算　　　　　　　　　　　　　　　　　　　500
　　　　应交税费—简易计税　　　　　　　　　　　　　　15

在淮南市预交增值税：

$(515-103)÷(1+3\%)×3\%=12$（万元）

借：应交税费—预交增值税　　　　　　　　　　　　　12
　　贷：银行存款　　　　　　　　　　　　　　　　　　　12

确认项目收入与费用：

借：主营业务成本　　　　　　　　　　　　300（200+103-3）
　　工程施工—合同毛利　　　　　　　　　　　　　　　200
　　贷：主营业务收入　　　　　　　　　　　　　　　　　500

工程结算与工程施工对冲结平：

借：工程结算　　　　　　　　　　　　　　　　　　　500
　　贷：工程施工—合同成本　　　　　　　　　　　　　　300
　　　　　　　　　—合同毛利　　　　　　　　　　　　　200

在北京房山区应纳增值税 $=(515-103)÷(1+3\%)×3\%=12$（万元），由于已在建筑服务发生地安徽省淮南市已预交 12 万元，因此在北京房山区应补（退）税额 = 0 元。

(2) 9月15日之前纳税申报。

增值税纳税申报表附列资料(一)
(本期销售情况明细)

项目及栏次		开具增值税专用发票		开具其他发票		未开具发票		纳税检查调整		合计			服务、不动产和无形资产扣除项目本期实际扣除金额	扣除后	
		销售额	销项(应纳)税额	销售额	销项(应纳)税额	销售额	销项(应纳)税额	销售额	销项(应纳)税额	销售额	销项(应纳)税额	价税合计		含税(免税)销售额	销项(应纳)税额
		1	2	3	4	5	6	7	8	9=1+3+5+7	10=2+4+6+8	11=9+10	12	13=11-12	14=13÷(100%+税率或征收率)×税率或征收率
一、一般计税方法计税	16%税率的货物及加工修理修配劳务												---	---	---
	16%税率的服务、不动产和无形资产												---	---	---
	10%税率												---	---	---
	10%税率的货物及加工修理修配劳务												---	---	---
	10%税率的服务、不动产和无形资产												---	---	---
	6%税率														
其中：即征即退项目	即征即退货物及加工修理修配劳务														
	即征即退服务、不动产和无形资产														
二、简易计税方法计税	6%征收率														
	5%征收率的货物及加工修理修配劳务														
	5%征收率的服务、不动产和无形资产														
	3%征收率														
	3%征收率的货物及加工修理修配劳务														
	3%征收率的服务、不动产和无形资产		500	15			---	---			500	15	515	103	412	12
	预征率 %														
	预征率 %														
其中：即征即退项目	即征即退货物及加工修理修配劳务		---	---			---	---							
	即征即退服务、不动产和无形资产		---	---			---	---							

增值税纳税申报表附列资料(三)
(服务、不动产和无形资产扣除项目明细)

项目及栏次		本期服务、不动产和无形资产价税合计额(免税销售额)	服务、不动产和无形资产扣除项目				
			期初余额	本期发生额	本期应扣除金额	本期实际扣除金额	期末余额
		1	2	3	4=2+3	5(5≤1且5≤4)	6=4-5
16%税率的项目	1						
10%税率的项目	2						
6%税率的项目（不含金融商品转让）	3						
6%税率的金融商品转让项目	4						
5%征收率的项目	5						
3%征收率的项目	6	515	0	103	103	103	0

2. 小规模纳税人简易计税下分包。

【案例6】北京市房山区A建筑施工企业为小规模纳税人，2018年8月为安徽省淮南市甲项目提供工程服务，含税销售额515万元，给对方开具了增值税普通发票；同时，将部分甲项目分包给建筑企业B，支付分包款103万元（含税），取得增值税普通发票。自建部分为400万元，发生原材料等成本200万元。

增值税纳税申报表附列资料（四）
（税额抵减情况表）

税款所属时间： 年 月 日 至 年 月 日

纳税人名称：

（公章）

金额单位：元至角分

序号	抵减项目	期初余额	本期发生额	本期应抵减税额	本期实际抵减税额	期末余额
		1	2	3=1+2	4≤3	5=3-4
1	增值税税控系统专用设备费及技术维护费					
2	分支机构预征缴纳税款					
3	建筑服务预征缴纳税款	0	12	12	12	0

（1）账务处理。

同案例5的账务处理

（2）9月15日之前纳税申报。

增值税纳税申报表
（一般纳税人适用）

根据国家税收法律法规及增值税相关规定制定本表。纳税人不论有无销售额，均应按税务机关核定的纳税期限填写本表，并向当地税务机关申报。

税款所属时间：自 年 月 日 至 年 月 日　　填表日期： 年 月 日　　金额单位：元至角分

纳税人识别号					
纳税人名称		（公章）法定代表人姓名		注册地址	所属行业： 生产经营地址
开户银行及账号		登记注册类型			电话号码

项目		栏次	一般项目		即征即退项目	
			本月数	本年累计	本月数	本年累计
销售额	（一）按适用税率计税销售额	1				
	其中：应税货物销售额	2				
	应税劳务销售额	3				
	纳税检查调整的销售额	4				
	（二）按简易办法计税销售额	5	500			
	其中：纳税检查调整的销售额	6				
	（三）免、抵、退办法出口销售额	7			—	—
	（四）免税销售额	8			—	—
	其中：免税货物销售额	9			—	—
	免税劳务销售额	10			—	—
税款计算	销项税额	11				
	进项税额	12				
	上期留抵税额	13				
	进项税额转出	14				
	免、抵、退应退税额	15			—	—
	按适用税率计算的纳税检查应补缴税额	16			—	—
	应抵扣税额合计	17=12+13-14-15+16			—	—
	实际抵扣税额	18（如17<11，则为17，否则为11）				
	应纳税额	19=11-18				
	期末留抵税额	20=17-18				
	简易计税办法计算的应纳税额	21	12			
	按简易计税办法计算的纳税检查应补缴税额	22				
	应纳税额减征额	23				
	应纳税额合计	24=19+21-23	12			

57. 建筑施工企业分包业务的财税处理分析

续表

项目		栏次	一般项目		即征即退项目	
			本月数	本年累计	本月数	本年累计
税款缴纳	期初未缴税额（多缴为负数）	25				—
	实收出口开具专用缴款书退税额	26			—	—
	本期已缴税额 27=28+29+30+31	27	12			
	①分次预缴税额	28	12		—	—
	②出口开具专用缴款书预缴税额	29			—	—
	③本期缴纳上期应纳税额	30				
	④本期缴纳欠缴税额	31				
	期末未缴税额（多缴为负数） 32=24+25+26-27	32	0			
	其中：欠缴税额（≥0）	33=25+26-27				
	本期应补退税额 34=24-28-29	34	0		— —	— —
	即征即退实际退税额	35	—	—		
	期初未缴查补税额	36			—	—
	本期入库查补税额	37			—	—
	期末未缴查补税额 38=16+22+36-37	38			—	—

增值税纳税申报表（小规模纳税人适用）附列资料

税款所属期： 年 月 日至 年 月 日　　　　填表日期： 年 月 日
纳税人名称（公章）：　　　　　　　　　　　金额单位：元至角分

应税行为（3%征收率）扣除额计算

期初余额	本期发生额	本期扣除额	期末余额
1	2	3（3≤1+2之和，且3≤5）	4=1+2-3
0	103	103	0

应税行为（3%征收率）计税销售额计算

全部含税收入（适用3%征收率）	本期扣除额	含税销售额	不含税销售额
5	6=3	7=5-6	8=7÷1.03
515	103	412	400

	项目	栏次	本期数		本年累计	
			货物及劳务	服务、不动产和无形资产	货物及劳务	服务、不动产和无形资产
一、计税依据	（一）应征增值税不含税销售额（3%征收率）	1		400		
	税务机关代开的增值税专用发票不含税销售额	2				
	税控器具开具的普通发票不含税销售额	3		400		

续表

	项目	栏次	本期数		本年累计	
			货物及劳务	服务、不动产和无形资产	货物及劳务	服务、不动产和无形资产
一、计税依据	（二）应征增值税不含税销售额（5%征收率）	4	——		——	
	税务机关代开的增值税专用发票不含税销售额	5	——		——	
	税控器具开具的普通发票不含税销售额	6				
	（三）销售使用过的固定资产不含税销售额	7(7≥8)		——		——
	其中：税控器具开具的普通发票不含税销售额	8				
	（四）免税销售额	9=10+11+12				
	其中：小微企业免税销售额	10				
	未达起征点销售额	11				
	其他免税销售额	12				
	（五）出口免税销售额	13(13≥14)				
	其中：税控器具开具的普通发票销售额	14				
二、税款计算	本期应纳税额	15	12			
	本期应纳税额减征额	16				
	本期免税额	17				
	其中：小微企业免税额	18				
	未达起征点免税额	19				
	应纳税额合计	20=15-16	12			
	本期预缴税额	21	12		——	——
	本期应补（退）税额	22=20-21	0			
纳税人或代理	如纳税人填报，由纳税人填写以下各栏：					

58.

建筑企业跨区域提供建筑服务的财税处理分析

建筑企业经常跨区域提供建筑服务,财税如何处理困扰着不少财务人员,有必要进行梳理分析。

一、办理跨区域涉税事项报验

建筑企业跨区域提供建筑服务,需要根据《国家税务总局关于创新跨区域涉税事项报验管理制度的通知》(税总发〔2017〕103号)和《国家税务总局关于明确跨区域涉税事项报验管理相关问题的公告》(国家税务总局公告2018年第38号)的相关规定,做好跨区域涉税事项报验工作。

1. 纳税人跨省(自治区、直辖市和计划单列市)临时从事生产经营活动的,向机构所在地的税务机关填报《跨区域涉税事项报告表》(见下表);纳税人在省(自治区、直辖市和计划单列市)内跨县(市)临时从事生产经营活动的,是否实施跨区域涉税事项报验管理由各省(自治区、直辖市和计划单列市)税务机关自行确定。

2. 具备网上办税条件的,纳税人可通过网上办税系统,自主填报《跨区域涉税事项报告表》。不具备网上办税条件的,纳税人向主管税务机关(办税服务厅)填报《跨区域涉税事项报告表》,并出示加载统一社会信用代码的营业执照副本(未换照的出示税务登记证副本),或加盖纳税人公章的副本复印件(以下统称"税务登记证件");已实行实名办税的纳税人只需填报《跨区域涉税事项报告表》。

跨区域涉税事项报告表

纳税人名称		纳税人识别号（统一社会信用代码）	
经办人		座机	手机
跨区域涉税事项联系人		座机	手机
跨区域经营地址	省（自治区/市）　　　　市（地区/盟/自治州）　　　　县（自治县/旗/自治旗/市/区）　　　　乡（民族乡/镇/街道）　　　　村（路/社区）　　　号		
经营方式	建筑安装□ 装饰修饰□ 修理修配□ 加工□ 批发□ 零售□ 批零兼营□ 零批兼营□ 其他□		
合同名称		合同编号	
合同金额		合同有效期限	年月日至年月日
合同相对方名称		合同相对方纳税人识别号（统一社会信用代码）	
延长有效期	跨区域涉税事项报验管理编号	税跨报〔 〕号	
	最新有效期止	至年月日	

纳税人声明：我承诺，上述填报内容是真实的、可靠的、完整的，并愿意承担相应法律责任。
经办人：　　　　纳税人（盖章）
　　　　　　　　　年　月　日

税务机关事项告知：纳税人应当在跨区域涉税事项报验管理有效期内在经营地从事经营活动，若合同延期，可向经营地或机构所在地的税务机关办理报验管理有效期的延期手续。

以下由税务机关填写

跨区域涉税事项报验管理编号：税跨报〔 〕号
经办人：　　　　负责人：
税务机关（盖章）
　　　　　　　年　月　日
税务机关联系电话：

跨区域涉税事项报验管理有效日期	自　年　月　日起至　年　月　日
延长后的跨区域涉税事项报验管理有效日期	自　年　月　日起至　年　月　日

3. 纳税人首次在经营地办理涉税事宜时，向经营地的税务机关报验跨区域涉税事项。纳税人报验跨区域涉税事项时，应当出示税务登记证件。

4. 税务机关不再按照180天设置报验管理的固定有效期，改按跨区域经营合同执行期限作为有效期限。合同延期的，可以向经营地或机构所在地的

58. 建筑企业跨区域提供建筑服务的财税处理分析

税务机关办理报验管理有效期限延期手续。

5. 纳税人跨区域经营活动结束后，应当结清经营地税务机关的应纳税款以及其他涉税事项，向经营地的税务机关填报《经营地涉税事项反馈表》（见下表）。经营地的税务机关核对《经营地涉税事项反馈表》后，及时将相关信息反馈给机构所在地的税务机关。纳税人不需要另行向机构所在地的税务机关反馈。

经营地涉税事项反馈表

纳税人名称					
纳税人识别号（统一社会信用代码）		跨区域涉税事项报验管理编号		税跨报〔　〕号	
实际经营期间		自　年　月　日起至　年　月　日			
货物存放地点					
合同包含的项目名称	预缴税款征收率	已预缴税款金额	实际合同执行金额	开具发票金额（含自开和代开）	应补预缴税款金额
合计金额					
经办人： 纳税人（盖章）： 　年　月　日			税务机关意见： 经办人： 税务机关（盖章）： 　年　月　日		

二、跨区域提供建筑服务的财税处理

（一）增值税

根据《国家税务总局关于发布〈纳税人跨县（市、区）提供建筑服务增值税征收管理暂行办法〉的公告》（国家税务总局公告2016年第17号）、《国家税务总局关于"营改增"试点若干征管问题的公告》（国家税务总局公告2016年第53号）、《国家税务总局关于进一步明确营改增有关征管问题的公告》（国家税务总局公告2017年第11号）、《财政部、税务总局关于建筑服务等"营改增"试点政策的通知》（财税〔2017〕58号）、《国家税务总局关于简化建筑服务增值税简易计税方法备案事项的公告》（国家税务总局公告2017年第43号）、《国家税务总局关于小规模纳税人免征增值税政策有关征管问题的公告》（国家税务总局公告2019年第4号）等文件的规定，建筑企业跨区域提供建筑服务需要掌握的增值税政策主要包括以下内容：

1. 纳税人跨县（市、区）（备注：跨县（市、区）指的是跨省（自治区、直辖市和计划单列市）或跨地级市，下文同）提供建筑服务，应按照财税〔2016〕36号文件规定的纳税义务发生时间和计税方法（备注：根据财税〔2017〕58号文件的规定，收到预收款时不再承担纳税义务，但要在建筑服务发生地预缴增值税，按规定无需在建筑服务发生地预缴增值税的项目，纳税人收到预收款时在机构所在地预缴增值税。），向建筑服务发生地主管税务机关预缴税款，向机构所在地主管税务机关申报纳税。

2. 纳税人跨县（市、区）提供建筑服务，按照以下规定预缴税款：

（1）一般纳税人跨县（市、区）提供建筑服务，适用一般计税方法计税的，以取得的全部价款和价外费用扣除支付的分包款后的余额，按照2%的预征率计算应预缴税款。（2）一般纳税人跨县（市、区）提供建筑服务，选择适用简易计税方法计税的，以取得的全部价款和价外费用扣除支付的分包款后的余额，按照3%的征收率计算应预缴税款。（3）小规模纳税人跨县（市、区）提供建筑服务，以取得的全部价款和价外费用扣除支付的分包款后的余额，按照3%的征收率计算应预缴税款。

3. 纳税人跨县（市、区）提供建筑服务，按照以下公式计算应预缴税款：（1）适用一般计税方法计税的，应预缴税款＝（全部价款和价外费用－支付的分包款）÷（1＋10%）×2%；（2）适用简易计税方法计税的，应预缴税款＝（全部价款和价外费用－支付的分包款）÷（1＋3%）×3%。纳税人取得的全部价款和价外费用扣除支付的分包款后的余额为负数的，可结转下次预缴税款时继续扣除。纳税人应按照工程项目分别计算应预缴税款，分别预缴。

4. 纳税人按照上述规定从取得的全部价款和价外费用中扣除支付的分包款，应当取得符合法律、行政法规和国家税务总局规定的合法有效凭证，否则不得扣除。有效凭证现在是指：从分包方取得的2016年5月1日后开具的，备注栏注明建筑服务发生地所在县（市、区）、项目名称的增值税发票；国家税务总局规定的其他凭证。

5. 纳税人跨县（市、区）提供建筑服务，在向建筑服务发生地主管税务机关预缴税款时，需填报《增值税预缴税款表》，并出示以下资料：（1）与发包方签订的建筑合同复印件（加盖纳税人公章）；（2）与分包方签订的分包合同复印件（加盖纳税人公章）；（3）从分包方取得的发票复印件（加盖纳税人公章）。

6. 纳税人跨县（市、区）提供建筑服务，向建筑服务发生地主管税务机关预缴的增值税税款，可以在当期增值税应纳税额中抵减，抵减不完的，结转下期继续抵减。纳税人以预缴税款抵减应纳税额，应以完税凭证作为合法有效凭证。

7. 小规模纳税人跨县（市、区）提供建筑服务，不能自行开具增值税发票的，可向建筑服务发生地主管税务机关按照其取得的全部价款和价外费用申请代开增值税发票。

8. 对跨县（市、区）提供的建筑服务，纳税人应自行建立预缴税款台账，区分不同县（市、区）和项目逐笔登记全部收入、支付的分包款、已扣除的分包款、扣除分包款的发票号码、已预缴税款以及预缴税款的完税凭证号码等相关内容，留存备查。

9. 纳税人跨县（市、区）提供建筑服务，应向建筑服务发生地主管税务机关预缴税款而自应当预缴之月起超过6个月没有预缴税款的，由机构所在地主管税务机关按照《中华人民共和国税收征收管理法》及相关规定进行处理。

10. 纳税人跨县（市）提供建筑服务适用或选择适用简易计税方法计税的，应向机构所在地主管税务机关备案，建筑服务发生地主管税务机关无须备案。

11. 小规模纳税人发生增值税应税销售行为，合计月销售额未超过10万元（以1个季度为1个纳税期的，季度销售额未超过30万元，下同）的，免征增值税。适用增值税差额征税政策的小规模纳税人，以差额后的销售额确定是否可以享受规定的免征增值税政策。按照现行规定应当预缴增值税税款的小规模纳税人，凡在预缴地实现的月销售额未超过10万元的，当期无须预缴税款。

【案例1】 A省某建筑企业（一般纳税人）2018年9月在B省提供建筑服务，适用一般计税方法，当月取得建筑服务收入（含税）2200万元，支付分包款550万元（取得增值税专用发票上注明的增值税额为50万元）。

该建筑企业当月需要在B省建筑服务所在地预缴税款=（2200－550）÷（1＋10%）×2%＝30（万元）。

借：应交税费——预交增值税　　　　　　　　　　30
　　贷：银行存款　　　　　　　　　　　　　　　　30

【案例2】 A省某建筑企业（小规模纳税人）2018年9月在B省提供建筑服务，当月取得建筑服务收入（含税）203万元，支付分包款100万元（取得增值税普通发票）。

该建筑企业当月需要在B省建筑服务所在地预缴税款=（203－100）÷（1＋3%）×3%＝3（万元）。

借：应交税费——简易计税　　　　　　　　　　　3
　　贷：银行存款　　　　　　　　　　　　　　　　3

【案例3】 某建筑业小规模纳税人（按月纳税），2019年3月在异地郑州市提供建筑服务，取得建设方支付的款项25万元，同时向其他建筑企业支付分包款17万元。

解析：该小规模纳税人当月扣除分包款后的销售额为8万元，未超过10万元，因此，当月该小规模纳税人无需在郑州市预缴税款。

（二）城市维护建设税和教育费附加

根据《财政部、国家税务总局关于纳税人异地预缴增值税有关城市维护建设税和教育费附加政策问题的通知》(财税〔2016〕74号)的规定，纳税人跨地区提供建筑服务的，应在建筑服务发生地预缴增值税时，以预缴增值税税额为计税依据，并按预缴增值税所在地的城市维护建设税适用税率和教育费附加征收率就地计算缴纳城市维护建设税和教育费附加。预缴增值税的纳税人在其机构所在地申报缴纳增值税时，以其实际缴纳的增值税税额为计税依据，并按机构所在地的城市维护建设税适用税率和教育费附加征收率就地计算缴纳城市维护建设税和教育费附加。

【案例 4】 A 省 B 市某建筑企业（一般纳税人）2018 年 9 月在 C 省 D 县提供建筑服务，适用一般计税方法，当月取得建筑服务收入（含税）2200 万元，支付购入建筑材料款价税合计为 928 万元（取得增值税专用发票上注明的增值税额为 128 万元）。D 县所在地城建税税率为 5%，教育费附加征收率为 3%，地方教育费附加征收率为 2%；B 市所在地城建税税率为 7%，教育费附加征收率为 3%，地方教育费附加征收率为 2%。

在 D 县预缴增值税 = 2200 ÷（1 + 10%）× 2% = 40（万元）。

在 D 县缴纳城建税、教育费附加和地方教育费附加 = 40 ×（5% + 3% + 2%）= 4（万元）。

在 B 市申报缴纳增值税 = 2200 ÷（1 + 10%）× 10% − 128 − 40 = 32（万元）。

在 B 市缴纳城建税、教育费附加和地方教育费附加 = 32 ×（7% + 3% + 2%）= 3.84（万元）。

（三）企业所得税

根据《国家税务总局关于跨地区经营建筑企业所得税征收管理问题的通知》（国税函〔2010〕156号）、《国家税务总局关于印发〈跨地区经营汇总纳税企业所得税征收管理办法〉的公告》（国家税务总局公告2012年第57号）等文件的规定，建筑企业跨区域（指跨省、自治区、直辖市和计划单列市，下同）提供建筑服务预缴企业所得税分为以下两种情况。

1. 建筑企业总机构直接管理的跨地区设立的项目部，应按项目实际经营收入的 0.2% 按月或按季由总机构向项目所在地预分企业所得税，并由项目部向所在地主管税务机关预缴。

2. 实行总分机构体制的跨地区经营建筑企业应严格执行国家税务总局公

告 2012 年第 57 号文件的规定，按照"统一计算、分级管理、就地预缴、汇总清算、财政调库"的办法计算缴纳企业所得税。建筑企业所属二级或二级以下分支机构直接管理的项目部（包括与项目部性质相同的工程指挥部、合同段等，下同）不就地预缴企业所得税，其经营收入、职工工资和资产总额应汇总到二级分支机构统一核算，由二级分支机构按照国家税务总局公告 2012 年第 57 号文件规定的办法预缴企业所得税。

根据国家税务总局公告 2012 年第 57 号的规定，汇总纳税企业按照《企业所得税法》规定汇总计算的企业所得税，包括预缴税款和汇算清缴应缴应退税款，50% 在各分支机构间分摊，各分支机构根据分摊税款就地办理缴库或退库；50% 由总机构分摊缴纳，其中 25% 就地办理缴库或退库，25% 就地全额缴入中央国库或退库。

总机构应将本期企业应纳所得税额的 50% 部分，在每月或季度终了后 15 日内就地申报预缴。总机构应将本期企业应纳所得税额的另外 50% 部分，按照各分支机构应分摊的比例，在各分支机构之间进行分摊，并及时通知到各分支机构；各分支机构应在每月或季度终了之日起 15 日内，就其分摊的所得税额就地申报预缴。

汇总纳税企业应当自年度终了之日起 5 个月内，由总机构汇总计算企业年度应纳所得税额，扣除总机构和各分支机构已预缴的税款，计算出应缴应退税款，按照本办法规定的税款分摊方法计算总机构和分支机构的企业所得税应缴应退税款，分别由总机构和分支机构就地办理税款缴库或退库。汇总纳税企业在纳税年度内预缴企业所得税税款少于全年应缴企业所得税税款的，应在汇算清缴期内由总、分机构分别结清应缴的企业所得税税款；预缴税款超过应缴税款的，主管税务机关应及时按有关规定分别办理退税，或者经总、分机构同意后分别抵缴其下一年度应缴企业所得税税款。

总机构按以下公式计算分摊税款：总机构分摊税款 = 汇总纳税企业当期应纳所得税额 × 50%。分支机构按以下公式计算分摊税款：所有分支机构分摊税款总额 = 汇总纳税企业当期应纳所得税额 × 50%，某分支机构分摊税款 = 所有分支机构分摊税款总额 × 该分支机构分摊比例。总机构应按照上年度分支机构的营业收入、职工薪酬和资产总额三个因素计算各分支机构分摊所得税款的比例；三级及以下分支机构，其营业收入、职工薪酬和资产总额统一计入二级分支机构；三因素的权重依次为 0.35、0.35、0.30。计算公式如下：

某分支机构分摊比例 =（该分支机构营业收入/各分支机构营业收入之和）× 0.35 +（该分支机构职工薪酬/各分支机构职工薪酬之和）× 0.35 +（该分支机构资产总额/各分支机构资产总额之和D）× 0.30。

【案例5】甲建筑企业总部设置在A省会城市，三个二级分支机构分别处于B、C、D三个省会城市。甲企业采用以企业实际利润按季预缴分摊企业所得税的方法进行预缴，甲企业2019年1季度的收入为4000万元（不含增值税），发生税前可抵扣的相关成本、费用共计2000万元。B、C、D省会城市二级分支机构2018年末的相关资料：营业收入方面，B、C、D省会城市二级分支机构的营业收入分别为15000万元、30000万元、55000万元；职工薪酬方面，B、C、D省会城市二级分支机构职工薪酬分别为1500万元、4000万元、6000万元；资产总额方面，B、C、D省会城市二级分支机构的资产总额分别为10000万元、20000万元、30000万元；甲企业及B、C、D省会城市二级分支机构所实际负担的所得税税率均为25%。

1. 甲企业2019年第一季度共计应预缴的应纳税所得额 = 4000 – 2000 = 2000（万元）。

2. 甲企业按照2018年度末营业收入（35%权重）、职工薪酬（35%权重）和资产总额（30%权重）计算B、C、D省会城市二级分支机构应分摊所得额。

B省会城市二级分支机构2019年第一季度应分摊比例 = 15000 ÷ 100000 × 0.35 + 1500 ÷ 11500 × 0.35 + 10000 ÷ 60000 × 0.3 = 14.82%；

C省会城市二级分支机构2019年第一季度应分摊的比例 = 30000 ÷ 100000 × 0.35 + 4000 ÷ 11500 × 0.35 + 20000 ÷ 60000 × 0.3 = 32.67%；

D省会城市二级分支机构2019年第一季度应分摊的比例 = 55000 ÷ 100000 × 0.35 + 6000 ÷ 11500 × 0.35 + 30000 ÷ 60000 × 0.3 = 52.51%。

3. B省会城市二级分支机构2019年第一季度应预缴所得税 = 2000 × 50% × 25% × 14.82% = 37.05（万元）。

C省会城市二级分支机构2019年第一季度应预缴所得税 = 2000 × 50% × 25% × 32.67% = 81.675（万元）。

D省会城市二级分支机构2019年第一季度应预缴所得税 = 2000 × 50% × 25% × 52.51% = 131.275（万元）。

A省会城市总部2019年第一季度应预缴所得税 = 2000 × 50% × 25% = 250

(万元)。

需要提醒的是,根据国税函〔2010〕156号的规定,建筑企业在同一省、自治区、直辖市和计划单列市设立的跨地(市、县)项目部,其企业所得税的征收管理办法,由各省、自治区、直辖市和计划单列市税务局共同制定,并报国家税务总局备案。由此,建筑企业纳税人省、自治区、直辖市和计划单列市内设立的跨地(市、县)项目部的企业所得税征收,参考所在省(自治区、直辖市和计划单列市)的文件规定。

(四)个人所得税

根据《国家税务总局关于建筑安装业跨省异地工程作业人员个人所得税征收管理问题的公告》(国家税务总局公告2015年第52号)的规定,建筑安装业跨省(自治区、直辖市和计划单列市,下同)异地工程作业人员个人所得税政策如下:

1. 总承包企业、分承包企业派驻跨省异地工程项目的管理人员、技术人员和其他工作人员在异地工作期间的工资、薪金所得个人所得税,由总承包企业、分承包企业依法代扣代缴并向工程作业所在地税务机关申报缴纳。总承包企业和分承包企业通过劳务派遣公司聘用劳务人员跨省异地工作期间的工资、薪金所得个人所得税,由劳务派遣公司依法代扣代缴并向工程作业所在地税务机关申报缴纳。

2. 跨省异地施工单位应就其所支付的工程作业人员工资、薪金所得,向工程作业所在地税务机关办理全员全额扣缴明细申报。凡实行全员全额扣缴明细申报的,工程作业所在地税务机关不得核定征收个人所得税。

3. 总承包企业、分承包企业和劳务派遣公司机构所在地税务机关需要掌握异地工程作业人员工资、薪金所得个人所得税缴纳情况的,工程作业所在地税务机关应及时提供。总承包企业、分承包企业和劳务派遣公司机构所在地税务机关不得对异地工程作业人员已纳税工资、薪金所得重复征税。两地税务机关应加强沟通协调,切实维护纳税人权益。

对于建筑安装业省内异地施工作业人员个人所得税征收管理参照国家税务总局公告2015年第52号执行。

(五)印花税

《印花税暂行条例》及其实施细则未明确印花税的纳税地点。有税务机关认为，施工合同在施工地签订的，需要在施工地缴纳"建筑安装工程承包合同"印花税，按承包金额万分之三贴花；如施工合同未在施工地签订的，不需要在施工地缴纳"建筑安装工程承包合同"印花税。各地纳税人在处理印花税业务时，需要咨询当地主管税务机关的政策。

59. 房地产企业收取"诚意金"的涉税处理

一、判例背景

2016年6月12日,原告郑某与被告北京富通房地产公司签订了"名仕公馆"认购诚意预约书,主要约定,原告郑某(预约人)确定有认购"名仕公馆"商铺的意向,自愿交纳诚意金700000元;诚意金属预约人自愿交纳,不存在买卖行为;预约人交纳诚意金满一年不要求退领,视为愿意自动续存,开发公司对本金仍按年利率28%继续计算增值额。上述认购诚意预约书签订前,2016年5月21日,原告郑某向被告北京富通房地产公司转款100000元,被告北京富通房地产公司向原告郑某开具收据,收到诚意金100000元,认购诚意预约书签订后,原告郑某于2016年6月12日向被告北京富通房地产公司转款600000元,同日,被告北京富通房地产公司向原告郑某开具收据,收到诚意金600000元。至此,原告郑某共计转款700000元。被告北京富通房地产公司已向原告郑某支付利息98000元,支付至2016年12月11日。上述借款及后续借款利息经原告多次催要,被告未偿还。

二、法院判决

法院认为,合法的借贷关系受法律保护。本案原告郑某与被告北京富通房地产公司签订的"名仕公馆"认购诚意预约书,从协议的内容看,该"名仕公馆"认购诚意预约书约定了借款金额、日期、借款期限及利息等条款,并非认购协议,而实际是一份借款协议书,原、被告双方也认可双方系借贷关系。被告北京富通房地产公司向原告郑某借款700000元,原告郑某将700000元款项的支付给被告北京富通房地产公司,被告北京富通房地产公司给原告郑某出具了收据,故双方之间的借款事实清楚。在履行合同过程中,被告北京富通房地产公司未按时支付利息,原告向被告催要后,被告未能履行协议约定。现对原告郑某要求被告偿还原告700000元本金,本院依法予以支持。因双方约定的借款利率超过法律规定的年利率24%,但未超过年利率的36%,按相关法律规定,被告已支付的98000元利息应认定有效,已支付到2016年12月11日。2016年12月12日以后的利息应按年利率24%即月息2%计算,从2016年12月12日起向原告支付,至本判决生效后履行期限届满之日止。

三、判例的涉税处理

通过以上民事判例可见,"诚意金"已被房地产企业用到了极致,世界就是这么不公平,钱多"智商"还那么高。

1. 郑某的税务处理。

根据《销售服务、无形资产、不动产注释》的规定:"金融服务,是指经营金融保险的业务活动。包括贷款服务、直接收费金融服务、保险服务和金融商品转让""贷款,是指将资金贷与他人使用而取得利息收入的业务活动。各种占用、拆借资金取得的收入,包括金融商品持有期间(含到期)利息(保本收益、报酬、资金占用费、补偿金等)收入、信用卡透支利息收入、买入返售金融商品利息收入、融资融券收取的利息收入,以及融资性售后回租、押汇、罚息、票据贴现、转贷等业务取得的利息及利息性质的收入,按照贷款服务缴纳增值税。"据此,该判例中郑某获得的"诚意金"利息实为贷款利息,应按贷款服务缴纳增值税。

根据《营业税改征增值税试点实施办法》第四十九条的规定:"个人发生应税行为的销售额未达到增值税起征点的,免征增值税;达到起征点的,全额计算缴纳增值税。增值税起征点不适用于登记为一般纳税人的个体工商户。"第五十条的规定:"增值税起征点幅度如下:(一)按期纳税的,为月销售额5000~20000元(含本数)。"据此,该判例中郑某获取的每月利息(判决前按照年28%利率计算、判决后按照年24%利率计算)没有超过每月20000元的起征点(各地一般按照最高额作为起征点),属于免增值税收入。与之相关的城建税、教育费附加和地方教育费附加也不需缴纳。

根据《个人所得税法》及其《个人所得税法实施条例》的规定,利息、股息、红利所得应当缴纳个人所得税;利息、股息、红利所得以每次收入额为应纳税所得额;利息、股息、红利所得,以支付利息、股息、红利时取得的收入为一次;利息、股息、红利所得适用比例税率,税率为20%。据此,判例中的郑某取得的利息收入应该缴纳个人所得税。

2. 北京富通房地产公司的税务处理。

根据《关于企业向自然人借款的利息支出企业所得税税前扣除问题的通知》(国税函〔2009〕777号)第二条的规定,企业向除第一条规定以外的内部职工或其他人员借款的利息支出,其借款情况同时符合以下条件的,其利息支出在不超过按照金融企业同期同类贷款利率计算的数额的部分,根据税法第八条和税法实施条例第二十七条规定,准予扣除。(1)企业与个人之间的借贷是真实、合法、有效的,并且不具有非法集资目的或其他违反法律、法规的行为;(2)企业与个人之间签订了借款合同。判例中,北京富通房地产公司与郑某签订的"名仕公馆"认购诚意预约书约定了借款金额、日期、借款期限及利息等条款,并非认购协议,而实际是一份借款协议书,对此双方也认可双方系借贷关系。因此,北京富通房地产公司支付给郑某的利息在不超过按照金融企业同期同类贷款利率计算的数额的部分准予在所得税税前扣除。

根据《国家税务总局关于发布〈企业所得税税前扣除凭证管理办法〉的公告》(国家税务总局公告2018年第28号)的规定,企业发生支出,应取得税前扣除凭证,作为计算企业所得税应纳税所得额时扣除相关支出的依据。企业在境内发生的支出项目属于增值税应税项目的,对方为已办理税务登记的增值税纳税人,其支出以发票(包括按照规定由税务机关代开的发票)作为税前扣除凭证;对方为依法无需办理税务登记的单位或者从事小额零星经营业务的个人,其支出以税务机关代开的发票或者收款凭证及内部凭证作为税前扣除凭证,收款凭证应载明收款单位名称、个人姓名及身份证号、支出项目、收款金额等相关信息。小额零星经营业务的判断标准是个人从事应税项目经营业务的销售额不超过增值税相关政策规定的起征点。根据以上规定,判例中郑某为符合条件的从事小额零星经营业务的个人,因此,北京富通房地产公司的利息支出,可以郑某到税局代开的增值税普通发票作为税前扣除凭证,也可以载明郑某个人姓名、身份证号、支出项目、收款金额等相关信息的收款凭证作为税前扣除凭证。

个人所得税以所得人为纳税人,以支付所得的单位或者个人为扣缴义务人。据此,北京富通房地产公司对支付给郑某的利息有代扣代缴义务。如若北京富通房地产公司没有履行代扣代缴的义务,则按照《税收征管法》的规定,税务机关可以对北京富通房地产公司处以应代扣代缴税款 0.5~3 倍的罚款。

60. 房地产企业资产（股权）划转的财税处理分析

房地产企业之间资产（股权）划转是经常发生的业务，财税如何处理有必要进行梳理分析。

一、企业所得税的处理

（一）特殊性税务处理

1. 适用条件。

按照特殊性税务处理，需要同时满足以下条件：

（1）具有合理商业目的、不以减少、免除或者推迟缴纳税款为主要目的；（2）股权或资产划转后连续 12 个月内不改变被划转股权或资产原来实质性经营活动；（3）划转前股权架构符合要求（100% 直接控制的居民企业之间，以及受同一或相同多家居民企业 100% 直接控制的居民企业之间），并且划转后连续 12 个月内交易双方的股权架构不能改变；（4）划出方企业和划入方企业均未在会计上确认损益。

2. 总体的税务处理原则。

（1）划出方企业和划入方企业均不确认所得。

（2）划入方企业取得被划转股权或资产的计税基础，以被划转股权或资产的原账面净值确定。

(3) 划入方企业取得的被划转资产，应按其原账面净值计算折旧扣除。

3. 划转的具体情形及财税处理。

第一种情形。100%直接控制的母子公司之间，母公司向子公司按账面净值划转其持有的股权或资产，母公司获得子公司100%的股权支付。母公司按增加长期股权投资处理，子公司按接受投资（包括资本公积，下同）处理。母公司获得子公司股权的计税基础以划转股权或资产的原计税基础确定。

据此，母公司的会计处理为：借记"长期股权投资—子公司"科目，贷记"固定资产""无形资产"等资产科目（该股权或资产的账面价值）；子公司的会计处理为：借记"固定资产""无形资产"等资产或股权科目，贷记"实收资本"（增加注册资本金数额）、"资本公积"科目。母公司的税务处理为：转让资产或股权的行为不确认所得，按向子公司进行投资处理，获得子公司股权的计税基础以划出资产或股权的原计税基础确定；子公司的税务处理为：获得母公司资产或股权不确认所得，按接受母公司投资处理，取得划入资产或股权的计税基础按其原计税基础确定。

【案例1】甲房地产公司持有乙公司100%的股权，其为进一步提高自身资产质量和优化财务状况，甲公司将其拥有的土地使用权公允价为400万元，账面原值和计税基础均为200万元，累计已计提摊销50万元（符合税法规定），作为出资按账面价值划转给乙公司，甲承诺12个月内不改变乙的股结构，且乙承诺12个月内不转让土地使用权或改变其原有的实质性经营活动。

1. 会计处理。

(1) 甲公司。

借：长期股权投资—乙公司	150
累计摊销—土地使用权	50
贷：无形资产—土地使用权	200

(2) 乙公司。

借：无形资产—土地使用权	200
贷：实收资本	150
累计折旧—土地使用权	50

2. 税务处理。

甲为进一步提高自身资产质量和优化财务状况作出此项交易，具有合理商业目的；甲承诺12个月内不改变乙的股权结构，且乙承诺12个月内不转让土地使用权或改变其原有的实质性经营活动。结合其他条件可判断满足特殊性税务处理的要求，甲乙双方可选择适用特殊性税务处理。甲公司转让土地使用权的行为不确认所得，按向乙公司进行投资处理，获得乙公司股权的计税基础以土地使用权的原计税基础150万元确定；乙公司获得甲公司的土地使用权不确认所得，按接受甲公司投资处理，取得划入土地使用权的计税基础按其原计税基础150万元确定。

第二种情形。100%直接控制的母子公司之间，母公司向子公司按账面净值划转其持有的股权或资产，母公司没有获得任何股权或非股权支付。母公司按冲减实收资本（包括资本公积，下同）处理，子公司按接受投资处理。

据此，母公司的会计处理为：借记"实收资本""资本公积"科目，贷记"贷记"固定资产""无形资产"等资产或股权科目（该股权或资产的账面价值）；子公司的会计处理为：借记"固定资产""无形资产"等资产或股权科目，贷记"资本公积"科目。母公司的税务处理为：转让资产或股权的行为不确认所得；子公司的税务处理为：获得母公司资产或股权不确认所得，取得划入资产或股权的计税基础按其原计税基础确定。

【案例2】甲房地产公司持有乙公司100%的股权，其为进一步提高自身资产质量和优化财务状况甲公司将其拥有的土地使用权公允价为400万元，账面原值和计税基础均为200万元，累计已计提摊销50万元，按账面价值无偿划转给乙公司，甲承诺12个月内不改变乙的股结构，且乙承诺12个月内不转让土地使用权或改变其原有的实质性经营活动。

1. 会计处理。

（1）甲公司。

借：资本公积　　　　　　　　　　　　　　　　　　150
　　累计摊销—土地使用权　　　　　　　　　　　　 50
　　　贷：无形资产—土地使用权　　　　　　　　　 200

（2）乙公司。

借：无形资产—土地使用权　　　　　　　　　　　　200
　　　贷：资本公积　　　　　　　　　　　　　　　 150
　　　　　累计摊销—土地使用权　　　　　　　　　 50

2. 税务处理。

甲为进一步提高自身资产质量和优化财务状况作出此项交易，具有合理商业目的；甲承诺 12 个月内不改变乙的股权结构，且乙承诺 12 个月内不转让土地使用权或改变其原有的实质性经营活动。结合其他条件可判断满足特殊性税务处理的要求，甲乙双方可选择适用特殊性税务处理。甲公司的税务处理为：转让土地使用权的行为不确认所得和损失；乙公司的税务处理为：获得甲公司的土地使用权不确认所得，取得划入土地使用权的计税基础按其原计税基础 150 万元确定。

第三种情形。100% 直接控制的母子公司之间，子公司向母公司按账面净值划转其持有的股权或资产，子公司没有获得任何股权或非股权支付。母公司按收回投资处理，或按接受投资处理，子公司按冲减实收资本处理。母公司应按被划转股权或资产的原计税基础，相应调减持有子公司股权的计税基础。

据此，母公司的会计处理为：借记"固定资产""无形资产"等资产或股权科目，贷记"长期股权投资—子公司"科目（按收回投资处理）或贷记"资本公积"（按接受投资处理）；子公司的会计处理为：借记"实收资本""资本公积"科目，贷记"固定资产""无形资产"等资产或股权科目（该股权或资产账面价值）。如母公司按收回投资处理时，母公司的税务处理为：取得划入资产或股权不确认所得，按收回对子公司的投资处理，其计税基础按原计税基础确定；子公司的税务处理为：转让资产或股权的行为不确认所得，按母公司收回投资处理。如母公司按接受投资处理时，母公司的税务处理为：取得划入资产或股权不确认所得，其计税基础按原计税基础确定；子公司的税务处理为：转让资产或股权的行为不确认所得。

【案例 3】甲房地产公司持有乙公司 100% 的股权，其为进一步提高自身资产质量和优化财务状况，乙公司将其拥有的两套房产公允价为 500 万元，账面原值和计税基础均为 300 万元，累计已计提摊销 100 万元，按账面价值作为甲收回投资（减资 100 万元，资本公积—资本溢价贷方余额 200 万元）划转给甲。甲承诺 12 个月内不改变乙的股权结构，且承诺 12 个月内不转让该房产或改变其原有的实质性经营活动。

1. 会计处理。

（1）甲公司。

借：固定资产　　　　　　　　　　　　　　　　　　300

　　贷：长期股权投资—乙公司　　　　　　　　　　　　200

　　　　　累计折旧　　　　　　　　　　　　　　　　　　　　100

（2）乙公司。

借：固定资产清理　　　　　　　　　　　　　　　　　　　200
　　累计折旧　　　　　　　　　　　　　　　　　　　　　100
　　　贷：固定资产　　　　　　　　　　　　　　　　　　　300

借：实收资本—甲公司　　　　　　　　　　　　　　　　　100
　　资本公积—资本溢价　　　　　　　　　　　　　　　　100
　　　贷：固定资产清理　　　　　　　　　　　　　　　　　200

2. 税务处理。

甲为进一步提高自身资产质量和优化财务状况作出此项交易，具有合理商业目的；甲承诺12个月内不改变乙的股权结构，且承诺12个月内不转让不动产或改变其原有的实质性经营活动。结合其他条件可判断满足特殊性税务处理的要求，甲乙双方可选择适用特殊性税务处理。甲公司的税务处理：获得乙公司的不动产按收回投资处理，不确认所得，取得划入不动产的计税基础按其原计税基础150万元确定；乙公司的税务处理：转让不动产的行为不确认所得，按甲公司收回投资进行处理。

【案例4】甲房地产公司持有乙公司100%的股权，其为进一步提高自身资产质量和优化财务状况，乙公司将其拥有的两套房产公允价为500万元，账面原值和计税基础均为300万元，累计已计提摊销100万元，按账面价值直接划转给甲房地产公司，母公司按接受投资处理，乙资本公积—资本溢价贷方余额200万元。甲承诺12个月内不改变乙的股权结构，且承诺12个月内不转让该房产或改变其原有的实质性经营活动。

1. 会计处理。

（1）甲公司。

借：固定资产　　　　　　　　　　　　　　　　　　　　300
　　　贷：资本公积　　　　　　　　　　　　　　　　　　　200
　　　　　累计折旧　　　　　　　　　　　　　　　　　　　100

（2）乙公司。

借：固定资产清理　　　　　　　　　　　　　　　　　　　200
　　累计折旧　　　　　　　　　　　　　　　　　　　　　100
　　　贷：固定资产　　　　　　　　　　　　　　　　　　　300

```
借：资本公积                    200
    贷：固定资产清理                  200
```

2. 税务处理。

甲为进一步提高自身资产质量和优化财务状况作出此项交易，具有合理商业目的；甲承诺12个月内不改变乙的股权结构，且承诺12个月内不转让不动产或改变其原有的实质性经营活动。结合其他条件可判断满足特殊性税务处理的要求，甲乙双方可选择适用特殊性税务处理。甲公司的税务处理：获得乙公司的不动产不确认所得，取得划入不动产的计税基础按其原计税基础200万元确定；乙公司的税务处理：转让不动产的行为不确认所得。

第四种情形。受同一或相同多家母公司100%直接控制的子公司之间，在母公司主导下，一家子公司向另一家子公司按账面净值划转其持有的股权或资产，划出方没有获得任何股权或非股权支付。划出方按冲减所有者权益处理，划入方按接受投资处理。

据此，划出方的会计处理为：借记"资本公积"科目，贷记"固定资产""无形资产"等资产或股权科目（该股权或资产账面价值）；划入方的会计处理为："固定资产""无形资产"等资产或股权科目，贷记"资本公积"科目。划出方的税务处理为：转让资产或股权的行为不确认所得；划入方的税务处理为：获得划出方资产或股权不确认所得，划入资产或股权的计税基础按其原计税基础确定。

【案例5】甲房地产公司全资控股A公司和B公司。甲房地产公司为进一步提高子公司资产质量和优化财务状况，甲要求A将其拥有的A公司80%股权（公允价为300万元，账面价值和计税基础均为100万元）按账面价值直接划转给B。甲房地产公司承诺12个月内不改变A或B的股权结构，且B承诺12个月内不转让A公司股权或改变其原有的实质性经营活动。

1. 会计处理。

（1）A公司。

```
借：资本公积                    100
    贷：长期股权投资—A公司             100
```

（2）B公司。

```
借：长期股权投资—A公司            100
    贷：资本公积                     100
```

2. 税务处理。

甲为进一步提高子公司资产质量和优化财务状况作出此项决定，具有合理商业目的；甲承诺12个月内不改变A或B的股权结构，且B承诺12个月内不转让A公司股权或改变其原有的实质性经营活动。结合其他条件可判断满足特殊性税务处理的要求，A、B双方可选择适用特殊性税务处理。A公司的税务处理：转让A公司股权的行为不确认所得或损失；B公司的税务处理：获得A公司股权不确认所得，取得划入A公司股权的计税基础按其原计税基础100万元确定。

（二）一般性税务处理

在不满足特殊性税务处理的情况下，除非适用其他税收政策按其规定进行处理外，一般采用一般性税务处理。

在上文第一种情形下，母公司应按原划转完成时股权或资产的公允价值视同销售处理，并按公允价值确认取得长期股权投资的计税基础；子公司按公允价值确认划入股权或资产的计税基础。

在上文第二种情形下，母公司应按原划转完成时股权或资产的公允价值视同销售处理；子公司按公允价值确认划入股权或资产的计税基础。

在上文第三种情形下，子公司应按原划转完成时股权或资产的公允价值视同销售处理；母公司应按撤回或减少投资进行处理。

在上文第四种情形下，划出方应按原划转完成时股权或资产的公允价值视同销售处理；母公司根据交易情形和会计处理对划出方按分回股息进行处理，或者按撤回或减少投资进行处理，对划入方按以股权或资产的公允价值进行投资处理；划入方按接受母公司投资处理，以公允价值确认划入股权或资产的计税基础。

二、增值税的处理

根据《增值税暂行条例实施细则》第四条的规定，单位或者个体工商户将自产、委托加工或者购进的货物无偿赠送其他单位或者个人视同销售货物；《营业税改征增值税试点实施办法》第十四条的规定，单位或者个人向其他单位或者个人无偿转让无形资产或者不动产,但用于公益事业或者以社会公众为对象的除外。

据此,房地产企业划转资产中如存在货物、土地使用权、房地产等属于征收增值税范围的,原则上应按照视同销售进行税务处理,征收增值税。

根据《营业税改征增值税有关事项的规定》(财税〔2016〕36号附件二)的规定,在资产重组过程中,通过合并、分立、出售、置换等方式,将全部或者部分实物资产以及与其相关联的债权、负债和劳动力一并转让给其他单位和个人,其中涉及的不动产、土地使用权转让行为不征收增值税。虽说资产(股权)划转属于资产重组的一种形式,但本文所述的资产(股权)划转不涉及负债、劳动力的转移,因此不适用此条规定。

三、土地增值税的处理

现行国家层面土地增值税政策中,没有对于本文资产(股权)划转所涉及的土地增值税问题给予明确。

有地方税收文件对此有规定,如《重庆市地方税务局关于土地增值税若干政策执行问题的公告》(重庆市地方税务局公告2014年第9号)规定,同一投资主体内部所属企业之间无偿划转(调拨)房地产,不征收土地增值税。"同一投资主体内部所属企业之间"是指母公司与其全资子公司之间;同一公司所属全资子公司之间;自然人与其设立的个人独资企业、一人有限公司之间。经县级以上人民政府或国有资产管理部门批准,按照国有产权无偿划转的相关规定,国有企业、事业单位、国家机关之间无偿划转房地产不征收土地增值税。

由此,房地产企业资产(股权)划转的土地增值税问题需要纳税人查阅当地税务机关的文件规定。

四、契税的处理

根据《财政部、税务总局关于继续支持企业事业单位改制重组有关契政策的通知》（财税〔2018〕17号）第六条"资产划转"中规定，同一投资主体内部所属企业之间土地、房屋权属的划转，包括母公司与其全资子公司之间，同一公司所属全资子公司之间，同一自然人与其设立的个人独资企业、一人有限公司之间土地、房屋权属的划转，免征契税。母公司以土地、房屋权属向其全资子公司增资，视同划转，免征契税。由此，房地产企业资产划转中涉及的土地、房地产转移，满足条件应该免征契税。

五、印花税的处理

根据《印花税暂行条例》及其《印花税暂行条例施行细则》的规定，产权转移书据是指单位和个人产权的买卖、继承、赠与、交换、分割等所立的书据。产权转移书据按所载金额万分之五贴花。房地产企业划转土地使用权、房地产涉及所有权转移，但由于是无偿划转，划转协议没有规定明确的交易金额，因此不须贴花。

61. 建筑企业"预收账款"的财税处理分析

建筑企业预收账款时,如何进行财税处理?本文对此进行梳理分析。

一、预收账款时不必然产生增值税纳税义务

《营业税改征增值税试点实施办法》(财税〔2016〕36号文件附件1)第四十五条第二项规定:"纳税人提供建筑服务、租赁服务采取预收款方式的,其纳税义务发生时间为收到预收款的当天。"而《关于建筑服务等"营改增"试点政策的通知》(财税〔2017〕58号)第二条规定,《营业税改征增值税试点实施办法》(财税〔2016〕36号印发)第四十五条第(二)项修改为"纳税人提供租赁服务采取预收款方式的,其纳税义务发生时间为收到预收款的当天"。可见,改变了原预收账款时就产生纳税义务的规定,即自2017年7月1日起,建筑企业预收账款时不必然产生增值税纳税义务,可以开具不征税发票,选择分类编码:612"建筑服务预收款"。但如果建筑企业在预收账款时开具了征税发票(增值税专票或普票),则产生了纳税义务。

二、收到预收款时,一般需要预缴税款

根据财税〔2017〕58号文件第三条的规定和国家税务总局2017年公告第

11 号文件第三条的规定,纳税人提供建筑服务取得预收款,应在收到预收款时,以取得的预收款扣除支付的分包款后的余额,按照现行规定应在建筑服务发生地预缴增值税的项目(异地项目,即不在同一地级行政区范围内的跨市跨省项目,下同),纳税人收到预收款时,如果适用一般计税方法计税的项目,则按照2%预征率在建筑服务发生地预缴增值税;如果适用简易计税方法计税的项目,则按照3%预征率在建筑服务发生地预缴增值税。按照现行规定无需在建筑服务发生地预缴增值税的项目(本地项目,即纳税人在同一地级行政区范围内跨县(市、区)提供建筑服务,下同),纳税人收到预收款时,如果适用一般计税方法计税的项目,则按照2%预征率在建筑企业机构所在地预缴增值税;如果适用简易计税方法计税的项目,则按照3%预征率在建筑企业机构所在地预缴增值税。根据以上规定,建筑企业预收账款时预缴增值税的处理需要注意以下几点:

1. 预收账款时,无论本地项目还是异地项目都要预缴增值税。

2. 异地项目在建筑服务发生第预缴增值税,本地项目在机构所在地预缴增值税。

3. 有分包业务下,预缴增值税计算公式:一般计税项目应预缴增值税税款=(预收账款 – 支付的分包款)÷(1 + 税率9%)×2%;简易计税项目应预缴增值税税款=(预收账款 – 支付的分包款)÷(1 + 征收率3%)×3%。无分包业务下,预缴增值税计算公式:一般计税项目应预缴增值税税款 = 预收账款÷(1 + 税率9%)×2%;简易计税项目应预缴增值税税款=预收账款÷(1 + 征收率3%)×3%。

建筑企业预收账款时,一般要预缴增值税,但也有例外。

《国家税务总局关于小规模纳税人免征增值税政策有关征管问题的公告》(国家税务总局公告2019年第4号)第一条规定,小规模纳税人发生增值税应税销售行为,合计月销售额未超过10万元(以1个季度为1个纳税期的,季度销售额未超过30万元,下同)的,免征增值税。第二条规定,适用增值税差额征税政策的小规模纳税人,以差额后的销售额确定是否可以享受本公告规定的免征增值税政策。第六条规定,按照现行规定应当预缴增值税税款的小规模纳税人,凡在预缴地实现的月销售额未超过10万元的,当期无需预缴税款。由此,作为小规模纳税人的建筑企业收到预收账款时,无论本地项目还是异地项目的,如果不存在分包的情况下,预收账款金额大于10万元的才预缴增值税，如果存在分包的情况下，预收账款减去分包款后差额大于 10 万元的才预缴增值税。

例如，北京市某小规模纳税人的建筑公司在郑州为某房地产企业提供建筑服务，收到预收账款 25 万元，同时支付分包款 17 万元，并取得合法票据。

根据上文规定，由于该小规模纳税人的建筑公司，收到预收账款 25 万元，减去分包款 17 万元后差额 8 万元，小于 10 万元，所以建筑公司不需要在郑州预缴增值税。

三、预缴增值税的税务管理

根据《国家税务总局关于发布〈纳税人跨县（市、区）提供建筑服务增值税征收管理暂行办法〉的公告》（国家税务总局公告 2016 年第 17 号）、《国家税务总局关于进一步明确"营改增"有关征管问题的公告》（国家税务总局公告 2017 年第 11 号）、《国家税务总局关于"营改增"试点若干征管问题的公告》（国家税务总局公告 2016 年第 53 号）等文件的规定，预缴增值税的税务管理如下：

1. 建筑企业异地提供建筑服务，向建筑服务发生地主管税务机关预缴的增值税税款，可以在当期增值税应纳税额中抵减，抵减不完的，结转下期继续抵减。纳税人以预缴税款抵减应纳税额，应以完税凭证作为合法有效凭证。建筑企业应按照工程项目分别计算应预缴税款，分别预缴。建筑企业一个项目预缴的增值税时，不能抵减另外一个项目应预缴的增值税。

2. 建筑企业异地提供建筑服务，在向建筑服务发生地主管税务机关预缴税款时，需填报《增值税预缴税款表》，并出示以下资料：（1）与发包方签订的建筑合同复印件（加盖纳税人公章）；（2）与分包方签订的分包合同复印件（加盖纳税人公章）；（3）从分包方取得的发票复印件（加盖纳税人公章）。

如果存在总分包业务，该分包方向总承包方开开具增值税发票时，必须在增值税发票上的"备注栏"中必须注明建筑服务发生地所在县（市、区）、项目的名称。

3. 对建筑企业异地提供的建筑服务，纳税人应自行建立预缴税款台账，区分不同县（市、区）和项目逐笔登记全部收入、支付的分包款、已扣除的分包款、扣除分包款的发票号码、已预缴税款以及预缴税款的完税凭证号码等相关内容，留存备查。

4. 建筑企业异地提供建筑服务，按照规定应向建筑服务发生地主管税务机关预缴税款而自应当预缴之月起超过 6 个月没有预缴税款的，由机构所在地主管税务机关按照《中华人民共和国税收征收管理法》及相关规定进行处理。

四、异地预缴增值税有关城市维护建设税和教育费附加的缴纳

根据《财政部、国家税务总局关于纳税人异地预缴增值税有关城市维护建设税和教育费附加政策问题的通知》（财税〔2016〕74 号）的规定，纳税人跨地区提供建筑服务，应在建筑服务发生地预缴增值税时，以预缴增值税税额为计税依据，并按预缴增值税所在地的城市维护建设税适用税率和教育费附加征收率就地计算缴纳城市维护建设税和教育费附加。预缴增值税的纳税人在其机构所在地申报缴纳增值税时，以其实际缴纳的增值税税额为计税依据，并按机构所在地的城市维护建设税适用税率和教育费附加征收率就地计算缴纳城市维护建设税和教育费附加。

五、建筑企业预收账款的财务处理

1. 一般纳税人采用一般计税。
（1）收到预收账款。
借：银行存款
　　贷：预收账款
（2）预缴增值税。
借：应交税费—预交增值税
　　贷：银行存款

（3）异地项目就地缴纳城市维护建设税和教育费附加。

借：税金及附加

　　贷：应交税费—应交城市维护建设税

　　　　　　—应交教育费附加

借：应交税费—应交城市维护建设税

　　　　　—应交教育费附加

　　贷：银行存款

（4）纳税义务发生时。

借：应交税费—未交增值税

　　贷：应交税费—预交增值税

2. 一般纳税人采用简易计税。

（1）收到预收账款。

借：银行存款

　　贷：预收账款

（2）预缴增值税。

借：应交税费—简易计税

　　贷：银行存款

（3）异地项目就地缴纳城市维护建设税和教育费附加。

借：税金及附加

　　贷：应交税费—应交城市维护建设税

　　　　　　—应交教育费附加

借：应交税费—应交城市维护建设税

　　　　　—应交教育费附加

　　贷：银行存款

3. 小规模纳税人。

（1）收到预收账款。

借：银行存款

　　贷：预收账款

（2）预缴增值税。

借：应交税费—应交增值税

　　贷：银行存款

（3）异地项目就地缴纳城市维护建设税和教育费附加。

借：税金及附加

　　贷：应交税费—应交城市维护建设税

　　　　　　　—应交教育费附加

借：应交税费—应交城市维护建设税

　　　　　　—应交教育费附加

　　贷：银行存款

六、预缴增值税纳税申报

1. 一般纳税人。

预缴增值税之后，凭完税凭证由公司总部及时据实在最近一期申报期内，填入《增值税纳税申报表附列资料（四）》第3栏第2列。一般纳税人申报抵减的预缴税款，应为《增值税纳税申报表》第24栏"本月数"，第28栏"本月数"，以及《增值税纳税申报表附列资料（四）》第3栏第4列金额，三者的孰小值。

2. 小规模纳税人。

预缴增值税之后，凭完税凭证由公司总部及时据实在最近一期申报期内，填入《增值税纳税申报表（小规模纳税人适用）》第21栏"本期预缴税额"本期数。

62.

建筑企业劳务派遣用工的财税处理分析

建筑企业经常采用劳务派遣用工形式,与之相关的财税处理需要给予关注,本文对此进行梳理分析。

一、劳务派遣用工的税务处理

(一) 企业所得税

《国家税务总局关于企业工资薪金和职工福利费等支出税前扣除问题的公告》(国家税务总局公告 2015 年第 34 号)第三条规定:"企业接受外部劳务派遣用工所实际发生的费用,应分两种情况按规定在税前扣除:按照协议(合同)约定直接支付给劳务派遣公司的费用,应作为劳务费支出;直接支付给员工个人的费用,应作为工资薪金支出和职工福利费支出。其中属于工资薪金支出的费用,准予计入企业工资薪金总额的基数,作为计算其他各项相关费用扣除的依据。"根据此条,建筑企业在采用劳务派遣用工时,需要注意在劳务派遣协议(合同)中明确约定用工费用的支付方式,如果约定用工费用直接支付给劳务派遣公司,则作为劳务费在税前扣除;如果约定用工费用直接支付给员工个人,则作为工资薪金支出和职工福利费支出在税前扣除。其中工资薪金支出可以计入企业工资薪金总额的基数,作为计算工会经费、教育经费和职工福利费用扣除的依据;支付给派遣工的职工福利费支出要和建筑企业支付给其他职工的职工福利费支出一起受限扣除（即工资总额的14%）。

（二）增值税

建筑企业采用劳务派遣用工时，对于增值税的考虑主要关注在能取得什么样的增值税发票，是专票还是普票？取得增值税专用发票的话，增值税税点是多少？要弄清这些问题，需要了解劳务派遣公司增值税是如何处理的。

《财政部、国家税务总局关于进一步明确全面推开"营改增"试点有关劳务派遣服务、收费公路通行费抵扣等政策的通知》（财税〔2016〕47号）第一条规定："一般纳税人提供劳务派遣服务，可以按照《财政部国家税务总局关于全面推开营业税改征增值税试点的通知》（财税〔2016〕36号）的有关规定，以取得的全部价款和价外费用为销售额，按照一般计税方法计算缴纳增值税；也可以选择差额纳税，以取得的全部价款和价外费用，扣除代用工单位支付给劳务派遣员工的工资、福利和为其办理社会保险及住房公积金后的余额为销售额，按照简易计税方法依5%的征收率计算缴纳增值税。小规模纳税人提供劳务派遣服务，可以按照《财政部、国家税务总局关于全面推开营业税改征增值税试点的通知》（财税〔2016〕36号）的有关规定，以取得的全部价款和价外费用为销售额，按照简易计税方法依3%的征收率计算缴纳增值税；也可以选择差额纳税，以取得的全部价款和价外费用，扣除代用工单位支付给劳务派遣员工的工资、福利和为其办理社会保险及住房公积金后的余额为销售额，按照简易计税方法依5%的征收率计算缴纳增值税。选择差额纳税的纳税人，向用工单位收取用于支付给劳务派遣员工工资、福利和为其办理社会保险及住房公积金的费用，不得开具增值税专用发票，可以开具普通发票。"根据此条，列表总结如下：

一般纳税人	一般计税不差额	以取得的全部价款和价外费用为销售额按照一般计税方法计税	6%税率	专票或普票
	简易计税且差额	以取得的全部价款和价外费用，扣除代用工单位支付给劳务派遣员工的工资、福利和为其办理社会保险及住房公积金后的余额为销售额，按照简易计税方法计税	5%征收率	普票+（专票或普票）

续表

小规模纳税人	简易计税且差额	以取得的全部价款和价外费用，扣除代用工单位支付给劳务派遣员工的工资、福利和为其办理社会保险及住房公积金后的余额为销售额，按照简易计税方法计税	5%征收率	普票+（专票或普票）
	简易计税不差额	以取得的全部价款和价外费用为销售额，按照简易计税方法计税	3%征收率	专票或普票

根据以上规定，建筑企业在使用劳务派遣用工时，要和劳务派遣公司在协议（合同）中明确不含税价款、发票种类（普票还是专票）、专票的税点等事项，防止争议发生时无合同条款可依。

（三）个人所得税

根据《国家税务总局关于印发〈建筑安装业个人所得税征收管理暂行办法〉的通知》（国税发〔1996〕127号）第三条的规定："从事建筑安装业工程作业的其他人员取得的所得，分别按照工资、薪金所得项目和劳务报酬所得项目计征个人所得税。"据此，建筑企业直接支付给劳务派遣人员的费用（工资薪金支出、职工福利费支出和社保支出），按照工资、薪金所得项目由建筑企业作为扣缴义务人按照累计预扣法计算预扣税款，并按月办理扣缴申报。而建筑企业直接支付给劳务派遣公司的费用，再由劳务派遣公司支付给劳务派遣人员的工资薪金支出、职工福利费支出和社保支出等，劳务派遣公司应作为扣缴义务人，履行扣缴劳务派遣人员个税的义务。

由上段我们得出这样的结论：谁直接支付给劳务派遣人员报酬就由谁履行扣缴义务。结论可靠吗？凡事总有例外！

《国家税务总局关于建筑安装业跨省异地工程作业人员个人所得税征收管理问题的公告》（国家税务总局公告2015年第52号）第一条规定："总承包企业和分承包企业通过劳务派遣公司聘用劳务人员跨省异地工作期间的工资、薪金所得个人所得税，由劳务派遣公司依法代扣代缴并向工程作业所在地税务机关申报缴纳。"第四条规定："建筑安装业省内异地施工作业人员个人所得税征收管理参照本公告执行。"据此规定，如果北京市的建筑公司在郑州市承包了一项建筑工程，采用了郑州市一家劳务派遣公司的派遣用工，劳务派遣协议（合同）约定由北京市的建筑公司直接支付给劳务派遣人员工资、薪金等，按照第52号公告的规定，劳务派遣人员的个税由劳务派遣公司依法代扣代缴并向工程作业所在地郑州市税务机关申报缴纳。可见，直接支付劳务派遣人员工资的北京建筑公司不是个税的扣缴义务人，而没有直接支付给劳务派遣人员所得的郑州劳务派遣公司却是扣缴义务人。

由以上论述，建筑公司采用劳务派遣用工时，需要根据直接支付用工费的方式，以及是否异地（跨省或省内异地）来决定劳务派遣人员个税的扣缴义务人，在劳务派遣协议（合同）中加以明确，防范个税扣缴义务人约定不明带来的税务风险。

二、劳务派遣用工的社保处理

《劳动合同法》第五十九条规定："劳务派遣协议应当约定派遣岗位和人员数量、派遣期限、劳动报酬和社会保险费的数额与支付方式以及违反协议的责任"。第六十一条规定："劳务派遣单位跨地区派遣劳动者的，被派遣劳动者享有的劳动报酬和劳动条件，按照用工单位所在地的标准执行"。第六十三条规定："被派遣劳动者享有与用工单位的劳动者同工同酬的权利。用工单位应当按照同工同酬原则，对被派遣劳动者与本单位同类岗位的劳动者实行相同的劳动报酬分配办法"。

《劳务派遣暂行规定》（中华人民共和国人力资源和社会保障部令第22号）第八条规定："劳务派遣单位应当对被派遣劳动者履行下列义务：……（四）按照国家规定和劳务派遣协议约定，依法为被派遣劳动者缴纳社会保险费，并办理社会保险相关手续；……"。第十八条规定："劳务派遣单位跨地区派遣劳动者的，应当在用工单位所在地为被派遣劳动者参加社会保险，按照用工单位所在地的规定缴纳社会保险费，被派遣劳动者按照国家规定享受社会保险待遇"。第十九条规定："劳务派遣单位在用工单位所在地设立分支机构的，由分支机构为被派遣劳动者办理参保手续，缴纳社会保险费。劳务派遣单位未在用工单位所在地设立分支机构的，由用工单位代劳务派遣单位为被派遣劳动者办理参保手续，缴纳社会保险费"。

根据以上规定，我们认为劳务派遣人员的社保费应在用工单位所在地缴纳,劳务派遣单位在用工单位所在地设立分支机构的,由分支机构为被派遣劳动者办理参保手续,缴纳社会保险费。劳务派遣单位未在用工单位所在地设立分支机构的,由用工单位代劳务派遣单位为被派遣劳动者办理参保手续,缴纳社会保险费。由此,建筑公司和劳务派遣公司在劳务派遣协议(合同)中需要结合用工费用的支付方式明确劳务派遣人员社保费的缴纳义务。

三、劳务派遣用工的财务处理

对于建筑公司来说,直接支付给劳务派遣人员的工资、薪金和福利费等,通过应付职工薪酬进行核算,借记:"工程施工—某工程—人工费""管理费用"等,贷记:"应付职工薪酬";直接支付给劳务派遣公司的劳务费,借记:"工程施工—某工程—人工费""管理费"等,贷记:"银行存款"。

63.

四个土地增值税问题的正确税务处理

近日,甲房地产财务总监咨询了四个土地增值税问题,笔者认为较具有代表性,在此与大家分享。

一、"政府奖励"是否需要从实际支付的土地出让金中扣除

(一)问题描述

甲房地产公司为开发"月亮城"项目取得50亩国有建设用地,共向县国土资源局支付150000万元出让金,其后县财政局先后两次共给予甲房地产公司奖励资金2000万元。在土地增值税清算时,对此2000万元"政府奖励"的税务处理,税企双方产生分歧,税局认为2000万元应该从土地出让金中扣除,而甲房地产公司认为2000万元属于招商引资奖励,与取得土地使用权所支付的地价款无关,不应从土地出让金中扣除。

(二)税务处理

要对2000万元"政府奖励"进行正确的税务处理,需要判断这2000万元的政府奖励究竟和土地有没有关系。

从财务总监提供的中共某县委办记录整理的《会议纪要》,我们看到这样的记录:"一、月亮城项目享受的有关优惠政策……3. 土地出让金奖

励,……土地成交价与起拍价差额为8000万元,给予2000万元奖励。"另从县财政局出具的《情况说明》中我们也看到这样的说明:"某县财政局支付给甲房地产公司的2000万元是根据县委的会议纪要精神,给予甲房地产公司月亮城项目的土地出让金奖励。"据此,能够证实房地产公司从财政局获得的2000万元系月亮城项目的土地出让金奖励。

根据《中华人民共和国土地增值税暂行条例》第六条第(一)项:计算增值额的扣除项目包括:"(一)取得土地使用权所支付的金额"以及《中华人民共和国土地增值税暂行条例实施细则》第七条:"取得土地所支付的金额,是指纳税人为取得土地使用权所支付的地价款和按国家统一规定交纳的有关费用"的规定,纳税人为取得土地使用权所支付的地价款,在计算土地增值税时,应以纳税人实际支付土地出让金,减去因受让该宗土地政府以各种形式支付给纳税人的经济利益后予以确认。本案例中,甲房地产公司从县财政局获得的2000万元正是基于受让土地而取得的,因此税务部门在计算甲房地产公司为取得土地使用权所支付的地价款时从房地产公司交付的土地出让金中扣减2000万元,有事实和税法依据。

由上,需要提醒地产财务总监要高度关注取得的"政府奖励"是否和土地相关联,如与土地相关,必须从土地出让金中扣除;如果就是单纯的招商引资奖励,就需要注意和政府协商,避免招商引资文件中可能出现的政府奖励与取得土地相挂钩的用语,这样就不需从土地出让金中扣除政府奖励,从而降低土地增值税。

二、向非金融机构借款利息能否直接计入开发费用

(一)问题描述

甲房地产公司在开发月亮城项目时,向某实业有限公司借款,支付利息45000000元。清算时,税务部门在计算房地产开发费用时按照房地产开发成本的10%确定,没有将甲房地产公司支付的利息全部作为财务费用计入开发费用。甲房地产公司认为,因项目开发需要借款,已支付的45000000元利息应当按账面金额全部计入开发费用。

(二) 税务处理

根据《中华人民共和国土地增值税暂行条例实施细则》第七条第（三）项的规定："开发土地和新建房及配套设施的费用（以下简称房地产开发费用），是指与房地产开发项目有关的销售费用、管理费用、财务费用。财务费用中的利息支出，凡能够按转让房地产项目计算分摊并提供金融机构证明的，允许据实扣除，但最高不能超过按商业银行同类同期贷款利率计算的金额。其他房地产开发费用，按本条（一）（二）项规定计算的金额之和的5%以内计算扣除。凡不能按转让房地产项目计算分摊利息支出或不能提供金融机构证明的，房地产开发费用按本条（一）（二）项规定计算的金额之和的10%以内计算扣除。"《国家税务总局关于土地增值税清算有关问题的通知》（国税函〔2010〕220号）第三条第一项规定："财务费用中的利息支出，凡能够按转让房地产项目计算分摊并提供金融机构证明的，允许据实扣除，但最高不能超过按商业银行同类同期贷款利率计算的金额。其他房地产开发费用，在按照'取得土地使用权所支付的金额'与'房地产开发成本'金额之和的5%以内计算扣除。"第二项规定："凡不能按转让房地产项目计算分摊利息支出或不能提供金融机构证明的，房地产开发费用在按'取得土地使用权所支付的金额'与'房地产开发成本'金额之和的10%以内计算扣除。"根据上述规定，向非金融机构借款的，房地产开发费用应当按照'取得土地使用权所支付的金额'与'房地产开发成本'两项金额之和的一定比例计算扣除。因此，甲房地产公司从非金融机构借款而支付的利息45000000元，税务部门不允许直接计入开发费用予以扣除，而是按照甲房地产公司取得土地使用权所支付的金额与房地产开发成本之和的10%作为房地产开发费用，符合税法规定。

由上，需要提醒地产财务总监注意，计算土地增值税时要想据实扣除利息费用，需要同时满足三个条件：一是借款要来源于金融机构；二是能够按转让房地产项目计算分摊；三是最高不能超过按商业银行同类同期贷款利率计算的金额。

三、以不动产对外投资计税价格如何确认

(一) 问题描述

甲房地产公司在月亮城项目建成后,以其中42000平方米房屋对外投资入股A公司,房屋协议作价155001715元,房地产公司和A公司为关联方。甲房地产公司在同一地区、同一年度无同类房地产销售平均价格,当地当年也无同类房地产的市场价格。税务部门在清算时认为甲房地产公司将该部分房屋对外投资应视同销售,并且聘请价格认证机构对该房屋进行了评估,以评估价格185008785元确认为收入。而甲房地产公司认为,其以不动产对外投资,双方对房屋价值已达成协议并履行,税务部门应当以此确认为收入,不应当再进行评估。

(二) 税务处理

根据《中华人民共和国公司法》第二十七条的规定:"股东可以用货币出资,也可以用实物、知识产权、土地使用权等可以用货币估价并可以依法转让的非货币财产作价出资;但是,法律、行政法规规定不得作为出资的财产除外。对作为出资的非货币财产应当评估作价,核实财产,不得高估或者低估作价。法律、行政法规对评估作价有规定的,从其规定。"据此,甲房地产公司以不动产对外投资,应当评估作价。

根据《国家税务总局关于房地产开发企业土地增值税清算管理有关问题的通知》(国税发〔2006〕187号)第三条的规定:"非直接销售和自用房地产的收入确定:房地产开发企业将开发产品用于……对外投资等,发生所有权转移时应视同销售房地产,其收入按下列方法和顺序确认:1. 按本企业在同一地区、同一年度销售的同类房地产的平均价格确定;2. 由主管税务机关参照当地当年、同类房地产的市场价格或评估价值确定。"据此,由于甲房地产公司在同一地区、同一年度无同类房地产销售平均价格,当地当年也无同类房地产的市场价格,税务部门在清算时只能按评估价值确认收入。甲房地产公司认为应以协议价格确认收入,无税法依据。

根据《税收征收管理法》第三十六条："企业或者外国企业在中国境内设立的从事生产、经营的机构、场所与其关联企业之间的业务往来，应当按照独立企业之间的业务往来收取或者支付价款、费用；不按照独立企业之间的业务往来收取或者支付价款、费用，而减少其应纳税的收入或者所得额的，税务机关有权进行合理调整。"和《税收征收管理法实施细则》第五十四条："纳税人与其关联企业之间的业务往来有下列情形之一的，税务机关可以调整其应纳税额：……（四）转让财产、提供财产使用权等业务往来，未按照独立企业之间业务往来作价或者收取、支付费用"的规定，税局针对甲房地产公司将不动产投资给自己的关联企业，依法进行合理调整是合法、适当的。

由上，需要提醒财务总监的是，在使用自己开发的产品进行关联投资时要按照税法的规定确定价格，价格不合理将面临被税局调整的风险。

四、应收未收的款项是否应当确认为销售收入

（一）问题描述

甲房地产公司与购房者签订商品房买卖合同，约定购买人支付首付款后，房地产公司开具了预收款发票并将房屋交付给购买方使用，但截止清算时尚有1500万元余款未支付。税务部门在清算时认为应按照房屋买卖合同约定的总价款确认为收入；而甲房地产公司认为1500万元应收款只是债权，不是实际收入，不应确认为销售收入。

（二）税务处理

根据《中华人民共和国土地增值税暂行条例》第五条："纳税人转让房地产所取得的收入，包括货币收入、实物收入和其他收入。"《中华人民共和国土地增值税暂行条例实施细则》第五条："条例第二条所称的收入，包括转让房地产的全部价款及有关的经济收益。"的规定及《国家税务总局关于土地增值税清算有关问题的通知》（国税函〔2010〕220号）第一条"关于土地增值税清算时收入确认的问题"规定："土地增值税清算时，未开具发票或未全额开具发票的，以交易双方签订的销售合同所载的售房金额及其他收

益确认收入。"据此，税务部门按其合同约定的售房价款全额确认收入，符合上述规定。

　　由上，需要提醒财务总监的是，在土增税清算时，要保证收入的完整性，不能因为未实际收到款项，就不作为清算收入。否则，将面临税务风险。

64.

新收入准则下销售退回的财税处理分析

在新收入准则下,销售退回如何进行税会处理,许多财会人员比较茫然,本文对此进行分析。

一、会计处理

(一) 新旧准则的规定

旧收入准则规定,企业已经确认销售商品收入的售出商品发生销售退回的,应当在发生时冲减当期销售商品收入。销售退回属于资产负债表日后事项的,应调整报告年度相关的收入、成本等。

新收入准则规定,企业应当在客户取得相关商品控制权时,按照因向客户转让商品而预期有权收取的对价金额(即,不包含预期因销售退回将退还的金额)确认收入,按照预期因销售退回将退还的金额确认负债;同时,按照预期将退回商品转让时的账面价值,扣除收回该商品预计发生的成本(包括退回商品的价值减损)后的余额,确认一项资产,按照所转让商品转让时的账面价值,扣除上述资产成本的净额结转成本。每一资产负债表日,企业应当重新估计未来销售退回情况,并对上述资产和负债进行重新计量。如有变化,应当作为会计估计变更进行会计处理。

(二) 新旧准则规定的差异

根据以上新旧会计准则的规定,差别可总结如下:旧准则下销售退回要区分本期事项和资产负债表日后事项两种情况处理,对于资产负债表日后事项,要利用"以前年度损益调整"进行追溯调整。新准则对销售退回取消了所谓"本期事项"和"资产负债表日后事项"的分类,围绕商品"控制权"是否转移进行会计处理。在商品控制权已经转移给客户而有权收取对价的部分确认为收入,对已预期因销售退回将退还的部分则确认为"预计负债";与此相应,按照预期将退回商品转让时的账面价值,扣除收回该商品预计发生的成本(包括退回商品的价值减损)后的余额,确认一项资产,计入"应收退货成本"科目。对于"预计负债""应收退货成本"应在每一资产负债表日,根据重新估计的未来销售退回变化情况,进行重新计量,按照会计估计变更进行会计处理。新准则下销售退回会计处理的基本思路如下:

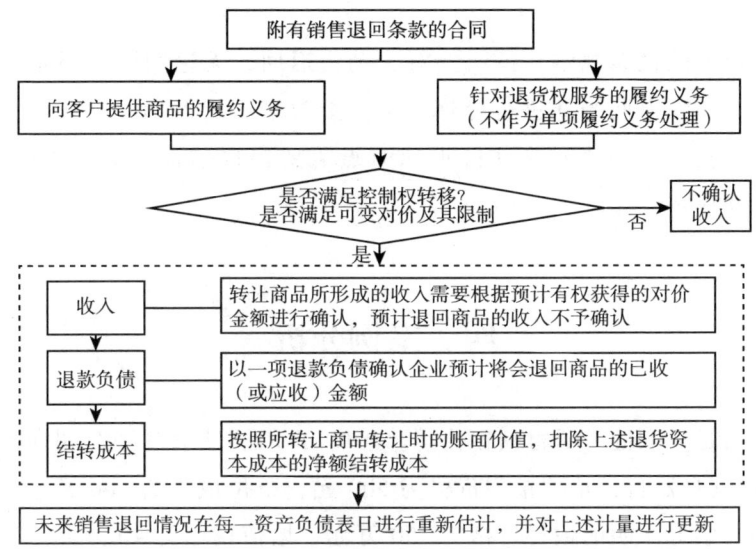

二、税务处理

销售退回在税务上主要涉及增值税和企业所得税。

1. 增值税。《国家税务总局关于红字增值税发票开具有关问题的公告》（国家税务总局公告 2016 年第 47 号）规定，增值税一般纳税人开具增值税专用发票后，发生销货退回、开票有误、应税服务中止等情形但不符合发票作废条件，或者因销货部分退回及发生销售折让，需要开具红字专用发票的，只有真正发生销售退回时，才可以开具红字专用发票，冲减当期销项税。

2. 企业所得税。《国家税务总局关于确认企业所得税收入若干问题的通知》（国税函〔2008〕875 号）的规定，企业因售出商品的质量不合格等原因而在售价上给的减让属于销售折让；企业因售出商品质量、品种不符合要求等原因而发生的退货属于销售退回。企业已经确认销售收入的售出商品发生销售折让和销售退回，应当在发生当期冲减当期销售商品收入。

三、新准则下税会处理差异

对比以上的税会规定，税法上对于销售退回，无论增值税还是企业所得税，都是在实际退回当期进行处理。会计上对于销售退回，则在商品控制权转移时点、资产负债表日和实际退回时点需要根据估计、实际的退货情况，调整收入和成本。

四、案例分析

甲公司是一家健身器材销售公司。2018 年 10 月 1 日，甲公司向乙公司销售 5000 件健身器材，单位销售价格为 500 元，单位成本为 400 元，开出的增值税专用发票上注明的销售价格为 250 万元，增值税额为 40 万元。健身器材已经发出，但款项尚未收到。根据协议约定，乙公司应于 2018 年 12 月 1 日之前支付货款，在 2019 年 3 月 31 日之前有权退还健身器材。发出健身器材时，甲公司根据过去的经验，估计该批健身器材的退货率约为 20%；在 2018 年 12 月 31 日，甲公司对退货率进行了重新评估，认为只有 10% 的健身器材会被退回。甲公司为增值税一般纳税人，健身器材发出时纳税义务已经发生，实际发生退回时取得税务机关开具的红字增值税专用发票。假定健身器材发出时控制权转移给乙公司。2019 年 3 月 31 日实际退货 400 件，退货款项已经支付。甲公司的账务处理如下：

（1）2018 年 10 月 1 日发出健身器材。

借：应收账款　　　　　　　　　　　　　　　　　2900000
　　贷：主营业务收入　　　　　　　　　　　　　　2000000
　　　　应交税费—应交增值税（销项税额）　　　　400000
　　　　预计负债—应付退货款　　　　　　　　　　500000
借：主营业务成本　　　　　　　　　　　　　　　　1600000
　　应收退货成本　　　　　　　　　　　　　　　　400000
　　贷：库存商品　　　　　　　　　　　　　　　　2000000

（2）2018 年 12 月 1 日前收到货款。

借：银行存款　　　　　　　　　　　　　　　　　　2900000
　　贷：应收账款　　　　　　　　　　　　　　　　2900000

（3）2018 年 12 月 31 日，甲公司对退货率进行重新评估。

借：预计负债—应付退货款　　　　　　　　　　　　250000
　　贷：主营业务收入　　　　　　　　　　　　　　250000
借：主营业务成本　　　　　　　　　　　　　　　　200000
　　贷：应收退货成本　　　　　　　　　　　　　　200000

（4）税会差异的处理。

2018 年甲公司会计上确认收入 225（200 + 25）万元，销售成本为 180（160 + 20）万元；而税务上按照销售额 250 万元确认收入，按 200 万元确认成本。因此，2018 年甲公司企业所得税汇算清缴时，应调增当年应纳税所得额 5（50 − 45）万元。

按照新收入准则进行财务处理下，"预计负债"账面价值为 250000 元，计税基础为 0，产生可抵扣暂时性差异 250000 元，形成递延所得税资产 62500 元；"应收退货成本"账面价值为 200000 元，计税基础为 0 元，产生应纳税暂时性差异 200000 元，形成递延所得税负债 50000 元，会计处理如下：

借：递延所得税资产　　　　　　　　　　　　　　　62500
　　贷：递延所得税负债　　　　　　　　　　　　　50000
　　　　所得税费用　　　　　　　　　　　　　　　12500

（5）2019 年 3 月 31 日发生销售退回，实际退货量为 400 件，退货款项已经支付。

借：库存商品　　　　　　　　　　　　　　　　　160000
　　应交税费—应交增值税（销项税额）　　　　　　32000
　　预计负债—应付退货款　　　　　　　　　　　　250000
　　　贷：应收退货成本　　　　　　　　　　　　　　　160000
　　　　　主营业务收入　　　　　　　　　　　　　　　50000
　　　　　银行存款　　　　　　　　　　　　　　　　　232000
借：主营业务成本　　　　　　　　　　　　　　　　40000
　　　贷：应收退货成本　　　　　　　　　　　　　　　40000

有财务人员对此分录不太理解，我们可以换个思路进行会计处理：

第一步，实际退货否定了预先的估计，所以对预先的估计进行冲销。

借：预计负债　　　　　　　　　　　　　　　　　　250000
　　　贷：主营业务收入　　　　　　　　　　　　　　　250000
借：主营业务成本　　　　　　　　　　　　　　　　200000
　　　贷：应收退货成本　　　　　　　　　　　　　　　200000

第二步，根据实际退货情况，进行账务处理。

借：主营业务收入　　　　　　　　　　　　　　　　200000
　　应交税费—应交增值税（销项税额）　　　　　　32000
　　　贷：银行存款　　　　　　　　　　　　　　　　　232000
借：库存商品　　　　　　　　　　　　　　　　　　160000
　　　贷：主营业务成本　　　　　　　　　　　　　　　160000

以上两种会计处理的结果是一致的，有兴趣的朋友可以自行验算。

（6）税会差异的处理。

2019年企业所得税汇算清缴时，由于该销售退回税务上要冲减收入200000元，冲减成本160000元；而会计上已确认收入50000元，成本40000元，所以应调减应纳税所得额50000（40000+10000）元。

同时，"预计负债""应收退货成本"的暂时性差异消失，应从减"递延所得税资产"和"递延所得税负债"，会计分录如下：

借：所得税费用　　　　　　　　　　　　　　　　12500
　　递延所得税负债　　　　　　　　　　　　　　　50000
　　　贷：递延所得税资产　　　　　　　　　　　　　　62500

65. "公共配套设施"安排不当"土增税"多交3000多万元

甲房地产企业开发某高档住宅小区项目，分三期施工开发。第一、第二期是高档住宅；第三期是公共配套设施幼儿园和社区文化活动中心，预计建设周期为2年，预算造价8500万元。目前该项目第一、第二期已销售90%，符合土地增值税清算条件。企业按要求对第一、第二期项目土地增值税自行清算，并形成自查报告上报主管税务机关。税务机关审核后发现，第三期幼儿园和社区文化活动中心工程目前还未开工建设，但企业清算第一、第二期的土地增值税时，按第一、第二期的建筑面积分摊扣除了幼儿园和社区文化活动中心的预算成本8500万元，第一期扣除5500万元，第二期扣除3000万元。税务部门对第一、第二期住宅土地增值税清算时分别扣除的5500万元和3000万元不予认同，企业粗略一算，若不允许扣除，会多交土地增值税3000多万元。对此，企业感到既委屈又无奈。

企业冤吗？让我们看看在土地增值税清算时，"公共配套设施"的扣除是如何规定的。

《土地增值税暂行条例》第六条规定，计算土地增值税的扣除项目包括"新建房及配套设施的成本、费用"。《土地增值税暂行条例实施细则》第七条第（二）款规定，开发土地和新建房及配套设施（以下简称房地产开发）的成本，是指纳税人房地产开发项目实际发生的成本（以下简称房地产开发成本），包括土地征用及拆迁补偿费、前期工程费、建筑安装工程费、基础设施费、公共配套设施费、开发间接费用。

《国家税务总局关于房地产开发企业土地增值税清算管理有关问题的通

知》(国税发〔2006〕187号)第四条"土地增值税的扣除项目"第(一)款规定,房地产开发企业办理土地增值税清算时计算与清算项目有关的扣除项目金额,应根据土地增值税暂行条例第六条及其实施细则第七条的规定执行。除另有规定外,扣除取得土地使用权所支付的金额、房地产开发成本、费用及与转让房地产有关税金,须提供合法有效凭证;不能提供合法有效凭证的,不予扣除。第四条"土地增值税的扣除项目"第(三)款规定,房地产开发企业开发建造的与清算项目配套的居委会和派出所用房、会所、停车场(库)、物业管理场所、变电站、热力站、水厂、文体场馆、学校、幼儿园、托儿所、医院、邮电通讯等公共设施,按以下原则处理:1. 建成后产权属于全体业主所有的,其成本、费用可以扣除;2. 建成后无偿移交给政府、公用事业单位用于非营利性社会公共事业的,其成本、费用可以扣除;3. 建成后有偿转让的,应计算收入,并准予扣除成本、费用。第四条"土地增值税的扣除项目"第(四)款规定,房地产开发企业的预提费用,除另有规定外(但目前没有给予规定),不得扣除。

根据以上规定,甲房地产企业建造的幼儿园和社区文化活动中心作为第一、第二期高档住宅小区项目的公共配套设施,要想在土地增值税计算中扣除,必须是实际发生的公共配套设施成本,即满足建成后产权属于全体业主所有的公共配套设施所发生的成本、费用。注意,这里强调"建成后产权",换句话说,如果没有建成,也就无所谓产权,也谈不上成本、费用的扣除问题。此外,实际发生的公共配套设施扣除还要取得合法有效凭证,无法提供合法有效凭证的,不能扣除。最后,预提的成本费用不得扣除,这本是"成本实际发生且取得发票"的应有之意,不过为了和房地产企业所得税的规定相区别,做了进一步强调。《国家税务总局关于印发〈房地产开发经营业务企业所得税处理办法〉的通知》国税发〔2009〕31号第三十二条规定,公共配套设施尚未建造或尚未完工的,可按预算造价合理预提建造费用。此类公共配套设施必须符合已在售房合同、协议或广告、模型中明确承诺建造且不可撤销,或按照法律法规规定必须配套建造的条件。可见,所得税上公共配套设施满足一定条件可以预提计入成本。这与以上公共配套设施的土地增值税规定是不同的。如果在所得税上公共配套设施有预提成本,需要在计算土地增值税时予以调整排除。

在确定了公共配套设施可以在计算土地增值税扣除后,才需要考虑在不

65. "公共配套设施"安排不当"土增税"多交3000多万元

同清算项目的分摊问题。

国税发〔2006〕187号第四条"土地增值税的扣除项目"第（五）款规定，属于多个房地产项目共同的成本费用，应按清算项目可售建筑面积占多个项目可售总建筑面积的比例或其他合理的方法，计算确定清算项目的扣除金额。《国家税务总局关于印发〈土地增值税清算管理规程〉的通知》（国税发〔2009〕91号）第二十四条的规定，审核公共配套设施费时应当重点关注："……多个（或分期）项目共同发生的公共配套设施费，是否按项目合理分摊。"由此可见，如果发生的公共配套设施费是多个（或分期）项目共同发生的，要按可售建筑面积占比法或其他合理方法进行分摊，分摊后据以扣除。

从甲公司来说，第三期幼儿园和社区文化活动中心工程虽说是第一、第二期高档住宅小区项目的公共配套设施，但目前还没有开工建设，成本费用没有实际发生且不可能取得合法有效凭证，企业一厢情愿地在项目间分摊，必然面临税务部门的调整，依据以上分析，税务部门要求企业补缴3000多万元的土增税是有税法依据的。

甲公司的"命运"是悲催的，但悲催的"命运"后有其原因。

如果甲房地产公司在房地产开发的全过程中，都有税务专家给予指导，就可避免这3000多万元的税款，但我们的企业家在请税务专家顾问时往往异常"吝啬"，而在补缴税款时又不得不表现出极其"大方"。

哎，一声叹息！

66.
建筑服务分包款差额扣除的税务问题分析

近日发布的《关于国内旅客运输服务进项税抵扣等增值税征管问题的公告》（国家税务总局公告 2019 年第 31 号）第七条规定："纳税人提供建筑服务，按照规定允许从其取得的全部价款和价外费用中扣除的分包款，是指支付给分包方的全部价款和价外费用。"对此条规定如何全面地去理解，对建筑企业财务人员非常重要。本文结合相关税务规定，从两个方面予以梳理分析。

一、分包款差额扣除纳税的适用

一般纳税人和小规模纳税人都存在分包款差额扣除纳税的情形。

（一）一般纳税人

根据财税〔2016〕36 号文附件 2《营业税改征增值税试点有关事项的规定》的规定，试点纳税人提供建筑服务适用简易计税方法的，以取得的全部价款和价外费用扣除支付的分包款后的余额为销售额。建筑服务一般纳税人选择适用简易计税方法计税有以下几种情况。

1. 一般纳税人以清包工方式提供的建筑服务，可以选择适用简易计税方法计税。以清包工方式提供建筑服务，是指施工方不采购建筑工程所需的材料或只采购辅助材料，并收取人工费、管理费或者其他费用的建筑服务。

2. 一般纳税人为甲供工程提供的建筑服务，可以选择适用简易计税方法计税。"甲供"工程,是指全部或部分设备、材料、动力由工程发包方自行采购的建筑工程。

3. 一般纳税人为建筑工程老项目提供的建筑服务,可以选择适用简易计税方法计税。建筑工程老项目,是指:(1)《建筑工程施工许可证》注明的合同开工日期在2016年4月30日前的建筑工程项目;(2)未取得《建筑工程施工许可证》的,建筑工程承包合同注明的开工日期在2016年4月30日前的建筑工程项目;(3)《建筑工程施工许可证》未注明合同开工日期,但建筑工程承包合同注明的开工日期在2016年4月30日前的建筑工程项目。

根据财税〔2016〕36号、《国家税务总局关于发布〈纳税人跨县(市、区)提供建筑服务增值税征收管理暂行办法〉的公告》(国家税务总局公告2016年第17号)、《国家税务总局关于进一步明确"营改增"有关征管问题的公告》(国家税务总局公告2017年第11号)的规定,一般纳税人跨县(市、区)[备注:跨县(市、区)指的是跨省(自治区、直辖市和计划单列市)或跨地级市,下文同]提供建筑服务需要预缴税款,在预缴税款时也存在扣除分包款的问题。

4. 一般纳税人跨县(市、区)提供建筑服务,适用一般计税方法计税的,以取得的全部价款和价外费用扣除支付的分包款后的余额,按照2%的预征率在建筑服务发生地预缴税款后,向机构所在地主管税务机关进行纳税申报。

5. 一般纳税人跨县(市、区)提供建筑服务,选择适用简易计税方法计税的,以取得的全部价款和价外费用扣除支付的分包款后的余额,按照3%的征收率在建筑服务发生地预缴税款后,向机构所在地主管税务机关进行纳税申报。

根据《关于建筑服务等"营改增"试点政策的通知》(财税〔2017〕58号)的规定,一般纳税人提供建筑服务取得预收款,需要预缴增值税,也存在扣除分包款的情形。

6. 一般纳税人提供建筑服务取得预收款,以取得的预收款扣除支付的分包款后的余额,按照规定的预征率预缴增值税,适用一般计税方法计税的项目预征率为2%,适用简易计税方法计税的项目预征率为3%。

7. 根据财税〔2017〕58号的规定,建筑工程总承包单位为房屋建筑的地基与基础、主体结构提供工程服务,建设单位自行采购全部或部分钢材、混凝土、砌体材料、预制构件的，适用简易计税方法计税。又根据财税〔2016〕36 号的规定，试点纳税人提供建筑服务适用简易计税方法的，以取得的全部价款和价外费用扣除支付的分包款后的余额为销售额。因此，建筑工程总承包单位的一般纳税人为房屋建筑的地基与基础、主体结构提供工程服务，建设单位自行采购全部或部分钢材、混凝土、砌体材料、预制构件的，计算增值税时需要扣除分包款。

8. 根据《国家税务总局关于明确中外合作办学等若干增值税征管问题的公告》（国家税务总局公告 2018 年第 42 号）的规定，一般纳税人销售自产机器设备的同时提供安装服务，应分别核算机器设备和安装服务的销售额，安装服务可以按照甲供工程选择适用简易计税方法计税。一般纳税人销售外购机器设备的同时提供安装服务，如果已经按照兼营的有关规定，分别核算机器设备和安装服务的销售额，安装服务可以按照甲供工程选择适用简易计税方法计税。简易计税方法的销售额为取得的全部价款和价外费用扣除支付的分包款后的余额。

（二）小规模纳税人

建筑服务小规模纳税人的分包款差额扣除存在以下几种情形。

1. 小规模纳税人发生应税行为适用简易计税方法计税，以取得的全部价款和价外费用扣除支付的分包款后的余额为销售额，按照 3% 的征收率计算缴纳增值税。

2. 试点纳税人中的小规模纳税人跨县（市）（同上文所指一样）提供建筑服务，应以取得的全部价款和价外费用扣除支付的分包款后的余额为销售额，按照 3% 的征收率计算应纳税额。纳税人应按照上述计税方法在建筑服务发生地预缴税款后，向机构所在地主管税务机关进行纳税申报。

需要注意的是，根据《国家税务总局关于小规模纳税人免征增值税政策有关征管问题的公告》（国家税务总局公告 2019 年第 4 号）的规定，小规模纳税人发生增值税应税销售行为，合计月销售额未超过 10 万元（以 1 个季度为 1 个纳税期的，季度销售额未超过 30 万元，下同）的，免征增值税。小规模纳税人发生增值税应税销售行为，合计月销售额超过 10 万元，但扣除本期发生的销售不动产的销售额后未超过 10 万元的，其销售货物、劳务、服务、无形资产取得的销售额免征增值税。适用增值税差额征税政策的小规模纳税人,以差额后的销售额确定是否可以享受免征增值税政策。应当预缴增值税税款的小规模纳税人,凡在预缴地实现的月销售额未超过10万元的,当期无须预缴税款。

例如,某建筑业小规模纳税人(按月纳税),2019年3月在异地郑州市提供建筑服务,取得建设方支付的款项25万元,同时向其他建筑企业支付分包款17万元。那么,该小规模纳税人当月扣除分包款后的销售额为8万元,未超过10万元,因此,当月该小规模纳税人无须在郑州市预缴税款。

3. 小规模纳税人提供建筑服务取得预收款,以取得的预收款扣除支付的分包款后的余额计算应预缴税款,预征率为3%。

二、分包款差额扣除的发票开具

国家税务总局公告2019年第31号发布之前,有税务机关依据《国家税务总局关于发布《纳税人跨县(市、区)提供建筑服务增值税征收管理暂行办法》的公告》(国家税务总局公告2016年第17号)第六条的规定:"纳税人按照上述规定从取得的全部价款和价外费用中扣除支付的分包款,应当取得符合法律、行政法规和国家税务总局规定的合法有效凭证,否则不得扣除。上述凭证是指:……从分包方取得的2016年5月1日后开具的,备注栏注明建筑服务发生地所在县(市、区)、项目名称的增值税发票;国家税务总局规定的其他凭证。"认为发包方必须取得分包方开具的建筑服务发票才可以差额扣除。也有税务机关认为分包方开具的销售货物发票也可以作为差额扣除的依据。

31号文解读认为:"纳税人提供特定建筑服务,可按照现行政策规定,以取得的全部价款和价外费用扣除支付的分包款后的余额为销售额计税。总包方支付的分包款是打包支出的概念,即其中既包括货物价款,也包括建筑服务价款。因此,《公告》明确,纳税人提供建筑服务,按照规定允许从取得的全部价款和价外费用中扣除的分包款,是指支付给分包方的全部价款和价外费用。"据此我们认为,国家税务总局统一了认识,明确了分包款中的货物价款可以扣除。但对于具体发票如何开具没有提及,难道让纳税人自己去决定?

例如，某建筑公司 A 为一般纳税人，2019 年 11 月在本地承包建设一幢大楼，其总包合同金额为 1200 万元，款项已全部收到，发包方提供部分材料。A 公司该项合同符合甲供材条件，选择简易征收缴税。后 A 又将该大楼的建设材料和部分建设工程分包给本地另一建筑公司 B，分包款 800 万元，A 公司仅承担该大楼 400 万元的建设服务。B 公司同样为一般纳税人，其建设所使用的材料费用 500 万元，建设费用 300 万元。这里就存在不同的发票开具问题。

其一，假设 500 万元材料为 B 公司自产的钢结构件。

根据《国家税务总局关于进一步明确"营改增"有关征管问题的公告》（国家税务总局公告 2017 年第 11 号）的规定，纳税人销售活动板房、机器设备、钢结构件等自产货物的同时提供建筑、安装服务，不属于《营业税改征增值税试点实施办法》（财税〔2016〕36 号文件印发）第四十条规定的混合销售，应分别核算货物和建筑服务的销售额，分别适用不同的税率或者征收率。因此，公司 B 应开具价税合计 500 万元的货物发票，税率为 13%，同时还应开具价税合计 300 万元的工程发票，税率为 9%，A 公司在取得相关分包款发票（含货物）后，可以选择差额扣除分包款，需要缴纳的税款为（1200 - 800）/1.03% × 3% = 11.65 万元。对于 500 万元的货物发票，我们认为也应在备注栏中注明建筑服务发生地所在县（市、区）和项目的名称，并与合同中的相应条款相吻合。A 公司即使收到分包方开具的专票，也不可以抵扣。

其二，假设 500 万元材料为 B 公司购买的钢结构件。

这里，我们既可以开具包括材料款的建筑服务发票，价税合计 800 万元，税率为 9%，也可以分别开具 500 万元税率为 13% 的货物发票，300 万元税率为 9% 的建筑服务发票。对于 A 公司来说，无论哪种开票方式，只要选择差额扣除分包款，缴纳的税款都为（1200 - 800）/1.03% × 3% = 11.65 万元，其税负没有变化。而对于 B 公司来说，购买材料进项税率为 13%，选择合并开具税率为 9% 的建筑服务发票要比分别开具发票更为有利。

67.

房地产企业"以房换地",须警惕所得税风险

2017年,某市国家税务局稽查局在稽查时发现,2014年A房地产公司与B公司签订《土地使用权转让协议》,约定,B公司提供可供开发综合楼的用地,综合楼开发完成后,B公司可获得4000平方米的门面房。2015年综合楼完工,A公司将4000平方米的门面房交付B公司。A公司在2016年度申报企业所得税时,将交付B公司的4000平方米商铺按市场价40000000元确认为开发成本,并在已售、未售面积之间分摊,确认已售面积应分摊的主营业务成本金额,而未将收入40000000元合并计入收入总额计算缴纳企业所得税。那么,A房地产公司有什么税务风险?

1. A、B公司的以房换地行为属于非货币性交易。

《中华人民共和国企业所得税法》第六条规定,企业以货币形式和非货币形式从各种来源取得的收入,为收入总额,包括销售货物收入、提供劳务收入、转让财产收入、股息红利等权益性投资收益、利息收入、租金收入、特许权使用费收入、接受捐赠收入、其他收入。

财政部印发的《企业会计准则第7号——非货币性资产交换》第二条第一款规定:"非货币性资产交换,是指交易双方主要以存货、固定资产、无形资产和长期股权投资等非货币性资产进行的交换。该交换不涉及或只涉及少量的货币性资产(即补价)";第三条规定:"非货币性资产交换同时满足下列条件的,应当以公允价值和应支付的相关税费作为换入资产的成本,公允价值与换出资产账面价值的差额计入当期损益:(一)该项交换具有商业实质;(二)换入资产或换出资产的公允价值能够可靠地计量。换入资产和换出

资产公允价值均能够可靠计量的，应当以换出资产的公允价值作为确定换入资产成本的基础，但有确凿证据表明换入资产的公允价值更加可靠的除外"。

本案中，A 房地产公司以 4000 平方米的商铺换取开发综合楼的用地，没有涉及货币资金，按照税法和会计准则规定，此种交易属于非货币性交易。

2. A 房地产公司需要把 40000000 元计入收入总额计算缴纳企业所得税。

《中华人民共和国企业所得税法实施条例》第十三条规定，企业所得税法第六条所称企业以非货币形式取得的收入，应当按照公允价值确定收入额。公允价值，是指按照市场价格确定的价值。

《房地产开发经营业务企业所得税处理办法》（国税发〔2009〕31 号）第七条规定："企业将开发产品用于捐赠、赞助、职工福利、奖励、对外投资、分配给股东或投资人、抵偿债务、换取其他企事业单位和个人的非货币性资产等行为，应视同销售，于开发产品所有权或使用权转移，或于实际取得利益权利时确认收入（或利润）的实现。确认收入（或利润）的方法和顺序为：（一）按本企业近期或本年度最近月份同类开发产品市场销售价格确定；（二）由主管税务机关参照当地同类开发产品市场公允价值确定；（三）按开发产品的成本利润率确定。开发产品的成本利润率不得低于 15%，具体比例由主管税务机关确定。第三十一条第一项规定，企业以非货币交易方式取得土地使用权的，应按下列规定确定其成本：（一）企业、单位以换取开发产品为目的，将土地使用权投资企业的，按下列规定进行处理：1. 换取的开发产品如为该项土地开发、建造的，接受投资的企业在接受土地使用权时暂不确认其成本，待首次分出开发产品时，再按应分出开发产品（包括首次分出的和以后应分出的）的市场公允价值和土地使用权转移过程中应支付的相关税费计算确认该项土地使用权的成本。如涉及补价，土地使用权的取得成本还应加上应支付的补价款或减除应收到的补价款"。

本案中，A 房地产公司以 4000 平方米商铺换取土地使用权，在交付商铺时，应按照商铺的市场价格确定为土地使用权的成本。同时，商铺的所有权已转移，应按照市场价格确认为 2015 年度收入，缴纳企业所得税。

3. A 房地产公司的行为属于偷税行为吗？

《中华人民共和国税收征收管理法》第六十三条第一款规定，纳税人伪造、变造、隐匿、擅自销毁账簿、记账凭证，或者在账簿上多列支出或者不列、少列收入，或者经税务机关通知申报而拒不申报或者进行虚假的纳税申报，不缴或者少缴应纳税款的，是偷税。对纳税人偷税的，由税务机关追缴其不缴或者少缴的税款、滞纳金，并处不缴或者少缴的税款百分之五十以上五倍以下的罚款。

根据税收征管法该条规定，通常认为构成税法上的偷税需要三个基本构成要件：第一，须有纳税义务的发生，且偷税主体必须是纳税人；第二，需要有税收征管法规定的偷税行为；第三，客观上造成了少缴或不缴税款的结果。至于主观故意是否为偷税行为的构成要件存在争议。

本案中，A房地产公司已把商铺按市场价格40000000元确认为开发成本，并在已售、未售面积之间分摊，确认已售面积应分摊的主营业务成本金额，但在商铺权属已变更的情况下，未把40000000元确认为收入，造成2015年少缴企业所得税10000000元。A房地产公司的行为已满足偷税的三个基本构成要件，属于偷税，面临着补交税款，并被处以税款百分之五十以上五倍以下罚款的巨大风险。

68.

房地产企业销售开发产品的税会处理分析

房地产企业一般采取预售方式销售开发产品,从商品房预售到商品房交付要经过一段时间,在此期间需要交哪些税、如何纳税申报、会计如何核算等许多问题困扰着许多财务人员,本文对这些问题进行梳理和分析,以期对实务工作有些许帮助。

一、预收房款时的税会处理

(一)增值税及附加的税会处理

根据《房地产开发企业销售自行开发的房地产项目增值税征收管理暂行办法》(国家税务总局公告2016年第18号)的规定,不管是一般纳税人还是小规模纳税人,采取预收款方式销售自行开发的房地产项目,应在收到预收款时按照3%的预征率预缴增值税。计算公式为:应预缴税款=预收款÷(1+适用税率或征收率)×3%。一般纳税人应在取得预收款的次月纳税申报期向主管国税机关预缴税款。

城市维护建设税、教育费附加和地方教育费附加是附加税费,随着增值税的缴纳而缴纳。

《企业会计准则第14号——收入》(财会〔2017〕22号)第四条规定,企业应当在履行了合同中的履约义务,即在客户取得相关商品(或服务)控制权时确认收入。取得相关商品（或服务）控制权，是指能够主导该商品（或服务）的使用并从中获得几乎全部的经济利益。据此，由于房地产企业与购房者签订《商品房预售合同》后，购房者并未取得该商品房的控制权，企业收到的预收房款不满足收入的确认条件。因此，企业在会计处理上不确认为收入，而是通过"预收账款"进行单独核算，借记"银行存款"，贷记"预收账款"。预缴增值税时，借"应交税费—预交增值税或简易计税"，贷记"银行存款"。

房地产开发企业预缴增值税附加时，借记"应交税费—应交城市维护建设税、教育费附加和地方教育费附加"，贷记"银行存款"。

（二）土地增值税的税会处理

根据《土地增值税暂行条例实施细则》（财法字〔1995〕6号）第十六条的规定，纳税人在项目全部竣工结算前转让房地产取得的收入，由于涉及成本确定或其他原因，而无法据以计算土地增值税的，可以预征土地增值税。

根据《关于"营改增"后土地增值税若干征管规定的公告》（国家税务总局公告2016年第70号）的规定，转让房地产的土地增值税应税收入不含增值税，适用增值税一般计税方法的纳税人，其转让房地产的土地增值税应税收入不含增值税销项税额；适用简易计税方法的纳税人，其转让房地产的土地增值税应税收入不含增值税应纳税额。计算公式为：应预缴税款=（预收款－应预缴增值税税款）×土地增值税预征率。

房地产开发企业预缴土地增值税时，借记"应交税费—应交土地增值税"，贷记"银行存款"。

（三）企业所得税的税会处理

《国家税务总局关于印发〈房地产开发经营业务企业所得税处理办法〉的通知》（国税发〔2009〕31号）第六条规定，企业通过正式签订《房地产销售合同》或《房地产预售合同》所取得的收入，应确认为销售收入的实现。第九条规定，企业销售未完工开发产品取得的收入，应先按预计计税毛利率分季（或月）计算出预计毛利额，计入当期应纳税所得额。此时会计上没有计算损益，而所得税上要计入纳税所得，存在税会差异，企业所得税汇算清缴时通过A105010《视同销售和房地产开发企业特定业务纳税调整明细表》

进行纳税调整。

房地产开发企业取得预收房款,按照预计毛利率计算应纳税所得额后预缴的企业所得税,借记"应交税费—应交所得税",贷记"银行存款"。

二、商品房交付时的税会处理

(一) 增值税的税会处理

商品房交付给客户时,企业发生增值税纳税义务,一般纳税人采用一般计税方法要计算增值税销项税额,采用简易计税方法的一般纳税人和小规模纳税人要计算应纳税额。

商品房交付给客户,商品控制权发生转移,会计上满足收入确认条件,"预收账款"要转入"主营业务收入",借记"预收账款",贷记"主营业务收入""应交税费—应交增值税(销项税额)或简易计税"

(二) 土地增值税的税会处理

房地产企业交付商品房时,如果满足土地增值税的清算条件,就要按照土地增值税的清算政策进行清算;不满足清算条件的,等到满足条件时再清算。

预收账款时已预交的土地增值税,计入"应交税费—应交土地增值税"借方,交付商品房按照会计准则规定已满足收入确认条件,需按照结转的收入金额比例,借记"税金及附加",贷记"应交税费—应交土地增值税"。

(三) 企业所得税的税会处理

交付商品房时,会计要确认收入、成本计算利润,交付商品房年度所得税汇算清缴时,进入 A100000《中华人民共和国企业所得税年度纳税申报表(A类)》要缴纳所得税,但从"预收账款"转让"主营业务收入"的部分已按计税毛利率在以前预收账款年度所得税汇算清缴时已通过 A105010 表纳税调增,所以交付商品房年度所得税汇算清缴时再通过 A105010 表纳税调减。

计算出企业所得税时，借记"所得税费用"，贷记"应交税费——应交所得税"。

三、企业所得税上完工条件的特殊规定及其影响

国税发〔2009〕31号第三条规定，除土地开发之外，其他开发产品符合下列条件之一的，应视为已经完工：开发产品竣工证明材料已报房地产管理部门备案；开发产品已开始投入使用；开发产品已取得了初始产权证明。该条表明，完工条件的确认采用竣工、使用、产权孰早的原则，开发产品只要符合上述条件之一的即为完工。可见，会计上交付商品房确认收入之前，税务上可能已满足完工条件。

国税发〔2009〕31号第九条规定，开发产品完工后，企业应及时结算其计税成本并计算此前销售收入的实际毛利额，同时将其实际毛利额与其对应的预计毛利额之间的差额，计入当年度企业本项目与其他项目合并计算的应纳税所得额。

企业所得税上之所以如此规定，就是因为实务中有些开发企业采用种种手段少交、晚交所得税，税务机关不得已而采取的税收政策。

此政策造成的影响是：税务上满足了完工条件但当年会计上没有满足收入条件时也要进行企业所得税纳税调增。

四、实务案例

某房地产企业为增值税一般纳税人，2018年5月1日开始建设普通商品房，支付土地价款11000万元，取得省级财政部门监制的财政票据。2019年5月1日取得房地产预售许可证，当月取得预售收入33000万元，8月1日取得预售收入22000万元。9月1日开发产品竣工证明材料报房地产管理部门备案，即按税务上规定已达完工条件，根据该项目的核算资料，该项目的实际收入为50000万元（不含税，下同），成本为30000万元（不含税，下同），实际毛利为20000万元（实际毛利率为40%）。2020年6月1日，交付商品房给购房者，会计上确认了收入50000万元，成本30000万元。假设城市维护

建设税、教育费附加和地方教育费附加合计征收率为12%，开发项目计税毛利率15%，土地增值税预征率为2%，企业所得税税率为25%。为了简便，不考虑其他会计处理事项，增值税和土地增值税纳税申报也不予考虑。该房地产企业从预售到交付商品房给购房者的期间内，如何进行会计处理和税务处理？

（一）2019年

1. 支付购地款。

借：开发成本——土地征用及拆迁补偿费　　　　11000
　　贷：银行存款　　　　　　　　　　　　　　　　　11000

2. 5月1日，收到预售款。

借：银行存款　　　　　　　　　　　　　　　　　33000
　　贷：预收账款　　　　　　　　　　　　　　　　　33000

3. 6月15日，申报预缴增值税及附加。

借：应交税费——预计增值税　　900［33000÷(1＋10%)×3%］
　　贷：银行存款　　　　　　　　　　　　　　　　　900

借：应交税费——城市维护建设税等　　108（900×12%）
　　贷：银行存款　　　　　　　　　　　　　　　　　108

4. 预缴土地增值税。

借：应交税费——预交土地增值税　　642［(33000－900)×2%］
　　贷：银行存款　　　　　　　　　　　　　　　　　642

5. 预缴企业所得税。

借：应交税费——应交企业所得税　　　　　　　937.5
　　　［33000÷(1＋10%)×15%－108－642］×25%
　　贷：银行存款　　　　　　　　　　　　　　　　　937.5

6. 填报2019年5月企业所得税月度预缴纳税申报表（A类）。

7. 8月1日，收到预售款。

借：银行存款　　　　　　　　　　　　　　　　　22000
　　贷：预收账款　　　　　　　　　　　　　　　　　22000

A200000　　中华人民共和国企业所得税月（季）度预缴纳税申报表（A类）

税款所属期间：2019 年 5 月 1 日至 2019 年 5 月 31 日

纳税人识别号（统一社会信用代码）：□□□□□□□□□□□□□□□□□□

纳税人名称：　　　　　　　　　　　　　　　　　　　金额单位：人民币万元

预缴方式	□按照实际利润额预缴	□按照上一纳税年度应纳税所得额平均额预缴	□按照税务机关确定的其他方法预缴
企业类型	□一般企业	□跨地区经营汇总纳税企业总机构	□跨地区经营汇总纳税企业分支机构

预缴税款计算

行次	项目	本年累计金额
1	营业收入	
2	营业成本	
3	利润总额	
4	加：特定业务计算的应纳税所得额	3750
5	减：不征税收入	
6	减：免税收入、减计收入、所得减免等优惠金额（填写A201010）	
7	减：固定资产加速折旧（扣除）调减额（填写A201020）	
8	减：弥补以前年度亏损	
9	实际利润额（3+4-5-6-7-8）\按照上一纳税年度应纳税所得额平均额确定的应纳税所得额	3750
10	税率（25%）	25%
11	应纳所得税额（9×10）	937.5
12	减：减免所得税额（填写A201030）	
13	减：实际已缴纳所得税额	
14	减：特定业务预缴（征）所得税额	
15	本期应补（退）所得税额（11-12-13-14）\税务机关确定的本期应纳所得税额	937.5

8. 9 月 15 日，申报预缴增值税及附加。

借：应交税费——预计增值税　　　600〔22000÷（1+10%）×3%〕

　　贷：银行存款　　　　　　　　　　　　　　　　　600

借：应交税费——城市维护建设税等　　72（600×12%）

　　贷：银行存款　　　　　　　　　　　　　　　　　72

9. 预缴土地增值税。

借：应交税费—预交土地增值税　　　　428〔(22000-600)×2%〕
　　　贷：银行存款　　　　　　　　　　　　　　　　　　428

10. 预缴企业所得税。

借：应交税费—应交企业所得税　　　　625
〔22000÷(1+10%)×15%-72-428〕×25%
　　　贷：银行存款　　　　　　　　　　　　　　　　　　625

11. 填报2019年8月企业所得税月度预缴纳税申报表（A类）。

A200000　　中华人民共和国企业所得税月（季）度预缴纳税申报表（A类）

税款所属期间：2019年8月1日至2019年8月31日

纳税人识别号（统一社会信用代码）：□□□□□□□□□□□□□□□□□□

纳税人名称：　　　　　　　　　　　　　　　　　　金额单位：人民币万元

预缴方式	□按照实际利润额预缴	□按照上一纳税年度应纳税所得额平均额预缴	□按照税务机关确定的其他方法预缴
企业类型	□一般企业	□跨地区经营汇总纳税企业总机构	□跨地区经营汇总纳税企业分支机构

预缴税款计算

行次	项　目	本年累计金额
1	营业收入	
2	营业成本	
3	利润总额	
4	加：特定业务计算的应纳税所得额	2500
5	减：不征税收入	
6	减：免税收入、减计收入、所得减免等优惠金额（填写A201010）	
7	减：固定资产加速折旧（扣除）调减额（填写A201020）	
8	减：弥补以前年度亏损	
9	实际利润额（3+4-5-6-7-8）\按照上一纳税年度应纳税所得额平均额确定的应纳税所得额	2500
10	税率（25%）	25%
11	应纳所得税额（9×10）	625
12	减：减免所得税额（填写A201030）	

续表

行次	项　　目	本年累计金额
13	减：实际已缴纳所得税额	
14	减：特定业务预缴（征）所得税额	
15	本期应补（退）所得税额（11－12－13－14）\ 税务机关确定的本期应纳所得税额	625

12. 2019年企业所得税汇算清算时纳税调整。

A105010 视同销售和房地产开发企业特定业务纳税调整明细表（部分）

（单位：万元）

行次	项　　目	税收金额	纳税调整金额
		1	2
21	三、房地产开发企业特定业务计算的纳税调整额（22－26）	6250	6250
22	（一）房地产企业销售未完工开发产品特定业务计算的纳税调整额（24－25）	6250	
23	1. 销售未完工产品的收入	50000	*
24	2. 销售未完工产品预计毛利额	7500	7500
25	3. 实际发生的税金及附加、土地增值税	1250	1250
26	（二）房地产企业销售的未完工产品转完工产品特定业务计算的纳税调整额（28－29）	0	0
27	1. 销售未完工产品转完工产品确认的销售收入	0	*
28	2. 转回的销售未完工产品预计毛利额	0	0
29	3. 转回实际发生的税金及附加、土地增值税	0	0

A105000　　　　　　**纳税调整项目明细表**　　　　　　（单位：万元）

行次	项　　目	账载金额	税收金额	调增金额	调减金额
		1	2	3	4
36	四、特殊事项调整项目（37＋38＋…＋42）	*	*		
40	（四）房地产开发企业特定业务计算的纳税调整额（填写A105010）	*	6250	6250	
42	（六）其他	*	*	12500（见以下注）	

（注：根据税法规定，开发产品2019年已满足税务上要求的完工条件，实际毛利额20000万元与预计毛利额7500［55000÷（1＋10%）×15%］万元的差额12500万元要计入当年的应纳税所得额，进行纳税调增，填入上表A105000 四（六）其他。如若没有进行调增，按照税法规定涉嫌偷税。）

13. 2020年6月1日交付商品房时。

借：预收账款　　　　　　　　　　　　　　　　　55000
　　贷：主营业务收入　　　　　　　　　　　　　50000
　　　　应交税费—应交增值税（销项税额）　　　5000

14. 抵减土地价款而减少的销项税额。

借：应交税费—应交增值税（销项税额抵减）　　　1000
　　［11000÷（1＋10%）×10%］
　　贷：主营业务成本　　　　　　　　　　　　　1000

15. 2020年7月15日，申报交纳增值税。

借：应交税费—应交增值税（转出未交增值税）　　4000
　　贷：应交税费—未交增值税　　　　　　　　　4000
借：应交税费—未交增值税　　　　　　　　　　　1500
　　贷：应交税费—预计增值税　　　　　　　　　1500
借：应交税费—未交增值税　　　　　　　　　　　2500
　　贷：银行存款　　　　　　　　　　　　　　　2500

16. 补交城市维护建设税。

借：税金及附加—城市维护建设税等　　　　　　　120
　　［（4000－1500）×12%－108－72］
　　贷：应交税费—城市维护建设税等　　　　　　120
借：应交税费—城市维护建设税等　　　　　　　　120
　　贷：银行存款　　　　　　　　　　　　　　　120

17. 按照会计收入转回已预计的增值税附加和土地增值税。

借：税金及附加　　　　　　　　　　　　　　　　1250
　　贷：应交税费—城市维护建设税等　　　180（108＋72）
　　　　　—应交土地增值税　　　　　　1070（642＋428）

18. 由于还没有进行土地增值税清算，不予考虑需要补交的土地增值税。

19. 填报 2020 年 6 月企业所得税月度预缴纳税申报表（A 类）。

开发产品的实际利润 =（50000 – 30000）– 120 – 1250 = 50000 × 40% – 120 – 1250 = 18630 万元。

20. 填报 2020 年 6 月企业所得税月度预缴纳税申报表（A 类）。

A200000　中华人民共和国企业所得税月（季）度预缴纳税申报表（A 类）

税款所属期间：2019 年 8 月 1 日至 2019 年 8 月 31 日

纳税人识别号（统一社会信用代码）：□□□□□□□□□□□□□□□□□□

纳税人名称：　　　　　　　　　　　　　　　　　　　　　金额单位：人民币万元

预缴方式	□按照实际利润额预缴	□按照上一纳税年度应纳税所得额平均额预缴	□按照税务机关确定的其他方法预缴
企业类型	□一般企业	□跨地区经营汇总纳税企业总机构	□跨地区经营汇总纳税企业分支机构

预缴税款计算

行次	项目	本年累计金额
1	营业收入	50000
2	营业成本	30000
3	利润总额	18630
4	加：特定业务计算的应纳税所得额	
5	减：不征税收入	
6	减：免税收入、减计收入、所得减免等优惠金额（填写 A201010）	
7	减：固定资产加速折旧（扣除）调减额（填写 A201020）	
8	减：弥补以前年度亏损	
9	实际利润额（3 + 4 – 5 – 6 – 7 – 8）\ 按照上一纳税年度应纳税所得额平均额确定的应纳税所得额	18630
10	税率（25%）	25%
11	应纳所得税额（9 × 10）	4657.5
12	减：减免所得税额（填写 A201030）	

续表

行次	项目	本年累计金额
13	减：实际已缴纳所得税额	
14	减：特定业务预缴（征）所得税额	
15	本期应补（退）所得税额（11－12－13－14）\税务机关确定的本期应纳所得税额	4657.5

21. 2020年企业所得税汇算清算时纳税调整。

A105010　　视同销售和房地产开发企业特定业务纳税调整明细表（部分）

（单位：万元）

行次	项目	税收金额	纳税调整金额
		1	2
21	三、房地产开发企业特定业务计算的纳税调整额（22－26）	－6250	－6250
22	（一）房地产企业销售未完工开发产品特定业务计算的纳税调整额（24－25）	0	0
23	1. 销售未完工产品的收入	0	*
24	2. 销售未完工产品预计毛利额	0	0
25	3. 实际发生的税金及附加、土地增值税	0	0
26	（二）房地产企业销售的未完工产品转完工产品特定业务计算的纳税调整额（28－29）	6250	6250
27	1. 销售未完工产品转完工产品确认的销售收入	50000	*
28	2. 转回的销售未完工产品预计毛利额	7500	7500
29	3. 转回实际发生的税金及附加、土地增值税	1250	1250

A105000　　纳税调整项目明细表

（单位：万元）

行次	项目	账载金额	税收金额	调增金额	调减金额
		1	2	3	4
36	四、特殊事项调整项目（37＋38＋…＋42）	*	*		
40	（四）房地产开发企业特定业务计算的纳税调整额（填写A105010）	*	0		6250
42	（六）其他	*	*		12500（见注）

（注：2019年所得税汇算清缴时已纳税调增，所以本年度要进行纳税调减。）

69.

房地产企业预收账款的税会处理分析

房地产企业预收账款在实务中的税会处理较为复杂,有必要对其进行梳理和分析。

一、预收账款的会计处理

房地产企业与购房者签订《商品房预售合同》后,购房者支付了预售款,但并不能取得商品的控制权。也就是说房地产企业并没有转移商品的控制权,收到的预售款不满足收入准则的确认条件。对此预售款,房地产企业按照预收账款进行核算,借记"银行存款",贷记"预收账款"。等到房屋竣工并交付给购买方时,再借记"预收账款",贷记"主营业务收入",同时结转开发产品成本,借记"主营业务成本",贷记"开发产品"。

二、预收账款的税务处理

房地产企业预收账款主要涉及预缴增值税、预缴土地增值税和预缴企业所得税等税种。

(一) 增值税

1. 预缴增值税的计算。

《国家税务总局关于发布〈房地产开发企业销售自行开发的房地产项目增值税征收管理暂行办法〉的公告》（国家税务总局公告2016年第18号）规定的，不管是一般纳税人还是小规模纳税人，采取预收款方式销售自行开发的房地产项目，应在收到预收款时按照3%的预征率预缴增值税。

应预缴税款按照以下公式计算：

应预缴税款 = 预收款 ÷ (1 + 适用税率或征收率) × 3%

适用一般计税方法计税的，按照10%的适用税率计算；适用简易计税方法计税的，按照5%的征收率计算。

2. 预缴增值税的时间。

《国家税务总局关于发布〈房地产开发企业销售自行开发的房地产项目增值税征收管理暂行办法〉的公告》（国家税务总局公告2016年第18号）第十二条和第二十一条规定，纳税人应在取得预收款的次月纳税申报期向主管国税机关预缴税款。

3. 预收款发票的开具。

根据《国家税务总局关于"营改增"试点若干征管问题的公告》（国家税务总局公告2016年第53号）的规定，房地产企业预收账款时，使用"未发生销售行为的不征税项目"编码下设602"销售自行开发的房地产项目预收款"开具增值税普通发票，发票税率栏应填写"不征税"，不得开具增值税专用发票，不承担增值税纳税义务，但是，应当预缴增值税。

4. 增值税纳税义务发生时间。

房地产企业预售商品房时，须预缴增值税，但这并不意味房地产企业此时已产生增值税的纳税义务，那么房地产企业增值税的纳税义务何时产生呢？

《营业税改征增值税试点实施办法》（财税〔2016〕36号附件1）第四十五条第（一）项规定，纳税人发生应税行为并收讫销售款项或者取得索取销售款项凭据的当天；先开具发票的，为开具发票的当天。收讫销售款项，是指纳税人销售服务、无形资产、不动产过程中或者完成后收到款项。取得索取销售款项凭据的当天，是指书面合同确定的付款日期；未签订书面合同或者书面合同未确定付款日期的，为服务、无形资产转让完成的当天或者不动产权属变更的当天。具体到房地产企业，增值税纳税义务发生时间为房地产企业已发生应税行为并收讫销售款项或者取得索取销售款项凭据的当天，所谓已发生应税行为指的是房地产企业已实际将商品房移交给购房者使用或办理了商品房移交的手续，购房者已实际控制商品房；如果先开具了发票，则为开具发票的当天，需要强调的是，这里的所谓先开具发票是指销售商品房时先开具发票，与预售时开具发票有本质不同。

5. 案例及具体填报。

【案例1】某房地产开发公司开发甲房地产项目，2018年5月18日，预售房屋一套，约定的售价为550万元，同时，收到客户乙交付的预售款110万元，该项目按一般计税方法计算，税率为10%。2018年10月8日交房，收到剩余款项440万元，当月符合抵扣条件的进项税额为10万元，假设无其他涉税事项。

（1）2018年5月18日，预收房款，开具发票。

借：银行存款　　　　　　　　　　　　　　　　110
　　贷：预收账款　　　　　　　　　　　　　　　　　110

（2）2018年6月，预缴增值税。

$110 \div (1 + 10\%) \times 3\% = 3$

借：应交税费——预交增值税　　　　　　　　　3
　　贷：银行存款　　　　　　　　　　　　　　　　　3

填报《增值税预缴税款表》进行纳税申报。

增值税预缴税款表

税款所属时间： 年 月 日 至 年 月 日

纳税人识别号：□□□□□□□□□□□□□□□□□□□□　是否适用一般计税方法 是□ 否□

纳税人名称：（公章）　金额单位：元（列至角分）

项目编号		项目名称			
项目地址					
预征项目和栏次		销售额	扣除金额	预征率	预征税额
		1	2	3	4
建筑服务	1				
销售不动产	2	110	0	3%	3

（3）2018年10月8日，销售商品房，收到余款。

借：银行存款　　　　　　　　　　　　　　　　440
　　预收账款　　　　　　　　　　　　　　　　　110
　　　贷：主营业务收入　　　　　　　　　　　　　　500

应交税费—应交增值税（销项税额）		50

（4）2018年10月，取得进税项额。

借：应交税费—应交增值税（进项税额）		10
贷：银行存款等		10

（5）2018年10月，转出未交增值税。

借：应交税费—应交增值税（转出未交增值税）		40
贷：应交税费—未交增值税		40

（6）2018年10月，预缴增值税转入未交增值税。

借：应交税费—未交增值税		3
贷：应交税费—预交增值税		3

（7）抵减后，应缴纳增值税税款。

借：应交税费—未交增值税		37
贷：银行存款		37

预缴税款抵减，填报下表：

增值税纳税申报表附列资料（四）

（税额抵减情况表）

税款所属时间：　　年　月　日至　　年　月　日

纳税人名称：（公章）　　　　　　　　　　　　　　　金额单位：元至角分

序号	抵减项目	期初余额	本期发生额	本期应抵减税额	本期实际抵减税额	期末余额
		1	2	3 = 1 + 2	4 ≤ 3	5 = 3 - 4
4	销售不动产预征缴纳税款	3	0	3	3	0

（二）土地增值税

《土地增值税暂行条例实施细则》第十六条规定，纳税人在项目全部竣工结算前转让房地产取得的收入，由于涉及成本确定或其他原因，而无法据以计算土地增值税的，可以预征土地增值税，待该项目全部竣工、办理结算后再进行清算，多退少补。

《财政部、国家税务总局关于"营改增"后契税、房产税、土地增值税、个人所得税计税依据问题的通知》（财税〔2016〕43号）第三条规定，土地增值税纳税人转让房地产取得的收入为不含增值税收入。据此，预交土地增

值税 = 预收收入÷(1 + 税率或征收率)×预征率。

《国家税务总局关于"营改增"后土地增值税若干征管规定的公告》(国家税务总局公告 2016 年第 70 号)第一条规定,"营改增"后,纳税人转让房地产的土地增值税应税收入不含增值税。适用增值税一般计税方法的纳税人,其转让房地产的土地增值税应税收入不含增值税销项税额;适用简易计税方法的纳税人,其转让房地产的土地增值税应税收入不含增值税应纳税额。为方便纳税人,简化土地增值税预征税款计算,房地产开发企业采取预收款方式销售自行开发的房地产项目的,可按照以下方法计算土地增值税预征计征依据:

土地增值税预征的计征依据 = 预收款 - 应预缴增值税税款

据此,预交土地增值税 = (预收款 - 应预缴增值税税款)×预征率。

【案例 2】2018 年 8 月,甲房地产公司预售商品房,取得预售收入 11000 万元,选择一般计税方法,假设住宅项目土地增值税预征率为 2%,计算预交土地增值税。

1. 按财税〔2016〕43 号计算。

预交土地增值税 = 11000÷(1 + 10%)×2% = 200(万元)

2. 按税总公告 2016 年第 70 号计算。

预缴增值税 = 11000÷(1 + 10%)×3% = 300(万元)

预交土地增值税 = (11000 - 300)×2% = 214(万元)

通过案例计算可见,选择财税〔2016〕43 号计算的预交土地增值税金额少于按照税总公告 70 号计算的预交土地增值税,对企业更为有利。

(三) 企业所得税

《国家税务总局关于印发〈房地产开发经营业务企业所得税处理办法〉的通知》(国税发〔2009〕31 号)第六条规定,企业通过正式签订《房地产销售合同》或《房地产预售合同》所取得的收入,应确认为销售收入的实现。该条表明,会计上不满足收入确认条件的预收账款在企业所得税上要作为收入对待。

由于成本计算的滞后性,预售收入没有相应的成本,无法准确计算出所得。因此,国税发〔2009〕31 号第九条规定,企业销售未完工开发产品取得的收入,应先按预计计税毛利率分季(或月)计算出预计毛利额,计入当期应纳税所得额。开发产品完工后,企业应及时结算其计税成本并计算此前销售收入的实际毛利额，同时将其实际毛利额与其对应的预计毛利额之间的差额，计入当年度企业本项目与其他项目合并计算的应纳税所得额。在年度纳税申报时，企业须出具对该项开发产品实际毛利额与预计毛利额之间差异调整情况的报告以及税务机关需要的其他相关资料。第三条规定，除土地开发之外，其他开发产品符合下列条件之一的，应视为已经完工：开发产品竣工证明材料已报房地产管理部门备案；开发产品已开始投入使用；开发产品已取得了初始产权证明。

【案例3】甲房地产公司2017年开发A项目，2018年1~12月取得不含增值税预收账款2000万元；2019年1~10月取得不含增值税预收账款5000万元。2019年10月该项目完工，项目实际收入7000万元，成本3000万元，实际毛利4000万元。假设该项目预计毛利率为15%，不考虑税金及附加等其他因素。

1. 2018年。

（1）预计毛利=2000×15%=300（万元）。

（2）预缴纳税申报。

预缴税款计算		
行次	项　　目	本年累计金额
1	营业收入	
2	营业成本	
3	利润总额	
4	加：特定业务计算的应纳税所得额	300
9	实际利润额（3+4-5-6-7-8）\按照上一纳税年度应纳税所得额平均额确定的应纳税所得额	300
10	税率（25%）	25%
11	应纳所得税额（9×10）	75

（3）年度纳税申报。

A105010　视同销售和房地产开发企业特定业务纳税调整明细表

行次	项　目	税收金额	纳税调整金额
		1	2
21	三、房地产开发企业特定业务计算的纳税调整额（22－26）	300	300
22	（一）房地产企业销售未完工开发产品特定业务计算的纳税调整额（24－25）	300	300
23	1. 销售未完工产品的收入	2000	*
24	2. 销售未完工产品预计毛利额	300	300
25	3. 实际发生的税金及附加、土地增值税	0	0
26	（二）房地产企业销售的未完工产品转完工产品特定业务计算的纳税调整额（28－29）		
27	1. 销售未完工产品转完工产品确认的销售收入		*
28	2. 转回的销售未完工产品预计毛利额		
29	3. 转回实际发生的税金及附加、土地增值税		

A105000　纳税调整项目明细表

行次	项　目	账载金额	税收金额	调增金额	调减金额
		1	2	3	4
36	四、特殊事项调整项目（37＋38＋…＋42）	*	*	300	
40	（四）房地产开发企业特定业务计算的纳税调整额（填写A105010）	*	300	300	

2. 2019年。

（1）预计毛利＝5000×15%＝750（万元）。

（2）预缴纳税申报。

预缴税款计算

行次	项　目	本年累计金额
1	营业收入	
2	营业成本	
3	利润总额	
4	加：特定业务计算的应纳税所得额	750
9	实际利润额（3＋4－5－6－7－8）\ 按照上一纳税年度应纳税所得额平均额确定的应纳税所得额	750
10	税率（25%）	25%
11	应纳所得税额（9×10）	187.5

(3) 项目完工，确认出实际毛利4000万元，在预缴申报表上不调整。

(4) 年度纳税申报。

A105010　　视同销售和房地产开发企业特定业务纳税调整明细表

行次	项　目	税收金额 1	纳税调整金额 2
21	三、房地产开发企业特定业务计算的纳税调整额（22－26）	－300	－300
22	（一）房地产企业销售未完工开发产品特定业务计算的纳税调整额（24－25）	750	750
23	1. 销售未完工产品的收入	5000	*
24	2. 销售未完工产品预计毛利额	750	750
25	3. 实际发生的税金及附加、土地增值税	0	0
26	（二）房地产企业销售的未完工产品转完工产品特定业务计算的纳税调整额（28－29）	1050	1050
27	1. 销售未完工产品转完工产品确认的销售收入	7000	*
28	2. 转回的销售未完工产品预计毛利额	1050	1050
29	3. 转回实际发生的税金及附加、土地增值税	0	0

A105000　　纳税调整项目明细表

行次	项　目	账载金额 1	税收金额 2	调增金额 3	调减金额 4
36	四、特殊事项调整项目（37＋38＋…＋42）	*	*		300
40	（四）房地产开发企业特定业务计算的纳税调整额（填写A105010）	*	－300	0	300

A100000　　中华人民共和国企业所得税年度纳税申报表（A类）

行次	类别	项　目	金　额
1	利润总额计算	一、营业收入（填写A101010\101020\103000）	7000
2		减：营业成本（填写A102010\102020\103000）	3000

70.

限制性股票股权激励的财税处理分析

沪深两市有许多上市公司通过授予核心员工限制性股票的方式对其进行股权激励,常见做法是上市公司以非公开发行的方式向激励对象授予一定数量的公司股票,并规定锁定期和解锁期,在锁定期和解锁期内,不得上市流通及转让。达到解锁条件,可以解锁;如果全部或部分股票未被解锁而失效或作废,通常由上市公司按照事先约定的价格立即进行回购。对此类股权激励计划如何进行财税处理?难倒了不少财务人员,本文拟对此进行梳理和分析,以期对财务工作有点帮助。

一、会计处理

根据《企业会计准则第 11 号——股份支付》、《企业会计准则第 37 号——金融工具列报》、《企业会计准则第 22 号——金融工具确认和计量》、《企业会计准则第 34 号——每股收益》和《企业会计准则解释第 7 号》等相关规定,对此类股权激励计划各环节的会计处理分析如下:

(一)授予日的会计处理

上市公司向职工发行的限制性股票按有关规定履行了注册登记等增资手续的,应当根据收到职工缴纳的认股款确认股本和资本公积(股本溢价),按照职工缴纳的认股款,借记"银行存款"等科目,按照股本金额,贷记"股本"科目,按照其差额,贷记"资本公积——股本溢价"科目。但股权激励计划还规定如未满足解锁条件,上市公司有义务回购已发行并授予激励对象的股票。因此,上市公司还需要就回购义务确认为负债(作收购库存股处理)。按照发行限制性股票的数量以及相应的回购价格计算确定的金额,借记"库存股"科目,贷记"其他应付款—限制性股票回购义务"(包括未满足条件而须立即回购的部分)等科目。

(二) 等待期内的会计处理

1. 与股份支付相关的会计处理。

在通常情况下,上市公司以较低价格向激励对象发行限制性股票,是为了获取其提供的服务而以其股份作为对价进行结算的交易,该交易符合股份支付准则中对股份支付的定义,且以股份作为支付对价,符合以权益结算的股份支付的定义。按照以权益结算的股份支付的规定,上市公司以权益结算的股份支付换取职工提供服务的,应当以授予员工限制性股票的公允价值计量,在完成等待期内的服务或达到规定业绩条件才可行权的换取职工的服务的情况下,在等待期内的每个资产负债表日,应当以对可解锁限制性股票数量的最佳估计为基础,按照限制性股票在授予日的公允价值,将当期取得的服务计入相关成本或费用和资本公积。

2. 与回购相关的会计处理。

对于因回购产生的义务确认的负债,应当按照《企业会计准则第22号——金融工具确认和计量》相关规定进行会计处理。上市公司未达到限制性股票解锁条件而需回购的股票,按照应支付的金额,借记"其他应付款—限制性股票回购义务"等科目,贷记"银行存款"等科目;同时,按照注销的限制性股票数量相对应的股本金额,借记"股本"科目,按照注销的限制性股票数量相对应的库存股的账面价值,贷记"库存股"科目,按其差额,借记"资本公积—股本溢价"科目。上市公司达到限制性股票解锁条件而无需回购的股票,按照解锁股票相对应的负债的账面价值,借记"其他应付款—限制性股票回购义务"等科目,按照解锁股票相对应的库存股的账面价值,贷记"库存股"科目,如有差额,则借记或贷记"资本公积—股本溢价"科目。

3. 分配现金股利的会计处理。

等待期内发放现金股利的会计处理，应视其发放的现金股利是否可撤销采取不同的方法：

（1）现金股利可撤销，即一旦未达到解锁条件，被回购限制性股票的持有者将无法获得（或需要退回）其在等待期内应收（或已收）的现金股利。

等待期内，上市公司在核算应分配给限制性股票持有者的现金股利时，应合理估计未来解锁条件的满足情况，该估计与进行股份支付会计处理时在等待期内每个资产负债表日对可行权权益工具数量进行的估计应当保持一致。对于预计未来可解锁限制性股票持有者，上市公司应分配给限制性股票持有者的现金股利应当作为利润分配进行会计处理，借记"利润分配—应付现金股利或利润"科目，贷记"应付股利—限制性股票股利"科目；同时，按分配的现金股利金额，借记"其他应付款—限制性股票回购义务"等科目，贷记"库存股"科目；实际支付时，借记"应付股利—限制性股票股利"科目，贷记"银行存款"等科目。对于预计未来不可解锁限制性股票持有者，上市公司应分配给限制性股票持有者的现金股利应当冲减相关的负债，借记"其他应付款—限制性股票回购义务"等科目，贷记"应付股利—限制性股票股利"科目；实际支付时，借记"应付股利—限制性股票股利"科目，贷记"银行存款"等科目。后续信息表明不可解锁限制性股票的数量与以前估计不同的，应当作为会计估计变更处理，直到解锁日预计不可解锁限制性股票的数量与实际未解锁限制性股票的数量一致。

（2）现金股利不可撤销，即不论是否达到解锁条件，限制性股票持有者仍有权获得（或不得被要求退回）其在等待期内应收（或已收）的现金股利。

等待期内，上市公司在核算应分配给限制性股票持有者的现金股利时，应合理估计未来解锁条件的满足情况，该估计与进行股份支付会计处理时在等待期内每个资产负债表日对可行权权益工具数量进行的估计应当保持一致。对于预计未来可解锁限制性股票持有者，上市公司应分配给限制性股票持有者的现金股利应当作为利润分配进行会计处理，借记"利润分配—应付现金股利或利润"科目，贷记"应付股利—限制性股票股利"科目；实际支付时，借记"应付股利—限制性股票股利"科目，贷记"银行存款"等科目。对于预计未来不可解锁限制性股票持有者，上市公司应分配给限制性股票持有者的现金股利应当计入当期成本费用,借记"管理费用"等科目,贷记"应付股利—应付限制性股票股利"科目;实际支付时,借记"应付股利—限制性股票股利"科目,贷记"银行存款"等科目。后续信息表明不可解锁限制性股票的数量与以前估计不同的,应当作为会计估计变更处理,直到解锁日预计不可解锁限制性股票的数量与实际未解锁限制性股票的数量一致。

4. 每股收益的计算。

每股收益包括基本每股收益和稀释每股收益两类:

(1) 基本每股收益仅考虑发行在外的普通股,按照归属于普通股股东的当期净利润除以发行在外普通股的加权平均数计算。限制性股票由于未来可能被回购,性质上属于或有可发行股票,因此在计算基本每股收益时不应当包括在内。对于现金股利可撤销的,等待期内计算基本每股收益时,分子应扣除当期分配给预计未来可解锁限制性股票持有者的现金股利;分母不应包含限制性股票的股数。对于现金股利不可撤销的,等待期内计算基本每股收益时,应当将预计未来可解锁限制性股票作为同普通股一起参加剩余利润分配的其他权益工具处理,分子应扣除归属于预计未来可解锁限制性股票的净利润;分母不应包含限制性股票的股数。

(2) 稀释每股收益则是假定企业所有发行在外的稀释性潜在普通股均已转换为普通股而计算的每股收益。如果解锁条件仅为服务期限条件的,企业应假设资产负债表日尚未解锁的限制性股票已于当期期初(或晚于期初的授予日)全部解锁,并参照《企业会计准则第34号——每股收益》中股份期权的有关规定考虑限制性股票的稀释性。行权价格低于公司当期普通股平价市场价格时,应当考虑其稀释性,计算稀释每股收益。如果解锁条件包含业绩条件的,企业应假设资产负债表日即为解锁日并据以判断资产负债表日的实际业绩情况是否满足解锁要求的业绩条件。若满足业绩条件的,应当参照上述解锁条件仅为服务期限条件的有关规定计算稀释性每股收益;若不满足业绩条件的,计算稀释性每股收益时不必考虑此限制性股票的影响。其中:

行权价格 = 限制性股票的发行价格 + 资产负债表日尚未取得的职工服务的公允价值

稀释每股收益 = 当期净利润 ÷ (普通股加权平均数 + 调整增加的普通股加权平均数) = 当期净利润 ÷ [普通股加权平均数 + (限制性股票股数 − 行权价格 × 限制性股票股数 ÷ 当期普通股平均市场价格)]

限制性股票若为当期发行的，则还须考虑时间权数计算加权平均数。

（三）解锁日的会计处理

对于未达到限制性股票解锁条件而需回购的股票，应进行股票回购和注销的会计处理。首先，履行的回购义务冲减相关的负债；其次，注销股本时冲减相关的权益。对于达到限制性股票解锁条件而无需回购的股票，应当按照解锁股票相对应的负债的账面价值与库存股的账面价值对冲，如有差额，调整股本溢价。

（四）限制性股票股权激励所得税会计处理

《企业会计准则讲解（2010）》第十九章所得税中"与股份支付相关的当期及递延所得税"规定，在按照会计准则规定确认成本费用的期间内，企业应当根据会计期末取得的信息估计可税前扣除的金额计算确定其计税基础及由此产生的暂时性差异，符合确认条件的情况下应当确认相关的递延所得税。其中预计未来期间可税前扣除的金额超过会计准则规定确认的与股份支付相关的成本费用，超过部分的所得税影响应直接计入所有者权益。

二、税务处理

（一）企业所得税

根据《国家税务总局关于我国居民企业实行股权激励计划有关企业所得税处理问题的公告》（国家税务总局公告2012年第18号）的规定，对股权激励计划实行后，需待一定服务年限或者达到规定业绩条件（以下简称等待期）方可行权的，上市公司等待期内会计上计算确认的相关成本费用，不得在对应年度计算缴纳企业所得税时扣除。在股权激励计划可行权后，上市公司方可根据该股票实际行权时的公允价格与当年激励对象实际行权支付价格的差额及数量，计算确定作为当年上市公司工资薪金支出，依照税法规定进行税前扣除。对于实际行权时的公允价格，以实际行权日该股票的收盘价格确定。

(二) 个人所得税

根据《国家税务总局关于股权激励有关个人所得税问题的通知》(国税函〔2009〕461号) 第三条的规定，上市公司实施限制性股票计划时，应以被激励对象限制性股票在中国证券登记结算公司 (境外为证券登记托管机构) 进行股票登记日期的股票市价 (指当日收盘价，下同) 和本批次解禁股票当日市价 (指当日收盘价，下同) 的平均价格乘以本批次解禁股票份数，减去被激励对象本批次解禁股份数所对应的为获取限制性股票实际支付资金数额，其差额为应纳税所得额。被激励对象限制性股票应纳税所得额计算公式为：

应纳税所得额 = (股票登记日股票市价 + 本批次解禁股票当日市价) ÷ 2 × 本批次解禁股票份数 – 被激励对象实际支付的资金总额 × (本批次解禁股票份数 ÷ 被激励对象获取的限制性股票总份数)

应纳税额 = (限制性股票形式的工资薪金应纳税所得额/规定月份数 × 适用税率 – 速算扣除数) × 规定月份数

纳税义务发生时间为每一批次限制性股票解禁的日期。

被授权人限制性股票解禁后再转让的，根据财税字〔1998〕61号文件免征个人所得税。

三、税会处理差异

会计和税法对于限制性股票的处理存在如下差异：

1. 会计需要在等待期内每个资产负债表日确认费用。但税法在此期间不许按会计确认费用税前扣除。

2. 会计按照限制性股票的公允价值确认费用。但税收上最终是按照实际行权当时股票收盘价扣除激励对象支付的价款差额税前扣除。

3. 限制性股票等待期内，会计确认费用，但税收不能扣除，因此在限制性股票的所得税申报中需要做纳税调增。但在行权当期，由于税收扣除的金额大于当期会计确认的费用，需要做纳税调减。

四、综合案例分析

甲房地产上市公司,采用授予职工限制性股票的形式实施股权激励计划。2015年1月1日,公司以非公开发行方式向300名管理人员每人授予10000股自身股票(每股面值为1元),授予价格为每股10元。当日,300名管理人员出资认购了总认购款项为3000万元,甲公司履行了相关增资手续。甲公司估计该限制性股票股权激励在授予日的公允价值为每股20元。

激励计划规定,这些管理人员从2015年1月1日起在甲公司连续服务3年的,所授予股票将于2018年1月1日全部解锁;期间离职的,甲公司将按照原授予价格每股10元回购。2015年1月1日至2018年1月1日期间,所授予股票不得上市流通或转让;激励对象因获授限制性股票而取得的现金股利由公司代管,作为应付股利在解锁时向激励对象支付;对于未能解锁的限制性股票,公司在回购股票时应扣除激励对象已享有的该部分现金分红。

2015年度,20名管理人员离职,甲公司估计3年中离职的管理人员合计为75名,当年宣告发放每股分配现金股利1元(限制性股票持有人享有同等分配权利);2016年度,又有22名管理人员离职,甲公司将3年离职人员合计数调整为60人,当年宣告发放现金股利为每股1.5元;2017年度,甲公司将3年离职人员合计数调整为75人,当年年末实际有15名管理人员离职,当年宣告发放现金股利为每股2元。假定离职人员都是在年末,且甲公司年度内对离职人员的估计不变。

假设股权登记日股票市价为14元/股,以后等待期内每年12月31日上市公司股票的收盘价以及限制性股票解禁当日股票收盘价:2015年12月31日,该上市公司股票收盘价为20元/股;2016年12月31日,该上市公司股票收盘价为15元/股;2017年12月31日,该上市公司股票收盘价为35元/股;2018年1月10日,2430000股限制性股票解禁。解禁当日该股票收盘价为40元/股。

案例解析:

（一）会计处理

1. 计算股份支付的费用和计入资本公积的金额。

年份	计算	当期费用	累计费用
2015	10000×（300－75）×20×1/3	15000000	15000000
2016	10000×（300－60）×20×2/3－15000000	17000000	32000000
2017	10000×（300－57）×20－32000000	16600000	48600000

2. 计算现金股利。

年份	预计未来可解锁限制性股票持有者的现金股利	预计未来不可解锁限制性股票持有者的现金股利	当年现金股利合计
2015	10000×(300－75)×1＝2250000	10000×75×1＝750000	3000000
2016	10000×(300－60)×(1＋1.5)－2250000＝3750000	10000×(60－20)×(1＋1.5)＋10000×20×1－750000＝450000	4200000
2017	10000×(300－57)×(1＋1.5＋2)－2250000－3750000＝4935000	10000×(57－20－22)×4.5＋20×1×10000＋22×2.5×10000－750000－450000＝675000＋200000＋550000－750000－450000＝225000	5160000

3. 2015年1月1日授予日的会计处理。

  借：银行存款   30000000
    贷：股本   3000000
      资本公积   27000000

同时，

  借：库存股   30000000
    贷：其他应付款—限制性股票回购义务 30000000

4. 等待期内与股份支付相关的会计处理。

（1）2015年12月31日。

  借：管理费用   15000000
    贷：资本公积—其他资本公积   15000000

（2）2016年12月31日。

  借：管理费用   17000000

70. 限制性股票股权激励的财税处理分析

　　贷：资本公积—其他资本公积　　　　　　　　17000000

（3）2017 年 12 月 31 日。

　　借：管理费用　　　　　　　　　　　　　　　1660000
　　　　贷：资本公积—其他资本公积　　　　　　 16600000

5. 等待期内分配现金股利、股票回购以及所得税的会计处理。

（1）2015 年分配现金股利。

　　借：利润分配—应付现金股利　　　　　　　　2250000
　　　　贷：应付股利—限制性股票股利　　　　　　2250000
　　借：其他应付款—限制性股票回购义务　　　　2250000
　　　　贷：库存股　　　　　　　　　　　　　　　2250000
　　借：其他应付款—限制性股票回购义务　　　　 750000
　　　　贷：应付股利—限制性股票股利　　　　　　 750000

（2）2015 年 12 月 31 日回购限制性股票。

　　借：其他应付款—限制性股票回购义务　　　　1800000
　　　　应付股利—限制性股票股利　　　　　　　 200000
　　　　贷：银行存款　　　　　　　　　　　　　　2000000
　　借：股本　　　　　　　　　　　　　　　　　 200000
　　　　资本公积—股本溢价　　　　　　　　　　 1800000
　　　　贷：库存股　　　　　　　　　　　　　　　2000000

（3）2015 年 12 月 31 日所得税会计处理。

会计当期确认的费用 = 15000000

限制性股票内在价值 = (20 - 10) × 2250000 × 1/3 = 7500000

由于税收上确认的限制性股票内在价值金额小于会计当期确认的费用。因此，所有税收利益应该计入当期损益（假设企业未来有足够所得可以扣除）：

　　借：递延所得税资产（7500000 × 25%）　　　 1875000
　　　　贷：所得税费用—递延所得税费用　　　　　1875000

（4）2016 年分配现金股利。

　　借：利润分配—应付现金股利　　　　　　　　3750000
　　　　贷：应付股利—限制性股票股利　　　　　　3750000
　　借：其他应付款—限制性股票回购义务　　　　3750000
　　　　贷：库存股　　　　　　　　　　　　　　　3750000

借：其他应付款—限制性股票回购义务　　　　　450000
　　　贷：应付股利—限制性股票股利　　　　　　450000

(5) 2016 年 12 月 31 日回购限制性股票。

借：其他应付款—限制性股票回购义务　　　　　1650000
　　应付股利—限制性股票股利　　　　　　　　　550000
　　　贷：银行存款　　　　　　　　　　　　　　2200000
借：股本　　　　　　　　　　　　　　　　　　　220000
　　资本公积—股本溢价　　　　　　　　　　　　1980000
　　　贷：库存股　　　　　　　　　　　　　　　2200000

(6) 2016 年 12 月 31 日所得税会计处理。

会计累计确认的费用 = 32000000

限制性股票内在价值 = (15 − 10) × 2400000 × 2/3 = 8000000

由于限制性股票内在价值小于会计累计确认的费用，因此所有税收利益仍然计入当期损益。

计入当期损益的税收利益 = (8000000 − 7500000) × 25% = 125000

借：递延所得税资产（500000 × 25%）　　　　　125000
　　　贷：所得税费用—递延所得税费用　　　　　125000

(7) 2017 年分配现金股利。

借：利润分配—应付现金股利　　　　　　　　　4935000
　　　贷：应付股利—限制性股票股利　　　　　　4935000
借：其他应付款—限制性股票回购义务　　　　　4935000
　　　贷：库存股　　　　　　　　　　　　　　　4935000
借：其他应付款—限制性股票回购义务　　　　　225000
　　　贷：应付股利—限制性股票股利　　　　　　225000

(8) 2017 年 12 月 31 日回购限制性股票。

借：其他应付款—限制性股票回购义务　　　　　825000
　　应付股利—限制性股票股利　　　　　　　　　675000
　　　贷：银行存款　　　　　　　　　　　　　　1500000
借：股本　　　　　　　　　　　　　　　　　　　150000
　　资本公积—股本溢价　　　　　　　　　　　　1350000
　　　贷：库存股　　　　　　　　　　　　　　　1500000

(9) 2017年12月31日所得税会计处理。

会计累计确认的费用=48600000

限制性股票内在价值=(35-10)×2430000=60750000

当年,由于限制性股票的内在价值大于会计累计确认的费用,超过的部分应该直接计入权益:

计入权益的金额=(60750000-48600000)×25%=3037500

计入当期损益的金额=48600000×25%-1875000-125000
　　　　　　　　=10150000

借:递延所得税资产　　　　　　　　　　　　　13187500
　　贷:所得税费用—递延所得税费用　　　　　　　10150000
　　　　资本公积—其他资本公积　　　　　　　　　3037500

6. 2018年1月10日解锁日的会计处理。

借:其他应付款—限制性股票回购义务　　　　　13365000
　　贷:库存股　　　　　　　　　　　　　　　　13365000
借:资本公积—其他资本公积　　　　　　　　　48600000
　　贷:资本公积—股本溢价　　　　　　　　　　48600000

7. 2018年1月10日解锁日的所得税会计处理。

借:所得税费用—递延所得税费用　　　　　　　12150000
　　资本公积—其他资本公积　　　　　　　　　　3037500
　　贷:递延所得税资产　　　　　　　　　　　　15187500

限制性股票解禁当年所得税可以扣除金额=(40-10)×2430000×25%=18225000

已经在损益表确认的所得税费用=12150000

剩余直接计入权益金额=18225000-12150000=6075000

借:应交税金—应交所得税　　　　　　　　　　18225000
　　贷:资本公积—其他资本公积　　　　　　　　　6075000
　　　　所得税费用　　　　　　　　　　　　　12150000

(二)税务处理

1. 企业所得税。

以2015年为例,企业所得税汇算清缴时,税会差异通过填表进行纳税调增。

行次	项目	账载金额 1	实际发生额 2	税收规定扣除率 3	以前年度累计结转扣除额 4	税收金额 5	纳税调整金额 6(1-5)	累计结转以后年度扣除额 7(1+4-5)
	A105050 职工薪酬支出及纳税调整明细表							单位：万元
1	一、工资薪金支出			*	*			*
2	其中：股权激励	1500	0	*	*	0	1500	*

2016年、2017年与2015年进行类似调整。

2018年行权，企业所得税税前扣除金额 =（40-10）×243×10000
= 72900000

行次	项目	账载金额 1	实际发生额 2	税收规定扣除率 3	以前年度累计结转扣除额 4	税收金额 5	纳税调整金额 6(1-5)	累计结转以后年度扣除额 7(1+4-5)
	A105050 职工薪酬支出及纳税调整明细表							单位：万元
1	一、工资薪金支出			*	*			*
2	其中：股权激励	0	7290	*	*	7290	-7290	*

2. 个人所得税。

假设案例中某个管理人员获得的10000股股权激励在2018年1月10日解禁，其个税计算如下：

应纳税所得额 =（股票登记日股票市价 + 本批次解禁股票当日市价）÷2 × 本批次解禁股票份数 - 被激励对象实际支付的资金总额 ×（本批次解禁股票份数÷被激励对象获取的限制性股票总份数）=（14+40）÷2×10000-10000×10 = 270000-100000 = 170000

应纳税额 =（限制性股票形式的工资薪金应纳税所得额/规定月份数×适用税率-速算扣除数）×规定月份数 =（170000/36×20% - 555）×36 = 14020元。